KB214437

계몽의 변증법

철학적 단상

Dialektik der Aufklärung
Philosophische Fragmente

Dialektik der Aufklärung
by Max Horkheimer and Theodor W. Adorno

계몽의 변증법

철학적 단상

Th. W. 아도르노
M. 호르크하이머

김유동 옮김

문학과지성사
2 0 0 1

Th. W. 아도르노 Theodor W. Adorno(1903~1969)
독일의 철학자·미학자·사회학자. 1924년 프랑크푸르트 대학에서 후설에 관한 연구로 철학박사학위를 받은 후 빈에서 작곡 공부를 했으나, 1931년 모교의 철학 강사로 취임하면서 사회연구소에 관여한다. 1938년 미국으로 망명하였다가, 1949년 종전 후 다시 독일로 귀국했다. 전후에는 프랑크푸르트 대학 철학 교수로 있으면서 사회연 구소 소장 직과 독일 사회학회 회장직을 역임하는 등 프랑크푸르트 학파의 중심 인물로 활동했다. 그는 현대의 문제 의식으로부터 인류 문명 전체에 대한 총체적 해석을 시도한 철학자이면서 현대 음악에 대해서도 뛰어난 업적을 남긴 음악 이론가이다. 주요 저서로는 전쟁 중에 씌어진 『계몽의 변증법』(호르크하이머와의 공저) 『신음악의 철학』 『최소한의 도덕』과 60년대에 나온 『부정변증법』과 『미학 이론』 등이 있다.

M. 호르크하이머 Max Horkheimer(1895~1973)
독일의 철학자·사회학자. 프랑크푸르트 대학에서 공부한 후, 1925년 I. 칸트에 관한 논문으로 교수 자격을 얻었다. 1930년 프랑크푸르트 대학 사회철학 교수가 되어 대학 부속 사회연구소 소장을 지냈으며, 아도르노, E. 프롬, H. 마르쿠제 등과 프랑크푸르트 학파를 이루었다. 나치스 정권 수립 후에는 스위스로 이주했다가 미국으로 망명, 제2차 세계대전 후 독일로 되돌아와 프랑크푸르트 대학 총장을 역임했다. 미국 체류 중 아도르노와 함께 한 인종적 편견의 연구는 사회 심리학 사상 하나의 금자탑을 이루었다. 연구의 성과는 5권의 『편견 연구』에 나타나 있다. 사상적으로는 사회민주주의자이며, 학문적으로는 헤겔 철학의 소양과 정신분석학의 지식을 결합시킨, 현대의 특색 있는 사회철학자이다.

옮긴이 김유동
서울대학교 독문학과 및 동대학원을 졸업했고, 베를린 자유대학과 미국의 듀크 대학에서 수학했으며 경상대학교 독문학과 교수를 역임했다. 주요 논문으로 「인 문학의 위기와 세계화의 재앙」 「포스트모더니즘, 아도르노, 제임슨」 「벤야민의 새로운 천사」 「아도르노와 하버마스 : 이론의 심미화 대 실천의 구제」 「니체와 아도르노: 총체적 니체상 정립을 위한 시론」 「루카치냐 아도르노냐」 등이, 저서로 『아도르노 사상』 등이 있다.

우리 시대의 고전 12
계몽의 변증법 철학적 단상

제1판 1쇄 발행_2001년 7월 30일
제1판 25쇄 발행_2024년 11월 26일

지은이_Th. W. 아도르노, M. 호르크하이머
옮긴이_김유동
펴낸이_이광호
펴낸곳_㈜문학과지성사
등록번호_제1993-000098호
주소_04034 서울 마포구 잔다리로7길 18(서교동 377-20)
전화_02)338-7224
팩스_02)323-4180(편집) 02)338-7221(영업)
전자우편_moonji@moonji.com
홈페이지_www.moonji.com

ISBN 89-320-1265-2

프리드리히 폴록에게 바친다

계몽의 변증법 | 차례

개정판 서문

『계몽의 변증법』의 초판은 1947년 암스테르담의 쿼리도에서
출판되었다. 이 책은 서서히 알려지게 되었는데, 현재는 상당
기간 동안 절판 상태에 있다. 20년이 지난 지금 재출판을 결심
하게 된 것은 수많은 요청에 답하기 위해서뿐만이 아니라 이
책의 적지 않은 생각들이 오늘날도 유효하며 그후에 나온 우리
의 이론적 노력에 이 책이 지대한 영향을 미쳤다는 믿음 때문
이다. 우리 두 사람이 하나하나의 문장에 대해 어느 정도로 공
동 책임을 지고 있는지 다른 사람들은 쉽게 상상할 수 없을 것
이다. 긴 문단들을 우리는 함께 써 내려갔다. 『계몽의 변증법』
에 엉켜 들어간, 두 사람의 지적 기질이 일으키는 긴장은 이 책
의 생동하는 요소일 것이다.

책 속에서 말해진 모든 내용을 오늘날도 아무 수정 없이 붙
들고 있는 것은 아니다. 그런 태도는 진리를 역사적 운동에 대
치되는 어떤 불변적인 것으로 여기는 것이 아니라, **진리에 역사
성을 부여하는 이론**(이하 고딕체는 옮긴이 강조)에서는 있을 수
없다. 이 책은 나치 테러의 종말이 눈에 보이는 시점에서 씌어
졌다. 사실 적지 않은 부분들이 오늘날의 현실에 더 이상 적합
하지 않음을 느낀다. 지금도 그렇지만 우리는 그 당시도 '관리
되는 세계'로의 전이를 그렇게 단순화시켜 평가하지는 않았다.

세계가 거대한 세력 진영으로 나누어지고 이들이 필연적인
충돌을 향해 치닫는 시대에 참혹함은 아직 끝나지 않았다. 제3
세계에서의 갈등과 새로이 커가는 전체주의는, 『계몽의 변증

법』에 따르면, 그 시대에 파시즘이 그러했던 것처럼 역사의 단순한 막간극에 불과한 것이 아니다. 진보 앞에서조차 멈추지 않는 비판적 사유는 오늘날 자유의 잔재 또는 진정한 휴머니즘을 위한 조류들에의 참여——비록 이러한 참여가 거대한 역사적 경향에 비할 때 무력하기 짝이 없지만——를 요구한다.

이 책에서 인식된 '총체적 통합'으로의 발전은 완전히 분쇄된 것은 아니지만 잠시 중단되고 있다. 그러한 총체적 통합은 독재와 전쟁을 거쳐 자신을 실현시키려고 위협을 가한다. 이와 결부된 것으로서 계몽이 실증주의, 즉 '실제 일어난 사실의 신화'로 넘어가고, 마지막에는 지성이 정신의 적대자와 같아지는 현상을 도처에서 확인할 수 있다. 우리의 역사관은 역사에서 벗어날 수 있다고 꿈꾸지는 않지만 그렇다고 실증주의적으로 정보를 약탈하러 다니지도 않는다. 철학에 대한 비판으로서 그러한 역사관은 철학을 포기하려 하지 않는다.

우리는 이 책이 씌어진 곳인 미국으로부터 독일로 돌아왔는데, 그것은 이론적으로나 실제적으로나 어떤 다른 곳보다 독일이 작업하기에 더 나으리라는 확신 때문이었다. 프리드리히 폴록Friedrich Pollock——그 당시 50회 생일 때 이 책을 헌정했던 것처럼 다시 오늘 75회 생일을 맞아 이 책을 그에게 바치는데——과 함께 우리는 『계몽의 변증법』에서 언급한 관념들을 더 발전시키겠다는 생각 속에서 '사회연구소'를 재건했다. 우리의 이론을 형성해나가는 데 있어서, 그리고 이와 연관된 공동 작업에 있어서 그레텔 아도르노Gretel Adorno는 이미 첫판을 낼 때 그러했던 것처럼 귀중한 조언자였다.

우리는 수십 년이 지나 개정판을 준비하는 경우의 통상적 관례보다 훨씬 수정에 인색했다. 우리는 예전에 씌어진 것에——명백히 부적절한 부분의 경우에도——다시 손을 대고 싶지 않았다. 현재 상황에 맞게 텍스트를 수정하는 것은 새 책을 준비하는 것만큼이나 어려울 것이다. 오늘날 중요한 것은 간접적이나마 '관리되는 세계'로의 발전을 촉진시키기보다는, **자유를 지키고, 전개시키고, 확산시키는 것**이라는 것을 우리는 그후의 우리 저작들에서 강조해왔다. 우리는 인쇄상의 오류나 그 비슷한 것의 교정에 만족했다. 이런 절제로 말미암아 이 책은 일차적으로 자료로서의 의미를 지닐 것이다. 물론 우리는 그러면서도 이 책이 그 이상의 것이 되기를 희망한다.

1969년 4월 프랑크푸르트에서
막스 호르크하이머,
테오도르 비젠그룬트 아도르노

서문

완성된 초고를 프리드리히 폴록에게 바치려 하는 이 작업을 시작했을 때 우리는 그의 50회 생일까지 작업을 모두 끝낼 수 있기를 희망했었다. 그러나 우리가 이 과제를 파고들면 들수록 우리의 힘이 그 작업을 감당하기에 모자람을 느꼈다. 우리가 이 과제에 착수하면서 염두에 둔 것은 다만 왜 인류는 진정한 인간적 상태에 들어서기보다 새로운 종류의 야만 상태에 빠졌는가라는 인식이었다. 우리는 현재의 의식에 너무나 친숙했기 때문에 기술하는 데 있어서의 어려움을 과소 평가했었다. 상당히 오래 전부터 우리는 현대 응용 학문에서의 눈부신 발명들이 초래한 상황을 '이론'으로 형성해내는 작업이 어쩔 수 없이 실패했다는 것을 알고는 있었지만, 그래도 우리는 우리의 작업을 분과 학문들의 범위 내에서 또는 이들을 비판적으로 다루는 과정 속에서 수행할 수 있으리라 믿었다. 최소한 주제 면에서 보아 우리는 전통적인 분과 영역들, 즉 사회학·심리학·인식론을 떠나지 않고자 했다.

이 책에서 우리가 하나로 묶은 단상(斷想) Fragment들은 그렇지만 우리가 그러한 믿음을 포기했어야만 했다는 것을 보여준다. 학문적으로 전수되어 내려온 것들을 주의 깊게 살피고 검증하는 작업이──이런 작업은 실증주의적인 정화론자들에 의해 쓸모 없는 허섭스레기로 판정되어 망각되어지도록 요구된 부분들에 특히 해당된다──인식의 한 계기를 이루는데, 시민 문화가 붕괴되고 있는 현 상황에서는 학문 활동뿐만 아니라 학문의 의미 자체가 의문시되고 있다고 할 수 있을 것이다. 강철 같은 파시스트들이 위선적으로 예찬하는 것, 또한 순응적인 휴머니즘의 전문가들이 순진하게 매달리고 있는 것, 즉 '계몽의 지칠 줄 모르는 자기 파괴'는 사유로 하여금 현 시대 정신의 관행이나 경향들에 대한 최소한의 호의조차 철회하도록 강요하고 있다. 어떤 사상도 상품으로, 또한 언어는 상품을 위한 선전이 되는 것이 현재의 공적 상황이라면, 이러한 전략의 과정을 추적하려는 시도는 통상적인 언어적·사상적 요구들을 고분고분 따를 수가 없다. 그럴 경우 이러한 세계사적인 추세는 결국 '사상'이라는 것을 완전히 공허한 것으로 만들어버릴 것이다.

이러한 것이 단순히 학문의 자기 망각적 도구화에서 초래된 장애물이라면 사회 문제에 관한 사유는 최소한 공식적인 학문에 저항하는 노선들에 가담할 수도 있을 것이다. 그러나 이 노선들 또한 전체적인 생산 과정에 사로잡혀 있다. 그들은 그들이 목표로 삼는 이데올로기만큼이나 그들 자신도 변질되어 있다. 승리한 사상이 옛날부터 겪을 수밖에 없었던 것을 그들도 겪고 있다. 승리한 사상이 기꺼이 비판적 요소를 포기하고 단순한 수단이 되어 기존 질서에 봉사하기 시작할 때, 그것은 자기 의지와는 반대로 예전에 선택했던 긍정적인 무엇을 부정적이고 파괴적인 것으로 변질시키게 된다. 18세기에 뻔뻔스런 자들에게 죽음의 공포를 심어주었던 철학은, 산더미처럼 쌓여 불태워진 책과 인간들에도 불구하고, 나폴레옹 밑에서 이미 자신을 다시 그들에게 넘겨주고 말았다. 마지막으로 콩트의 변명적인 학파는 비타협적인 백과전서파로부터 승계권을 빼앗아와서는 이들이 저항했던 모든 것과 손을 잡았다. 비판을 긍정으로 변조시키는 것은 이론의 핵심까지도 건드리게 됨으로써 그 진리를 증발시켜버린다. 오늘날은, 물론 가속력을 얻은 역사가 그러한 정신적인 발전마저 추월하며, 사실 관심은 다른 데 있는 공식적인 대변자들이 그들을 양지바른 곳으로 나가게 만들어준 이론을 세간의 입방아 속에서 완전히 만신창이가 되어버리기 이전에 폐기시켜버린다.

'사유'가 자신의 죄과를 돌아보건대, 사유는 학문적 내지 일상적 개념어의 긍정적 사용뿐만 아니라 저 저항적 개념어의 긍정적 사용 또한 박탈당하고 있음을 본다. 지배적인 사고 방식에 부합되지 않는 표현은 더 이상 용납되지 않으며, 수명을 다한 언어가 더 이상 제 기능을 수행하지 못하는 자리는 사회의 메커니즘에 의해 효과적으로 채워진다. 쓸데없는 경비를 줄이기 위해 영화 산업이 행하는 '자발적인 검열'과 같은 것이 모든 분야에 존재한다. 하나의 문학 작품이 겪어야 하는 과정, 즉 작가의 자동적인 사전 배려뿐만 아니라 출판사 안팎의 독자, 발행인, 편집자, 유령 저자가 벌이는 작업들은 어떤 철저한 검열도 능가한다. 이들의 기능을 완전히 무력화하려는 노력은 어떤 훌륭한 개혁에 의해서도 도달할 수 없는 교육 체제의 야망에 불과한 것처럼 보인다. 사실을 단순히 확인하거나 상식적으로 그럴듯해야 한다는 한계 내에 엄격히 머물지 않을 경우 인식하는 정신은 사기나 미신에 떨어지기 쉽다는 견해 속에서 사기와 미신이 마음껏 설칠 수 있는 척박한 토양이 마련된다. 예로부터 금지가 오히려 마약 같은 독극물로의 접근을 부추겼듯이 이론적 상상력의 차단은 정치적 광기에 길을 활짝 열어준다. 아직 인류가 그러한 광기에 떨어지지는 않았지만 인류는 내적 · 외적 검열의 메커니즘에 의해 저항 수단을 박탈당할 것이다.

이로써 우리의 작업이 당면하고 있는 난관Aporie은 바로 우리가 연구하고자 하는 첫번째 대상, 즉 '계몽의 자기 파괴'임이 증명된다. 우리는 사회 속에서의 자유가 계몽적 사유로부터 분리될 수 없다는 데 대해서는 어떤 의심도 갖고 있지 않으며 이것은 우리의——아직 검증되지는 않았지만——전제를 이룬다. 그러나 우리는 우리가 뒤엉켜 들어간 구체적인 역사적 형태나 사회 제도뿐만 아니라 이 계몽 개념 자체가 오늘날 도처에서 일어나고 있는 저 퇴보의 싹을 함유하고 있다는 것 또한 분명히 인식하고 있다고 믿는다. '계몽'이 이러한 퇴행적 계기를 자각하지 못한다면 계몽 스스로가 자신의 운명을 돌이킬 수 없는 것으로 만들게 될 것이다. '진보'의 파괴적 측면에 대한 고려가 진보의 적에게만 내맡겨져 있는 상태가 지속된다면, 맹목적으로 실용화된 '사유'는 지양시키는 힘을 잃게 될 것이며 이에 따라 진리에 대한 그의 연결끈도 상실하게 될 것이다. 테크놀로지에 의해 교육된 대중으로 하여금 그 어떤 전체주의의 손아귀에 떨어지도록 만드는 수수께끼 같은 경로, 집단적인 편집증과 흡사한 그들의 자기 파괴적 속성, 그리고 모든 이해를 초월한 저 부조리 속에서 현대의 이론적 이해가 얼마나 취약한가가 드러난다.

계몽이 신화로 퇴보하게 된 원인은 이러한 퇴보를 위해 고안된 민족주의적·이교적 또는 다른 현대적 신화에서 찾을 수 있는 것이 아니라 진리에 대한 두려움 속에서 경직된 '계몽' 자체에서 찾을 수 있다는 것을 보여주고자 하는 이 단상(斷想)들의 모음집에서 위에 대한 이해를 도모할 수 있으리라 믿는다. 계몽과 진리라는 두 개념은 정신사적 개념일 뿐만 아니라 실제적인 것이라고 할 수 있다. 계몽이 시민 사회 전체의 현실적인 운동을 개인이나 제도 속에서 구현된 이념이라는 측면에서 표현하는 것이라면, 진리란 이성적 의식일 뿐만 아니라 동시에 이성적 의식이 현실 속에서 드러난 형태를 일컫는다. 현대 문명의 적자(嫡子)가 가지는 불안, 그것은 '사실'——이것을 인지하려 들 경우 이 단어 자체가 과학이나 장사나 정치에서의 일반적인 쓰임에 의해 충분히 상투화되고 손상된 것이지만——을 놓칠 것 같은 불안으로 이 불안은 사회적 일탈에 대한 불안과 직접적으로 동일한 것이다. 오늘날의 예술이나 문학이나 철학이 충족시켜야 할 '투명성'의 개념 또한 비슷한 쓰임 방식에 의해 정의된다. 이 개념은 '사실'이나 지배적 사고 방식에 부정적 태도를 취하는 사상을 애매하고 까다로운 허식주의 또는 잘해야 추상적이고 시의성 없는 것이라고 터부시함으로써 '정신'을 점점 더 깊은 어둠 속에 가두어버린다. 구제불능의 상황에서 빚어진 대표적 현상은, 닳아빠진 언어를 가지고 새로움을 추구하는 개혁가가 그의 진실성에도 불구하고 마모된 범주들과 함께 그 뒤에 숨어 있는 사악한 철학을 취함으로 말미암아 그가 분쇄하고자 하는 기성 세력을 강화시키는 것이다. 거짓된 '투명성'은 신화의 다른 명칭에 불과하다. '신화'는 선명하게 밝혀주는 것 같지만 사실은 어둠 속에 내버려두는 것이다. 예로부터 **신화의 특징은 친숙성과 함께 개념화의 노고를 피하는 것이었다.**

오늘날 인간이 자연으로부터 이탈된 상태는 사회적 진보와 분리해서 생각할 수 없다. 경제적인 생산성의 증가는 한편으로는 정의로운 사회를 위한 조건을 만들어주었지만 다른 한편으로는 기술 장치와 이를 운용하는 집단으로 하여금 국민의 나머지 부분에 대한 엄청난 우월성을 갖도록 해준다. 개인은 경제적 세력 앞에서 완전히 무력화된다. 이 세력은 자연에 대한 사회의 폭력을 일찍이 예견하지 못한 정도까지 밀고 나간다. 개인은 그가 사용하는 기술 장치 앞에서 사라질 수밖에 없지만 그 대가로 이 장치에 의해 과거 어느 때보다도 많은 것을 제공받는다. 정의롭지 못한 상황에서 대중에게 분배되는 재화의 양이 증가할수록 대중의 무기력과 조종 가능성은 커진다. 하류층의 생활 수준이 향상되었다는 것——물질적으로는 괄목할 만하지만 사회적으로는 보잘것없는——은 '정신'이 온 사방에 확산되어 위선적이 되고 천박하게 된 데서 잘 반영되어 나타난다. '정신'의 진정한 속성은 물화에 대한 부정이다. '정신'이 문화 상품으로 고정되고 소비를 위한 목적으로 팔아넘겨질 때 '정신'은 소멸할 수밖에 없다. 지나치게 상세한 정보와 유치한 오락의 범람은 인간을 영리하게 만들지만 동시에 바보로도 만든다.

이 책에서 문제가 되는 것은 헉슬리, 야스퍼스, 오르테가 이 가세트 등의 문명 비평가가 의도했던 '가치로서의 문화'가 아니라 인류가 완전히 배반당하지 않으려면 '계몽'은 스스로를 돌아보아야 한다는 것이다. 이러한 과제는 과거의 보존을 위해서가 아니라 과거에 약속된 희망을 이행하기 위해서다. 그러나 오늘날 과거는 과거의 파괴로서 지속된다. 19세기에는 존경할 만한 '교양'이 특권이었다면——교양 없는 사람들의 그만큼 증대된 고통을 대가로 지불했지만——, 20세기에는 모든 문화적 가치를 거대한 용광로에 녹여버림으로써 그 교양은 매각되었고 그 자리에 위생적인 공장의 작업 공간이 들어섰다. 문화를 팔아치우는 것이 경제적 성공으로 하여금 정반대의 결과가 되게 하는 데 기여하지만 않는다면, 이러한 매각은 문화 옹호자들이 생각하듯 그렇게 대단한 것은 아닐지도 모른다.

현재의 여건 속에서는 행복의 재화들 자체가 불행의 요소가 되어가고 있다. 과거 시대에는 사회적 주체의 결여로 말미암아 그러한 재화의 양이 국내 경제의 공황시에는 소위 과잉 생산으로 작용했다면, 오늘날 그것은 사회적 주체라는 권좌에 오른 저 권력 집단의 능력에 힘입어 파시즘이라는 국제적 위협을 만들어낸다. 진보가 퇴보로 전환되는 것이다. 위생적인 공장의 작업 공간, 그리고 이에 속한 모든 것, 또한 국민차나 체육 궁전, 이런 것들이 형이상학을 무자비하게 해체시켜버린다는 것은 별 문제가 안 될지도 모르나, 사회 전체로 볼 때 이것들 자체가 형이상학이 되어, 그 뒤에 실제적인 불행을 숨기고 있는 이데올로기의 장막이 되고 있다는 것은 문제가 아닐 수 없다. 이러한 문제 의식에서 이 단상들의 모음집은 출발하고 있다.

첫번째 논문은 그 다음 논의의 이론적 토대를 이루는 것으로서 '합리성'과 사회 현실의 뒤엉킴, 그리고 이로부터 분리될 수 없는 자연과 자연 지배의 뒤엉킴에 대한 이해를 도모하고 있다. 여기서 행해진 '계몽'의 비판은, 맹목적인 지배에 연루된 상태에서 '계몽'을 풀어내어줄 '계몽'의 긍정적 개념을 마련해줄 것이다.

첫번째 논문의 결정적인 부분은 크게 두 개의 명제로 요약될 수 있다: 신화는 이미 계몽이었다. 그리고 계몽은 신화로 돌아간다. 이 명제들은 두 개의 「부연 설명」에서 특수한 대상들을 중심으로 논의된다. 첫번째 「부연 설명」은 시민적·서구적 문명을 대변하는 최초의 증인인 『오디세이』를 중심으로 '신화와 계몽의 변증법'을 추적한다. 그 중심에 서 있는 개념은 '희생'과 '체념'인데, 이 개념들을 통해 '신화적인 자연'과 '계몽된 자연 지배'의 같음과 다름을 보여주고자 한다. 두번째 「부연 설명」은 '계몽'의 무자비한 완성자인 칸트와 사드와 니체를 다룬다. 이 「부연 설명」이 보여주고 있는 것은 모든 자연적인 것을 오만한 주체 밑에 굴복시키는 것이 궁극에는 맹목적인 객체성과 자연성의 지배 속에서 어떻게 정점에 이르고 있는가다. 이러한 경향은 시민적 사유의 모든 대립들, 특히 도덕적 엄격성과 절대적 무도덕성의 대립들 사이에 존재하는 차이를 없앤다.

'문화 산업'에 관한 장(章)은 계몽이 어떻게 이데올로기로 퇴보하는가를 보여준다. 우리는 영화와 라디오에서 이러한 퇴보의 전형적인 표현을 발견한다. 여기서의 계몽은 무엇보다 생산과 분배에서 효과와 테크닉을 계산하는 것이다. 여기서 이데올로기는 기존 질서와 함께 테크닉을 조종하는 권력을 신격화함으로써 본연의 사명을 수행한다. 이러한 모순을 다룸에 있어 문화 산업은 그 자신이 스스로 요청하는 것보다 좀더 진지하게 취급되었다. 그러나 그 자신의 **상업적 속성에 대한 호소**, 완화된 진리에의 고백이 이미 오래 전에 **거짓말에 대한 책임 회피의 변명**이 되어버렸기 때문에 우리의 분석은 생산물 안에 객관적으로 내재하는 요구 ─ '심미적 형상'이 되고 이로써 '형상화된 진리'가 되려는 ─ 를 저버리지 않으려 한다. 문화 산업은 저 요구가 가망이 없다는 것을 보여줌으로써 사회의 허상을 보여준다. 다른 장들보다 문화 산업에 관한 장은 단상(斷想)으로서의 성격이 훨씬 강하다.

'반(反)유대주의의 요소들'을 명제별로 다룬 장(章)은 계몽된 문명이 실제 현실에서 어떻게 야만 상태로 회귀하는가를 보여준다. **자기 파괴로의 실제적인** ─ 머릿속에서뿐만 아니라 ─ **경향이 '합리성' 안에는 처음부터** ─ 그것이 적나라하게 드러난 단계에서뿐만 아니라 ─ **존재한다.** 이런 의미에서 반유대주의의 철학적인 원(原)역사 Urgeschichte가 구상되었다. 그 비합리성이 지배적인 이성 자체와 그 이성의 이미지에 상응하는 세계로부터 추론되었다. 반유대주의에 관한 장은 '사회연구소'와 펠릭스 바일 Felix Weil에 의해 창설되고 유지되는 연구 재단 ─ 그 지원이 없었다면 우리의 연구뿐 아니라 히틀러에 굴하지 않고 계속 추진된 독일 이민학자들의 이론적 작업의 상당 부분이 불가능했을 것이다 ─ 의 경험적 연구와 직접적인 연관하에 있다. 처음의 세 명제는 프랑크푸르트 학파의 초창기부터 많은 학문적인 문제에 관해 공동 작업을 해온 레오 뢰벤탈 Leo Löwenthal과 함께 집필했다.

마지막 부분은 스케치 Aufzeichnungen와 구상들 Entwürfe을 묶어놓은 것으로 일부는 앞에 논의된 논문들의 사고 범위에 속하는 것들로서 마땅한 자리를 발견하지 못한 것들이며, 다른 일부는 향후에 작업할 문제들의 윤곽을 잠정적으로 그려본 것이다. 그 대부분은 '변증법적 인류학'과 관계된다.

로스앤젤레스, 캘리포니아, 1944년 5월

이 책은 전쟁 중에 완결된 텍스트에 어떤 본질적인 변경도 가하지 않았다. 차후에 덧붙여진 것은 오직 '반유대주의의 요소들'의 마지막 명제다.

1947년 6월
막스 호르크하이머,
테오도르 비젠그룬트 아도르노

계몽의 개념

진보적 사유라는 가장 포괄적인 의미에서 계몽은 예로부터 인간에게서 **공포를 몰아내고 인간을 주인으로 세운다**는 목표를 추구해왔다. 그러나 완전히 계몽된 지구에는 재앙만이 승리를 구가하고 있다. 계몽의 프로그램은 세계의 '탈마법화'였다. 계몽은 '신화'를 해체하고 '지식'에 의해 상상력을 붕괴시키려 한다. "실험철학의 아버지"[1]인 베이컨은 이미 계몽의 모티프들을 수집했다. 그는 전통의 대가들을 경멸했다. 이들은 "우선 자신들이 모르는 것을 다른 사람들이 안다고 생각한다. 그런 다음에는 다른 사람들이 모르는 것을 그들은 안다고 믿는다. 경솔한 믿음, 회의에 대한 거부, 신중하지 못한 답변, 교양의 과시, '모순'의 혐오, 이해타산적인 태도, 탐구에의 태만, 언어물신주의, 단순한 부분적 인식에만 머물러 있음, 이 비슷한 것들이 인간의 오성과 사물의 본성이 행복하게 결합하는 것을 방해하고는 오성을 공허한 개념이나 무계획한 실험과 결혼시켰다. 그들이 자랑스러워하는 이러한 결합의 결과나 열매가 무엇인지는 어렵지 않게 생각해볼 수 있다. 인쇄기는 조야한 발명품이고, 대포는 이미 익숙한 물건이었고, 나침반은 벌써 이전부터 어느 정도 알려진 것이었다. 그렇지만 이 세 가지 물건이 얼마나 놀라운 변화를 가져왔는가. 하나는 학문에 있어서, 다른 하나는 전쟁에서, 또 다른 하나는 재정, 무역 그리고 항해에 있어서 엄

---

1 Voltaire, *Lettres philosophiques XII*, Œuvres complètes, Band Ed. XXII, Garnier, Paris, 1879, S. 118.

청난 변화를 초래했던 것이다. 이런 것들은 말하자면 소 뒷걸음치다가 건진 것들이다. 그러므로 인간의 우월성은 의심할 여지 없이 '지식'에 있는 것이다. 지식은 많은 것들을 자신의 내부에 간직하고 있다. 그것은 제왕들이 보화를 가지고도 살 수 없는 것, 그들의 명령이 미치지 않는 것이며, 왕의 첩자들이 그에 대한 정보를 구할 수도 없고, 항해자와 탐험가들은 그것이 생겨난 원산지에 배를 타고 갈 수도 없다. 우리는 말로만 자연을 지배할 뿐 자연의 강압 밑에서 신음하고 있다. 그렇지만 우리가 자연의 인도를 받아 발명에 전념한다면 우리는 실제로 자연 위에 군림할 수 있을지도 모른다."[2]

수학에 관한 지식의 결핍에도 불구하고 베이컨은 자신의 이후에 올 학문 정신을 정확하게 알아맞혔다. 그가 염두에 두고 있는 사물의 본성과 인간 오성의 행복한 결혼은 가부장적인 것이다. 즉 미신을 정복한 오성이 '탈마법화된 자연' 위에 군림해야 한다는 것이다. '힘'을 의미하는 지식은 인간을 노예화하는 데 있어서나 지배자들에게 순종하는 데 있어서 어떠한 한계도 모른다. 공장에서든 전쟁터에서든 시민 경제의 모든 목적에 봉사하듯이 지식은 출신에 관계없이 기업가들에게 봉사한다. 왕들은 상인 못지않게 '기술'을 직접 관장한다. '기술'은, 기술과 함께 발전하는 경제 체제만큼이나 민주적이다. 기술은 이러한 지식의 핵심이다. 지식은 개념이나 형상을 목표로 하지도, 사물의 본질을 통찰하는 행복감을 목표로 하지도 않는다. 지식의 목표는 '방법,' 타인 노동의 착취 그리고 '자본'이다. 베이컨의 견해에 따르면 지식이 간직하고 있는 많은 것들은 단순한 도구에 불과하다. 이를테면 라디오는 한 단계 승격된 인쇄기고, 급

2 Bacon, "In Praise of Knowledge," *Miscellaneous Tracts Upon Human Philosophy*, The Works of Francis Bacon, Band I, Ed. Basil Montagu, London, 1825. S. 254f.

강하 폭격기는 더 효율적인 대포며, 무선 조종 장치는 보다 믿을 만한 나침반이다. 인간이 자연으로부터 배우고 싶어하는 것은, 자연과 인간을 완전히 지배하기 위해 자연을 이용하는 법이다. 오직 그것만이 유일한 목적이다. 자기 자신마저 돌아보지 않는 계몽은, 자신이 갖고 있는 자의식의 마지막 남은 흔적마저 없애버렸다. 자기 자신에 대해서도 폭력을 휘두를 수 있는 그러한 '사유'라야 신화를 파괴할 정도로 충분히 강한 것이다. '사실'만을 신봉하는 오늘날, 베이컨의 유명론적 신조 역시 형이상학이라는 의심을 받으면서, 베이컨이 스콜라 철학에 대해 내린 "공허하다"는 판결은 바로 자신에게 떨어질 것이다. 권력과 인식은 동의어다.[3] 루터에게서나 베이컨에게서나 실용적 생산성이 없는 인식의 기쁨은 창녀와 같은 것이다. 중요한 것은 사람들이 진리라고 부르는 만족이 아니라 "조작", 즉 효율적인 처리 방식인 것이다. "학문의 진정한 목표나 사명은, 그럴듯하고 온화한 즐거움을 주며 가슴에 와 닿는 품위 있는 말이나 그 어떤 일깨움을 주는 논리가 아니라, 생활에 도움을 주는 활동이나 작업, 지금까지 알려지지 않은 사실들의 발견에 있다."[4] 비밀은 있어서는 안 되며, 비밀을 드러내고자 하는 바람도 역시 있어서는 안 된다는 것이다.

세계의 탈마법화는 애니미즘Animismus을 뿌리뽑는 것이다. 크세노파네스*는 많은 신들을 비웃는다. 왜냐하면 다신교의 신

---

3 Vgl. Bacon, *Novum Organum*, a. a. O., Band XIV, S. 31.

4 Bacon, "Valerius Terminus, of the Interpretation of Nature," *Miscellaneous Tracts Upon Human Philosophy*, a. a. O., Band I, S. 281.

* Xenophanes: 기원전 5~6세기경의 그리스 시인이며 철학자. 고향 콜로폰에서 추방당해 방황하다 남부 이탈리아의 엘레아에 정착했다. 비가(悲歌)를 통해 신들은 인간과 비슷한 본질을 가졌다는 그리스의 전통 종교를 부인하고는 모습이나 정신에 있어 유한한 인간과는 전혀 다른 하나의 신만이 존재한다고 외쳤다(이하 * 표시는 옮긴이 주).

들은 모든 우연성과 죄악성을 지닌, 그들을 만들어낸 인간과 닮았기 때문이다. 또한 최근의 논리학은 언어의 의미가 새겨져 있는 단어를 위조 지폐라고 비난하면서, 차라리 이러한 언어를 중립적인 계산기로 대체하는 것이 나을 것이라고 말한다. 세계 는 카오스가 되고 '종합Synthese'은 구원이 된다. 토템 동물, 혼령을 볼 수 있는 사람의 꿈, 그리고 절대적 이념 사이에는 차 이가 없다고 한다. 근대 과학으로 나아가는 도정에서 인간은 '의미'를 포기한다. 인간은 '개념'을 공식으로, '원인'을 규칙 과 개연성으로 대체한다. '원인'은 과학적인 비판이 자신의 척 도로 사용하는 최후의 철학 개념에 지나지 않았다. 그것은 아 마 철학의 낡은 이념들 중에서 이 개념만이 과학적 비판에 대 해서도 창조적 원리들을 세속화하기 위한 마지막 수단으로서 자신을 내세울 수 있었기 때문일 것이다. 실체와 질(質), 활동 과 고통, 존재와 현존재를 시대에 맞게 규정하는 것이 베이컨 이후로도 철학의 관심사였다면, 과학은 이러한 범주들을 더 이 상 필요로 하지 않는다. 이러한 범주들은 낡은 형이상학이라는 '극장의 우상Idola Theatri'에 머물러 있지만 사실 형이상학의 시대에도 이미 태곳적인 힘과 본질이 남긴 유품들이었다. 태고 의 선사 시대에 삶과 죽음은 신화 속에서 해석되게 됨에 따라 서로 뒤엉키게 되었다. 서구 철학이 영원한 자연 질서를 규정 하기 위해 사용했던 수단인 이 범주들은, 한때 오케아노스와 페르세포네, 아리아드네와 네레우스*가 차지하고 있던 위치들

---

* Oknos: 티탄족으로서 대양(大洋)의 신. 후에 해신(海神) 포세이돈에게 그의 지위를 넘겨주었다; Persephone: 대지의 여신의 딸로 명부(冥府)의 신 하데스에게 붙잡혀 명부의 여신이 되었다; Ariadne: 그리스 신화에 나오는 크레타 섬의 왕녀. 아테네의 영웅 테세우스가 괴물 미노타우로스를 퇴치하기 위해 미로(라빈토스)에 들어갈 때 실을 주어 미로에서 나올 수 있도록 도와주었다; Nereus: 그리스 신화에 나오는 인 물로 호머가 바다의 노인이라고 부른 해신이며 선원들의 보호자.

을 표시해주고 있다. 소크라테스 이전의 우주론은 과도기의 모습을 보여준다. 여기서 자연의 원소라고 말해진 습기, 원자, 공기, 불은 바로 신화적 세계관을 합리화시킴으로써 얻어진 침전물이다. 물과 흙으로 창조했다는 형상들, 이집트 문명으로부터 그리스로 흘러들어온 이 형상들이 이러한 우주론에서는 '물활론Hylozoismus'*적 원리가 되는 것처럼, 신화적인 데몬Dämon이 갖는 온갖 다의성은 정신화되어 순수한 형식을 지닌 존재론적 실체가 되었다. 마침내 플라톤의 '이데아'에 의해 올림포스의 가부장적인 신들마저 철학적인 로고스에 의해 파악된다. 그렇지만 '계몽'은 플라톤과 아리스토텔레스가 남겨놓은 형이상학의 유산 속에서 예전의 힘들을 다시 발견하면서, 보편 개념의 진리 주장을 미신이라고 몰아붙인다. 계몽은 또한 보편 개념의 권위에서 데몬——이를 모방함으로써 사람들은 주술적인 의식(儀式)을 통해 자연에 영향을 주려 했던——에 대한 공포를 본다. 그 때문에 이제부터 물질은, 이것을 지배하는 어떤 힘이 있다거나 그 안에는 은폐된 자질이 있다는 환상 없이 지배되어야만 한다는 것이다. 계산 가능성과 유용성의 척도에 들어맞지 않는 것은 계몽에게는 의심스러운 것으로 여겨진다. 외부로부터의 억압이나 간섭이 없다면 계몽은 중단 없이 발전할 것이다. 그렇게 된다면 인간의 권리에 대한 '계몽'의 관념도 예전의 보편 개념과 다르지 않을 것이다. 계몽이 어떤 정신적 저항을 만나든 계몽은 이러한 저항을 통해 오히려 힘이 증가할 뿐이다.[5] 그 이유는 계몽이 '신화' 속에서조차 자기 자신을 재인식한다는

---

* 모든 물질은 그 자체 속에 생명을 갖추고 있어 생동한다고 하는 학설. 물활론은 그리스 철학을 확립한 탈레스, 아낙시메네스, 헤라클레이토스 등 이오니아 학파인 자연철학자들에 의해 주장되고 스토아 철학자에게 계승되었다.

5 Vgl. Hegel, *Phänomenologie des Geistes*, Werke, Band II, Berlin, 1832, S. 410f.

데 있다. 계몽에 대한 저항이 어떤 신화에 의지하든 그 신화가 저항을 위해서는 그 자신 논증적인 주장이 되지 않을 수 없다는 사실 때문에, 해체적 합리성이라고 계몽을 비난하는 신화는 자신도 동일한 원리를 지니고 있음을 자인하지 않을 수 없게 된다. 계몽은 총체적인 것이다.

옛날부터 계몽은 신화의 근본 원리를 신인동형론Anthro-pomorphismus, 즉 주관적인 것을 자연에 투사Projektion하는 것으로 파악했다.[6] 초자연적인 것, 즉 신령들과 데몬들은 자연 현상에 겁을 먹은 인간의 자화상이라는 것이다. 계몽에 따르면 많은 신화적 형상들은 모두 공통분모 아래 모일 수 있다. 즉 그러한 형상들은 **'주체'**로 환원되는 것이다. 스핑크스의 수수께끼에 대한 오이디푸스의 답변, "그것은 인간입니다"는——일말의 객관적 의미를 담지하고 있든, 우주 질서의 윤곽을 그려보는 것이든, 사악한 힘들에 대한 불안을 드러내는 것이든, 혹은 구원에의 희망을 눈앞에 그려보는 것이든 상관없이——끊임없이 반복되는 틀에 박힌 '계몽'의 대답이다. 계몽은 통일적으로 파악할 수 없는 것은 아예 존재나 사건으로 인정하지 않는다. 계몽의 이상(理想)은 세부에 이르기까지 모든 것을 도출해낼 수 있는 '체계'*다. 계몽이 합리주의적인 형태를 취하든 경험주의

---

6 크세노파네스, 몽테뉴, 흄, 포이어바흐, 살로몬 라이나흐는 이 점에서 일치한다. Vgl. zu Reinach, *Orpheus*, From the French by F. Simmons, London und New York, 1909, S. 6ff.

* 이 책을 쓴 공동 저자 중의 한 사람인 아도르노에게서 '체계System'에 대한 비판은 그의 사상을 구성하는 근본 축의 하나다. 이성중심주의적인 서양 철학의 전통은 형식논리학을 기반으로 하든 변증법적 논리학을 기반으로 하든 잘 짜여진 인식의 체계를 세우는 것을 목표로 삼아왔다. 모순에 대해 뛰어난 감수성을 지닌 헤겔에게서조차 진리는 전체이며 전체는 곧 체계를 의미한다. 체계화되기 이전의 무정형한 자연이나 체계화의 과정 속에서 소외된 특수자의 고통, 동일화하는 체계 너머에 있는 '비동일적인 타자'에 관심을 갖는 아도르노는 현실에 있어서나 개념에 있어서나 '체계'라는 단어에서 전체주의적인 억압과 폭력의 계기를 읽는다. 체계에 대한 이러한

적인 형태를 취하든 이 점에서는 구별되지 않는다. 개개의 학
파들이 기본적인 '공리Axiom'들을 어떻게 해석하든 통일성을
추구하는 학문의 구조는 언제나 동일한 것이었다. 라이프니츠
의 보편학Mathesis universalis이 불연속성에 대해 적대적이듯
이, 보편 과학Una scientia universalis에 대한 베이컨의 요구[7]는
──연구 분야의 다양성을 그가 아무리 인정한다 할지라도──
'결합될 수 없는 것'에 대해 적대적이었다. 형상들의 다양성은
위치와 배열로, 역사는 사실성Faktum으로, 사물은 질료로 환
원된다. 베이컨에 따르면 최상의 원리와 개별 관찰에서 얻어진
명제들 사이에는──보편성의 정도는 다르더라도──명확한 논
리적 연관성이 존재한다고 한다. 드 메스트르*는 베이컨이 "등
급의 우상"[8]을 지니고 있다고 조소한다. 형식논리학은 '통일시
키기 Vereinheitlichung'를 위한 최고의 학습장이었다. 형식논리
학은 계몽가들에게 '세계의 계산 가능성'이라는 도식을 제시했
다. 플라톤의 마지막 저작들에서 이데아와 숫자의 신비스러운
동일시는 모든 '탈신화화Entmythologisierung'가 염원하고 있
는 것을 표현한 것이다. 그래서 숫자는 계몽의 경전이 되었다.
이와 똑같은 '동일시'가 시민적**인 정의(正義)나 상품 교환도

27

계몽의 개념

비판 의식이 부제에서 보듯 이 책을 '철학적 단상(斷想)'으로 만들었을 것이다.

7 Bacon, *De augmentis scientiarum*, a. a. O., Band VIII, S. 152.

* De Maistre(1753~1821) : 프랑스의 정치가, 문학가, 전통주의 · 국가주의의 대표적
사상가. 프랑스 혁명 시대 왕당파의 대표적 인물로 왕권신수설과 절대왕정을 지지
했다.

8 Joseph de Maistre, *Les Soirées de Saint-Pétersbourg*, 5ième entretien, Œuvres
complètes, Band IV, Lyon, 1891, S. 256.

** 이 책에서는 Bürger나 bürgerlich를 대부분 '시민'이나 '시민적'으로 번역한다. 불어
에서 시민은 부정적인 뉘앙스를 지닌 부르주아Bourgeois와 긍정적인 의미를 지닌
시트와양Citoyen으로 나누어진다면 독일어의 Bürger는 양자를 모두 포함하며 좀더
중립적인 역사적 개념으로 쓰이기 때문에 프롤레타리아와의 대(對)개념으로 쓰이는
특수한 몇몇 경우를 제외하면 오해의 소지가 있어 좀더 중립적인 '시민적'이라는 역
어를 선택했다. 아도르노의 경우는 대부분의 중요한 용어가 관례적인 사용 범위를

지배한다. "'동일하지 않은 것'을 '동일한 것'에 더하면 '동일하지 않은 것'이 나온다는 규칙은 사회적 정의에 있어서나 수학에 있어서나 기본 원리가 아닌가? 또한 상호적인 정의와 균등화하는 정의, 그리고 기하학적 비례와 산술적 비례, 이 양자는 진정으로 일치한다고 볼 수 있지 않을까?"[9] 시민 사회는 '등가 원칙Äquivalent'에 의해 지배된다. 시민 사회는 '동일하지 않은 것'을 '추상적인 크기'로 환산함으로써 비교 가능한 것으로 만든다. '계몽'에게는 숫자로 환원될 수 없는 것, 나아가 결국에는 '하나'로 될 수 없는 것이 '가상Schein'으로 여겨진다. 그래서 근대의 실증주의는 이런 것들을 문학의 영역으로 추방해 버린다. '단일성'은 파르메니데스*로부터 러셀에 이르기까지 기본 명제가 된다. 줄기차게 고수되고 있는 것은 **신들과 질(質)의 파괴다.**

그러나 계몽의 제물이 된 '신화' 자체도 이미 계몽의 산물이었다. 일어난 사건을 과학적으로 계산함으로써, 일어난 사건이 신화로 정착하는 과정 속에서 생기는 제반 정황에 대한 고려가 제거된다. 신화는 보고하고 이름 붙이고 근원을 말하지만 이로써 기술하고 확정하고 설명하는 것이다. 신화의 수집과 채록은 이러한 경향을 더욱 강화한다. **신화들은 일찍이 보고(報告)에서 출발하여 가르침이 되었던 것이다.** 모든 제식(祭式)은 주술에 의해 영향을 미치고자 하는 특정한 사건이나 상황에 관한 관념을 내포하고 있다. 제식에 포함된 이러한 이론적 요소는 제 민족

넘어서는 의미의 확장을 겪고 있다. '시민' '시민적'이라는 개념도 중세 후기 이후 서서히 형성되어 오늘날 지배적인 존재 방식이 된 계층만을 일컫는 것이 아니라 '소유'와 정착 생활이 시작된 이후 인간의 지배적인 존재 방식을 일컫는 용어다.

9 Bacon, *Advancement of Learning*, a. a. O., Band II, S. 126.

* Parmenides(기원전 540~470): 그리스의 철학자로서 엘레아 학파의 창시자. 모든 개별적 존재자는 다양성과 변화 속에 있는 것처럼 보이지만 사실은 참된 단일자의 현상에 불과하다고 주장했다.

이 가지고 있는 서사시의 가장 초기 단계에 독립적인 것으로 자립화한다. 비극 작가들의 눈에 포착된 신화들에는 훗날 베이컨이 열렬히 목표로 삼는 '훈육과 힘'이 이미 들어 있다. 지방신들과 데몬들 대신에 하늘과 하늘의 위계 질서가, 씨족 사람들과 주술사의 초혼제(招魂祭) 대신에 정교하게 등급이 매겨진 제물과 명령에 따라 움직이는 노예들의 노동이 등장했다. 올림포스의 신들은 이제 더 이상 직접 '원초적인 힘'들과 일치하는 것이 아니라 이런 것들에 의미를 부여하는 존재다. 호머에 있어서 제우스는 낮의 하늘을 관장하고 아폴로는 태양을 지배하며, 헬리오스와 에오스*는 이미 '알레고리'적인 기능으로 넘어간다. 신들은 '소재'들의 총합이지 소재 자체는 아닌 것이다. '존재'는 이제 로고스——철학의 진보와 함께 단자 Monade라는 단순한 준거점으로 축소되는——와 바깥에 있는 사물과 생명체 전체의 덩어리로 나누어진다. 삶이라는 고유한 '현존재 Dasein'와 '실재 Realität'를 나누는 하나의 구별만 남고 나머지 모든 구별은 제거된다. **'차이'가 고려되지 않을 때 세계는 인간에게 종속되게 된다.** 이 점에서 유대인의 창세기와 올림포스의 종교는 일치한다. "고로 바다의 고기와 공중의 새와 가축과 온 땅과 땅에 기는 모든 것을 다스리게 하자 하시고."**10** "오 제우스여, 아버지 제우스여, 하늘의 통치권은 당신에게 있나이다. 당신은 악한 것이든 정직한 것이든 인간의 소행을 그리고 심지어 동물의 방자함도 굽어보십니다. 당신은 만사가 잘 돌아가는지

---

* 헬리오스: 그리스 신화의 태양신, 나중에 나폴론이 이를 대신하였다; 에오스: 그리스 신화에 나오는 새벽의 여신으로 로마 신화의 아우로아에 해당한다. 태양신 헬리오스와 월신(月神) 세레나가 자매간이며, '장미의 손가락'으로 밤의 장막을 여는 여신.

10 Genesis I. 26.

염려하십니다."[11] "한 사람이 회개하면 다른 사람도 따라한다
는 것이 그러하다. 그러나 한 사람이 잠시 빠져나가, 신들이 내
리는 재앙의 위협이 그에게 미치지 못한다고 하더라도 결국에
가서는 그 재앙이 어김없이 떨어진다. 그러므로 죄 없는 자들
은, 그의 자녀나 후손을 통해서라도, 자신의 행위를 회개해야
한다."[12] 신 앞에서는 온전히 무릎을 꿇는 자만이 살아남을 수
있다는 것이다. 주체의 각성이 지불해야 하는 대가는 모든 관계의
원리인 '힘'을 인정하는 것이다. 이러한 통일적 이성을 세우는
대신 신과 인간을 분리하는 것은, 호머에 대한 최초의 비판 이
래 '이성'이 단호하게 지적하듯, 부적절하다는 판결을 받는다.
자연의 통치자로서 창조주 신과 '체계화하는 정신'은 일치한
다. 인간이 신과 닮았다는 것은 피조물 위에 군림하는 인간의
지고성(至高性), '주인'의 당당한 눈매, 그리고 '명령'에 있다.

　신화는 계몽으로 넘어가며 자연은 단순한 객체의 지위로 떨어진
다. 인간이 자신의 힘을 증가시키기 위해 치르는 대가는 힘이
행사되는 대상으로부터의 '소외'다. 계몽이 사물에 대해 취하
는 행태는 독재자가 인간들에 대해 취하는 행태와 같다. 독재
자는 인간들을 조종할 수 있는 한 인간들을 안다. 과학적인 인
간은 그가 사물을 만들 수 있는 한 사물들을 안다. 이를 통해
즉자적인 사물은 인간을 위한 사물이 된다. 이러한 변화 속에서
도 사물은 언제나 동일한 것, 즉 지배의 대상이라는 데에 그 본
질이 있는 것이다. 이러한 '동일성'이 '자연의 통일성'을 구성
한다. 자연의 통일성은 '주체의 통일성'과 마찬가지로 주술적
인 접신(接神)의 전제 조건은 아니었다. 무당의 의식은 바람 ·

---

11 *Archilochos*, fr. 87. Zitiert bei Deussen, *Allgemeine Geschichte der Philosophie*, Band II,
　　Erste Abteilung, Leipzig, 1911, S. 18.
12 Solon, fr. 13, 25 folg, a. a. O., S. 20.

비 · 뱀 · 병자 속의 마귀에게로 향한다. 소재나 견본으로 향하지 않는다. 주술을 행하는 것은 동일한 혼령이 아니다. 그는 여러 귀신과 흡사한 모습을 한 경배의 탈을 바로바로 바꿔 쓴다. 원색적인 비진리인 주술 속에서도 '지배'*는 부인되지 않지만, 여기서의 '지배'는 그 자체가 순수한 진리로 탈바꿈해 세계를 자신의 발밑에 굴복시켜 파멸시키려 하지는 않는다. 마귀들을 놀라게 하거나 무마하기 위해 무당은 마귀와 유사해지려 한다. 즉 무당은 스스로가 무섭게 또는 부드럽게 행동하는 것이다. 그의 임무는 '반복하는 것'이기는 하지만 아직은 문화인——문화인에게는 보잘것없는 사냥터가 통일된 우주로, 약탈 가능한 모든 것의 총체로 응축된다——처럼 자신을 '보이지 않는 힘'과 '닮은 모습Ebenbild'이라고 생각하지는 않는다. 이러한 '닮은 모습'에 의해 비로소 인간은, 다른 것에 '동일화'되면서 자신을 잃어버리는 것이 아니라 '자아'라는 난공불락의 탈을 확고하게 소유하게 되는 '자기 동일성'**을 획득한다. 충만된 질(質)이 굴복하는 것은 바로 이 '정신의 동일성'과 그 파트너인 '자연의 통일성' 때문이다. 질(質)을 상실한 자연은 양(量)에 의해 분할된 혼란스러운 단순한 '소재'로 격하되고 전능한 자아는 단순한 '가짐haben,' 즉 '추상적인 동일성'이 된다. 주술에는 '특수한 대

---

* 헤겔 이후 현대의 많은 사상가들에게서처럼 지배 Herrschaft는 아도르노에게도 인류 역사를 해명하는 데 관건이 되는 개념이다. 아도르노에게서 역사는 자연에 의한 인간의 지배로부터 인간의 자연 지배, 인간에 의한 인간의 지배로 구상된다. 그 마지막 단계에서는 손상당한 자연이 인간에게 보복을 가함으로써 인간의 역사와 자연사는 다시 수렴한다.
지배 · 폭력 · 억압 · 권력 · 주인은 동일선상에 있는 개념들이다. 헤겔의 'Herrschaft와 Knechtschaft'는 '주인과 노예'로 번역되는데 이 역서에서는 문맥의 편의에 따라 '지배'와 '주인'을 병용해서 사용했다.
** '자기 동일성 Ich-Identität, Identität des Selbst'은 통상적으로는 통일적 인격을 형성하는 '자아 정체감'으로 번역될 수도 있다. 그렇지만 '비동일성의 철학'이라고도 불리는 아도르노 사상에서 '동일성' '비동일성' '동일화'는 중심적인 개념이므로 이 단어들과의 연계를 고려해 '자아 정체감'보다는 '자기 동일성'이라는 역어를 택했다.

표 가능성 spezifische Vertretbarkeit'이 있다. 적의 창이나 머리 카락, 이름에 가해진 위해(危害)는 동시에 그 인물 자체에 대한 가해이며, 희생 제물은 신을 대신해서 도살되는 것이다. 희생 제물에 의한 대속은 '담론적인 논리'로 한걸음 진전하는 것을 의미한다. 딸을 대신해서 바쳐진 암사슴이나 첫아들을 대신해서 바쳐진 양은 개체로서의 고유한 질(質)을 갖고 있기는 하지만 그들은 이미 자신이 속한 유(類)를 대신하는 것이다. 그들은 임의적인 견본인 것이다. 그렇기는 하지만 희생 제의가 일어나는 '지금·여기'의 거룩함과 선택된 자의 '일회성'은 대속하는 제물을 '임의적인 견본'과 엄격히 구별시키는 것으로서 '견본'은 '교환'* 속에서 '교환될 수 없는 것'이 되는 것이다. 과학은 이러한 메커니즘에 종지부를 찍는다. 과학에는 '특수한 대표 가능성'이 없다. 희생 제물이 없으면 신도 없는 것이다. 대표 가능성은 '보편적인 대체 가능성 Fungibilität'으로 바뀐다. 원자는 물질의 대표로서가 아니라 물질의 견본으로서 쪼개어진 것이다. 실험실의 열정에 의해 희생당한 토끼는 대속하는 제물이 아니라 단순한 견본으로 취급된 것이다. 기능적인 과학에서는 '차이'가 대단히 유동적이어서 모든 것이 하나의 물질로 뭉뚱그려질 수 있기 때문에 과학의 대상은 화석화될 수밖에 없다면, 하나를 다른 하나와 유사하게 만드는 예전의 경직된 제식은 오히려 유연성이 있어 보인다. 주술의 세계는 언어 형

---

* 마르크스에게서처럼 아도르노에게서도 '교환 Tausch'이나 '교환가치 Tauschwert'는 자본주의 사회나 상품의 비밀로서 자본주의 사회를 해석하고 비판하는 열쇠가 된다. 교환이나 교환가치의 반대축에 있는 것은 '사용가치'나 '즉자적인 사물이 갖는 질 (質)' '불가공약적인 것'의 관념들이다.
아도르노에게서 '교환'의 관념은 신화의 시대에까지 확장 적용되지만 신화의 시대에는 '대속'의 관념을 통해 교환 속에서의 교환 불가능성을 이야기한다. '교환 속에서의 교환 불가능성'이라는 관념은 현대에서는 진정한 예술 작품의 '절대 상품'적 성격으로 등장한다.

태에서조차 그 흔적이 사라진 '차이'를 아직도 간직하고 있다.[13] 후에 '존재자' 사이의 다양한 '유사성'은 추방되고, 그 대신에 의미 부여하는 주체와 의미 없는 대상간의 관계, 합리적 의미와 우연한 의미 담지자 간의 관계가 나타난다면, 주술의 단계에서 꿈과 형상은 사물의 단순한 기호가 아니라 유사성과 이름에 의해 사물과 직접 결합한다. 그 관계는 '의도의 관계'가 아니라 '친숙성의 관계'다. 주술은 학문처럼 목적성을 가지나 그 목적을 객체에 대한 진보된 거리가 아닌 미메시스*를 통해 추구한다. 주술은, 노이로제 환자처럼 자기 탓으로 돌리는 원시인의 '사유의 전능성' 위에서 생겨난 것이 아니다. "현실에 비해 영혼의 흐름을 과대 평가하는 것"[14]은 '사유와 현실의 격렬한 분리'가 아직 일어나지 않은 곳에서는 있을 수 없다. 프로이트가 시대착오적으로 '주술'에 부여한 "세계 지배의 가능성에 대한 흔들리지 않는 신뢰"[15]는 좀더 노련한 과학을 수단으로 한 실제

---

13 Vgl. etwa Robert H. Lowie, *An Introduction to Cultural Anthropology*, New York, 1940, S. 344f.

* '모방'이라고 번역되기도 하는 '미메시스Mimesis'는 플라톤, 아리스토텔레스 이래 문학과 예술 논의에서 결정적 위치를 차지하는 개념이지만, 아도르노의 경우 여기서도 근본적인 개념의 확장이 일어난다. 전통적인 예술 이론에서 미메시스 개념은 예술가의 창작 원리에만 관여한다. 거기에서 작품을 만든다는 것은 무(無)로부터 유(有)를 창조하는 것이 아니라 자연이나 대상을 모방하는 것으로서 어떻게 만들 수 있나만 문제될 뿐 주체 자신에 대한 회의나 반성의 계기는 별로 없다. 전통적인 예술이론에서 미메시스가 '객체의 모방'이라면 아도르노의 경우는 '객체에의 동화'다. 그 때문에 아도르노의 미메시스 개념은 예술론에만 쓰이는 좁은 개념이 아니라 인간과 자연, 주체와 객체의 관계에 관한 전반적인 행동 방식으로 확장된다. 미메시스적인 행동 방식은 대상을 객체화하는 근대인의 합리적인 행동 방식과는 정반대가 되는 것으로서 이 개념 위에서 이성을 바탕으로 한 서구의 인간 중심적 세계관에 대한 총체적인 반성이 행해진다.

미메시스는 주술의 단계에 오면 주변 세계에 적응하기 위한 단순한 반사 행동으로부터 의식적으로 숙달된 도구가 된다. 이런 의미에서 미메시스는 '합리성'의 최초 형태로서 자연에 대한 무력감에서 나온 자연 지배의 테크닉이다. 이러한 미메시스는 합리성에 의해 점점 대체될 수밖에 없게 된다.

14 Freud, *Totem und Tabu*, Gesammelte Werke, Band IX, London, 1944, S. 106ff.

15 *A. a. O.*, S. 110.

적인 세계 지배에나 걸맞는다. 특정 장소와 결부된 심령치료사의 주술 행위가 포괄적인 산업 기술에 의해 해체되기 위해서는, 현실을 유능하게 살아가는 '자아'가 갖고 있는 '대상에 대한 사유의 자립화'가 우선 요청된다.

예전의 신화적 믿음인 민간 신앙을 누르고 언어로 펼쳐진 총체성을 지니면서 진리를 요구하고 나선 태양 중심적인 가부장적 신화는 그 자체가 이미 '계몽'으로서 이러한 계몽은 철학적인 계몽과도 충분히 같은 차원에 놓고 비교해볼 만한 성질의 것이다. 이러한 신화는 이제 응분의 앙갚음을 당한다. 신화 자체가, 계몽이라는 끝이 없는 유희를 시작하게 하였다. 이러한 유희 속에서는 어떠한 견해나 이론도 치명적인 비판의 철퇴를 피할 수 없다. 이것들은 단순한 '믿음'이 되어버리는 것이다. 심지어는 '정신' '진리' 그리고 '계몽'이라는 개념마저 애니미즘적인 주술이 되어버린다. 신탁의 예언에서 비롯된 논리적 귀결로서 신화의 영웅들이 파멸할 수밖에 없도록 만드는 '운명의 필연성'은 형식 논리의 엄밀성으로 세련화되어 서구 철학의 모든 합리적 체계를 만들어냈을 뿐만 아니라, 체계들의 결과마저 결정한다. 즉 운명의 필연성은 신들의 등급을 매기는 것으로부터 시작하여 '우상들의 황혼'을 항구화하면서 '정의의 결핍에 대한 분노'라는 동일한 내용을 재생산하는 '체계'를 만들어내는 것이다. 신화가 이미 계몽을 수행하는 것처럼 계몽은 매 단계마다 더욱더 깊이 신화 속으로 빠져들어간다. 신화를 파괴하기 위한 모든 소재를 계몽은 신화로부터 받아들인다. 또한 계몽은 심판자임에도 불구하고 '신화적인 속박'에서 벗어나지 못한다. 계몽은 운명과 인과응보의 수레바퀴에서 빠져나가려고 하는데 그 수단은 계몽 스스로가 이 과정에 폭력을 가하는 것이다. 신화에서 모든 사건은 그것이 일어났다는 사실에 대해

참회해야만 한다. 이러한 사정은 계몽에서도 이어진다. 즉 어떤 사건은 그것이 일어났다는 사실을 제외하고는 아무것도 아닌 것이 된다. '작용과 반작용의 일치'에 관한 이론은, 인간이 반복을 통해 반복되는 현실과 자신을 동일화할 수 있으며 그럼으로써 현실의 힘으로부터 벗어날 수 있다는 환상을 버린 지 오랜 후에 현실에 대한 '반복의 힘'을 주장했다. 그러나 마력적인 환상이 사라지면 사라질수록 더욱더 사정없이 '반복'은 '법칙성'이라는 이름 아래 인간을 순환 고리 속에 붙잡아맨다. 인간은 이 순환 고리를 자연 법칙으로 '대상화'함으로써 자신을 자유로운 주체로 정립하려 꿈꾸지만 이것은 허망한 꿈에 불과하다. 모든 사건을 '반복'이라고 설명하는 '내재성의 원리'는 신화적인 상상력에 반대하는 계몽이 내세우는 원리지만 이 원리는 바로 신화 자신의 원리인 것이다. 하늘 아래 새로운 것은 아무것도 없다는 삭막한 깨달음, 의미 없는 게임에서 장기돌은 모두 사용되었고, 위대한 사상은 모두 다 이미 생각되었으며, 가능한 발견은 이미 다 구상될 수 있는 것들이었고, 인간은 '순응'을 통한 '자기 유지'*에 꽉 붙들려 있다는 이 삭막한 깨달음은 자신이 비난하는 환상적 지혜만을 재생산할 뿐이다. 환상적인 지혜란 즉 과거에 이미 있었던 것을 응보(應報)를 통해 부단히 재생산하는 운명을 승인하는 것이다. 달리 될 수 있을지 모르는 것도 똑같은 것으로 평준화된다. 이것이 가능한 경험의 한계를 비판적으로 설정하는 판결문이다. 모든 것이 모든 것과

---

*『계몽의 변증법』에서 '자기 유지 Selbsterhaltung'는 인간이나 인간의 역사가 출발할 수밖에 없도록 만든 근본 계기다. 자기 유지는 살아남으려는 생명의 본능이나 생명의 원죄로서 그것 또한 자연의 일부다. 인간은 자기 유지를 위해 자연으로부터 일탈하여 자신을 주체로, 자연을 객체로 정립하려 하며 나아가 '제2의 자연'이 된 사회에서는 자신을 주체로, 타인을 객체로 만들려 한다. 이 과정 속에서 빚어지는 폭력의 끝없는 확대 재생산은 자기 유지를 자기 파괴로 전환시켜버린다.

동일하다는 것이 치르는 대가는 어떤 것도 동시에 자기 자신과 동일해서는 안 된다는 것이다. 계몽은 예전의 부당한 불평등, 즉 주변에 신경을 쓰지 않으며 '매개'*를 모르는 주인 의식을 무너뜨리지만 동시에 '보편적 매개,' 즉 개개의 존재자는 다른 존재자와 연결되어 있다는 사실을 영구화한다. 계몽은 키에르 케고르가 자신의 프로테스탄트적 윤리라고 자랑하는 것, 그리고 헤라클레스의 설화권에서는 신화적인 힘의 원형으로 간주되는 것을 가꾸면서 '불가공약적인 것 Inkommensurable'을 배제한다. 인간은 사유 속에 있는 질(質)을 단순히 해체시켜버릴 것뿐만 아니라 실제적인 '획일화 Konformität'를 강요당한다. 장터에서 물건을 살 때 아무도 출생에 대해 묻지 않는다는 것은 좋은 일일지 모르지만 그 대가가, 출신에 의해 부여된 가능성이 시장에서 구입 가능한 상품 모델로 대체된다는 것이다. 인간에게 '자아'란 모든 다른 사람들과 구분되는 독자적인 것으로 선사되었다는 것은 좀더 확실하게 획일화되기 위해서인 것이다. 그러나 그 독자적인 자아가 결코 완전히 사라지지는 않았기 때문에 자유주의의 시대가 지나간 후에도 계몽은 언제나 사회적 강압에 공감했다. 조종되는 집단의 통일성은 각각의 개체를 부인함으로써 가능하다. 왜냐하면 '개인'이란 존재 자

---

* 변증법에서 가장 중요한 관념인 '매개 Vermittlung'는 우주 안에 있는 어떤 인간이나 사물도 홀로 독립해 있는 실체가 아니라 서로 연결된 상대적인 존재며 생성·변화·소멸 속에 있다는 의식이다. 양(陽)이 있으면 음(陰)이 있고, 주인이 있으면 노예가 있는 것처럼 매개에 대한 의식은 모순과 양면성에 관한 의식이다. 매개의 의식이란 하나의 명제는 필연적으로 자신과 대립되는 명제 속에서 존재한다는 의식으로서, 매개를 부정하는 즉자나 절대라는 관념마저 그 반대되는 관념과의 매개 속에서 존재하는 것이다. 헤겔의 긍정적 변증법이 자신의 내부에서는 매개를 수행하지만 완결된 체계를 만들어내고 절대지(絶對知)를 구상함으로써 매개를 통한 사유의 활동을 휴식시키려 든다면 아도르노의 '부정변증법'은 그러한 억지 종합이나 화해를 부정하고 매개를 계속 수행시켜나가며, 사유가 더 이상 진전해갈 수 없는 불가공약적인 것, 비동일적인 것, 아포리아 또한 '앎과 모름'의 매개를 통해 구하려는 데 특징이 있다.

체가 자신을 획일화하려는 사회에 대한 조소이기 때문이다. 히틀러 청년 조직에 분명히 그 이름이 등장하는 그러한 집단은 과거의 야만 상태로 복귀하는 것이 아니라 억압적인 '획일성의 승리'이며, 권리의 평등을 평등과 획일화를 통한 불의로 변화시키는 것이다. 파시스트들의 가짜 신화는, 진짜 신화란 맹목적으로 희생자에게 보복을 가하는 가짜 신화와는 달리 보복의 본질을 인식하고 있다는 점에서, 선사 시대의 진짜 신화임이 밝혀진다. 자연을 파괴함으로써 자연의 강압을 분쇄하려는 모든 시도는 단지 더욱 깊이 자연의 강압 속으로 빠져들어갔다. 이것이 유럽 문명이 달려온 궤도다. 계몽의 도구인 '추상화'가 추상화되는 대상에 대해 갖는 관계는, 운명──계몽은 이 개념을 폐기시키려 하지만──이 대상에 대해 갖는 관계와 동일하다. 자연 속에 있는 모든 것을 '반복될 수 있는 것'으로 만들어 평준화하는 '추상화,' 그리고 추상화가 봉사하는 '산업'의 지배 아래 마침내 '해방된 자'들은 헤겔이 계몽의 결과라고 지칭한 '군중'[16]이 되었다.

'추상화'의 전제가 되는 주체와 객체 사이의 거리는, 지배자가 피지배자를 통해 얻는 사물에 대한 거리에서 생겨난다. 호머의 노래와 리그베다Rigveda의 찬가는 영토 지배와 정착 시대가 낳은 산물이다. 그 시대에 전투적인 지배 종족은 정복된 토착민들에 대한 통치권을 확립했다.[17] 신들 위에 있는 최고의 신이라는 관념은, 무장한 귀족의 우두머리인 왕이 피정복자들을 지배하고 의사 · 예언자 · 수공업자 · 상인은 중개 역할을 담당하는, 이러한 시민 시대와 함께 생겨난다. 유목 생활이 끝나면서 '확고한 소유'를 바탕으로 한 사회 질서가 만들어진다. 지

16 Hegel, *Phänomenologie des Geistes*, a. a. O., S. 424.

17 Vgl. W. Kirfel, "Geschichte Indiens," in *Propyläenweltgeschichte*, Band III, S. 261f.; G. Glotz, *Histoire Grècque*, Band I, in *Histoire Ancienne*, Paris, 1938, S. 137ff.

배와 노동은 분리된다. 오디세우스와 같은 지주는 "정교하게 분류된 수많은 인원의 소치기·양치기·돼지치기, 그리고 하인들을 멀리서부터 이끌고 온다. 그는 저녁에 대지가 천 개의 횃불로 밝혀지는 것을 성 위에서 바라본 후에야 편안히 잠자리에 들 수 있다. 왜냐하면 그의 용감한 하인들이 맹수의 접근을 막고 그들이 도둑을 울타리 밖으로 몰아내기 위해 깨어 있다는 것을 알고 있기 때문이다."[18] 담론적인 논리가 만들어내는 '사유의 보편성,' 즉 개념 영역에 있어서의 '지배'는 실제적인 지배의 토대 위에 세워지는 것이다. 개념적인 통일성에 의해 주술적인 과거 시대의 유산인 '산만한 사유'가 해체됨으로써, 명령을 통해 위계화하는 자유인의 인생관이 생겨난다. 세계를 정복하는 과정 속에서 질서를 조직하는 법을 배운 '자아'는 외부에 대해 이런저런 처분을 내리는 자기 중심적 사유와 진리 일반을— 이러한 자기 중심적 사유와의 구별이 없다면 진리란 존재할 수 없는 것임에도 불구하고—동일시하게 된다. 자기 중심적인 사유는 미메시스적인 마법이나 '대상을 실제로 만나는 인식'을 터부시했다. 미메시스나 실제적 인식에 대한 자기 중심적 사유의 증오감은 이미 정복한 선사 시대의 이미지나 그 시대에 가능했을지 모르는 행복에 대한 증오감이다. 원주민의 저승신들은 지옥으로 추방되었지만, 사실은 인드라*나 제우스의 태양 종교 또는 빛의 종교 아래서 대지가 지옥으로 변했다고 할 수 있을 것이다.

그러나 천국과 지옥은 서로 연결되어 있는 것이다. 서로 배

18 G. Glotz, *a. a. O.*, S. 140.
* 고대 인도의 무용신, 영웅신. 이 신의 유래는 다른 신들보다 오래되었다. 소아시아, 메소포타미아, 이란에도 알려져 있다. 서방으로부터 인도로 침입하여 원주민과 싸워 이들을 정복한 아리아인의 보호신. 인드라 속에는 왕년의 아리안 전사의 이상상(理想像)이 투영되어 있으며 불교에서는 법을 보호하는 신인 제석천(帝釋天)이 되었다.

타적이지 않은 종파에서는 제우스의 이름이 빛의 신에게뿐만 아니라 저승의 신에게도 사용되고,[19] 올림포스의 신들이 저승의 신들과 어떤 방식으로든 교제를 하듯이, 선한 세력과 악한 세력, 축복과 저주는 명쾌하게 구별되는 것이 아니다. 이들은 생성과 소멸, 삶과 죽음, 여름과 겨울처럼 결합되어 있었다. 지금까지 알려진 바로는 인류의 가장 초기 단계에 '마나'*로 경배되던 종교적 원리──우윳빛 유리를 통해 볼 때처럼 뿌연 상태에 있는 이 원리는 아직 나뉨을 모른다──는 그리스 종교의 밝은 세계 속에도 계속 살아남아 있다. 알려지지 않은 것, 낯선 것은 모두 원초적이고 분화되지 않은 것이다. 그것은 또한 경험계를 초월하는 것이고, 사물의 이미 알려진 속성 외에 사물 속에 있는 '그 이상의 무엇'이다. 이 경우 원시인이 초자연적인 무엇으로서 경험하는 것은 물질적인 것과 대립되는 어떤 정신적 실체가 아니라, 개개의 사물과 구별되는 '뒤엉킨 자연 전체'이다. 익숙하지 않은 것을 경험할 때 나오는 공포의 외침이 그것의 이름이 된다. 이러한 이름은 이미 있었던 것과 대비되는 미지의 '초월성'을, 그리고 아울러 두려움을 성스러움으로 전환시켜 붙들어맨다. 자연을 가상과 본질, 영향과 힘으로 이원화하는 것──신화뿐만 아니라 학문도 가능하게 만드는 것인──은 인간의 '불안'에서 기원하는 것인데, 이 불안을 표현하는 것은 곧 그것을 해명하는 것이 되는 것이다. 영혼이 자연으로 전이되는 것이──심리주의Psychologismus는 이를 믿게 만들고 싶어하지만──아니다. 움직이는 정령인 '마나'는 '투사'*가 아니

---

19 Vgl. Kurt Eckermann, *Jahrbuch der Religionsgeschichte und Mythologie*, Halle, 1845, Band I, S. 241; O. Kern, *Die Religion der Griechen*, Berlin, 1926, Band I, S. 181f.

* 아도르노와 호르크하이머는 의도적으로 폴리네시아의 신화로부터 이 개념을 차용해 쓴다. 그 이유는 이것이 그리스나 게르만의 신화에서 유래하는 익숙한 개념들보다 낯선 것이나 미지의 것을 더 잘 표현할 수 있기 때문일 것이다.

라 실제로 막강한 자연이 원시인의 연약한 영혼 속에서 되울림을 얻는 것이다. 생명체와 비생명체의 분열, 특정한 장소에 데몬과 신령이 살고 있다는 것은 이러한 전(前)애니미즘 Präanimismus 단계에서 처음 생겨난 것이다. 이 단계에 '주체와 객체의 분리'의 싹이 이미 들어 있다. 나무가 더 이상 단지 나무로서가 아니라 다른 것을 위한 증거로서, 즉 마나가 사는 곳으로 말해진다면, 언어는 어떤 것이 그 자체이면서 동시에 그 자체와는 다른 어떤 것, 즉 동일적이면서 동시에 비동일적인 것이라는 모순을 표현한다.[20] 신성에 의해 언어는 동어반복 Tautologie에서 언어로 변화되는 것이다. 사람들은 '개념'을 그것에 의해 파악되는 특징의 통일체로 정의하지만, 개념은 오히려 처음부터 '변증법적 사유'의 산물이었다.** 여기에서는 모든 것이 자신이 아닌 것이 되고자 하지만 있는 그대로 남아 있게 된다. 이것은 개념과 사물이 분리되는 객관화 규정의 원형

---

* 투사(投射) Projektion 또는 잘못된 투사는 미메시스와 반대되는 것으로서 미메시스가 주변 세계에 유사해지려고 한다면 잘못된 투사는 주변 세계를 자신과 유사하게 만들려고 한다. 이드나 초자아가 부과하는 압력에 의해 불안을 느끼는 사람은 인과 관계를 외부에서 구하려 한다. 투사를 통해 주체는 자신에게 부과된 고통을 객체의 탓으로 돌리고 외부에서 제물을 구하려 한다.

20 위베르나 마우스는 '공감각'이나 미메시스가 표상하고 있는 내용을 다음과 같이 기술한다. "하나는 전체이며 전체는 하나 속에 있다. 자연이 자연에 대해 승리한다" (H. Hubert et M. Mauß, "Théorie générale de la Magie," in *L'Année Sociologique*, 1902~1903, S. 100).

** 개념은 형식에 있어서는 보편이며 내용에 있어서는 개별적인 특수자에 관계한다. 개념은 필연적으로 비개념적인 것을 향한다. 이 비개념적인 것이 개념에 의해 파악되고 동일화되는 것이다. 인간은 개념적 언어의 일관성을 통해서 모순된 현실을 고정화하고 질서짓고 흐르는 마나를 고정시키며, 개념으로 대상을 동일화함으로써 자연을 통일한다. 그런데 개념이 가진 문제는 특수자가 추상적인 보편성 속에 종속되어 내용적으로 규정될 것을 놓친다는 것이다. 외부 세계의 대상을 파악하는 데 기여하는 개념은 그 보편성으로 말미암아 동일화하는 현상과 거리가 생긴다. 보편 개념은 그때그때의 개별적인 특수한 범례들을 무차별하게 상위에 있는 유(類)에 포섭해 버린다. 언어적인 동일화 시도는 항상 불충분하다. 결코 대상의 특수한 질적 충만을 기술해낼 수 없다. 개념과 사물은 비동일적인 것으로서, 자신의 한계를 넘어 사물 자체에 이를 수 없는 개념어는 공포의 동어반복이 될 수밖에 없다.

으로서, 이러한 분리와 객관화는 호머의 서사시에서도 이미 자주 나타나는데 현대 실증과학에 오면 완전히 뒤죽박죽된다. 그러나 이러한 변증법은, 공포를 또 한 번 되풀이함으로써 공포의 동어반복에 지나지 않는 공포의 외침에서 출발하는 한, 무기력할 수밖에 없다. 신들은 인간에게서 공포를 제거할 수 없다. 왜냐하면 신들은 돌처럼 굳어버린 공포의 소리를 자신의 이름 속에 지니기 때문이다. 미지의 것이 더 이상 없을 때 인간은 공포로부터 면제되었다고 상상한다. 이것이 탈신화화와 계몽의 궤도를 결정한다. 신화가 죽은 것을 산 것과 동일시한다면 계몽은 산 것을 죽은 것과 동일시한다. 계몽은 과격해진 신화적 불안이다. 계몽의 마지막 산물인 실증주의의 순수한 내재적 의미는 거의 보편적이 되어버린 터부 이외에 아무것도 아니다. '밖'이라는 관념 자체가 불안의 원천이기 때문에 아무것도 밖에 있어서는 안 된다는 것이다. 자기 종족 중의 한 사람에게 저질러진 살인에 대한 원시인의 복수가 어떤 경우에는 그 살인자를 자기 가족의 일원으로 받아들임으로써 달래려는 것은[21] 낯선 피를 자기 속에 받아들이는 것, 즉 '내재성의 창출'을 의미한다. 신화적인 이원론이 현존재의 경계 너머로 나아가지는 않는다. '마나'에 의해 지배되는 세계나 인도 및 그리스 신화의 세계는 출구가 없으며 영원히 동일하다. 모든 출생은 죽음이라는 대가를 치르며, 모든 행복은 불행으로 갚아진다. 인간이나 신들은 자신들에게 주어진 삶 속에서 맹목적 운명을 받아들이기보다는 자신의 운명을 기획하려 들지 모르지만, 결국은 그들에 대해 현존재가 승리를 거두는 것이다. 재난으로부터 쟁취해낸 정의마저도 재난의 특성을 자신의 내부에 지닌다. 정의란

41

계몽의 개념

---

21 Vgl. Westermarck, *Ursprung der Moralbegriffe*, Leipzig, 1913, Band I, S. 402.

사람들——원시인이건 그리스인과 이방인이건——이 억압과 비참으로 가득 찬 사회에서 자신을 둘러싼 세계에 던지는 시선이다. 그러므로 정의란——신화적인 정의든 계몽된 정의든——동일한 동전의 양 측면인 죄와 속죄, 행복과 불행이다. 정의가 타락하여 '법'이 된다. 무당은 위험한 것을 그것의 형상에 의해 추방한다. '유사성 Gleichheit'은 무당이 사용하는 수단이다. 이유사성은 문명 시대에 오면 '상과 벌'을 규제한다. 신화의 관념역시 남김없이 자연 상황으로 환원될 수 있다. 쌍둥이 성좌가이원성의 다른 모든 상징들과 함께 빠져나갈 길 없는 자연의순환을 암시하는 것처럼, 그리고 이 순환 자체가 그로부터 나온 달걀의 상징 속에서 또다시 자신의 해묵은 표지를 발견하는것처럼, 가부장적 세계 전체의 정의를 구현하는 제우스 신의손에 들려진 저울은 도로 '단순한 자연'을 가리키는 것이다. 카오스로부터 문명——자연적 상황이 더 이상 직접적으로가 아니라 인간의 의식을 통해 힘을 발휘하는——으로의 진전은 '유사성의 원리'에 어떠한 변화도 초래하지 않는다. 다른 피조물과꼭 마찬가지로 예전의 인간이 복종해야 했던 것을 인간이 또다시 경배함으로써 진전이란 사실은 없는 것이 된다. 예전에는'물신 Fetisch'들이 유사성의 법칙 밑에 있었다. 그러나 이제는유사성 자체가 물신이 된다. 유스티타*의 눈을 덮고 있는 안대는 정의(正義)란 단지 개입할 수 없는 것이라는 사실뿐만 아니라 정의가 자유에서 생기는 것은 아니라는 사실을 의미한다.

　사제의 가르침은, 그 속에서는 기호와 형상이 일치한다는 점에서, 상징이 될 수 있었다. 상형 문자가 보여주듯이 문자는 본

---

* 고대 로마의 정의의 여신. 아우구스투스 황제에 의해 13년에 그녀를 위한 신전이 세워졌다.

래 형상의 기능을 충족시켰다. 이러한 기능은 신화에서 승계된다. 신화는 주술적인 의식처럼 '반복되는 자연'을 의미한다. 이 **반복되는 자연이 상징의 핵심이다.** 즉 어떤 존재나 과정은 상징으로 기능할 때 끊임없이 반복되는 사건이 될 수 있기 때문에 영원한 것으로 여겨진다는 것이다. 의미된 것은 고갈될 수 없는 것으로 무한히 갱신된다. 영원하다는 것은 모든 상징의 수식어일 뿐만 아니라 그 본래적인 내용이다. 세계가 근원적인 모태, 또는 소나 알로부터 생겨났다고 창조 과정을 기술하는 것은 유대교적인 창세기와는 반대로 상징으로서 기능한다. 너무나 인간적인 신들에 대한 옛사람들의 조소는 핵심은 건드리지 않은 채로 남겨놓았다. 개별성 Individualität이 신들의 본질을 모두 다 고갈시켜버리는 것은 아니다. 신들은 부분적으로나마 아직 '마나'의 요소를 지니고 있는 것이다. 왜냐하면 그들은 보편적인 힘으로서의 자연을 구현했기 때문이다. 전(前)애니미즘적인 특성을 지닌 그들은 계몽에서 두드러진 역할을 한다. 올림포스 신들의 황당한 연대기라는 수치스런 덮개를 들추면 그 아래에서는 이미 원초적 자연력의 혼합, 압축, 충격에 관한 이론이 만들어졌음을 알 수 있는데 이러한 이론들은 얼마 안 가 과학으로 확립되면서는 신화를 환상에 불과한 형상들로 만들어버렸다. 과학과 문학을 명확히 구별하게 되면서, 이러한 구별을 근거로 이미 일반화되어 있던 분업이 언어에서도 행해졌다. 기호로서의 문자는 과학으로 나아간다. 다시 말해 음향, 그림, 본래의 문자로서 문자는 여러 상이한 예술에 분배되는데, 이 경우 각 예술에서 첨가되는 무엇이나 공감각 또는 종합예술에 의해 문자가 복원되지는 않는다. 기호로서의 언어는 자연을 인식하기 위해 계산의 도구로 전락해야 하며, 자연과 유사해지려는 요구를 포기해야만 하는 것이다. 반면 형상으로서의 언어는 완전한 자연이 되기 위해 모상(模像)이 되는 데에 만족해야 하며, 자연을 인식할 수 있다는 요구는 단념해야 한다. 계몽의 진전과 함께 '진정한 예술 작품'만이 이미 존재하는 것의 단순한 모방에서 탈피할 수 있었다.* 예술과 과학을 상이한 문화 영역으로 분리시켜 두 영역을 적절히 관리하기 위해 예술과 과학을 대립시키는 통상적인 태도는 종국에 가면, 예술과 과학이 자신 안에 숨겨진 성향에 힘입어 서로의 완전한 반대편으로 넘어가도록 만든다. 신실증주의적인 해석에서 과학은 심미주의, 즉 체계를 넘어서는 그 어떤 목적도 가지고 있지 않은 분리된 기호들의 체계──오래 전에 이미 수학자들이 자신들의 일은 그런 것이라고 자랑스럽게 선언한 유희──가 된다. 반면 통합적인 재현 가능성을 지향하는 예술은 테크닉에 이르기까지 실증적인 과학이 되려 한다. 이러한 예술은 고분고분 세계를 다시 한 번 재현함으로써 정말로 '복사판으로서의 세계,' 있는 그대로의 세계에 대한 이데올로기적인 중복이 된다. '기호와 형상의 분리'는 돌이킬 수 없는 것이다. 그렇지만 아무것도 모르는 자기 만족 속에서 이러한 분리가 계속 강화된다면 서로로부터 고립된 예술과 과학의 원리들은 진리의 해체를 가속화할 것이다.

　　그러한 분리 속에서 드러나는 '심연'을 철학은 '직관과 개념의 관계'를 통해 들여다보고는 끊임없이 다시 닫아버리려 시도했지만 항상 수포로 돌아갔다. 실제로 이러한 시도에 의해 철학은 정의된다. 대부분의 경우 철학은 물론 철학이라는 이름을

---

* '진정한 예술 작품'은 그냥 그렇게 있는 것의 무기력한 투영에 그치려 하지는 않는다. 예술 작품 속의 모든 요소는 현실로부터 차용해온 것이지만 진정한 예술은 현실로부터 완전히 지양된 무엇을 만들어낸다. 이 무엇이 '타자'이며 '비존재자'로서 진정한 예술은 이를 통해 힘을 필요로 하지 않는 더 나은 세계에 대한 희망과 행복을 예감케 한다.

유래시킨 '개념'의 편을 지지했다. 플라톤은, 실증주의가 그의 이데아론을 추방한 것과 똑같은 제스처로 문학을 추방했다. 그는 호머의 예술이 명성은 높을지 모르지만 호머가 어떤 공적인 개혁이나 사적인 개혁도 성공시키지 못했으며, 전쟁에 승리한 것도 아니고 어떤 발명품을 만들어낸 것도 아니라고 말한다. 플라톤은 수많은 사람들이 호머를 존경하고 흠모하면서 추종했다고 하지만 우리는 그들을 전혀 모른다고 말한다. 예술은 먼저 그 유용성을 입증해야 한다는 것이다.[22] '모방 Nach-ahmung'은 유대인들에게서처럼 플라톤에게 있어서도 배척당한다. '이성'과 종교에 의해 '마법의 원칙'은 추방된다. 이러한 원리가 예술의 원리가 되어 체념을 통해 현실로부터 거리를 유지한다는 것은 떳떳하지 못한 행동으로 취급받는다. 이러한 원리를 실천하는 사람은 역마살이 낀 여행자가 되어, 정착민들 가운데서는 고향을 발견하지 못하는 '유목민'이 될 것이다. '동화 Angleichung'에 의해 자연에 영향을 미친다는 것은 헛일이 될 것이고 자연은 오직 노동을 통해 지배될 것이라고 말한다. 예술 작품과 주술의 공통점은 이들이 세속적인 현존재의 관계망에서 벗어난 '독자적이고 자기 완결적인 영역'을 설정한다는 점이다. 이 영역에서는 특별한 법칙이 지배한다. 주술사가 의식을 행할 때 맨 먼저 신성한 힘들이 작용하게 될 장소를 주변 환경과 구분짓는 것처럼 각각의 예술 작품은 현실과 구별되는 폐쇄적인 자신의 영역을 만들어낸다. 예술은 영향을 포기함으로써 외부 세계와 공감대를 만들어내는 주술과 구별되지만 그 때문에 더욱더 주술적 유산에 집착한다. 이러한 영향의 포기로부터 만들어지는 형상은 생동하는 존재의 요소들을 스

---

22 Vgl. Platon. *Der Staat*, Buch 10.

스로의 내부에서 지양시킴으로써 생동하는 존재와는 대립되는 순수한 형상이 된다. 저 원시인의 주술 행위 속에서 새롭고 끔찍한 사건이 되었던 것, 즉 **특수자 속에서 전체가 나타나는 것**,* 이것이 곧 예술 작품의 의미나 '심미적 가상ästhetischer Schein' 이다. 예술 작품에는 언제나 '이중화Verdoppelung'가 일어나는데 이 이중화를 통해 사물은 정신적인 것으로, 즉 '마나의 표현'으로 보였다. 이것이 예술 작품의 '아우라Aura'**를 만들어낸다. '총체성'의 표현으로서 예술은 '절대적인 것'의 품위를 요구한다. 이런 이유로 철학은 때때로 개념적 인식보다 예술을 우위에 둔다.*** 셸링에 의하면 '지식'이 인간을 버리는 곳에서 예술이 시작된다고 한다. 그에게서 예술은 "학문의 모범으로 간주되며, 예술이 존재하는 곳이라야 학문도 생겨난다."[23] 셸링의 의미에서 형상과 기호의 분리는 "예술의 꼼꼼하고 개별적인 묘사에 의해 완전히 지양된다."[24] 예술에 대한 이러한 신뢰에 대해 시민 사회가 마음을 열어놓는 경우는 극히 드물다. 시민

---

* 특수자 속에서 전체가 현현하는 것, 즉 특수자를 통해 보편자를 드러내는 것은 곧 '상징'으로서 이것은 예술의 존재 방식이다. 예술은 특수와 보편, 유한과 무한을 조화시키고 화해시킴으로써 '아름다운 가상'을 만들어내는 것이다. 전체가 현현한다는 관념이나 조화·화해·가상이 깨질 때 상징은 '알레고리'로 변하겠지만 특수자를 통한 표현은 예술의 본질이다. 이 점에서 예술은 논술적·개념적 인식을 수단으로 하는 학문과는 구별될 것이다.

** 아우라는 발터 벤야민의 용어로서 사물들이 인간을 위한 사물로 왜곡되기 이전의 즉자적인 사물의 상태에서 발하는 태고의 향기다. 지극히 평화로운 휴식 속에서 자신을 잊어버리고 대상 속에 몰입하는 관조에 빠져 대상과 은밀한 교감을 나누고 '무의지적 기억'을 통해 태곳적 형상들이 발산하는 분위기에 침잠할 때 우리는 아우라를 느낀다고 말할 수 있을 것이다.

*** 이것의 대표적인 경우가 바로 셸링과 아도르노의 철학이라 할 수 있을 것이다. 아도르노의 철학은 예술, 특히 음악의 관점에서 개념적 인식인 철학의 한계를 드러내는 것이다. 아도르노에게서 미학은 철학의 분과 학문이 아니라 그 심장부에 위치한다.

23 Schelling, *Erster Entwurf eines Systems der Naturphilosophie*, Fünfter Hauptabschnitt, Werke, Erste Abteilung, Band II, S. 623.

24 *A. a. O.*, S. 626.

사회가 '지식'에 한계를 설정하는 경우가 있다면 그것은 대체로 예술을 위해서가 아니라 신앙을 위한 공간을 확보하기 위한 것이었다. 토르케마다,* 루터, 마호메트에게서 볼 수 있는 근대의 전투적 종교는 신앙에 의해 정신과 현존재를 화해시킬 수 있다고 주장했다. 그러나 신앙은 사적(私的)인 개념이다. 다시 말해 신앙이 지식에 대한 대립 또는 지식과의 일치를 지속적으로 제시하지 않는다면 신앙은 신앙으로서는 끝장인 것이다. 신앙이 지식의 제한성에만 의존하려 든다면 신앙 자체도 제한된다. 신앙의 절대적 기초가 되는 진리의 초월적 원리를 선사 시대처럼 직접 '문자' 자체에서 발견하고 그리고 이 문자에 상징적 힘을 다시 부여하려는 프로테스탄트 신앙 운동의 시도는 성경 말씀이 아닌 문자에 대한 맹종으로 끝났다. 지식에 대한 적으로서든 친구로서든 신앙이 계속 지식에 얽매이게 됨으로써 신앙은 '분리'를 극복하려는 자신의 투쟁에도 불구하고 분리를 영속화한다. 즉 광신은 신앙이 비진리라는 징표, 즉 신앙만을 가진 사람은 바로 그 때문에 신앙을 갖지 않은 사람이라는 사실을 객관적으로 인정하는 것이 된다. '검은 마음schlechtes Gewissen'은 신앙의 제2의 천성이다. 신앙에 필수적으로 따르는 은밀한 의식, 즉 화해를 소명으로 삼지만 항상 결핍감에 시달리는 모순 의식 때문에 신앙인의 모든 성실함은 언제나 과민하고 위험한 것으로 느껴졌다. 불과 칼의 공포, 반종교 개혁과 종교 개혁은 신앙의 원리가 우연하게 과장돼서 나타난 것이 아니라 신앙 원리 자체의 실현이었다. 신앙은 언제나 신앙 자신

---

* Tomás de Torquemada(1420~1498): 스페인 최초의 종교재판소 소장. 그의 이름은 종교적 편협성, 잔인성, 광기, 종교재판소의 공포를 상징한다. 그의 재직시에 화형당한 사람의 숫자는 2천 명으로 추정되며, 기독교로 개종하기를 거부한 유대인 1만 7천여 명이 스페인을 떠나야 했다.

이 만들어 갖고 싶어하는 유형의 세계사에 대한 믿음임이 드러
난다. 근대에 와서 실제로 신앙은 세계사가 선호하는 수단이며
특수한 '책략List'이 된다. 헤겔이 인정하듯, 정지시킬 수 없기
는 18세기의 계몽주의만이 아니라 사유 자체의 운동*도——헤
겔이 어느 누구보다 더 잘 알았을 터이지만——마찬가지다. 가
장 미숙한 통찰이든 가장 심오한 통찰이든 거기에는 이미 '진
리에의 거리'가 들어 있으며 이러한 거리가 모든 진리의 옹호
자를 거짓말쟁이로 만든다. '신앙의 역설'은 마침내 '20세기의
신화'라는 허황된 망상으로 변질되고 '신앙의 비합리성'은 남
김없이 계몽된 자들의 손아귀 속에서 합리적인 장치로 만들어
져 사회를 가공할 야만 상태로 몰고 간다.

　언어가 역사 속에 들어왔을 때 언어를 마음대로 구사할 수
있는 사람은 사제와 주술사다. 상징들을 훼손시키는 자는 초자
연적인 힘의 이름을 빌린 지상의 힘에 의해 파멸되는데 이 힘
의 대표자는 그 힘의 행사를 위임받고 있는 사회 기구들이다.
그 이전에 일어난 것은 암흑 속에 감추어진다. 마나를 탄생시
킨 모태인 '전율'은, 민속학을 통해 만날 수 있는 어느 곳에서
나, 적어도 부족 원로들에 의해 이미 승인되었다. 형체 없이 흘
러다니며 동일화가 불가능한 '비동일적인' 마나는 사람들에 의
해 고정되며 강제로 물질화된다. 주술사들은 신적 유출
Emanation이 있는 모든 지역에 거주하며, 다양한 성역에 성스

---

* 모든 사유에는 부정의 계기가 있다. 사유는 직접적으로 진리인 것처럼 여겨지는 것
을 참지 못한다. 눈으로 본 그대로라는 주장은 사유의 의심을 받는다. 사유는 근본
적으로 반권위적이다. 일단 시작된 사유는 내재하는 부정성의 힘으로 말미암아 조
작이 불가능하다. 자기의 내적 법칙을 좇는 모든 사유는 계몽적 경향을 갖는다. 사
유는 무언가를 구성하려 할 경우 경계에 부딪힌다. 사유가 멈추고 싶어하는 이 경
계는 다시 비판을 불러일으키고 사유의 운동은 다시 시작된다. 세계 속에 무의미한
고통이 있는 한 사유의 만족은 이루어질 수 없으며 '비동일적인 것'은 혹처럼 따라
다닌다.

러운 의식의 다양성을 덧붙인다. 영적 세계 및 그 특성과 함께 주술사들은 그들의 전문적 지식과 자신의 세력을 확장시킨다. 거룩한 본질은 신성과 관계하는 주술사들에게로 이전된다. 유목 생활의 초기 단계에 부족민들은 자연의 흐름에 영향을 주는 일에 자율적으로 참여한다. 남자들은 사냥감을 찾아내고 여자들은 엄격한 명령이 없이도 행해질 수 있는 일들을 한다. 습관의 힘이 어느 정도까지 최소한의 질서를 만드는 데 기여했는지는 규정할 수 없다. 그러한 질서 속에서 이미 세계는 권력의 영역과 세속의 영역으로 구분되었다. 이미 그 질서 속에서 마나의 유출로서의 자연 운행은 복종을 요구하는 '규범'으로 격상되었다. 그러나 유목 생활을 하는 원시인이 복종은 하더라도 그들에게 한계를 정해주는 주술에 참여하며 야수에게 살그머니 다가가기 위해 야수로 변장한다면, 이후의 시대에서는 영들과의 교류와 복종이 각각 다른 계급에게 할당된다. 즉 권력이 한 계급에 주어진다면 복종은 다른 계급에게 요구되는 것이다. 반복되는, 영원히 동일한 자연 운행은 모든 야만적인 북소리나 단조로운 제식에서 울려퍼지는 막대기의 박자에 맞추는 노동의 리듬이 되어 복종하는 자에게——그 복종이 낯선 부족에 의해서 이루어지든 같은 부족의 일원에 의해 이루어지든——주입된다. 상징은 물신으로서 기능하게 되는 것이다. 상징이 의미하는 '반복되는 자연'은 갈수록 상징 속에 표현된 항구화된 사회적 억압임이 증명된다. 움직이지 않는 형상으로 대상화된 '전율'은 특권층의 확립된 지배를 표시한다. 이렇게 확립된 지배는 '형상적인 것'을 모두 포기하더라도 보편 개념으로 남게 된다. 학문의 연역적 형식마저도 위계 질서와 강압을 반영한다. 첫번째 범주들이 개개인에 대한 조직화된 부족과 그 부족의 힘을 대변한다면 개념들의 전체적 논리 질서, 의존성, 연결, 포괄 그리고 연합은 노동 분업을 토대로 한 사회의 현실 구조를 반영한다.[25] 물론 사유 형식의 이러한 사회적 성격은, 뒤르켐이 지적하는 바와 같이, 사회적 연대감의 표현이 아니라 사회와 지배가 완전히 하나가 되었다는 증거다. 지배는 사회 속에서 확립된 것이지만 또다시 사회 전체에 한 차원 높은 일관성과 힘을 부여한다. 지배가 사회에 뿌리를 내리면서 만들어낸 노동 분업은 지배받는 전체의 자기 유지에 기여한다. 전체는 전체로서, 또한 전체에 내재한 이성의 활동으로서, '파편적인 것'의 집행을 위해서는 필수적인 것이 된다. 개별자에 대해 '지배'는 보편자로서, 현실적 이성으로 등장한다. 달리 어떤 출구도 갖고 있지 않은 모든 사회 구성원의 힘은 그들에게 부과된 분업을 통해 매번 새롭게 '전체'의 실현을 위해 결집되며 이로 인해 전체의 합리성은 또다시 배가된다. 소수에 의해 모두에게 부과된 것이 현실에서는 언제나 다수에 의해 개개 인간을 압도하는 것으로 나타난다. 즉 사회의 억압은 언제나 동시에 집단에 의한 억압의 경향을 띤다는 것이다. 사유 형식 속에 침전된 것은 이러한 '집합성과 지배의 통일체'이지 직접적인 사회적 보편성, 연대감은 아니다. 플라톤과 아리스토텔레스가 세계를 기술하기 위해 사용한 철학 개념들은 보편 타당성에 대한 요구를 통해 개념에 의해 짜여진 관계를 '참된 현실'로 끌어올렸다. 그 개념들은 비코가 표현하듯이[26] 아테네의 장터에서 생겨난 것들이다. 이 개념들은 동일한 순수성을 가지고 물리학의 법칙들, 완전한 법적 권리를 갖고 있는 시민의 평등과 여성, 유아, 노예의 열등함을 반영했다. 언어 자체는 자신의 대상인 지배 관계에 대해, 시민 사회의 소통 수단으로서 언어가 획득한 저 '보편성'을 부여했다. 형이상학적인 강조, 이념과 규범에 의한 승인이란 언어가 명령의 행사를 위해 지배자들의 공동체를 결집시킬 때면 언제나 개념들이 취하지 않을 수 없었던 '경직성과 배타성'을 구체화하는 것에 지나지 않는다. 언어의 사회적 힘을 강화하는 수단인 '이념'들은 이 힘이 증대되면서 그만큼 더 무용지물이 되었고, 마침내는 과학의 언어가 이념들의 종말을 준비한다. 물신의 공포 같은 것을 지니고 있는 '암시Suggestion'는 의식적인 정당화에 있는 것이 아니다. 오히려 '집합성Kollektivität'과 지배의 통일은, 형이상학적인 언어건 과학적인 언어건 언어 속에 있는 사악한 내용이 불가피하게 취하는 '보편성'으로 나타난다. 형이상학적인 변명은 '개념과 현실의 불일치'를 통해 현 상황의 부당성을 드러낸다. 비당파적인 과학적 언어에서는 그렇지 않아도 무력한 언어가 표현을 끌어낼 수 있는 힘을 완전히 잃어버리게 되며, 현존하는 것만이 자신의 중립적인 기호를 찾아낸다. 그러한 중립성은 형이상학보다 더 형이상학적이다. 결국 계몽은 상징뿐만 아니라 그 후계자인 보편 개념마저 고갈시켰다. 형이상학으로부터 유일하게 남아 있는 것은 형이상학을 출현시킨 집합성에 대한 추상적 불안이다. 계몽 앞에서 개념이 처한 처지는 대기업과 대비되는 연금 생활자의 무력한 처지와 흡사하다. 개념이건 연금 생활자건 누구도 안전하다고 느껴서는 안 되는 것이다. 논리실증주의가 '개연성'에 기회를 제공한다면 민속학적 실증주의는 개연성을 본질과 동일시한다. "기회와 정수(精髓)에 관해 우리가 가지고 있는 희미한 관념은 이것이 지니고 있는 훨씬 풍부한 관념의 창백한 그림자에 불과하다."[27] 이 관념은 곧 주술의 실체를 일컫는 것이다.

25 Vgl. E. Durkheim, *De quelques formes primitives de classification*, *L'Année Sociologique*, Band IV, 1903, S. 66ff.

26 G. Vico, *Die Neue Wissenschaft über die gemeinschaftliche Natur der Völker*, Übers. von Auerbach, München, 1924, S. 397.

27 Hubert et Mauß, a. a. O., S. 118.

유명론적 경향을 띠는 계몽은 명사, 즉 넓이를 갖지 않으며 점과 같은 개념인 고유명사 앞에서 정지한다. 몇몇 사람이 주장하는 바와 같이[28] 고유명사가 본래는 동시에 종(種)을 대표하는 이름이었는지는 더 이상 확실하게 밝혀낼 수 없지만, 고유명사는 후자와 운명을 함께하지는 않았다. 자아라는 실체는 흄과 마하*에 의해 부인되었지만 이름과 동일한 것은 아니다. 족장 이념이 신화의 파괴로까지 발전하는 유대교에서 이름과 존재 간의 유대는 신의 이름을 부르는 것의 금지**를 통해 인정된다. 탈신화화된 세계인 유대인의 사상은 신이라는 이념을 통해 주술을 거부함으로써 주술과 화해한다. 유대교는 사멸이라는 절망에 위안을 주려는 어떤 말도 용인하지 않는다. 유대교는 오로지 거짓된 것을 신이라 부르고 유한한 것을 무한한 것이라 부르며 거짓을 참이라 부르는 것의 금지에 희망을 연결시킨다. 구원을 위한 담보물은 구원을 슬그머니 자기 것으로 만드는 어떠한 신앙도 거부하는 데 있으며, 이는 망상을 거짓이라고 고발하는 인식이다. 물론 '부정'은 추상적인 것이 아니다. 모든 긍정성을 무차별하게 논박하는 것, '공(空)'이라는 틀에 박힌 불교의 상투어는, 그 반대편에 있는 '범신론'이나 이 범신론의 일그러진 모습인 시민적 회의주의처럼, 절대자를 명명하는 것의 금지를

---

28 Vgl. Tönnies, "Philosophische Terminologie," in: *Psychologisch-Soziologische Ansicht,* Leipzig, 1908. S. 31.

* 에른스트 마하(1836~1916): 오스트리아의 물리학자, 과학사가, 철학자.

** 이것은 아도르노의 인식론이 귀결되는 '우상 금지 Bilderverbot'의 관념이다. 우상 금지는 파편적인 것을 절대화하고 스스로 만든 것을 경배하는 데 대한 비판이다. 구약에서 시간은 다채로운 양상 속에서도 통일된 것으로 생각될 수 있으며 세계의 인식이 질문되고 대답될 수 있는 유일한 지평이다. 시간이 제거된 영원한 진리는 이러한 시간관에서는 생각될 수 없다. 구약적인 예언의 전통은 인간이 스스로 야훼에 연결되어 있는가, 아니면 인간이 유한한 것을 신격화하려 하는가에 따라 성스러움과 부정(不淨)을 구별한다. 우상 금지는 시간을 초월하는 것에 대한 사유의 금지며, 유토피아를 그리는 것이나 그러한 유토피아가 실현될 수 없다는 진술도 차단한다.

위반하는 것이 된다. 세계를 '무(無)' 또는 '전체'로 설명하는
것은 '신화'이며, 구원에 이르는 보증된 길은 승화된 주술적 실
천이다. '안 봐도 다 안다'는 식의 자기 만족이나 '부정성'을 구
원으로 변용시키는 것은 기만에 대한 거짓된 저항이다. 그러한
금기를 성실하게 지킬 때 진정한 형상에 도달할 수 있다. 이러
한 태도를 성실하게 이행하는 것이 곧 "특정한 부정bestimmte
Negation"[29]이다. 특정한 부정은, 헷갈리게 하는 '수동적 관조'
와 반대되는 지고(至高)한 추상 개념을 금과옥조처럼 받들고
있지도 않고 참이건 거짓이건 전부 아무것도 아니라고 말하는
회의주의에 빠지지도 않는다. 특정한 부정은 엄숙주의
Rigorismus와는 달리 '절대자'에 대한 불완전한 관념, 즉 '우
상'들을 비난하는데, 이것은 우상에 대해 그 우상이 충족시킬
수 없는 이념을 대결시킴으로써 이루어진다. '변증법'은 오히
려 각각의 형상을 문자로서 드러낸다. 변증법은 형상의 고유한
특성으로부터 그 형상의 허위성을 읽을 수 있도록 가르쳐주며,
이렇게 함으로써 형상이 갖고 있는 힘을 빼앗아 그 힘을 '진
리'에 귀속시킨다. 이런 방식을 통해 언어는 단순한 기호 체계
이상이 될 수 있는 것이다. '특정한 부정'의 개념으로써 헤겔은
실증주의적인 타락——헤겔은 계몽에서 실증주의적인 타락이
일어나고 있다고 보고 있는데——으로부터 계몽을 구별시켜줄
수 있는 계기를 부각시켰다. 헤겔은 물론 '부정'이라는 전체 과
정의 의식적인 결과, 즉 '체계의 총체성'이나 '역사의 총체성'
을 결론에 가서는 또다시 절대화함으로써 '금기'를 위반하고는
그 자신 '신화'에 빠지게 되었다.*

---

29 Hegel. *Phänomenologie des Geistes*, a. a. O., S. 65.
  * 아도르노에게서 사유는 곧 '특정한 부정'을 의미한다. 그는 전면적인 부정이나 무조
  건적 부정이 아닌 특정한 부정으로서의 비판적 사유만을 유일하게 긍정적인 것으로

이러한 사정은 단지 진보 사상의 신격화로서의 헤겔 철학뿐만 아니라 계몽 일반, 즉 냉철하게 헤겔과 형이상학 일반으로부터 떨어져나오려 하는 계몽 자체에도 해당된다. 왜냐하면 계몽은 어떤 '체계' 못지않게 전체주의적*totalitär이기 때문이다. 계몽의 비진리성은, 계몽에 적대적이었던 낭만주의자들이 일찍이 비난했던 것, 즉 분석적 방법론, 원초적 자연력들로의 회귀, 반성적 사유에 의한 전체의 분해에 있는 것이 아니라 그 진행 과정이 사전에 이미 결정되어 있다는 데 있다. 수학에서는 어떤 미지수가 방정식의 미지수가 되면 값을 대입해보지 않아도 이미 알려진 것으로 인정된다. 자연은 양자 이론 이전이든 이후든** 수학적으로 파악될 수 있다는 것이다. 이러한 공식에 들어맞지 않는 것, 즉 '비분해성'이나 비합리성이 수학적 원리에 의해 왜곡되는 것이다. 끝까지 사유된 수학적 세계를 일찌감치 진리와 동일시함으로써 계몽은 '신화'의 상태에 다시 떨어지는 것으로부터 자신을 안전하게 지킬 수 있다고 생각한다.

본다. 헤겔이 특정한 부정을 수단으로 하여 자신의 변증법을 전개시키지만 결론에 가서는 긍정적인 전체를 만들어내어 또 하나의 '신화'를 만든다면, 아도르노의 경우 특정한 부정을 통해 나온 결과는 긍정적으로 완결되지 않으며 궁극적인 것도 아니다. 궁극적인 것은 다만 비판으로서의 특정한 부정 자체다. 모순에 대한 지적에서는 특정적이지만 결과는 불특정적unbestimmt이다. 결과는 미래에 대해 열려 있는 것이다.

* 예전에는 파편적이 아닌 총체성, 즉 총체적 인식은 곧 진리이고 축복일 수 있었다면, 산업 사회가 되면서 총체적이 된 사회는 개인이나 특수자를 억압하는 전체주의적 성향을 띠게 된다. 아도르노가 "전체는 비진리다"라고 말하듯이 이러한 사회에서 총체성이라는 진리는 비진리로 전화된다. 이런 이유로 긍정적이거나 중립적으로 쓰일 때는 총체적으로 번역했지만 부정적으로 쓰일 때는 '전체주의적'이라는 역어를 택했다.

** 전통 철학이나 뉴턴의 물리학에서나 '빛'은 인식의 전제다. 플라톤은 이데아론에서 우리의 눈이 사물을 볼 수 있는 것은 선(善)의 이데아라는 태양에 의해 사물이 비추어지기 때문이며 어둠 속에서는 사물을 인식할 수 없다고 한다. 이러한 전통적 인식을 넘어 아인슈타인의 상대성 이론이 '빛' 자체의 본질을 규명하려 든다면 양자 이론은 '빛과 어둠의 상대성'에 주목하며 또한 우리가 아무 의심 없이 '사실'로서 받아들이는 자연과학적인 대상조차 관찰자인 주체와 연루되어 있음을 증명한다. 양자 이론은 '빛'의 신화와 '사실성'의 신화를 깨는 데 의미가 있다고 할 수 있다.

계몽은 사유와 수학을 일치시키려 하는 것이다. 이에 따라 수학은 고삐가 풀려 '절대적 심급'으로 부상한다. "여기에서는 어떤 이상적 세계나 무한한 세계가 구상되는데 이 세계에서 대상들은 그때그때 불완전하고 우연한 것으로서 우리의 인식에 다가오는 것이 아니라 합리적이고 체계적이고 통일적인 방법에 의해 얻어진다. 이러한 방법은 무한히 발전하여 마침내는 개개의 대상이 자신의 완전한 '즉자 존재Ansichsein'에 이를 수 있도록 만들어준다. 갈릴레이에 의한 자연의 수학화 속에서 이 '자연 자체'가 새로운 수학의 인도에 따라 이상화된다. 현대적인 어법으로 표현하면 자연 자체가 수학적 다양성이 되는 것이다."[30] 물화된 사유는 스스로 움직이는 자동적 과정이 되어, 이 과정이 만들어내는 '기계'와 경쟁을 벌이기도 한다. 그 결과로서 결국에는 기계가 자동화된 사유 과정을 대체할 수 있을지도 모른다. 계몽[31]은 '사유를 사유하라'는 고전적 요청——피히테의 철학은 이러한 요청을 극단까지 전개시켰다——을 무시했다. 왜냐하면 계몽은 '실천'에 맹목적으로 이끌려 다니는 것이 아니라 실천의 주인이 되라는 요청——피히테 자신이 추구했던——을 무시했기 때문이다. 수학적 방식은 거의 사유의 의식(儀式)이 되었다. 공리(公理)에 의한 자기 제한에도 불구하고 수학적 방식은 필수적이고 객관적인 것으로 군림한다. 수학적 방식은 사유를 사물로, 즉 도구로——그 자신이 그렇게 부르는 것처럼——만드는 것이다. 그렇지만 사유와 세계를 동일시하는 이런 식의 미메시스에 의해 사실적인 것은 유일한 것이 되었고

55

계몽의 개념

---

30 Edmund Husserl, "Die Krisis der europäischen Wissenschaften und die transzendentale Phänomenologie," in *Philosophia*, Belgrad, 1936, S. 95ff.

31 Vgl. Schopenhauer, *Parerga und Paralipomena*, Band II, § 356, Werke, Ed. Deussen, Band V, München, 1913, S. 671.

그 결과 신에 대한 부정은 형이상학에 대한 비판으로 나아가게 된다. 계몽된 이성의 재판관 자리를 차지한 실증주의에 있어서 예지적 intelligibel 세계에 얽혀드는 것은 금지될 뿐만 아니라 의미 없는 요설로 간주된다. 실증주의는 행복하게도 무신론이 될 필요조차 없다. 왜냐하면 물화된 사유는 그러한 질문을 제기할 수도 없기 때문이다. 실증주의적인 검열은 예술에 대해서처럼 공적인 예배를 인식과 무관한 사회 활동의 특별 영역으로서 흔쾌히 눈감아준다. 그러나 이러한 검열은 예술이나 예배에 대한 부인(否認)이 스스로 인식이 되고자 하는 요구를 동반하는 것은 결코 허용하지 않는다. 실재하는 세계를 만들어가는 '일'로부터 사유를 분리시키는 것, 즉 현존하는 속박의 틀로부터 빠져나가려는 것은 과학적 정신에게는 미친 짓이나 자기 파괴로밖에 여겨지지 않는다. 이러한 태도는 원시 시대에 주술사가 접신(接神)을 위해 그어놓은 마법의 원에서 일탈하려는 행위에 대해 취하는 태도와 비슷할 것이다. 두 경우 모두, 터부를 침훼하는 자에게는 실제로 재앙이 떨어진다고 보는 것이다. 자연 지배는 『순수 이성 비판』이 사유를 가두어놓은 원을 실제로 그린다. 무한을 향한 사유의 힘겹지만 쉬임 없는 진보라는 이론, 그리고 사유의 불충분성과 영원한 제한성에 대한 고집을 칸트는 하나로 결합시켰다. 그가 내린 결정은 '신탁'이다. 세계에는 과학이 뚫고 들어갈 수 없는 '존재 Sein'란 없지만 과학이 뚫고 들어갈 수 있는 것은 존재가 아니라는 것이다. 칸트에 의하면 '철학적 판단'은 '새로운 것'을 목표로 삼지만 새로운 것을 인식하지는 못한다고 한다. 왜냐하면 철학적 판단은 언제나 이성이 대상 속에 주입해놓은 것만을 단순히 반복하기 때문이다. 그렇지만 영혼 투시자의 꿈으로부터 안전한 거리를 유지하고 있는 여러 과학 분야의 사유에 대해서는 상당한 배려가 행해진다. 즉 세계의 자연 지배는 사유하는 주체로부터 등을 돌리게 됨으로써 그러한 주체에 남겨진 것은, 저 영원히 동일한 '자아'——자아가 행하는 어떤 생각에도 항상 따라다니는——가 생각한다는 사실뿐이라는 것이다. 주체와 객체는 둘 다 아무것도 아닌 존재이다. 기록 작성과 체계화만을 정당한 임무로서 승인받은 '추상적 자아'는 아무런 특성도 소유하지 않았다는 특성만을 소유하는 그러한 추상적 자료만을 자기 자신에 대해 가지고 있다. 정신과 세계는 마침내 하나가 되지만 그것은 단지 양자 모두 서로에 대해 지극히 축소됨으로써만 가능하다. 사유를 수학적 장치로 환원하는 것 속에 숨겨져 있는 것은 '있는 그대로의 세계'에 대한 승인이다. 주관적 합리성의 승리, 즉 모든 존재자를 논리적 형식주의에 굴복시키는 것의 대가는 '바로 눈앞에 보이는 것' 아래 이성을 굴복시키는 것이다. 눈앞에 보이는 것을 이런 식으로 파악하는 것은, '주어진 것 Gegebenheit'을 사람들이 알아볼 수 있도록 추상적인 시·공간적 관계 속에 넣는 것이다. 그러나 이것은 사회적·역사적·인간적 의미를 곰곰이 따져봄으로써 눈앞에 보이는 표피적 현상을 개념을 통해 매개시키는 것, 한마디로 '인식'이라는 행위를 송두리째 포기하는 것이다. 인식의 과제는 단순히 인지하고, 분류하고, 계산하는 데 있는 것이 아니라 바로 직접적인 것에 대한 '특정한 부정' 속에서 성립한다면, 수학적 형식주의는 직접성의 가장 추상적 형태인 숫자를 수단으로 삼음으로써 사유를 단순한 직접성에 묶어둔다. '사실성'만이 정의로 인정되며 인식은 사실성의 단순한 반복으로 제한되고 사유는 단순한 '동어반복'이 된다. 사유의 메커니즘이 존재하고 있는 것에 굴복할수록 사유는 더욱더 맹목적으로 존재자의 단순한 재생산에 만족한다. 이로써 계몽은 신화로 돌아가지만 이러한 새로운 신화로부터 빠져나올 방도를 계몽은 결코 알지 못했다. 왜냐하면 신화는 자신의 형상 속에 기존 세계의 정수, 즉 순환, 운명, 세계의 지배를 진리의 형태로 반영함으로써 희망을 체념하기 때문이다. 적절한 신화적 형상과 명확한 과학 공식 속에서 '사실적인 것'의 영원성은 입증되며 그저 그렇게 있는 현존재가 '의미'를 차단시킴으로써 스스로를 '의미'라고 주장한다. 과학이 가졌던 온갖 꿈들 중에서 유일하게 남겨진 꿈인 '거대한 분석적 판단'으로서의 세계는 봄과 가을의 교체를 페르세포네의 납치*와 연결시키는 우주적 신화와 동일한 성질의 것이다. 사실적인 과정을 정당화시켜준다고 하는 신화적 과정의 '일회성'은 기만이다. 원래 여신의 납치는 자연의 사멸과 똑같은 것이었다. 그것은 매년 가을 반복되었지만 그 반복마저도 '분리'된 것의 결과가 아니라 매번 분리 자체를 의미했다. 시간 의식이 경직됨에 따라 그러한 과정은 과거에 있었던 일회적인 것으로 고정되었으며, 사람들은 매번 새로운 계절의 순환 속에서 겪는 '죽음에의 전율'을 오래 전에 있었던 것을 상기하는 의식(儀式)을 통해 달래보려 시도했다. 그러나 '분리'는 무기력하다. 저 일회적인 과거를 설정함으로써 순환은 불가피한 것이라는 성격을 갖게 되고, 먼 옛날의 '전율'은 단순한 반복에 불과한 전체 역사에 빛을 발한다. 사실적인 것을 전설적인 선사 시대 밑에 또는 수학적 형식주의 밑에 '포섭Subsumtion'하는 것, '현재적인 것'을 의식(儀式) 속의 신화적 과정이나 과학의 추상적 범주와 상징적으로 연결시키는 것은 새로운 것을 이미 규정된 것으로 나타나게 한다. 이로써 새로운 것은 실제로는 낡은 것이 되는 것이다. 희망이 없는 것

---

* 그리스 신화에 의하면 명부의 왕 하데스가 대지의 딸 페르세포네를 납치하여 결혼하였기 때문에, 페르세포네가 어머니인 대지의 여신과 함께 지상에 머무르는 때는 봄, 여름, 가을이 되고 지하 세계에서 하데스와 함께 보내는 기간은 겨울이 된다.

은 현존재가 아니라 '지식'이다. 왜냐하면 지식은 회화적인 혹은 수학적인 상징을 통해 현존재를 도식적 틀로 만들어 소유함으로써 이 현존재를 영속화하기 때문이다.

계몽된 세계에서는 신화가 세속적인 세계 속으로 들어간다. 귀신과 그것의 개념적 후예들을 완전히 쓸어낸 현존재는 완전한 자연성 속에서 원시 시대의 귀신이 지녔던 백지와 같은 거룩함을 지니게 된다. '있는 그대로의 사실'이라는 이름 아래 이러한 사실들을 만들어낸 사회적 불의는 오늘날, 심령치료사가 자기 신의 비호 아래 신성불가침이었던 것처럼, 인간이 영원히 도달할 수 없는 것으로 신성시된다. 지배의 대가는 인간이 단순히 지배된 객체들로부터 소외되는 데서 그치는 것은 아니다. 정신이 물화되면서 사람들 간의 관계나 개개 인간의 자신에 대한 관계도 악령에 사로잡힌다. 인간은 기계적으로 기대되는 인습적 반응과 기능들이 모이는 지점으로 축소된다. 애니미즘이 사물을 정령화했다면 산업주의는 영혼을 물화한다. 경제적인 장치는, 총체적인 계획이 수립되기 이전에도 벌써, 인간의 행동 방식을 결정하는 '가치'를 자동적으로 상품이 갖도록 만든다. 자유로운 교환의 종결과 함께 물신적 성격을 제외한 나머지 모든 경제적 질(質)을 상품이 상실한 이래로, 이러한 물신적 성격은, 중풍에 의한 마비가 오듯, 사회 생활의 모든 국면에 확산된다. 대량 생산과 그것이 만든 문화의 수많은 브로커들에 의해 규범화된 행동 양식은 유일하게 자연스럽고, 품위 있고, 합리적인 양식으로 개인의 뇌리에 박힌다. 그는 단지 사물로서, 정적인 요소로서, 성공 혹은 실패로서 규정될 뿐이다. 개인이 갖고 있는 척도는 자기 유지, 자신의 기능이 객관성에 성공적으로 동화했는가 못 했는가라는 판단, 그리고 이러한 기능을 위해 설정된 모범에 있다. 사상과 범죄와 같은 다른 모든 것은 학교로부터 노조에까지 그것을 감시하는 집단의 힘을 경험한다. 그러나 위협하는 집단마저도 기만적인 표피에 불과한 것으로서 그러한 집단을 폭력적인 것으로 만드는 힘은 그 표피 밑에 숨어 있다. 가격이 사용하는 물건의 질을 나타내주지 못하는 것처럼, 개인을 무자비하게 다그쳐대는 이러한 집단은 인간의 참된 질(質)을 구현할 수가 없다. 사물이나 인간을 밝은 빛 속에서 편견 없이 대하는 것 같지만 사실은 악령에 사로잡힌 듯 뒤틀린 이러한 모습은, '마나'를 특수한 신령으로 고정시킬 수 있도록 만들고 주술사나 심령치료사의 속임수가 가능하도록 만들었던 원리, 즉 해묵은 '지배'와 연결된다. 선사 시대가 이해할 수 없는 죽음을 승인할 수밖에 없도록 만들어주었던 '숙명성'은 빈틈없는 이해가 가능해진 현존재에서도 그대로 되풀이된다. 인간이 전체로서의 자연을 갑자기 온몸으로 느끼게 되는 대낮의 공포와 전율*은, 오늘날 어느 순간이라도 덮칠 것 같은 공포 속에서 그 상대를 발견한다. 인간은 어떠한 출구도 없는 이 세계가, 인간 자신을 의미하지만 인간이 아무런 통제력도 갖지 못하고 있는 전체성 Allheit에 의해 불바다가 될지도 모른다는 예감을 갖고 있는 것이다.

계몽의 신화적 공포는 신화에도 해당된다. 계몽은 의미론적 언어 비판이 보여주는 것처럼 단지 명석하지 못한 개념과 단어 속에서뿐만 아니라, 자기 유지라는 목적 의식과의 관계에서 아무런 자리도 차지하지 못하는 모든 인간적인 말들 속에서도 신화를 감지한다. "자기를 유지하려는 노력은 덕(德)의 유일한, 또는 제1의 기초다"[32]라는 스피노자의 명제는 모든 서구 문명

---

* 뭉크의 그림 「절규」를 연상할 수 있을 것이다.

32 Spinoza, *Ethica*, Pars IV, Propos XXII, Coroll.

의 진정한 격언으로서, 이 격언 속에서 시민 계급의 종교적 · 철학적 차이들은 평화로운 휴식을 얻게 된다. 신화적이라는 이유로 자연의 모든 흔적을 제거한 후 육체도 피도 영혼도 심지어 자연적인 자아도 더 이상 아닌 존재가 된 자아는 초월적 또는 논리적 주체로 승화되어, 행동의 입법 기관인 이성의 준거점을 형성했다. 자기 유지에 대한 합리적 고려 없이 직접적인 삶에 자신을 내맡기는 사람은 계몽 및 프로테스탄티즘의 판단에 의하면 원시인으로 후퇴하는 것이다. 그와 같은 충동은 미신처럼 신화적이라고 한다. 즉 자아가 요구하지 않는 신에게 봉사한다는 것은 알코올 중독처럼 미친 짓이라는 것이다. '진보'는 양자——예배와 그리고 직접적인 자연 존재에 몰입하는 것——모두에게 동일한 운명을 부과한다. 즉 진보는 사유의 자기 망각과 쾌락의 자기 망각에 저주를 내리는 것이다. 시민 경제에서 모든 개인의 사회적 노동은 '자아의 원리'에 의해 매개된다. 즉 노동은 한편에게는 자본의 증가를, 다른 한편에게는 더 많은 노동을 할 수 있는 힘을 되돌려주어야 하는 것이다. 그러나 자기 유지의 과정이 시민적 분업에 의해 더욱더 성취되면 될수록 그러한 과정은 그만큼 더 기술적 장치에 따라 육체와 영혼을 조직해야 하는 개인의 자기 소외를 강요한다. 계몽된 사유는 이것을 다시 계산에 넣는다. 마침내 인식의 선험적 주체——가상에 불과하지만——는 주관성에 대한 최후의 기억이라 해서 폐기되고, 자동적으로 굴러가는 질서 메커니즘의 그만큼 더 마찰 없는 작업이 그 자리를 대신한다. 주관성은 소위 임의적이라고 하는 게임 규칙의 논리 속으로 도망가지만 사실은 그만큼 더 아무런 제한도 받지 않고 군림한다. 말 그대로 머리 굴리기인 사유 앞에서도 결국 멈추지 않았던 실증주의는 개인의 행동과 사회적 규범 사이를 차단하는 '마지막 심급'마저 제거했다. 이성 자체가 모든 것을 포괄하는 경제 기구의 단순한 보조 수단이 됨으로 말미암아, 주체가 의식으로부터 제거된 후 즉물화된 형태인 '기술적 과정'은 신화적 사유의 다의성으로부터도, 또한 모든 의미로부터도 자유롭게 된다. 이성은 다른 모든 도구를 제작하는 데 소용되는 보편적인 도구로 쓰인다.* 철저히 목적 지향적인 이러한 이성은 정확한 계산 아래 이루어지는 물질 생산처럼 가증스러운 것이지만 이러한 상황이 인류에게 어떤 결과를 초래할지만은 계산 불가능하다. 목표를 위한 순수한 기관이 되고자 하는 이성의 오랜 야심은 마침내 이루어졌다. 논리 법칙의 배타성은 이처럼 오직 기능만을 생각하는 데서 생겨난 것으로서 궁극적으로는 자기 유지의 강압적 성격에서 유래한다. 자기 유지는 항상 또다시 생존이냐 파멸이냐를 선택해야 하는 절박한 순간에 놓이게 되는데, 이러한 선택은 두 개의 모순되는 명제 중에서 하나만이 참이고 다른 하나는 거짓이라는 원리에 반영된다. 이러한 원리나 이 원리가 정착되어 만들어진 논리 전체가 지니는 형식주의는, 형식의 유지와 개인의 유지가 맞아떨어지는 것이 우연에 불과한 사회에서는 이해 관계가 불투명하고 뒤엉킬 수밖에 없다는 사실에서 연유한다. 강의실에서 사유를 논리로부터 추방하는 것은 공장과 사무실에서 인간을 물건 취급하는 것을 승인하는 것이다. 이런 식으로 터부는 터부를 제정하는 힘을 침해하고 계몽은 바로 자신을 의미하는 '정신'을 침해한다. 그러나 그렇게 함으로써 '진정한 자기 유지로서의 자연'은, 위기나 전쟁이라는 집단적 운명 못지않게

*이것이 '도구적 이성 instrumentelle Vernunft'이다. 올바른 이성은 단순히 목적과 수단의 관계를 규제하는 것을 넘어 목적을 이해하고 반성하는 도구라면, 도구적 이성은 목적과 수단이 전도되어 이성이 자기 유지의 도구로 전락한 상황을 지칭하는 개념이다. 도구적 이성에 의해 미메시스적 계기는 축출되고 경험과 사유의 빈곤이 초래된다. 사유는 실천적 목적을 위한 수단으로 전락하는 것이다.

개인 속에서, 그 자연을 제거하려 드는 과정에 의해 해체된다. 유일한 규범으로서 통합 학문의 이상(理想)이 아직 '이론'에는 남아 있다면, '실천'은 세계사의 거역할 수 없는 진행에 종속되지 않으면 안 된다. 문명에 의해 완벽하게 이해된 자아는 또다시 해체되어, 문명이 시작되면서부터 빠져나오려 했던 저 비인간적 요소를 지니게 된다. 가장 오래된 불안, 즉 자신의 이름을 잃어버릴지 모른다는 불안이 실현된다. 동물이든 식물이든 순수하게 자연적인 생존은 문명에게 있어서는 절대적 위험을 의미한다. 미메시스, 신화, 형이상학적 행동 양식은 차례차례 극복된 시대로 간주되며 그 시대로 되돌아간다는 것은, 다음과 같은 두려움, 즉 자아가 엄청난 노력을 들여 소외되었으며 바로 그 때문에 그에게 엄청난 공포를 심어주는 저 단순한 자연으로 도로 돌아갈지 모른다는 두려움과 연결되어 있다. 이전 단계에 대한 생생한 기억은——유목 시대에 대한 기억이든 전(前)가부장적인 단계에 대한 기억이든——매 천년마다 가혹한 징벌을 당하면서 인간의 의식에서 추방되었다. 계몽된 정신은 화형과 환형을 폐지하는 대신, 모든 비합리성에 대해 파멸을 초래하는 것이라는 낙인을 찍었다. 중용을 지키는 쾌락주의는 아리스토텔레스만큼이나 극단적인 것을 혐오했다. '자연스러움'이라는 시민적 이상(理想)은 '무정형한 자연'이 아니라 중용의 미덕을 의미한다. 난혼과 금욕, 풍요와 기아는 서로 대립적인 것임에도 불구하고 해체시키는 힘이라는 점에서는 똑같은 것이다. 전체적인 삶을, 그것을 유지해야 한다는 요구에 종속시킴으로써 명령을 내리는 소수는 그들 자신의 안전과 함께 전체의 존속 또한 보장한다. 단순한 재생산에 도로 떨어진다는 스킬라와 무제한한 성취라는 카리브디스* 사이를, 호머로부터 현대에 이르기까지 지배적인 정신은 항해하기 원한다. 지배적인 정신은 자신을 인

도하는 별로서 언제나 사소한 불편과 어려움이라는 별 이외에
는 다른 어떤 별도 신뢰하지 않았다. 독일의 새로운 이교도들
과 전쟁광들은 또다시 제한 없는 쾌락을 선사하려 한다. 그러
나 수천 년 간 노동의 압박 아래서 이러한 쾌락은 자기 증오를
배웠기 때문에 총체적 해방의 상태에서도 자기 멸시로 인해 저
속하고 불구화된 상태를 벗어나지 못한다. 그러한 쾌락은 이성
——파시즘의 광란 속에서 폐위당했음에도 불구하고——이 지
금까지 교육시킨 목표였던 자기 유지에서 벗어날 수 없다. 서
구 문명의 전환기에——올림포스 종교로 넘어가는 과도기로부
터 르네상스, 종교 개혁 그리고 시민적 무신론에 이르기까지
——새로운 국민들과 계급들이 '신화'를 더욱 결정적으로 배격
할 때마다, 자연 자체를 소재로 격하시키고 대상화시킨 결과인
위협적인 정체불명의 자연에 대한 두려움은 애니미즘적인 미
신으로 전락해버리면서, 또다시 내적 자연이나 외적 자연의 정
복이 삶의 절대적 목표가 되었다. 종국에 가서 자기 유지가 자
동적이 된다면 이성은 생산의 관리자로서 그 상속자가 되었지
만 이제는 상속권을 박탈당할까 두려워하는 사람들에 의해 폐
기 처분될지도 모른다.* 계몽의 본질은 양자택일인데 이 양자

----

* Szylla: 높은 절벽의 동굴에 살면서 여섯 개의 머리에 있는 긴 목을 내밀어 그 목이
닿는 거리를 지나가는 배의 선원을 잡아먹는 그리스 신화의 괴물; Charybdis: 그리
스 전설에 나오는 여자 괴물. 그녀가 하루에 세 번 바닷물을 마신 다음 그것을 토할
때 커다란 소용돌이가 일어난다. 후대에 와서 메시나 해협의 소용돌이와 동일시되었
다. 스칠라와 카리브디스의 이야기는 메시나 해협의 항해 위험성 때문에 발생한 전
설이다.
* 이러한 예견은 전후 시대에 실제로 실현되고 있음을 종종 목격한다. 전통적인 지배
세력은 많은 허점에도 불구하고 어쨌든 세상을 책임지고 나가려는 보수주의자였다
면, 밑으로부터의 공격에 만신창이가 된 지배 세력은 세상에 대한 책임 의식을 내팽
개치고는 자신이 가진 물적 기반 위에서 사적인 자유만을 구가하려 들며, 현실주의
자로 변신한 진보 세력이 보편적인 명분을 선두에 서서 외침으로써 불안정한 질서를
끌고 나간다. 이런 진행 속에서 좌(左)와 우(右)가 지닌 전통적인 속성들은 뒤바뀌
고 뒤죽박죽이 된다.

택일이 불가피하다는 것은 지배가 불가피하다는 것과 같다. 인간은 언제나 자신을 자연 밑에 굴복시킬 것인지 아니면 자연을 자신의 지배하에 둘 것인지를 선택해야 했다. 시민적 상품 경제가 확대되면서 신화의 어두운 지평은 계산적 이성의 태양에 의해 환히 밝혀졌지만 이 이성의 차가운 빛 아래서는 새로운 야만의 싹이 자라난다. 지배의 강요 아래 인간의 노동은 언제나 신화로부터 멀어져가는 길을 걸어왔다. 그렇지만 지배 밑에서 인간의 노동은 언제나 다시 신화의 손아귀에 떨어지는 것이다.

호머의 이야기에는 '신화, 지배 그리고 노동의 뒤얽힘'이 들어 있다. 『오디세이』의 12장은 사이렌과의 만남에 대해 보고한다. 이 요정들의 유혹은 과거 속에서 자기를 상실하도록 만드는 유혹이다. 그러나 이 유혹을 겪은 주인공은 고통을 통해 성숙한다. 그가 견뎌내야 했던 다양한 죽음의 위기를 통해 자신의 '삶의 통일성,' 인격의 '동일성'이 확고해진다. 물, 흙 그리고 공기처럼 그에게는 시간의 영역들이 구분된다. 그에게는 과거라는 파도가 현재라는 바윗덩어리에 의해 퇴각당했고 미래는 한 조각 구름처럼 수평선에 걸려 있다. 오디세우스가 미래를 향해 헤엄쳐가면서 뒤에 남긴 것은 그림자 세계 속으로 들어간다. 왜냐하면 자아란 자신이 빠져나온 태곳적인 신화에 대단히 가깝기 때문에 그에게 있어서 자신이 겪은 과거는 신화적인 선사 시대가 되기 때문이다. 자아는 시간의 확고한 질서에 의해 신화에 대처하려 한다. 시간을 삼분하는 도식은, 과거의 위력을 반복될 수 없는 절대적 경계 뒤로 밀어내고 그 힘을 현재를 살아가는 데 유용한 지식으로 만듦으로써, 현재의 순간을 과거의 위력으로부터 해방시키기 위한 것이다. 과거를 진보의 자료로 활용하는 대신 살아 있는 것으로 구제하려는 충동은, 과거의 삶에 대한 기술로서의 역사도 포함하는 예술에 의해서만 달래질 수 있다. 예술이 인식으로 간주되기를 포기하고 그로 인해 실천과 유리되는 한 예술은 쾌락과 마찬가지로 사회적 실천으로부터 관대한 취급을 받는다. 그러나 사이렌의 노래는 아직 예술로 무력화되지는 않았다. 사이렌들은 "이 풍요로운 땅에서 지금까지 일어난 모든 것,"[33] 특히 오디세우스가 겪었던 모든 것, "트로야의 평원에서 신들의 의사에 따라 아르고스*의 아들들과 트로야 성민들이 겪어야만 했던 모든 것"[34]을 알고 있다. 사이렌은 방금 지나간 과거를 직접 불러냄으로써 그들의 노래에서 들을 수 있는 저항할 수 없는 즐거움을 약속해주지만, 그와 함께 각자가 살아온 전체 시간을 지불할 때만 각자에게 생명을 되돌려주는 가부장적 질서를 위협한다. 요정들의 속임수에 넘어가는 사람은 파멸하며, 계속 정신을 차리고 있는 사람만이 자연으로부터 생존을 쟁취해낸다. 사이렌은 과거에 일어난 모든 일을 다 알려주는 대신 그 대가로 미래를 요구한다. 즐겁게 과거로 돌아갈 수 있다는 약속은 동경하는 자를 과거라는 함정에 빠뜨리는 기만인 것이다. 오디세우스는 이러한 위험에 대해 키르케**로부터 경고를 받는다. 이 여신은 오디세우스를 동물로 다시 변신시키려 했고 오디세우스는 거기에 저항했지만 그녀는 그 대가로 또 다른 해체의 힘에 저항할 수 있는 힘을 그에게 부여했던 것이다. 그러나 사이렌의 유혹은 저항하기에는 너무나 강한 힘이다. 사이렌의 노래를 들은 자는 누구도 그로부터 빠져나갈 수 없다. 인류는 자아, 즉 동질

---

33 *Odyssee*, XII, 191.
  * 그리스 신화에 나오는 눈이 많은 괴물. 죽은 뒤 공작이 되었다는 설이 있다.
34 *A. a. O.*, XII, 189~90.
  ** 그리스 신화에 나오는 마녀. 마술에 뛰어나고 전설의 섬 아이아이에에 산다.

적이고 목적 지향적인 남성적 성격이 형성될 때까지 자신에게 가혹한 짓을 행해야 했다. 이는 어느 정도 모든 사람들의 유년기에 반복된다. 자신을 유지하려는 노력은 자아의 모든 단계에 달라붙어 있으며, 또한 자아 상실의 유혹은 그 유지를 위한 맹목적 결의와 짝을 이룬다. 자아가 정지되는 행복감을 맛보는 대가로 죽음 같은 잠에 빠지게 하는 마약과 같은 도취는, 자기유지와 자기 절멸을 매개시키는 가장 오래된 사회적 장치 중의 하나로서 매 순간 자신의 한계를 넘어서 살아남으려는 자아의 시도이다. 자아를 상실할 것 같은 불안, 자아를 잃어버림으로써 자신과 다른 삶과의 경계가 지워져버릴 것 같은 불안, 그리고 죽음과 파괴에 대해 느끼는 두려움은 매 순간 문명을 위협하고 있는 '행복의 약속'과 짝을 이룬다. 문명의 길은 복종과 노동의 길로서 '완성'은 단지 '가상,' 즉 파리한 아름다움으로서 그 길을 계속 비춰줄 뿐이다. 죽음에 대해서나 행복에 대해서나 적대적인 오디세우스는 이러한 사실을 알고 있다. 그는 빠져나가기 위해서는 두 개의 가능성만이 있음을 안다. 그 중 하나의 가능성을 그는 선원들에게 지시한다. 그는 그들의 귀를 밀랍으로 봉하고는 온 힘을 다해 노를 저어갈 것을 명령한다. 살아남고 싶은 자는 되돌릴 수 없는 유혹을 들어서는 안 된다. 그는 들을 수 없을 때만 살아남을 수 있는 것이다. 사회는 항상 이를 위해 배려한다. 노동하는 사람은 건강한 몸과 집중된 마음으로 앞만을 보아야 하며 옆에 있는 것은 내버려두어야 한다. 기분을 전환하고 싶은 충동마저 그들은 긴장을 풀지 않고 새로운 여분의 노력으로 승화시켜야 한다. 그 때문에 그들은 실천적이 되는 것이다. 타인들로 하여금 자신을 위해 일하도록 만드는 지주(地主)인 오디세우스 자신은 다른 가능성을 택한다. 그는 사이렌의 노랫소리를 듣는다. 그렇지만 그는 마스트에 묶인 무력한 상태에서만 들을 수 있다. 유혹이 클수록 그는 더욱더 자신을 강하게 묶도록 만든다. 그와 마찬가지로 후세의 시민들은 자신의 힘이 커가면서 행복에 가까이 다가갈수록 더욱 완고하게 행복에 몸을 맡기기를 거부한다. 오디세우스는 노랫소리를 듣지만 그것은 그에게 아무런 소용이 없다. 그는 단지 머리를 흔듦으로써 자신을 풀어달라고 애원한다. 그러나 때는 너무 늦었다. 스스로는 노래를 들을 수 없는 선원들은 노래의 위험만을 알 뿐 그 아름다움은 알지 못한다. 그러므로 그들은 오디세우스와 자신들을 구하기 위해 그를 마스트에 묶인 채로 내버려둔다. 그들은 하나로 묶여진 억압자의 삶과 자신들의 삶을 재생산한다. 그러므로 억압자도 자신의 사회적 역할로부터 빠져나올 수 없다. 오디세우스를 실천에 묶어놓고는 풀 수 없게 만드는 속박의 끈은 동시에 사이렌들을 실천으로부터 멀찌감치 떼어놓는다. 요정의 유혹은 단순한 명상의 대상, 즉 예술로 '중화'*된다. 사슬에 묶인 오디세우스는 후대에 오면 연주회의 청중이 되어 그곳에 상주하면서 미동도 하지 않고 귀를 기울인다. 해방을 향한 감격스런 외침은 박수갈채로 울려퍼진다. 선사 시대와 작별한 후 이런 식으로 예술 향유와 노동은 갈라지게 되는 것이다. 호머의 서사시는 이미 올바른 이론을 포함하고 있다. 문화적인 재화는 명령받는 노동에 정확히 대응되는 상관물이다. 양자는 모두 자연에 대한 사회의 지배라는 빠져나갈 수 없는 강압 안에 자리잡고 있는 것이다.

오디세우스의 배 위에서 사이렌과 대면하면서 행해진 조치

---

* 중화 Neutralsierung는 기존의 현실을 일탈하는 어떤 돌출적인 힘도——긍정적인 것이든 부정적인 것이든——그와 대립되는 힘에 의해 희석시키는 원리다. 예술 작품은 자신의 자율성으로 인해 기존 현실과는 다른 이차적 존재가 되어 화해의 빛 속에서 잘못된 기존 현실을 탄핵할 수도 있지만 사회 속으로 들어오면 중화되어 아무런 역할도 할 수 없다.

들은 '계몽의 변증법'에 대한 함축성 있는 알레고리다. 지배라는 척도가 대표성을 지니고, 제반 업무 관계 속에서 대표성을 지니고 있는 자가 가장 힘이 센 자이듯이, 대표성은 진보에 있어서와 마찬가지로 퇴보에 있어서도 결정적 역할을 한다. 주어진 관계 속에서 일로부터 면제된다는 것은 실업자의 경우에든 그 반대의 경우에든 불구 상태에 떨어진다는 것을 의미한다. 더 이상 힘겹게 싸워나갈 필요가 없는 '위에 있는 자들'은 삶을 단지 '기체(基體)Substrat'로서만 경험하며 그 때문에 완전한 명령자로만 굳어진다. 피지배자는 자연물을 경험할 수 있지만 이 자연물을 통해 자신의 욕망을 이룰 수는 없다. "자연물과 자기 사이에 노예를 개입시키는 '주인'은 그 때문에 사물의 비자율적인 부분과만 관계하며 사물을 순수하게 향유만 한다. 사물의 자율적 측면은 사물을 다루는 노예에게 넘겨진다."[35] 노동은 오디세우스의 이름으로 행해진다. 그가 자기 포기의 유혹에 굴복하지 않는 것처럼, 자본가로서 그는 노동에의 참여를 포기해야 하며 결국에는 경영권마저 가질 수 없게 된다. 반면 선원들은 사물과 아무리 가까이 있더라도 노동을 향유할 수는 없다. 왜냐하면 강압 밑에서 절망적으로 이루어지는 노동은 폭력에 의해 가두어진 의미만을 지니기 때문이다. 노예는 몸과 영혼이 속박되어 있고 주인은 은퇴해야만 한다. 어떤 지배도 이런 대가를 치르지 않을 수 없었다. 역사가 진보 속에 있으면서도 순환과 비슷한 성격을 갖게 되는 이유는 권력의 등가물인 이러한 허약화에 의해 어느 정도 설명된다. 인류의 역사성과 지식이 노동 분업에 의해 세분화됨으로써 인류는 인류학적으로 더 원시적인 단계로 되돌아가도록 강요당한다. 왜냐하면 기술에 의

---

35 Hegel. *Phänomenologie des Geistes*. a. a. O.. S. 146.

해 생활이 편해지면서 지배는 더 강력한 억압에 의해 본능을 고정시키기 때문이다. 이에 따라 상상력이 위축된다. 개인이 사회나 사회의 물질 생산보다 뒤처졌다는 것이 불행을 가져오지는 않는다. 기계의 발달이 지배 메커니즘의 발달로 전환됨에 따라 기술의 경향과 사회의 경향——언제나 뒤엉켜 있기는 하지만——은 인간의 총체적 파악 속에서 수렴하게 되는데, 이 경우 뒤처진 낙오자들이 비진리만을 대변하는 것은 아니다. 진보의 힘에 순응하는 것은 힘의 진보를 포함하지만, 이러한 진보는 실패한 진보가 아닌 성공한 진보를 자신이 생각했던 것과는 완전히 반대되는 것으로 만들어버리는 퇴행을 매번 새롭게 초래한다. **끊임없는 진보가 내리는 저주는 끊임없는 퇴행이다.**

이러한 퇴행은 육체를 매개로 이루어지는 감각적 세계에 대한 경험 Erfahrung*뿐 아니라 감각적 경험을 굴복시키면서 이로부터 분리된 자기 찬미적인 지성에게도 해(害)가 된다. 감각의 지배를 성취하기 위해 지적 기능을 통일시키는 것, 즉 사유가 일관성의 수립으로 퇴보하는 것은 사유의 빈곤뿐만 아니라 '경험의 빈곤'을 의미한다. 두 영역의 분리는 사유와 경험 양자

---

* 아도르노에게서 경험은 '사유'만큼, 아니 '사유'보다 더 중요한 개념이다. 모든 사유는 인식 대상에 폭력을 행하는 '투사'로서, 주체가 인식되는 세계에 뒤집어씌우는 개념망은 인식을 기형화하는 그물이다. 이러한 기형화를 극복하는 방법이 사유에 감각적 경험의 계기를 끌어들이는 것이다. 아도르노는 "주체의 인식 행위에서 열쇠가 되는 것은 경험이지 형식이 아니다. 인식하려는 노력은 무엇보다도 객체에 대한 폭력을 의미하는 통상적 인식 노력을 분쇄하는 것이다. 객체를 감고 있는 베일을 주체가 찢어버리는 행위는 그러한 인식에 접근한다. 그런 능력은 주체가 두려움 없는 수동성 속에서 자신의 경험에 몸을 맡길 때 얻어진다. 주관적인 이성이 주체의 우연성을 감지할 때 객체의 우위, 즉 주관성이 가미되지 않은 객체 자체가 깜박이는 것이다. 주체는 대리인일 뿐 객체의 구성 요소는 아니다"라고 말한다. 아도르노의 '경험' 개념에서는 다른 개념에서와 마찬가지로 개념의 확장이 일어난다. 이전의 '경험' 개념이 일차적으로 지식의 확장이라는 의미를 지닌다면, '고통의 체험'으로서 주체 내부의 흔들림을 전제하는 아도르노의 '경험' 개념은 전통적인 '경험'보다는 '체험'에 가깝다.

모두를 훼손된 영역으로 만든다. 영리한 오디세우스로부터 오늘날의 순진한 사장에 이르는 지배자들의 행태에서 보듯 조직하고 관리하는 데만 사유를 제한시키게 됨으로써 이러한 사유의 제한성은 약자들의 조종만이 문제가 아니게 되자마자 강자들에게도 해당되게 된다. 그래서 정신은 실제로 지배와 자기 통제의 도구——시민 철학은 예전부터 그렇게 오인했지만——가 된다. 신화 이래로 순종적 프롤레타리아들이 지닌 듣지 못하는 귀는 지배자의 비활동성보다 나을 것이 하나도 없다. 사회의 과도한 성숙은 피지배 계급의 미성숙을 먹고 산다. 사회적 · 경제적 · 학문적 장치——생산 체계는 오래 전부터 이러한 장치의 사용과 육체를 조화시켜왔는데——가 복잡하고 정교해질수록 육체가 가지고 있는 체험 능력은 점점 빈곤해진다. 질(質)의 제거, 그리고 질이 기능으로 전환되는 것은 합리화된 작업 방식에 힘입어 과학으로부터 국민들의 경험 세계로까지 확장되며, 이에 따라 사람들의 경험 세계는 또다시 양서류의 경험 세계와 유사해지는 경향이 있다. 오늘날 대중의 퇴행은 들을 수 없는 것을 자신의 귀로 듣고 붙잡을 수 없는 것을 자신의 손으로 만질 수 있는 능력의 결핍을 의미한다. 이러한 퇴행은 결국 모든 정복된 신화들을 다시 해체해버리는 새로운 형태의 '현혹'이다. 모든 관계와 감정을 하나로 묶는 총체적 사회의 매개에 의해 인간은 또다시, 강제적으로 유도된 집합성 속에서의 고립으로 인해 하나같이 비슷한 존재, 즉 단순한 '유적 존재Gattungswesen'——이러한 사태를 사회의 발전 법칙이나 자아의 원칙이 기대한 것이 아님에도 불구하고——가 된다. 서로 이야기를 나눌 수 없게 되어 있는 노 젓는 사람들은 한 사람 한 사람이, 공장, 영화관 그리고 공동체 속에 있는 현대의 노동자와 동일한 리듬 속에 묶여 있다. 의식적으로 영향력을 행사하지 않더라도 사회 내의 구체적인 노동 조건들은 획일화를 강요한다. 의식적인 영향력 행사는 다만 추가적으로 억압받는 사람들을 바보로 만들고 진리에 접근 못 하도록 할 뿐이다. 노동자들의 무기력은 단지 지배자들의 술수에 의한 것일 뿐만 아니라, 고대의 숙명이 자신의 숙명으로부터 벗어나려 노력하는 과정 속에서 초래된 마지막 형태인 산업 사회의 논리적 귀결이다.

그러나 이러한 논리적 필연성이 궁극적인 것은 아니다. 그것은 지배에 묶여 있는 것처럼 지배가 만들어낸 파장들이나 지배의 도구에도 묶여 있다. 그 때문에 지배는 명백한 사실이지만 지배의 진실성은 의심스러운 것이 된다. 물론 '사유'는 언제나 자신의 의문점들을 충분히 구체화시켜왔다. **사유란 주인이 임의로 멈추게 할 수는 없는 노예다.** 인간이 정착 생활을 한 이후 그리고는 상품 경제에서, 법과 조직으로 물화된 지배는 스스로에게 제한을 가하지 않을 수 없게 되었다. 도구는 자립성을 획득한다. 즉 정신이라는 매개 심급은 지배자의 의사와 관계없이 경제적 불법의 직접성을 완화시키게 된다. 언어, 무기 그리고 기계에 이르기까지 모든 것을 포괄해야 하는 지배의 도구들은 원칙적으로 모든 사람에 의해 접근 가능해야 한다. 그래서 지배는 자신과는 상이한 계기인 '합리성'의 계기를 자신의 내부에 허용하게 된다. 수단을 보편적으로 통용될 수 있도록 만드는 것인 수단의 대상적 성격, 즉 모두를 위해 존재한다는 수단의 객관성은 이미 지배에 대한 비판을 의미하며 이러한 비판의 수단으로서 '사유'가 성장하게 되는 것이다. 그렇지만 신화로부터 기호논리학으로 나아가는 도정에서 사유는 '반성'*의 계

---

* 눈으로 본 것만을 순진하게 믿는 것이 아니라 사물들 사이의 매개 고리를 발견하고 대상 세계의 내면에 있는 본질을 이해하는 사유의 수단이 '반성'이다. 이러한 반성이 인식을 얻기 위한 '일차적인 반성'이라면, 좀더 근본적인 반성을 행하는 아도르

기를 상실했으며, 기계는 오늘날 인간을 먹여살리기는 하지만 인간을 불구로 만든다. 기계의 형태를 취하는 소외된 '합리적 이성'은 하나의 사회, 즉 물질적이면서 또한 지적인 장치로 굳어진 사유를 해방된 삶과 화해시키고는 이 사유를 사유의 실제적 주체인 사회 자체와 연관시키려는 사회를 향해 나아간다. 사유의 특수한 기원과 사유의 보편적 시각*은 옛날부터 분리될 수 없는 것이었다. 오늘날 세계가 산업으로 변화됨과 함께 보편성의 시각, 즉 사유의 사회적 실현은 매우 열려 있어서 지배자들 스스로가 자신의 편에서 사유를 단순한 이데올로기로 거부할 수 있게 된다. 이전의 시민적 변호론Apologetik과는 판이하게, 총통의 직관으로부터 역동적 세계관에 이르기까지 이들이 드러내는 '검은 마음'은 자신의 비행(非行)을 더 이상 법적 연관성의 필연적 결과로 인정하지 않는데, 이것은 경제적 필연성을 궁극적으로 구현하려는 무리들의 '검은 마음'을 배반하는 것이다. 파시스트들이 대안으로 내놓은 '사명과 운명'이라는 신화적인 거짓말은 일말의 진실성을 내포하고 있다. 거기에 담겨 있는 진실은, 즉 기업가들의 행동을 지배했으며 파국으로 몰아갔던 것은 이제는 더 이상 객관적 시장 법칙이 아니라는 것이다. 오히려 사장의 의식적 결정은 가장 맹목적인 가격 메커니즘보다 더 강제적인 최종 결정이 되어 과거의 가격 법칙과 자본주의의 운명을 집행한다. 지배자들 자신은 비록 때때로 그들이 머릿속에 구상하고 있는 것을 발설할지는 몰라도 객관적

노에게 있어서는 이러한 일차적 반성을 넘어 인식하는 주체의 정신 자체를 반성하는 '이차적인 반성'이 더욱 문제된다. 현대 사회가 반성력을 상실할수록 그러한 현대 사회에 대한 반성은 더 래디칼해질 수밖에 없다.

* 사유는 삶의 곤궁을 해결하기 위한 파편적 이해 관계에서 생겨나지만 그러한 곤궁을 해결하기 위해서는 대상 세계 전체에 대한 보편적이고 객관적인 인식을 추구하지 않을 수 없다.

필연성을 믿지는 않는다. 그들은 세계 역사를 만드는 엔지니어로 행세한다. 단지 피지배자들만이, 생활 수준을 조금씩 향상시키지만 그만큼 더 그들을 무력하게 만드는 '발전'을 불가피한 것으로 받아들인다. 기계를 조작하기 위해 필요한 사람들의 생계를 최소한의 작업 시간──지배자들이 활용할 수 있는──으로써 해결할 수 있다면, 이제는 불필요해진 나머지 엄청난 숫자의 대중은 오늘과 내일의 거대한 계획에 봉사할 자원으로서 체계를 위한 여분의 친위대로 길들여진다. 그들은 실업자들의 군단으로 부양된다. 언어와 지각에 이르기까지 현대 생활의 모든 분야를 사전 규제하는 통치 기구의 단순한 객체로 그들을 격하시킨다는 것은, 여기에 대해 어떤 반대도 자신들은 할 수 없다는 객관적 필연성을 표현하는 것으로 그들의 눈에는 비쳐진다. 힘과 무력감의 대립이 만들어내는 괴로움은 모든 괴로움을 지속적으로 제거할 수 있는 능력과 함께 무한대로 커진다. 최고 수준의 경제 명령으로부터 말단의 전문적 부정 행각에 이르기까지 현 상태의 끝없는 존속을 보장하는 도당과 기구들의 숲을 각 개인이 투시한다는 것은 불가능하다. 한 사람의 프롤레타리아는 경영자는 말할 것도 없이 노조 지도자 앞에서도──만일 그와 마주 대할 기회가 생긴다면──하나의 견본에 지나지 않는다. 반면 노조 지도자도 자신의 실각을 생각하면서는 떨지 않을 수 없다.

자연의 폭력으로부터 빠져나오는 매 걸음마다 인간에 대한 체계의 폭력이 점점 커져가는 부조리한 상황은 '이성적 사회'의 이성을 쓸데없는 사족으로 거부한다. 이러한 부조리가 필연적이라는 것은, 피할 수 없는 싸움이나 협상에서 결국 강제적인 본성을 드러내는 기업가의 자유 못지않게, 가상이다. 철두철미하게 계몽된 인류가 빠져드는 그러한 '가상'을, 지배의 도구로서 명령과 순종 중에서 양자택일해야 하는 '사유'가 깨뜨릴 수는 없다. 그렇지만 사유는, 선사 시대에 자신이 사로잡혀 있던 뒤엉킴에서 빠져나올 수는 없지만, 양자택일, 일관성, 이율배반의 논리가 화해되지도 못했고 소외된 채로 남아 있는 바로 이 자연 자체임을 재인식할 수는 있다. 사유, 즉 자신의 강압 메커니즘 속에 자연을 반영하고 되풀이하는 사유는 자신의 철두철미함 덕분으로 스스로가 또한 강압적 메커니즘으로서의 '잊혀진 자연'임을 드러낸다. 표상 Vorstellung은 도구에 불과하다. 사유를 통해 인간은 자연으로부터 거리를 갖게 되는데, 이는 자연을 극복하기 위해 자연을 눈앞에 떠올려보기 위해서이다. 여러 상이한 상황에서 동일한 것으로 유지되며, 그래서 카오스적이고 다면적이며 상위(相違)한 세계와 단일하고 동일적이며 익숙한 세계를 구별할 수 있도록 만들어주는 물질적 도구인 '사물'과 같이, 개념은 어디에 적용하더라도 모든 것에 적합한 관념적 도구다. 그 때문에 사유 또한 분리시키는 기능, 즉 거리화와 대상화를 부인하려 할 때면 언제나 환상적인 것이 된다. '신비스러운 하나'를 만들어내려는 모든 시도는 기만, 즉 환멸로 끝난 혁명이 무기력하게 내면 세계에 남긴 흔적에 불과하다. 그러나 계몽은 어떤 방식으로든 유토피아를 실체화하려는 시도에 미혹당하지 않으며 지배를 당당하게 '분열'이라고 선언하게 되면서, 계몽이 굳이 감추려 들지 않는 '주체와 객체의 분리'는 이러한 분리가 비진리라는 진리의 증거가 된다. 미신의 추방은 언제나 지배의 진보와 함께 동시에 지배의 폭로를 의미했다. 계몽은 계몽 이상의 것, 즉 소외된 자연에서 인지되는 자연이다.* 자신과 분리된 자연인 정신의 자기 인식 속에서 자연은 선사 시대와 같

계몽의 개념

---

* 이것은 '계몽의 계몽'이다. '계몽의 계몽'은 계몽의 부정성을 인식함으로써 계몽의 신화를 깨는 계몽이다.

이 스스로에게 말을 건다. 그러나 자연은 더 이상 전능함을 의미하는 마나와 같은 별칭을 통해 직접 자신을 드러내는 것이 아니라, '눈먼 불구의 모습'으로 나타난다. 자연의 함몰은 자연 지배에 원인이 있지만 자연 지배가 없다면 정신은 존재할 수 없다. 스스로 '지배'임을 고백하고 자연 속으로 퇴각하는 결단을 통해 정신은 자신을 바로 자연의 노예로 만드는 지배에의 요구를 분쇄할 수 있다. 인식 자체를 포기하지 않고는 필연성으로부터의 도피인 진보와 문명을 멈출 수 없더라도, 인류는 필연성에 대항하기 위해 세운 벽들——제도들, 즉 자연의 예속화로부터 언제나 사회로 되돌려진 지배의 술책——을 적어도 더 이상은 미래의 자유를 위한 보증으로 오인하지는 않는다. 문명의 진보는 언제나 지배도 세련화시켰지만 동시에 지배의 제거에 관한 시각 또한 새롭게 만들어냈다. 그렇지만 실제 역사가 제거 수단이 증가한다고 그만큼 감소하지는 않는 고통의 실에 의해 짜여진 피륙이라면, 고통을 제거하려는 시각은 '개념'에 의지한다. 왜냐하면 개념은 학문으로서 인간을 자연과 유리시키기도 하지만, 맹목적인 경제의 경향에 학문적 형태로서 묶여 있는 사유의 자기 성찰로서 불의를 영구화하는 거리를 측정할 수 있도록 해주기 때문이다. 주체 속에 있는 자연의 기억——이 기억을 완성시키는 것은 곧 모든 문화 속에 숨겨져 있는 진리를 찾아내는 것이다——을 통해 계몽은 지배 일반과 대립한다. 계몽을 저지하려는 호소는 바니니*의 시대에도 정밀 과학에 대한 불안에서 나왔다기보다는 자연의 속박에서 빠져나오려는 무절제한 사상에 대한 증오에서 나온 것——자연 자체에 대한 자연 자신의 두려움이라는 것을 고백함으로써——이었다. 공포라는 이름

---

* Lucilio Vanini(1584~1619): 이탈리아의 사이비 범신론적 철학자로 종교 재판에 의해 신성모독죄로 재판에 회부되어 화형당했다.

을 가진 것에 놀람으로써 마나를 화해시키려 했던 계몽가에게 사제들은 언제나 마나의 복수를 했는데, 교만하다는 점에서는 계몽의 예언자들이나 사제들이나 똑같았다. 시민 시대의 계몽은 투르고와 달랑베르*보다도 이미 오래 전에 계몽 안에 있는 실증주의적 계기에 빠졌었다. 계몽은 자유를 자기 유지의 추구와 혼동하는 위험으로부터 안전하지 못했다. 진보라는 이름으로 행해지건 문화라는 이름으로 행해지건——진보와 문화는 이미 오래 전부터 은밀하게 진리에 대항하는 데에 합의를 보았는데——개념의 정지는 허위가 들어설 여지를 마련해주었다. 이 허위는, 단지 논리실증주의자들의 원자 명제들Protokollsätze**만을 인정하며 위대한 사상가의 업적쯤으로 격하된 사상을 일종의 때늦은 특종으로 보존하는 세계에서는, 문화재로 중화된 진리와 더 이상 구분될 수 없었다.

그렇지만 사유에서조차 지배를 화해되지 않은 자연으로 인정한다는 것은 반동적 상식에 대한 승인으로서 사회주의마저 성급하게 영원한 것임을 입증한 저 '필연성'을 느슨하게 할지 모른다. 사회주의는 모든 미래를 위해 이러한 필연성을 '근본 토대로 격상'시키며, 다른 한편으로는 지극히 관념론적으로 '정신'을 '최고의 절정으로 격하'시킴으로써 시민 철학의 유산을 병적으로 고수했다. 그 때문에 자유의 영역에 대한 필연성

---

* Turgot(1727~1781): 프랑스의 경제학자, 정치가. 루이 14세의 재상으로 프랑스의 경제·사회 구조를 현대화하려고 시도했다. 절대왕권의 옹호자이다; d'Alembeert; 프랑스의 철학자, 수학자, 물리학자. 계몽주의의 대표적 문필가로 디드로와 공동으로 『백과전서』를 편집 간행한 백과전서파의 대표적 인물이다.
** 이 용어는 빈 학파의 노이라트 Neurath와 카르납 Carnap에 의해 도입되었다. 원자 명제는 특정 시점에 특정인이 인지한 물리적 대상에 대한 진술이다. 원자 명제들은 상호주관적인 것으로서 교정이 가능하다. 원자 명제들이 서로 모순될 경우 어떤 것을 승인하고 어떤 것을 거부할 것인가 하는 판단은 어떻게 모순 없는 진술 체계를 만들어낼 것인가에 달려 있다.

의 관계는 단지 양적이고 기계적인 것에 머물러 있게 되며, 초기 신화에서처럼 완전히 낯선 것으로 설정된 자연은 총체적이되어 사회주의와 함께 자유를 집어삼켜버리게 될 것이다. 사유 ─수학, 기계, 조직과 같은 물화된 형식을 통해 사유를 잊은 인간에게 복수하는 것─를 포기함으로써 계몽은 그 자신의 실현을 체념했다. 계몽은 '개별적인 것'을 모두 굴복시킴으로써 무엇인지도 모르는 '전체'가 사물에 대한 지배를 넘어 인간의 존재와 의식에 제멋대로 보복하는 것을 허용했다. 그러나 **진정한 혁명적 실천은 사회가 사유를 경직시키는 수단인 의식 부재 앞에 쉽게 굴복하지 않는 '이론'에 달려 있다.** 혁명의 실현을 의문스럽게 만드는 것은 이러한 혁명이 실현되기 위한 물질적 전제가 아니라 고삐 풀린 '기술'이다. 이러한 것은 일부 사회학자들의 주장인데 이들은 집합주의적 색채를 지닐지라도 결국은 대항 수단의 '주인'이 되기 위해 또다시 대항 수단을 모색한다.[36] 여기에 책임이 있는 것은 사회적인 '현혹 연관'이다. 주어진 현 상태에 대한 신화적·과학적 존경심은 사람들이 끊임없이 만들어내는 것으로서 결국은 그 자체가 실증적 사실의 요새가 된다. 이러한 요새 앞에서는 혁명적 상상력조차 스스로를 유토피아주의로서 부끄러워하고는 역사의 객관적 경향에 대한 고분고분한 신뢰로 변질된다. 이러한 순응의 도구로서 또한 수단들의 단순한 집적으로서의 '계몽'은, 계몽의 적(敵)인 낭만주의가 비난하는 것처럼, 파괴적이다. 계몽은 낭만주의자들과 마지막 남은 타협마저 거부하고 잘못 절대화된 '맹목적 지배'

---

36 오늘날 우리 세대가 당면한 최대의 문제는──이에 비해 다른 모든 문제는 지엽적인 것에 불과한데──기술이 통제하에 놓여질 수 있는가다. 〔……〕 아무도 이러한 목적을 달성할 수 있는 확실한 방법을 알지 못한다. 〔……〕 우리는 접근이 가능한 모든 자료들을 긁어모아야 한다(The Rockefeller Foundation, *A Review for 1943*, New York, 1944, S. 33ff.).

의 원리를 철폐하려 시도할 때 비로소 자기 본연의 모습을 찾을 것이다. 이와 같은 불굴의 이론을 추구하는 정신이라면 무자비한 진보의 정신마저 자신의 목표로 끌어올 수 있을 것이다. 이러한 정신의 전령인 베이컨은 "제왕들이 보화를 가지고도 살 수 없는 것, 그들의 명령이 미치지 않는 것이며, 왕의 첩자들이 그에 대한 정보를 구할 수도 없는" 많은 것들에 대해 꿈꾸었다. 그가 원했던 대로 이런 것들은 제왕들의 계몽된 상속자인 시민들의 수중에 굴러떨어졌다. 시민 경제는 시장의 매개에 의해 권력을 배가함으로써 자신의 재화와 힘을 몇 배로 부풀렸고 그 결과 이것들을 관리하는 데 왕뿐만 아니라 시민도 필요로 하지 않게 되었지만, 사실은 오직 모든 사람을 필요로 하게 된 것이다. 그들이 사물들의 힘으로부터 배운 것은 결국 힘을 완전히 잃어버리게 되는 방법이다. 차기의 실천적 목표들이 이미 실현되었지만 그것은 가장 거리가 먼 목표임이 폭로되고, "그들의 첩자와 정보원이 소식을 전해줄 수도 없는" 나라들, 즉 지배하는 과학에 의해 오인된 **근원으로서의 자연**이 기억될 때 계몽은 완성되고 스스로를 지양한다. "우리가 실제로 자연 위에 군림하는" 베이컨의 유토피아가 전(全)지구적 차원에서 실현된 오늘날, 그가 정복되지 못한 자연의 탓으로 돌린 강압의 본질이 명백해졌다. **그것은 지배 자체였다.** 베이컨의 견해대로 확실히 '인간의 우월성'의 근거인 '지식'은 이제 지배의 해체로 넘어갈 수 있을지 모른다. 그러나 현재 세계에 봉사하고 있는 **계몽**은 이러한 가능성 앞에서 **대중의 총체적 기만으로 변질**된다.

부연 설명 1 오디세우스 또는 신화와 계몽

『오디세이*Odyssee*』에 나오는 사이렌 이야기는 '신화'와 '합리적 노동'이 서로 어떻게 뒤엉키고 있는가를 보여주고 있는데, 그 부분뿐 아니라『오디세이』전체가 '계몽의 변증법'에 대한 증거를 이룬다고 할 수 있다. 이 서사시는, 특히 작품의 가장 오래된 층 속에서, 신화와 연결되어 있음을 보여준다. 오디세우스의 모험들은 이미 민중 설화 속에서 구전되어 내려오던 것들이다. 그러나 호머의 정신이 신화들을 자기식으로 재조직하게 되면서 호머의 신화는 이전의 신화들과는 모순에 빠지게 된다. 신화와 서사시를 동일시하는 관례는 최근의 고전적인 어문학Philologie에 의해서도 무너지고 있지만, 우리는 철학적 비판을 통해 이러한 관례가 완전히 잘못된 것임을 보여주고자 한다. **신화와 서사시는 전혀 별개의 개념이다.** 이들은 역사적 발전 과정의 상이한 두 단계를 각각 대변하는 것으로서, 이러한 발전 과정은 호머가 구전되어오던 설화를 편집하는 과정에서 봉합한 이음새들을 잘 살펴보면 알 수 있다. 호머의 어투는 '언어의 보편성'을 미리 가정하고 있지 않음에도 불구하고 그러한 것을 창조해낸다. 비교(祕敎)적이기보다는 누구나 알 수 있도록 표현하는 호머의 어투는 사회의 위계 질서를 예찬하지만 예찬을 통해 오히려 이 질서를 해체하는 결과를 낳는다. 아킬레스의 분노*나 오디세우스의 방랑을 노래하는 것은 이미 더 이

---

* 『일리아드』는 트로이 전쟁을 소재로 하고 있는데 호머는 10년 간의 트로이 전쟁 중 아킬레스의 분노로부터 트로이의 맹장 헥토르의 죽음까지를 노래하고 있다.

상 노래할 수 없는 것에 대한 동경을 하나의 양식으로 만든 것이다. 모험의 주인공은 '시민적 개인'의 원형으로서, 시민적 개인이란 개념은 바로 이 방랑하도록 운명지어진 주인공이 보여주는 일관성 있는 자기 주장에서 발생하는 것이다. 역사철학적으로 볼 때 서사시는 소설과 반대되는 것이지만 이 서사시에도 이미 소설에서 볼 수 있는 특징들이 나타난다. 사람들은 호머의 세계가 의미로 충만된 질서 잡힌 우주라고 경탄해왔지만* 이 세계는 이미 정돈하는 이성에 의해 만들어진 작품임이 드러난다. 이러한 이성은 거울에 비추듯 신화를 있는 그대로 재현하는 합리적 질서의 힘으로 신화를 파괴하는 것이다.

호머가 이미 시민적·계몽적 요소를 통찰하고 있었다는 사실은 니체의 초기 저작으로부터 영감을 받은 독일의 신낭만주의적 '그리스 고전Antike' 해석에 의해 강조되었다. 니체는 헤겔 이후 '계몽의 변증법'을 인식한 몇 안 되는 철학자 중의 하나다. 그는 '지배'에 대한 계몽의 이중적 관계를 명확하게 표현했다. "계몽은 민중 속으로 들어가야만 한다. 그리하여 모든 성직자는 속이 검은 족속임이 밝혀지고, 국가에 있어서도 비슷한 일이 일어나야만 한다. 계몽의 과제는 군주나 정치가의 모든 행동이 의도적인 거짓말임을 들추어내는 것이다."¹ 다른 한편 계몽은 예로부터 "훌륭한 통치 기술이었다. 그 적절한 예는 중국의 유교, 로마 제국, 나폴레옹, 그리고 세상뿐 아니라 권력에 관심을 보이는 교황권에서 볼 수 있다. 모든 민주주의에서 보듯 이 문제에 대한 대중의 자기 착각은 아주 중요한 것이다. 인

---

* 대표적인 경우로서 우리는 아도르노도 높이 평가하는 루카치 G. Lukács의 『소설의 이론 Die Theorie des Romans』을 예로 들 수 있다. 루카치는 『소설의 이론』에서 그리스적인 서사시의 세계를 완전한 이상 세계로 설정하고는 이 이상 세계가 허물어져가는 국면으로부터 소설의 이론을 전개시켜나간다.

1 Nietzsche. *Nachlaß*, Werke, Großoktavausgabe, Band XIV, Leipzig, 1904, S. 206.

간을 통치하기 편한 왜소한 인간으로 만드는 것은 '진보'라는 이름하에 추구되었다."[2] 계몽의 이와 같은 이중성이 역사의 근본 원리임이 드러남으로써 진보적 사유로서의 계몽이라는 개념은 역사의 시원에까지 거슬러 올라가게 된다. 계몽이나 호머를 대하는 니체의 시각 자체가 이중적이라면, 다시 말해 니체가 계몽을 **지고한 정신의 보편적 운동**으로 파악하면서 동시에 계몽은 이러한 운동의 완성자로서 **삶과는 적대적인 허무주의적인 힘**이라는 사실을 인식했다면, 파시즘이 창궐하기 직전 니체의 후예들은 두번째 관점만을 받아들여 계몽을 이데올로기로 전락시켰다. 이 이데올로기는, 살아 있는 모든 것을 억압하는 지금까지의 실천을 맹목적으로 되풀이하는, 눈먼 삶에 대한 눈먼 찬양이 된다. 이러한 점은 호머에 대한 파시스트들의 입장에서 분명히 드러난다. 그들은 봉건적 상황에 대한 호머의 묘사 속에서 민주주의적인 요소를 찾아냄으로써 이 서사시를 항해자와 상인에 관한 작품으로 낙인찍고는 너무나 합리적이고 흔해빠진 이야기라고 비난한다. 겉으로 드러난 모든 직접적 지배에 공감하면서 '매개Vermittlung,' 즉 어떠한 자유주의도 배척하는 이들의 시선은 사악하기는 하지만 어느 정도 진실성도 지니고 있다. 지금까지 역사의 일반적 견해는 시민이라는 개념을 중세 봉건 사회의 말기에서 출발시키지만, 사실 **이성이니, 자유니, 시민이니 하는 관념들은 그보다 훨씬 이전까지 거슬러 올라간다.** 반동적인 신낭만주의자들은 시민을 예전의 시민적 인문주의가 자신들을 정당화하기 위해 '신성한 시초'를 조작해내면서 꿈꾸었던 시민이라는 관념을 비판 없이 받아들임으로써 세계사와 계몽을 동일시했다. 지금의 유행 이데올로기는 계몽

---

2 *A. a. O.*, Band XV, Leipzig, 1911, S. 235.

을 청산하는 데 혈안이 되어 있으면서도 마지못해 계몽의 존재를 인정한다. 이 이데올로기는 아주 먼 과거에도 계몽된 사유가 존재했었다는 것을 인정하지 않을 수 없다. 오늘날 태고 상태에 관심을 가지고 있는 사람들의 검은 마음은 계몽적 사유의 가장 오래된 흔적을 발견하고는 계몽의 모든 과정을 다시 한번 풀어놓게 된다. 이들은 이 과정을 무(無)로 돌리려 하지만 그렇게 함으로써 자기도 모르게 이 계몽의 과정을 한 단계 더 진전시키는 것이다.

이러한 이데올로기는 어두운 지하 세계의 신화에 반대하는 호머의 반(反)신화적이고 계몽적인 성격을 꿰뚫어보기는 하지만 이러한 통찰은 제한된 것으로 이러한 제한성 때문에 진리에 이르지 못한다. 독일 중공업의 비교(秘敎)주의자 Esoteriker 중에서 가장 두드러지지만 그 때문에 가장 무능한 자인 루돌프 보르하르트 Rudolf Borchardt의 이 문제에 대한 분석은 중도에서 성급한 결론을 내린다. 그는 호머의 서사시에 나타난 원초적 힘을 찬양하고 있지만 이 힘 자체가 이미 계몽의 한 단계를 이루고 있음을 보지 못한다. 그는 정황을 충분히 고려하지 않은 채 서사시를 소설이라고 비난함으로써 서사시나 신화 모두에 들어 있는 '지배와 착취'를 인식하는 데 실패하고 있다. 그가 이 서사시에서 고귀하지 않다고 비난하고 있는 것인 '매개와 순환'은 그가 신화에서 신격화하고 있는 의심스러운 '고귀함', 즉 '벌거벗은 폭력'의 전개일 뿐이다. 그는 '피와 제물'이라는 태곳적 원리를 '가장 순수한 것'이라고 내놓지만 여기에는 이미 사악한 의도와 간교한 지배욕이 도사리고 있다. 그것은 민족을 유신(維新)시키기 위한 것으로서 그는 파시즘의 세계관을 선전하기 위해 태고 시대를 이용하는 것이다. 원래의 신화도 파시즘에서 극명하게 나타나는 '기만'의 요소를 이미 포함하고 있는데 파시즘은 이러한 요소를 계몽에 전가시킨다. 유럽 문명의 근본 텍스트인 호머의 작품은 어떤 작품보다도 분명하게 **신화와 계몽이 서로 뒤엉켜 있음**을 보여준다. 호머에게 있어서 서사시와 신화, 형식과 소재는 단순히 분리된 상태에 머물러 있기보다는 양 계기들이 끊임없이 서로에게 영향을 미치면서 각축을 벌인다. 미학적 차원에서 나타나는 이러한 이중성은 역사철학적인 근거에서 비롯된 것이다. "아폴로적인 호머는 단지, 개별화를 발생시킨 저 보편적이고도 인간적인 예술 과정을 이어받고 있을 뿐이다."[3]

여러 신화들이 호머의 다양한 소재층 속에 침전되어 있다. 그렇지만 신화에 대한 보고(報告)는 산만한 전설들에 억지로 통일성을 부여하는 작업으로서 이러한 보고는 동시에 **주체가 신화적 힘들로부터 도망쳐나오는 도정에 대한 묘사**이다. 좀더 깊이 들여다보면 이러한 점은 이미 『일리아드 *Iliade*』에도 해당된다. 합리적인 그리스군의 총대장이며 조정자인 아가멤논에 대한 여신의 아들인 아킬레스의 분노, 이 아킬레스의 절도 없는 행동과 나태함,* 그리고 승자는 죽은 자들을 추모하지만 그 추모 행사를 죽은 동료에 대한 신화적인 신의의 바탕 위에서 이루어지는 씨족적 행사가 아니라 국가적이고 헬레니즘적인 행사로 파악하는 것, 이런 것들은 역사와 신화가 뒤엉켜 있음을 분명히 보여준다. 이러한 뒤엉킴은 모험소설의 형식에 접근하고 있는 『오디세이』에서 좀더 분명하게 볼 수 있다. 살아남은

---

3 Nietzsche, *a. a. O.*, Band IX, Leipzig, 1903, S. 289.
* 아킬레스는 그리스군의 총대장인 아가멤논과의 불화 이후── 전리품에 대한 배분 과정에서 이러한 불화가 시작되었는데──많은 그리스 장군들이 죽음을 당하고 전세가 불리한데도 전투에 참가하지 않는다. 그의 친우인 파트로클로스에게 그의 갑옷을 입혀 전투에 참여하게 하였으나 그는 전투 도중에 사망한다. 이를 계기로 아킬레스는 전투에 참가하여 헥토르를 죽이며, 그리스군은 우위에 서게 된다.

개인적 자아가 자신이 겪은 다채로운 운명에 대해 갖는 관계 속에는 '신화와 계몽의 대립성'이 깊이 새겨져 있다. 트로이로부터 이타카로의 험난한 귀향길은 자연의 힘에 비해 육체적으로 무한히 허약하며, 이제 자아 의식 속에서 서서히 형성되는 '자아'가 신화를 통과하는 길이다. **자아가 싹트기 이전의 세계는 자아가 헤쳐나가야 할 공간으로 세속화된다.** 예전의 악마들은 지금은 문명화된 지중해의 먼 변방이나 섬에 있는 바위나 동굴 속에서 겨우 연명하고 있다는 것으로 이제는 그들이 저 옛날의 원시적 공포를 두르고 출몰하지는 않는다는 것이다. 그러나 오디세우스의 모험은 각각의 장소에 이름을 부여하며, 이러한 이름들을 통해 공간을 합리적으로 조망할 수 있도록 한다. 주인공은 난파선 속에서 기진맥진하지만 나침반이 하는 일 비슷한 것을 터득하게 된다. 자연 앞에서는 무한히 초라한 존재에 불과하지만 바다의 모든 부분을 알고 있는 주인공은 그러한 자신의 무기력한 능력으로 신화적 힘들을 무력화시키려 한다. '성숙한' 인간은 신화 속에 있는 분명한 허위적 요소를 자각하게 된다. 그는 바다에도 육지에도 마귀란 없다는 것을 알게 되면서 마귀 이야기는 전승되어온 민간 종교의 속임수에 불과하다는 것을 발견한다. 성숙한 눈에는 그러한 속임수에 넘어가지 않고, 즉 귀신한테 홀리지 않고 **고향과 확고한 '소유'로의 귀환**이라는 '자기 유지'의 목표가 절대적으로 중요하게 여겨진다. 오디세우스에게는 그가 행하는 모든 모험이 전부 확고부동한 '논리'의 궤도로부터 자아를 일탈하도록 유혹하는 위험으로 여겨지는 것이다. 그는 이러한 위험에 매번 자신을 내맡긴다. 그러한 오디세우스는, 배우가 지치지도 않고 자신의 연기를 매번 되풀이해서 연습하듯, 앞서 받은 교훈을 마음 깊이 새기지 못하고 시행착오를 하는 초심자이며 때로는 호기심에 들뜬 멍청한 바보가 되기도 한다. "그러나 위험이 있는 곳에는 구원 또한 있느니라"라는 말처럼[4] 그의 '동일성'을 가능하게 하고, 그로 하여금 살아남게 해주는 지식은 궤도에서 일탈되기도 하고 해체될 위험도 맛보는 다양한 경험으로부터 얻어지는 것이다. 아무것도 모른 채 어쩌다 보니 살아남게 된 자가 아닌 사람은 죽음의 위험에 겁없이 자신을 내맡길 수 있는 자로서 그러한 위험의 극복을 통해 강인한 삶의 자세를 얻는 것이다. 이것이 바로 신화로부터 서사시로 넘어가는 과정 속에 있는 비밀이다. 다시 말해 자아는 모험을 두려워하며 모험 앞에서 경직되는 것이 아니라 모험을 통해 강인한 자아, 즉 통일성을 부정하는 다양성 속에서 통일성을 갖게 되는 자아를 형성하게 되는 것이다.[5] 그

4 Hölderlin, *Patmos*, Gesamtausgabe des Inselverlags, Text nach Zinkernagel, Leipzig, o. J., S. 230.

5 이러한 과정에 대한 직접적인 증거는 20장의 초두에서 발견할 수 있다. 오디세우스는 어떻게 여인들이 밤중에 구혼자들에게 가는지 알아챘다. "그리고 그의 마음 속에는 화가 치민다. 마치 자신의 힘없는 새끼를 보호하려고 낯 모르는 사람에게 으르렁대면서 싸울 태세를 갖추는 용감한 어미개처럼. 치욕스러운 그들의 비행 때문에 화가 치미는 것이다. 그는 자기 가슴을 치면서 다음과 같은 말로 가슴을 달랜다. "참아라 나의 가슴이여, 무지막지한 키클롭스가 나의 용감한 동료들을 잡아 먹었던 그날 더 어려운 일도 참지 않았느냐, 죽음의 공포가 어른거리던 동굴로부터 꾀를 내어 빠져나올 때까지 너는 홀로 참지 않았느냐, 이런 말로써 그는 끓어오르는 가슴을 나무라는 것이다. 곧 그의 마음은 진정되어 더 이상 흔들리지 않지만 그래도 이리저리 뒤척이면서 잠을 못 이룬다"(20장 13~24). 주체로서의 개인은 아직도 의연한 자기 확신과 자기 동일성을 얻지 못하고 있다. 감정, 용기 그리고 마음은 자아의 통제에서 벗어나 마음대로 꿈틀거리고 있다. "22장의 초두에서 마음과 가슴(둘은 동의어다)이 울부짖는다. 오디세우스는 그의 가슴을 치지만 또한 그의 마음을 꾸짖으면서 달랜다. 그의 가슴은 뛰며 그의 사지는 자신의 의지와는 반대로 꿈틀거리고 있다. 유리피데스가 손과 발을 움직이게 하기 위해 손과 발에게 말을 거는 것처럼 그가 신체 부분에게 달래는 말을 하는 것은 괜히 그러는 것이 아니라 심장이 독자적으로 행동하려 하기 때문이다"(빌라모비츠-묄렌도르프 Wilamowitz-Moellendorff, 『오디세우스의 귀향』, 베를린 1927, 189쪽). 인간이 다스리는 동물과 인간의 감정이 동일시된다. 암캐의 비유와 오디세우스의 동료가 돼지로 변하는 것은 동일한 경험층에 속한다. 주체는 아직 분열되어 있기는 하지만 내부에 있는 자연이나 외부에 있는 자연에 대해 폭력을 사용하도록 강요받는 존재로서 마음을 꾸짖으면서 인내를 요구하고 미래를 위해 당면한 현재를 부정하도록 한다. 가슴을 치는 것은 나중에는 승리의 제스처가 된다. 승자는 자신의 승리가 항상 자신의 내부에 있는 자연에 대한 승리라고

후에 등장하는 진짜 소설의 주인공들처럼 오디세우스는 스스로를 구하기 위해 자신을 버린다. 그가 행하는 자연으로부터의 소외는 매 모험마다 겨루는 자연에 몸을 내맡김으로써 얻어진다. 아이러니컬하게도 파란만장한 모험들을 이겨낸 냉혹한 사나이가 되어 고향에 돌아왔을 때, 그에게는 아주 친숙한 이 냉혹성이 그가 빠져나왔던 해묵은 폭력들을 복수하고 심판하게 됨으로써 승리를 거두게 된다. 호머적인 단계의 '자기 동일성'이란 바로 비동일적이고 산만하고 불명료한 신화의 기능으로서 자기 동일성은 곧 이러한 신화로부터 차용해온 것이다. '개인성 Individualität'의 내적 조직 형식인 '시간'은 아직 너무나 미약해서, 여러 모험들을 통일시키고 사건이 일어나는 공간들을 연결시키는 것은 마음대로 폭풍을 움직이는 신들의 소관이다. 호머 이후에도 자아가 역사적으로 그러한 허약성을 다시 경험하거나 혹은 묘사의 기법상 독자에게 그러한 허약함을 전제해야 할 때면 인생담은 언제나 슬그머니 『오디세이』 같은 '모험의 연속'이 된다. 여행담이 그려내는 여러 형상들 속에서 '역사적 시간'은 모든 '신화적 시간'의 필수적인 틀을 이루는 '공간'으

말한다. 성공은 자기 유지적인 이성의 덕인 것이다. "오디세우스는 말을 하면서 우선 자신의 명령을 듣지 않고 계속 뛰던 가슴을 생각했다. 자신의 내부에 있는 또 다른 힘인 지(智) metis가 뛰고 있는 가슴보다 우월한 존재로서 자신을 구했다는 것을 상기하는 것이다. 후의 철학자들은 아마 지를 이성 nus이나 이성적 판단 logistikon으로 규정함으로써 영혼의 비이성적인 부분과 대비시켰을 것이다"(빌라모비츠, 같은 책, 190쪽). 이성에 의한 본능의 제어가 성공한 후인 24장에 이르러서야 비로소 '자아'라는 관념이 언급된다. 단어의 선택과 나열이 증명력을 갖고 있다고 인정한다면 호머의 '동일적 자아'는 인간 내부의 자연에 대한 지배에 의해 비로소 얻어진 것이라고 간주할 수 있을 것이다. 내부에 있는 심장이 처벌당한 후 생겨난 이 새로운 자아는 하나의 사물이고 육체에 불과한 것이지만 내부 깊숙이에서는 불안에 떨고 있는 존재다. 어쨌든 서로 씨름하고 있는 영혼의 계기들을 드러내어 보여주는 빌라모비츠의 상세한 분석은 주체가——금방 또다시 무너져내릴 수 있는 느슨한 존재에 불과하지만——어떻게 형성되는지를 보여준다. 이러한 주체의 본질은 오직 흔들리는 영혼의 계기들을 하나로 획일화시키는 데 있다.

로부터——어렵게 그리고 임시로만——떼어내어질 수 있는 것이다.

모험하는 자아가 자신을 유지하기 위해 자신을 버리는 메커니즘은 일종의 책략이다. 상아를 얻기 위해 원주민에게 색안경을 제공하는 문명인 여행자처럼 바다의 방랑자인 오디세우스는 자연신을 기만한다. 물론 단지 가끔씩 그는 자연신과 선물을 주고받는 교환자로서 등장한다. 호머적인 선물은 '교환'과 '희생'의 중간에 위치한다. 희생 행위처럼 선물은 피——이방인의 피든 약탈당한 원주민의 피든——를 흘려 보상하는 것이나 복수를 단념하겠다는 서약이다. 그러나 동시에 선물 교환에는 '등가(等價)의 원칙'이 적용된다. 주인은 실제로든 상징적으로든 자신의 노력에 대한 대가를 얻으며, 손님은 고향에 돌아갈 수 있는 기본 수단인 일종의 노잣돈을 얻는다. 주인이 자신의 봉사에 대한 직접적인 보상을 받지 못할지라도 자신이나 자신의 친척이 언젠가는 덕을 보리라는 것을 계산에 넣을 수 있다. 선물은 원초적 신들에게 바치는 희생이지만 또한 동시에 이 신들로부터 보호받을 수 있는 초보적인 보험 장치다. 넓은 지역에 걸치기는 했지만 위험했던 초기 그리스인들의 항해는 이를 위한 실용적 전제 조건을 제공한다. 오디세우스의 가장 큰 적인 포세이돈 자신도 등가 개념 속에서 사고한다. 포세이돈은 자신이 방해하지 않았더라면 오디세우스가 가지고 갈 수 있었던 트로이로부터의 전리품보다 더 많은 선물을 매 항해마다 얻어낼 수 있었다고 끊임없이 투덜대는 것이다. 그러나 호머에게 있어서 이러한 '합리화'는 '본래적인 희생 행위'로까지 소급된다. 소 100마리를 바치는 큰 희생인 헤카톰Hekatomb은 신들의 호의를 고려한 것이다. 교환이 희생의 세속화라면, 희생 자체가 이미 주술적인 형태로 된 합리적 교환으로서 신들을 지배

하기 위한 인간의 고안물이다. 신들은 신들에게 바치는 바로 그 경배 장치에 의해 무너지는 것이다.[6]

수많은 오디세우스의 책략들이 거의 자연신에 대한 희생에 관계되듯이 희생에 있어서 '기만'의 계기는 오디세우스적인 책략의 원형이다.[7] 자연신들은 헤로스*에 의한 것처럼 태양신들에 의해 기만을 당한다. 오디세우스를 후원하는 올림포스 신들은 포세이돈의 에티오피아 체류를 이용한다. 숲속의 원주민이라 불리는 에티오피아인들은 그들의 부족을 안전하게 보호하기 위해 아직도 포세이돈을 경배하며 그에게 풍성한 제물을 바친다. 기만은 포세이돈을 기꺼이 받아들이는 바로 그 희생 자

---

6 니체의 물질주의적인 해석에 반해 클라게스 Ludwing Klages는 '희생과 교환의 관계'를 매우 주술적으로 파악했다. "희생을 바쳐야만 한다는 필요성은 누구에게나 해당된다. 왜냐하면, 우리가 이미 보았듯이, 모든 사람은 삶이나 재화에 있어서 자신에게 '배당된 몫 suum cuique'을 오직 끊임없이 주고받는 행위를 통해서만 획득하기 때문이다. 그러나 이것은 관례적인 재화 교환의 의미 — 재화 교환 또한 본래는 희생 관념에서 유래하는 것이지만 — 에서 하는 말이라기보다는 세계 속에서 삶을 지탱하고 육성하는 데 자신의 영혼을 헌신함으로써 움직일 수 있는 물건이나 사물에 담긴 정수를 교환한다는 의미에서 하는 말이다"(루드비히 클라게스, 『영혼의 적대자로서의 정신』, 라이프치히, 1932, 3권 2부, 1409쪽). 그렇지만 어떤 방식으로 이루어지든 집단을 위해 개인은 불가사의한 자기 희생을 하지만 이 불가사의한 자기 희생의 기술을 통해 자기를 유지한다는 희생의 이중적 성격은 희생 속에 있는 합리적 요소가 지속적으로 계발될 수 있도록 유도하는 객관적 모순이라고 할 수 있다. 지금도 계속되고 있는 이 불가사의한 메커니즘에 의해 희생을 바치는 사람의 행동 방식으로서의 합리성은 책략이 된다. 신화와 희생의 열렬한 변호자인 클라게스도 이 문제에 부딪히면서 초기 그리스인의 이상적인 모델을 전거로 '자연과의 진정한 교류'와 '허위'를 구별했다. 그렇지만 그는 신화적인 사유 자체로부터 주술적인 자연 지배의 가상에 대립되는 원리를 이끌어내지는 못했다. 왜냐하면 이러한 가상이 바로 신화의 본질을 이루기 때문이다. "새로운 왕이 등극할 때 그가 앞으로 태양을 빛나게 하고 들판을 곡식으로 가득 차게 하겠다고 맹세를 해야만 한다면 그것은 결코 단순한 이교적 믿음이 아니라, 이교적 미신이다"(클라게스, 같은 책, 1408쪽).

7 이러한 점은 호머에게 있어서는 진정한 의미에서의 인간 희생이 나타나지 않는다는 사실과 일치한다. 서사시의 문명화된 경향은 보고되는 사건의 선택에서 분명히 드러난다. "하나의 예외를 제외하고 『일리아드』와 『오디세이』에서는 인간 희생과 같은 혐오스러운 행위가 완전히 삭제되었다"(길버트 머레이 Gilbert Murray, 『그리스 서사시의 탄생』, 옥스포드, 1911, 150쪽).

* 그리스어로 영웅 또는 반신(半身)을 의미한다. 오디세우스와 같은 영웅들을 의미한다고 할 수 있다.

체 속에 이미 포함되어 있다. 일정한 형태가 없는 바다의 신을 특정한 지역, 즉 신성한 영역에 가둔다는 것은 그의 힘도 또한 가두는 것이다. 에티오피아의 황소를 실컷 먹기 위해 포세이돈은 오디세우스에 대한 자신의 분노를 삭혀야만 한다. 모든 인간의 희생 행위는 계획적으로 수행될 경우 행위의 대상이 되는 신을 기만한다. 희생은 신을 인간적 목적에 종속시킴으로써 신의 힘을 해체한다. 신에 대한 기만은 자연스럽게 신앙심 없는 목자가 신심이 두터운 교구민에게 행하는 기만으로 넘어간다. 책략의 기원은 예배다. 오디세우스 자신도 희생자인 동시에 사제로서 행동한다. 그 자신의 희생을 사전에 계산함으로써 그는 희생을 받아들이는 자의 힘을 효과적으로 부정한다. 이런 식으로 그는 자신의 잃어버린 삶을 조금이나마 만회하는 것이다. 그러나 결코 기만, 책략, 합리화는 태곳적인 희생과 순수히 반대되는 것은 아니다. 신화의 가상적 성격에 대한 가장 내면적 근거를 이루는, 희생 속에 있는 기만의 계기만이 오디세우스에게 자의식으로 남는다. 희생을 통한 신과의 상징적 교류가 사실이 아니라는 것을 알게 되는 경험은 아주 오래된 경험임에 틀림없다. 새로이 유행하는 비합리주의자들에 의해 찬미되고 있는 희생적 대속(代贖) 행위는 희생된 제물의 신격화, 즉 선택된 자의 신격화를 통해 살인을 사제의 경건함으로 합리화하는 기만과 분리되지 않는다. 나약한 인물을 신성을 지닌 인물로 치켜세우는 그와 같은 기만은 이미 예전부터 자아 속에서 감지할 수 있었으며 이러한 자아는 미래를 위해 현재의 희생을 감수한다. 희생자의 불멸성이 가상인 것처럼 자아가 실체를 지니고 있다는 것 또한 가상이다. 많은 사람들이 오디세우스를 신으로 여기는 것은 아무런 근거가 없는 것이 아니다.

개인이 희생을 당하고, 희생이 집단과 개인의 모순을 내포하고 있는 한, 기만은 희생의 객관적 요소다. 희생을 통한 대속에의 믿음이 자아의 원초적인 모습이 아닌 지배의 역사 속에 놓인 자아를 상기시킨다면, 그러한 믿음이란 완성된 자아가 볼 때는 비진리가 된다. '자아'란 바로 대속이라는 주술적인 힘을 더 이상 신뢰하지 않는 인간이다. 자아가 성립된다는 것은 자아의 희생이 세우고자 하는 자연과의 유연한 관계를 끊어버리는 것이다. 모든 희생은 복구를 꾀하는 것이지만, 그 복구는 역사적 상황에 의해 거짓임이 증명된 복구다. 희생자에 대한 존경과 믿음은 이미 학습에 의해 주입된 틀로서, 이 틀에 따라 피지배자는 그들에게 가해진 불의를 견디기 위해 그들 자신이 스스로에게 다시 한 번 불의를 가하는 것이다. 오늘날의 신화학자들은 의사 소통의 단절을 이러한 불의의 탓으로 돌리지만 대속의 재현이 임시 중단된 직접적 의사 소통을 복구시키지는 못한다. 오히려 희생 제도 자체가 역사상 있어왔던 재앙Katastrophe의 상흔이며, 인간과 자연이 동시에 당하는 폭력 행위다. 책략이란 희생을 해소시키기 위해 희생의 이와 같은 객관적 비진리를 주관적으로 전개시키는 것에 다름아니다. 그러한 비진리는 항상 비진리만은 아니었을 것이다. 선사 시대의 단계[8]에서는 희생자들이, 특권에 대한 욕망과 당시로서는 거의 분리되기 어려운, 일종의 피로 물든 합리성을 가지고 있었을지도 모른다. 오늘날 희생에 관한 지배적인 이론은 희생을 '집합적인 육체

---

8 아주 오랜 옛날에는 희생 관습이 거의 존재하지 않았을 것이다. "인간 희생의 관습은 진정한 미개인들보다 야만인과 반(半)문명화된 민족들에게서 더욱 널리 퍼져 있었으며, 가장 낮은 문화 단계는 인간 희생을 결코 알지 못한다. 많은 민족들에게 있어서 인간 희생은 세월이 흘러감에 따라 점점 증가했다는 사실이 관찰되었다." 섬사회, 폴리네시아, 인도, 아즈텍 등에서 이런 사실을 확인할 수 있다. "윈우드 리드Winwood Reade는 아프리카인에 대해 이렇게 말한다. '국가가 강하면 강할수록 희생은 더욱 중요하게 된다'"(에두아르트 베스터마르크Eduard Westermarck, 『도덕 개념의 기원과 발전』, 라이프치히, 1913, 1권, 363쪽).

Kollektivleib'나 종족의 관념과 연결시킨다. 종족의 일원이 흘린 피는 새로운 에너지가 되어 종족의 집합적 육체 속으로 흘러들어간다는 것이다. 토테미즘은 이미 그것이 지배하던 시대에도 이데올로기이기는 했지만, 지배적 이성이 희생을 필요로 하는 실제의 상황과 직접 연결되어 있었다. 그것은 인간 희생과 식인 풍습이 거의 구별되지 않는 태고의 결핍 상황이다. 때때로 수가 급증한 집단은 오직 인간의 육체를 먹음으로써만 삶을 유지할 수 있었다. 많은 인종 집단의 쾌락이 어떤 방식으로든 이러한 식인 풍습과 연결되어 있는 것 같다. 오늘날은 인육에 대한 혐오만이 이에 대한 증거가 될 것이다. '신성한 봄'과 같은 후대의 관습들, 예를 들어 기근의 시기에 일정한 연령층의 젊은이 전체가 의식(儀式) 행사를 통해 이주하도록 강요받는 것은 분명히 원시적이고 미화된 합리성의 흔적을 간직하고 있다. 신화적인 민간 종교가 완성되기 이미 오래 전에 이러한 합리성은 환상에 불과한 것임이 드러나지 않을 수 없었다. 체계적인 사냥이 동료를 제물화하는 것이 불필요할 만큼 충분한 식량을 부족에게 조달해줄 수 있게 되자 꾀가 생긴 사냥꾼이나 덫을 놓는 사람들은 자신을 음식으로 바쳐야 한다는 마술사의 명령에 당혹감을 느꼈을 것임에 틀림없다.[9] 희생의 합리성을 완전히 부정하는 희생에 대한 집단적 · 주술적 해석은 희생을 합리화하는 것이다. 오늘날의 이데올로기처럼 직선적 계몽을 믿는 사고는 그것이 한때는 진리였다고 가정하지만 그러한 사고는 너무나 순진한 것이다.[10] 최근의 이데올로기는 가장 오래

---

9 서아프리카의 종족과 같은 식인 종족에 있어서 "여자나 아이들은 결코 이 맛있는 음식을 맛보아서는 안 되었다"(베스터마르크, 같은 책, 라이프치히, 1909, 2권, 459쪽).
10 빌라모비츠는 이성 nus을 로고스 logos와 뚜렷이 구별되는 것으로 설정했다(『그리스의 신앙』, 베를린, 1931, 1권, 41쪽 이하). 그에게 있어 "신화는 자신에 대해 이야기하는 이야기"이며 아이들의 이야기나 비진리에 불과한 것, 또는 이것과 분리된 것은

된 이데올로기의 반복에 불과한 것으로서, 이것은 계급 사회의 발전이 그 이전에 승인받던 이데올로기를 거짓이라고 폭로하는 것과 똑같은 비중으로, 알려진 것보다 더 전에 있던 알려지지 않은 것으로 되돌아간다. 많은 사람들이 떠들어대고 있는 희생의 비합리성이란, 희생의 필연성은 허위에 차 있고 파편적인 합리성으로 폭로될지 모르지만 희생의 실천 행위 자체는 결코 쉽사리 사라지지 않으리라는 사실의 표현이다. 책략이 파고드는 빈틈은 희생의 합리성과 비합리성 사이에 존재하는 바로 이 빈틈이다. 모든 '탈신화화'는 희생이 아무 쓸모 없고 불필요했

아니지만 플라톤에 있어서처럼 증명할 수 없는 최상의 진실이다. 빌라모비츠는 신화의 가상적 성격을 의식하면서 신화를 문학과 동일시한다. 다른 말로 하면 그는 우선 의미를 지니게 된 언어 속에서 신화의 근원을 찾는데, 이러한 언어는 자신의 의도와 이미 객관적 모순에 빠지게 되며 그 때문에 신화는 문학에서처럼 이러한 모순을 화해시키려 들게 된다는 것이다. "신화는 우선 말해진 언어인데, 그 내용은 결코 단어와 연관이 없다"(같은 책). 그는 신화에 대한 이러한 최근 개념을 주장함으로써, 즉 이성을 분명한 비이성이라고 이미 전제함으로써——이름을 거명함이 없이 유행에 불과하다고 조소했던 바하오펜에 대한 신랄한 비판과 함께——신화와 종교(같은 책, 5쪽)를 일목요연하게 구별했는데, 종교는 신화를 자기 이전의 단계가 아니라 자신보다 더 늦게 나온 단계로 여긴다고 말한다. "나는 종교로부터 신화로 나아가는 생성, 변화 그리고 전이를 추적하려고 한다"(같은 책, 1쪽). 헬레니즘 전문가의 완고한 자긍심 때문에 신화, 종교 그리고 계몽이 만들어내는 변증법에 대한 인식은 방해를 받는다. "나는 최근의 인기 있는 단어들인 터부와 토템, 마나와 오렌다를 유래시킨 언어들은 이해하지 못한다. 하지만 나는 그리스인에 몰두하고 그리스적인 것에 대해서 그리스적으로 생각하는 것만으로도 맡은 바 소임을 다하고 있다고 생각한다"(같은 책, 10쪽). "가장 오래된 그리스적인 것 속에 플라톤적 신성의 싹이 놓여 있다"는 전혀 매개되지 않은 돌연한 견해——키르히호프가 주장하고 빌라모비츠가 이어받은 역사적 견해와 조응할 수 있는 견해——는 원(原)귀향 설화 Nostos와의 신화적 만남 속에서 『오디세이』의 가장 오래된 핵심을 보고 있지만 그러한 견해는 성급한 속단이라고 해야 할 것이다. 이와 마찬가지로 빌라모비츠에게 있어서는 신화의 중심 개념 자체가 감당하기 힘들 정도로 지나치게 많은 철학적 주장을 담고 있다. 그렇기는 하지만 신화를 우상시하는 비합리주의에 대한 그의 저항과 신화의 비진리를 들추어내는 그의 주장은 탁견임이 분명하다. 원시적 사유와 선사 시대에 대한 반감은 기만적인 말과 진리 사이에 상존하는 긴장을 분명하게 드러낸다. 빌라모비츠가 후기의 신화를 임의로 고안해낸 것이라고 비난하지만 그러한 요소는 가장 오래된 신화에 있어서도 사이비 희생이라는 관념 속에 이미 포함되어 있었음이 분명하다. 이러한 사이비성은 바로 빌라모비츠가 고대 그리스 정신에까지 거슬러 올라가 연결짓는 플라톤적 신성(神性)과 사실은 유사한 것이다.

었다는 끊임없는 경험을 표현하는 형식이다.

희생의 원리는 그 비합리성으로 말미암아 덧없는 것임이 증명되지만 동시에 희생의 원리는 자신이 지니고 있는 '합리성'에 힘입어 계속 존속한다. 이러한 합리성은 부단히 옷을 바꾸어 입을지는 몰라도 사라지지는 않는다. 자아는 자신을 해체하고 눈먼 자연으로 돌아가는 것에 완강히 저항하지만 자연은 그 대가로 끊임없이 희생을 요구한다. 자아는 살아 있는 유기체에 맞서 자신을 세우려 들지만 그 자신 자연적이고 살아 있는 연관 관계 속의 한 부분이다. 희생이 교환인 것처럼, 액땜을 하듯 자기 유지적인 합리성을 통해 희생을 완화시키는 것 또한 교환이다. 희생의 극복을 통해 흔들리지 않는 자기 동일성을 획득한 자아는 즉시 단호하고 엄숙한 희생 의식을 만들어서는, 자연 연관에 자신의 의식(意識)을 대치시키는 이러한 희생 의식을 스스로 주재해나가게 된다. 잘 알려져 있는 북구 신화——이 신화에 의하면 오딘 신은 그 자신을 위해 희생자가 되어 나무에 매달린다——나 신화가 일신교적 탈을 쓴 기독교에서, 또는 모든 희생은 신에 대한 신의 희생이라는 클라게스*의 이론에서, 우리는 이러한 점을 분명히 확인할 수 있다.[11] 자아가 자신을 위해 희생한다는 것은 신화의 한 요소를 이루는데 이러한 요소는 민간 신앙의 본래적 관념이라기보다는 오히려 신화가 문명화되면서 생겨난 것이라고 보아야 할 것이다. 계급 역사 속에서 희생에 대한 자아의 적대감은 자아의 희생도 포함한다. 왜냐하면 외부의 자연과 다른 인간들을 지배하기 위한 자아의

---

* Ludwig Klages: 철학자이며 심리학자로 '삶의 형이상학'의 대표자다. 살아 있는 모든 것은 영혼의 현상이며 영혼은 육체의 의미라고 파악했으며, 정신은 삶을 방해하는 힘으로 인식했다.

11 이교적인 희생의 종교로서 기독교를 이해하는 것은 근본적으로 베르너 헤게만 Werner Hegemann의 『구원된 예수』(포츠담, 1928)에 근거를 둔다.

적대감은 인간 내부에 있는 자연도 부정해야 하는 대가를 치러야 하기 때문이다. 모든 문명화된 합리성의 핵인 이러한 부정이 신화적 비합리성의 계속된 번창을 부추기는 온상이다. 인간 내부에 있는 자연을 부인함으로써 외적 자연 지배의 목표뿐만 아니라 자신의 삶의 목표 또한 혼란스러워지고 불투명해진다. 인간 자신이 자연이라는 인식을 포기하는 순간, 그 자신의 삶을 유지해야 하는 목적, 사회적인 진보, 인간의 물질적·정신적 힘의 강화, 심지어는 의식(儀式) 자체마저 아무것도 아닌 것이 되어버린다. 그리고 '수단이 목적으로 군림하는 것'——이것은 후기 자본주의에 와서는 노골적인 광기의 조짐마저 보인다——을 우리는 주체가 발생하는 원(原)역사 속에서 이미 인지할 수 있다. '인간의 자기 자신에 대한 지배'는 '자아'라는 것을 만들지만 지배가 봉사하고자 하는 바로 그 주체를 파괴할 소지를 언제나 잠재적으로 지니고 있다. 왜냐하면 자기 유지를 가능하게 하는 것은 바로 이 삶의 기능이며 유지되어야 할 무엇도 바로 이 삶이지만, 지배당하고 억압당하며 자기 유지에 의해 해체되는 것은 바로 생동하는 삶 자체이기 때문이다. 전체주의적인 자본주의의 반(反)이성, 즉 지배에 의해 결정된 '대상화의 형식'을 통해 욕구를 불가능하게 만듦으로써 욕구를 충족시키고, 나아가 인류의 절멸 위기로까지 몰고 가는 자본주의의 기술은 자기 자신을 희생시킴으로써 희생을 모면하는 영웅의 모습에서 그 원형을 만난다. 문명의 역사는 희생이 내면화되는 역사다. 다른 말로 하면 체념의 역사다. 체념하는 자는 자신에게 돌아오는 것보다 더 많은 것을 삶에서 내주어야 하며 자신이 보호해야 할 삶보다 더 많은 것을 포기해야 한다. 사람이 잉여 인간 취급을 당하고 기만당하는 잘못된 사회 구조 속에서는 이러한 사태가 일어나는 것이다. 어디를 가든 만나는 불평등하고

불공정한 교환을 피하고, 체념하지 않으며, 완전한 전체를 포
착하려 하면서 동시에 모든 것을 버릴 용의가 있는 사람은 자
기 유지에 실패할 수밖에 없다. 그에게 남겨진 몫은 초라하기
이를 데 없는 것뿐이라는 사실은 궁핍한 사회에서 빚어질 수밖
에 없는 필연이다. 희생은 희생 자체에 대항하는 이러한 여분
의 희생까지 요구하는 것이다. 오디세우스 역시 삶을 구하기는
했지만 자신을 끝없이 다그쳤음에도 불구하고 제 뜻대로 안 되
었다고 생각함으로써[12] 자신의 삶은 허송세월로 보낸 방황이었
다고 회상하는 자다. 그럼에도 불구하고 그는 동시에 희생을
없애기 위한 희생자다. 지배를 통한 오디세우스의 체념은 신화
와의 투쟁을 의미하는 것으로서 체념과 지배가 더 이상 필요하
지 않은 사회를 대변한다. 그러한 사회는 자신이나 다른 사람
들을 지배하기 위해서가 아니라 '화해'를 위해 충분한 능력을
갖추고 있는 사회일 것이다.

---

12 예를 들어 그가 폴리페모스를 즉시 죽이는 것을 포기했을 때(9장, 302행)와, 자신을
드러내지 않기 위해 안티노스가 자신을 학대한 것을 내버려둔 경우(17장, 460행 이
하)가 그렇다. 계속해서 바람에 대한 에피소드(10장, 50행 이하)와, 귀향은 마음의
제어에 달려 있다는 첫번째 지하 세계에서의 테레지아의 예언(11장, 105행 이하)을
참조하라. 물론 오디세우스의 포기는 최종적인 것은 아니고 행동의 유예일 뿐이다.
참았던 복수 행위를 그는 뒤에 가서는 그만큼 더 철저하게 실행한다. 참는 자는 참
을성 있게 노력하는 자다. 귀향 후 오디세우스의 행동이 모든 자연스러운 것을 굴복
시키는 불굴의 힘을 얻기 위해 완전하고 절대적인 체념으로 위장하는 것은 자발적인
의도임이 어느 정도 공공연하게 드러난다. 신화적으로 주어진 내용을 풀어내어 주체
의 내부로 옮겨옴으로써 자연스러운 것들을 굴복시키는 행위는 객관성을 획득한다.
즉 그렇게 굴복시키는 행위는 개개인이 갖고 있는 특수한 목적에 비할 때 자율적이
면서도 객관적인 것이 됨으로써 보편적이고도 합리적인 법칙이 되는 것이다. 오디세
우스의 인내 속에서 이미, 그리고 구혼자들을 살해한 후에 분명하게, 복수는 법적인
절차로 넘어간다. 신화적 강제를 궁극적으로 실행하는 것이 바로 지배의 객관적 도
구가 되는 것이다. 정의는 억제된 복수다. 그렇지만 그런 인내는 자신의 외부에 존
재하는 것, 즉 고향에 대한 동경에 근거해서 형성된 합법적인 것이므로 그러한 인내
는 단순히 유예된 복수라고만 말하기는 어려운 무엇, 즉 인간적이고 친근한 느낌을
갖게 해준다. 발전된 시민 사회에서는 양쪽 다 폐기된다. 복수의 관념과 더불어 동
경은 터부시되는데 이 터부 자체가 바로 자신에 대한 자아의 복수라는 형태를 취하
고 새로이 왕좌에 오른 복수다.

희생이 주체의 내부로 옮겨지는 것은 저 '책략'의 형식으로 이루어진다. 책략은 항상 이미 희생 속에 자신의 지분을 갖고 있다. 희생 속에 들어 있는 기만은 책략의 허위성에 의해 비롯된 것인데, 이러한 기만이 사람의 성격을 만드는 요소가 되며, '치인 인간들'에게 있어서는 뒤틀린 성격을 만들어내기도 한다. 이런 사람의 인상 속에는 살아남기 위해 자신의 본성을 거역하면서 굴복할 수밖에 없게 만든 '타격'의 자취들이 새겨져 있다. 그 속에는 또한 정신과 육체적인 힘 사이의 관계가 표현되어 있다. 정신의 담지자인 명령하는 자——이런 인물의 대표로 항상 영리한 오디세우스를 떠올릴 수 있는데——는 제아무리 대단한 영웅일지라도 자신의 생명을 걸고 투쟁해야 하는 대상인 선사 시대의 힘들보다는 육체적으로 유약하다. 모험가의 육체적 힘이 노골적으로 찬양되는 경우——구혼자들의 비호 속에서 이루어진 거지왕 이오스와의 격투*나 대궁(大弓)을 당기는 행위**——는 일종의 운동 경기다. 자기 유지와 육체적 완력은 서로 분리되어 있다. 즉 오디세우스의 운동 경기 능력은 실천적 근심으로부터 면제된, 지배하고 지배당하는 훈련을 통해 습득되는 신사의 스포츠 정신이다. 자기 유지와는 무관한 힘이 바로 자기 유지에 도움을 주는 것이다. 예를 들어 닥치는 대로 먹으며 훈련도 되어 있지 않고 강하지도 않은 거지왕 이온이나 제멋대로 사는 게으름뱅이들과의 격투에서 오디세우스는, 상징적으로나마 오래 전부터 조직된 사회가 실제로 그들을 다룬

---

* 아테네 여신의 도움으로 거지로 변장해 고향 이타카로 돌아온 오디세우스는 구혼자들의 부추김에 의해 진짜 거지인 이오스와 격투를 하게 되는데 이 격투에서 오디세우스는 가볍게 승리한다.
** 오디세우스의 부인인 페넬로페는 구혼자들에게 오디세우스의 대궁을 당길 수 있는 자와 결혼하겠다고 선포한다. 구혼자들은 모두 대궁을 당기는 데 실패하지만 오디세우스만이 이 활을 당기며 이 활로 구혼자들을 쏘아 죽인다.

것과 비슷한 방식으로 낙오자들을 다루며, 이를 통해 자신이 고귀한 인물임을 증명하는 것이다. 그렇지만 그가 길들여지지도 무기력하지도 않은 원시적인 힘을 만났을 때는 상황이 훨씬 어려워진다. 그는 도처에서 마주치는 낯선 신화적 힘들과는 결코 직접 물리적인 힘으로 겨루려 들지 않는다. 그는 자신이 항상 다시 빠져드는 희생 의식을 어쩔 수 없는 것으로 받아들이면서 이것을 감히 위반하려 들지 않는다. 그 대신에 그는 희생 의식을 형식적으로나마 자신의 이성적 결단을 위한 전제 조건으로 만든다. 이러한 결단은 항상 희생 상황의 근저에 놓여 있는 원역사적인 '판단의 주문(呪文)' 안에서 이루어진다. 예전의 희생 자체가 세월이 흐르는 사이에 비합리적이 된다는 사실은 힘은 없지만 영리한 자에게는 의식(儀式)의 우둔함으로 비쳐진다. 그는 그러한 의식을 받아들이고 그 법칙을 엄격하게 준수하지만, 이제 의미가 없어진 주문은 그 주문의 규약이 항상 그 규약을 빠져나갈 구멍을 허용해준다는 점에서 자기 모순에 빠지게 된다. 자연을 지배하는 정신은 자연과 겨루지만 자연의 우월성을 항상 반복해서 인정한다. 모든 시민적 계몽은 냉정함, 상식 그리고 권력 관계에 대한 정확한 평가를 요구한다는 점에서 일치한다. 소망이 사유의 아버지가 되어서는 안 된다. 그 이유는 계급 사회에서 모든 권력은 물리적 자연이나 이 자연의 사회적 후손인 대중들에 비해 자신이 무기력하다는 고통스러운 의식에 사로잡혀 있기 때문이다. 단지 의식적으로 숙달된 자연에의 순응만이 자연에 비해 물리적으로 연약한 인간으로 하여금 자연을 자신의 지배하에 둘 수 있게 해준다. '미메시스'를 밀어낸 '합리적 이성Ratio'이 미메시스와 단순히 대립되는 것은 아니다. 합리적 이성 자체가 미메시스, 즉 죽음에의 미메시스다. 자연의 혼을 해체시켜버린 '주체'의 정신은 탈영혼화된 자연의 경직성을 모방하고 애니미즘적으로 자기 자신을 해체함으로써만 탈영혼화된 자연을 지배할 수 있다. 자연을 의인화하는 것이 진전되어 인간이 인간에 대해 자신의 모습을 강요함으로써 모방은 지배에 봉사하게 된다. 오디세우스적인 책략의 틀은 그러한 동화(同化)를 통한 자연 지배다. 체념, 즉 희생의 내면화를 위한 외부적 틀인 시민적 '환멸의 원리'는, 한마디로 말하면 자신의 패배를 인정하거나 생존을 잠재적으로 죽음에 종속시키는 것인 권력 관계의 평가 속에 이미 들어 있다. 꾀가 생긴 자는 외부에 있는 힘처럼 자신 또한 탈마법화시킬 때, 즉 그 자신의 꿈을 지불하는 대가로만 살아남을 수 있는 것이다. 그는 결코 전체를 가질 수 없다. 그는 항상 기다릴 수 있어야 하고 인내심을 가져야 하며 포기해야만 한다. 그는 연밥을 먹어서는 안 되며 신성한 히페리온의 소도 먹어서는 안 된다. 그리고 해협을 통과할 때는 스칠라가 배로부터 빼앗아갈 동료 부하들의 상실도 계산해야만 한다. 그는 고난을 헤쳐나간다. 투쟁은 그의 생존을 의미한다. 그 자신이나 다른 사람들이 그에게 부여하는 모든 명성은 다만, 영웅의 칭호란 완전하고 보편적이며 분리되지 않은 행복에 대한 갈망을 포기함으로써 얻어질 수 있다는 것을 증명할뿐이다.

　　오디세우스의 책략 공식은 도구적이 된 정신이 체념 상태에서 자연을 고분고분 따름으로써 자연을 있는 그대로 존중하는 것 같지만 바로 이런 행위를 통해 자연을 기만한다는 것이다. 오디세우스가 그 수중에 떨어지게 되는 신화적 괴물은 항상 선사 시대로부터 유래하는 거의 화석화된 계약과 율법을 의미한다. 이런 식으로 민간 신앙의 흩어져 있던 유물들이 상당히 진화된 가부장 시대에 다시 나타나는 것이다. 올림포스의 하늘 아래서 그러한 유물들은 추상적인 운명과 의미 없는 필연성을

부연 설명 1 오디세우스 또는 신화와 계몽

지닌 형상들이 되는 것이다. 스칠라와 카리브디스 사이를 통과하는 외에 다른 어떤 항로를 택하는 것은 불가능했기 때문에 작은 고대의 배를 덮친 소용돌이의 우세한 힘을 신화적으로 변형시켰을 것이라고 추론할 수도 있을 것이다. 그러나 자연 현상을 신화를 통해 대상화하는 과정 속에서 강함과 무력함 사이의 자연적 관계는 이미 권리 관계로서의 성격을 띠게 된다. 키르케가 신의 해독제를 갖지 않은 자에게 마법을 걸거나 폴리페모스가 자기 손님들의 육체를 먹듯이 스칠라와 카리브디스는 그들의 이빨 사이에 들어오는 것에 대해 권리를 갖는 것이다. 개개의 신화적 형상들은 항상 같은 일을 하도록 예정되어 있다. 각각은 반복을 통해 존재하며 이러한 반복에 실패한다는 것은 그들의 종말을 의미한다. 모든 신화적 형상들은, 지하 세계, 탄탈루스, 시시포스, 다나오스의 형벌 신화* 속에서 보듯, 올림포스의 정의에 근거한 특징을 갖추고 있다. 그 특징은 강제성의 형상이다. 그들이 당하는 공포는 그들에게 부과된 저주다. 신화적인 불가피성은 저주나 저주를 갚는 복수, 그리고 복수로부터 기인하며 다시 저주를 재생산하는 죄과가 등가 관계를 이룬다는 것이다. 지금까지 있어온 역사상의 모든 권리는 이러한 틀의 흔적을 지니고 있다. 신화 속에서 순환의 매 계기는 선행하는 계기를 보상하며, 이를 통해 '죄의 연관Schuld-zusammenhang'을 법제화하도록 만들어준다. 오디세우스는 이런 신화적 상황에 대항한다. 자아는 운명의 불가피성에 대항하

---

* 그리스 신화에 나오는 벨로스와 안키노에 사이의 아들로 아이깁토스의 동생. 아이깁토스에게는 50명의 아들이 있고 다나오스에게는 50명의 딸이 있었다. 아버지가 죽자 왕권 다툼이 일어나 다나오스는 딸들을 데리고 그리스 땅 아르골리스로 빠져나와 그곳의 왕이 되었다. 그러나 아이깁토스의 50명의 아들들이 찾아와 다나오스의 딸들에게 결혼할 것을 강요하자 다나오스는 딸들에게 단도를 주어 결혼 첫날밤에 각기 남편의 목을 베도록 명령하였다. 한 사람을 제외하고 이 명령을 따랐기 때문에 그들은 지옥에서 구멍 뚫린 물통에 물을 부어 채워야 하는 영겁의 벌을 받는다.

여 합리적 보편성을 주장한다. 그렇지만 그는 보편적인 것과 불가피한 것이 서로 뒤엉켜 있음을 발견하게 됨으로써 그의 합리성은 자연히 제한된 형태, 즉 예외의 형태를 취하게 된다. 그는 자신을 에워싸고서 위협하는 신화적 법칙으로부터 빠져나가야만 하는데 이러한 신화적 법칙은 신화적 형상들로 구현된다. 그는 신화적 형상들이 가진 힘을 인정함으로써 그들이 요구하는 신화적 법칙을 만족시키기 때문에 그러한 법칙은 그에게 자신의 힘을 행사할 수 없다. 사이렌의 노랫소리를 듣고서 그 노랫소리에 굴복하지 않는다는 것은 불가능하다. 그 때문에 그는 사이렌의 힘에 저항하려 하지 않는다. 저항과 현혹 Verblendung은 같은 것으로서 사이렌에게 저항한다는 것은 그가 빠져나오려는 신화에 다시 빠지는 것을 의미한다. 책략은 그러나 합리적이 된 저항이다. 오디세우스는 사이렌을 피할 수 있는 다른 항로를 택하려고 하지 않는다. 또한 그는 자신의 우월한 지식에 자만해서, 자신이 가지고 있는 자유가 자신을 보호하기에 충분하다는 환상을 품고 자신을 결박하지 않은 채 사이렌의 노래를 들으려고도 하지 않는다. 그는 자신을 겸손하게 낮추고는 그의 배가 미리 정해진 운명의 항로를 택하도록 한다. 그는 아무리 눈을 똑바로 뜨고 자연으로부터 거리를 유지하려 해도 사이렌의 소리를 들으면 거기에 빠져들 것이라는 사실을 안다. 그는 자연에 대해서는 자신이 노예의 처지에 있다는 계약을 준수한다. 오디세우스는 돛대에 묶인 상태이기는 하지만 파멸로 인도할 사이렌의 품에 뛰어들기 위해 몸부림치는 것이다. 그렇지만 그는 계약 속에서 작은 빈틈을 발견하며, 이 빈틈을 이용해 계약을 이행하면서도 계약으로부터 빠져나올 수 있는 것이다. 원시의 계약에는 항해자가 꽁꽁 묶인 채로 노래를 듣는가 아니면 묶여 있지 않은 상태에서 노래를 듣는가에 대해서는 아무런 특별 규정이 없다. 묶여 있다는 것은 이미, 구속이란 바로 그 자리에서 죽이지는 않는다는 것을 의미하는 단계에 속하는 것이다. 기술적으로 계몽된 오디세우스는 자신을 묶도록 만듦으로써 태고의 노래가 갖는 우세한 힘을 인정한다. 그는 쾌락의 노래에 귀를 기울이나 죽음을 무력화하듯 그 쾌락을 무력화한다. 묶인 채로 노래를 듣고 있는 오디세우스는 다른 모든 사람들이 그랬던 것처럼 사이렌에게 가려고 한다. 그러나 그는 이런 상황을 위해 사이렌에 빠지면서도 사이렌에게 빠져 죽지는 않을 장치를 마련했던 것이다. 귀를 밀랍으로 봉한 채 노를 젓는 부하들은 사이렌의 노래뿐만 아니라 명령자의 절망적 비명 소리도 들을 수 없으므로, 오디세우스는 자신의 소망하는 힘이 아무리 크더라도——이 힘은 사이렌 자신의 힘을 반영하는데——사이렌에게 갈 수가 없다. 사이렌은 그 자신 막강한 능력을 소유하고 있지만 시민의 원역사에서 그 능력은 스쳐가는 자의 단순한 동경으로 '중화'되는 것이다. 이 서사시는 배가 사라진 후 사이렌에게 어떤 일이 일어났는지에 대해서는 침묵한다. 오이디푸스가 수수께끼를 풂으로써, 스핑크스의 명령을 완수하여, 그의 최후를 맞게 했던 것처럼, 비극에서라면 이러한 상황은 곧 사이렌의 종말을 의미했을 것이다. 왜냐하면 강자의 권리로서 신화적 형상들이 갖고 있는 권리는 자신들의 법칙을 사람들이 지키지 못할 때만 존재할 수 있는 것이기 때문이다. 이러한 상황이 충족된다면 신화의 권리는 먼 후대에 이르기까지 유효했을 것이다. 오디세우스와 사이렌의 행복하면서도 불행한 만남 이래로 모든 노래는 병이 들었다. 서구 음악은 모두 문명 속에서 노래가 처한 모순 때문에 괴로워한다. 그렇지만 이러한 모순은 동시에 모든 예술 음악이 심금을 울리는 힘을 갖도록 만들어준다.

계약을 글자 그대로 따름으로써 계약이 파기되게 됨에 따라 언어가 처하는 역사적 상황도 변한다. 언어는 이름붙이기 Bezeichnung로 넘어간다. 신화적 운명을 일컫는 파툼Fatum은 한때 구어였다. 신화적 형상들이 발하는 변경 불가능한 운명의 주문(呪文)으로 이루어진 '표상의 세계'는 '말과 대상' 간의 차이를 알지 못한다. 말은 사물에 대해 직접적인 힘을 가지고 있으며 '표현과 의도'는 서로 긴밀하게 소통한다. 그렇지만 책략은 표현과 의도 사이에 있는 작은 틈새를 이용한다. 사물을 변경시키기 위해 사람들은 말에 매달린다. 이런 식으로 해서 의도에 관한 의식(儀式)이 발생하는 것이다. 오디세우스는 고난에 처했을 때 동일한 단어가 다른 의미를 가질 수 있다는 것을 알게 됨으로써 단어의 이중성을 자각한다. 왜냐하면 '우데이스 Udeis'라는 이름이 영웅과 '아무도 아니다' 둘 다를 의미할 수 있기 때문에, 우데이스는 '이름'이라는 속박의 틀을 깰 수 있다. 의미가 변하지 않는 단어는 아직까지 자연과의 끊을 수 없는 연관 관계를 유지하고 있다. 주술은 이미 거역할 수 없는 운명을 반영하면서도 그 운명에 대항하려 한다. 여기에는 이미 말과, 말이 유사해지려는 것 사이의 대립이 존재한다. 호머의 시대에 이르면 이러한 대립은 결정적 역할을 할 수 있게 된다. 오디세우스는 발전된 시민 사회가 형식주의라고 부르는 것을 단어들에서 발견한다. 단어들이 갖는 항구적 구속력은, '아무도 아니다'가 오디세우스를 나타내는 것처럼, 단어들이 그때그때 충족시켜야 하는 내용으로부터 거리를 유지하든지 또는 거리를 유지하면서 가능한 모든 내용과 관계를 맺을 때 타당한 것이다. 자연처럼 무심하게 인간과 역사에 대해 명령을 내리는 신화적인 '이름과 율법의 형식주의'로부터 시민적 사유의 전형인 '유명론Nominalismus'이 등장한다. 자기를 유지하려는 책략은 단어와 사물 사이의 관계를 주재하는 과정에서 나온다. 폴리페모스를 만났을 당시 오디세우스가 행한 모순적인 두 행동, 즉 이름을 묻는 질문에 대한 답변과 이름의 부인은 결국 동일한 것이다. 그는 "아무도 아니다"라고 말하여 스스로를 부인함으로써 스스로에게 자신이 '아무것도 아님'을 고백하며, 자기 스스로를 아무것도 아닌 것으로 만듦으로써 자신을 구하는 것이다. 이런 식으로 언어를 통해 죽음에 순응하는 것은 현대 수학의 틀을 이미 내포한다.

교환의 한 방식으로서의 책략, 즉 모든 것이 정당하게 이루어지고 계약이 올바르게 이행됨에도 불구하고 계약의 한 당사자가 기만을 당하게 되는 책략은 신화적 선사 시대에서는 아닐지라도 적어도 고대 그리스 초기 시대에 나타나는 경제 형태, 즉 필요가 발생할 경우 폐쇄적인 가정 경제 사이에 교환이 이루어지는 원시적인 '부정기 교환Gelegenheitstausch'에서 출발한다. "잉여 생산물들은 때때로 교환되었지만 공급의 근본적인 원칙은 자급 자족이었다."[13] 모험가 오디세우스의 행동 방식은 이러한 부정기 교환의 행동 방식을 연상시킨다. 오디세우스가 보이는 비장한 거지의 모습 속에서 봉건적 인간은, 전통을 거역하고 처음으로 가정 경제의 테두리를 벗어나 항해를 시도했기 때문에 부를 얻어 귀향하는 동양 상인[14]의 특징을 지니게 된다. 경제적인 측면에서 볼 때, 그 당시에 아직 지배적이었던 전통적 경제 형태와 비교하면 오디세우스의 모험적 요소는 그의 '합리적 이성Ratio'이 지닌 비합리적 측면이다. '합리적 이성'

13 Max Weber, *Wirtschaftsgeschichte*, München und Leipzig, 1924, S. 3.
14 빅토르 베라르Victor Bérard는 전거가 의심스럽기는 하지만 『오디세이』에서의 유대적 요소를 매우 강조했다. 그의 책 『호머의 부활』 중 「페니키아인과 오디세이」 참조 (파리, 1930, 111쪽 이하).

속에 포함되어 있는 이러한 비합리성이, 자기보다 더 큰 힘인 것처럼 보이는 모든 비이성에 시민적 이성Vernunft이 자신을 동화시키는 것인 '책략' 속에 침전된다. 책략을 아는 단독자 Einzelgänger는 이미 경제적 인간homo oeconomicus으로서, 그에게 이성적인 것은 모두 동일한 것이다. 이렇게 볼 때 오디세우스는 이미 로빈슨 크루소와 같은 인물인 것이다. 이 두 명의 전형적인 난파자들은 그들의 유약함, 즉 집단으로부터 분리된 개인이 가질 수밖에 없는 유약함을 사회적 강인함으로 전환시킨다. 무력하게 고립되어 흔들리는 파도에 자신들의 운명을 내맡긴 상태이기 때문에, 그들의 고립은 그들로 하여금 주변을 돌볼 필요 없이 원자로서의 개체가 갖는 관심을 추구하도록 만든다. 노동자를 사용하기 이전인데도 그들은 이미 자본주의적 경제 원칙을 구현한다. 이들이 약간이나마 건진 재화를 가지고 새로운 사업에 뛰어든다는 사실이 미화시켜 보여주고 있는 진리는 옛날부터 기업가가 경쟁에 뛰어들기 위해서는 단순한 손의 부지런함만 가지고는 안 된다는 것이다. 자연에 대한 그들의 무기력은 이미 사회에서 주도권을 잡기 위한 이데올로기로 기능하는 것이다. 오디세우스가 거센 파도 앞에서 보이는 나약함은 원주민을 희생시켜 자신의 부를 증대시키는 것을 정당화하는 효과를 갖는다. 이것을 후에 시민경제학은 '위험 부담 Risiko'이라는 개념으로 확정했다. 파산의 가능성이 이윤의 도덕적 근거가 된다는 것이다. 발전된 교환 사회나 이 속에 사는 개인의 관점에서 볼 때 오디세우스의 모험은 성공 가도로 접어들게 만들어준 위험 부담의 묘사에 다름아니다. 오디세우스는 지금의 시민 사회가 가능하도록 만든 근본 원리에 따라 살아간다. 인간은 속이느냐 또는 파멸하느냐의 양자택일을 해야 한다. 기만은 합리적 이성 속에 숨겨져 있는 파편성이 드러나는 치부다. 그 때문에 세계를 여행하는 오디세우스나 일인(一人) 공장주 로빈슨이 보여주는 보편적 사회화Vergesellschaftung는 시민 시대의 말기에 확연하게 드러나는 절대적 고독을 이미 내포하고 있다. 극단적인 사회화는 극단적인 소외를 의미한다. 오디세우스와 로빈슨 둘 다 '총체성'과 관계를 맺는다. 전자는 총체성을 철저하게 사유하며 후자는 총체성을 생산한다. 둘 다 다른 인간들과 완전히 격리된 상태에서만 총체성을 실현하는 것이다. 이들은 다른 사람들을 오직 소외된 형태로서, 즉 적이나 지지 기반, 또는 도구나 사물로서만 만난다.

원(原)귀향 설화의 최초의 모험들 중 하나는 공포스런 마귀나 주술적 신들이 살던 야만적 시대보다 훨씬 이전까지 소급된다. 그것은 연밥을 먹는 사람들인 로토파겐에 관한 이야기다. 그 열매를 먹은 자는 사이렌의 노래를 들은 자나 키르케의 지팡이를 만진 자와 마찬가지로 자연 상태에 떨어지지만, 희생자는 아무런 해도 입지 않는다. "그렇지만 우리 동료들 중 아무도 로토파겐 때문에 피해를 입지 않았다."[15] 유일한 위협은 망각과 '의지의 포기'일 뿐이다. 그들에게 내려진 유일한 저주는 오로지 "비옥한 대지"[16]에서 노동이나 투쟁도 없이 원시 상태로 살아가야만 한다는 것이다. "꿀보다 더 달콤한 연밥을 맛본 자는 우리에게 보고할 생각도 않고 귀환할 생각도 하지 않으며, 연밥이나 따먹으면서 고향도 잊어버린 채 그곳 로토파겐의 사회에 머물기를 원했다."[17] 이러한 목가적 상황은 환각제——이것의 도움으로 냉혹한 사회 질서에 예속된 계층은 참을 수 없는 것을 참아내기도 하지만——의 행복을 연상시키지만 자기 유지

---

15 *Odyssee*, IX, 92f.
16 *A. a. O.*, XXIII, 311.
17 *A. a. O.*, IX, 94ff.

적 이성을 가진 오디세우스를 끌어들일 수는 없다. 그러한 목
가는 사실 '행복의 가상'에 불과한 것으로서, 그것은 무미건조
한 무위도식이고, 동물의 삶처럼 결핍된 것이다. 그것은 기껏
해야 '불행 의식의 결핍'일 뿐이다. 이와 반대로 행복이란 그
속에 진실이 포함되어 있어야 한다. 행복은 본질적으로 행동으
로부터 얻어지는 성과인 것이다. 행복은 지양된 고통에서 생겨
난다. 따라서 로토파겐의 삶을 답답해서 견디지 못하고 미래를
위해 현재를 인내하는 자가 올바른 것이다. 로토파겐에 대항하
여 그는 자신의 과업, 즉 역사적인 노동을 통해 유토피아를 실
현시키는 것을 옹호한다. 행복의 이미지 속에 단순히 머무르는
것은 행복으로부터 활력을 빼앗는 것에 불과하다. '합리성'이
나 오디세우스는 이러한 정의를 인지하기 때문에 불의의 세계
속으로 복귀한다. 지배를 확립하기 위한 오디세우스의 즉각적
인 행동이 뒤따른다. 자기 유지적인 이성은 "세계가 끝나는 경
계점에 있는"[18] 이러한 행복을, 나중에 만나게 되는 좀더 위험
한 행복들처럼 용납할 수 없다. 오디세우스는 게으른 자들을
윽박질러 갤리선으로 보낸다. "나는 슬퍼하는 자들을 강제로
배로 돌려보낸 다음 넓은 갑판으로 끌고 가 의자 아래 묶어버
렸다."[19] 연(蓮)은 동양의 음식으로서 가늘게 자른 조각들은 오
늘날도 중국과 인도의 요리에서 중요한 역할을 한다. 연에게
부여된 유혹하는 힘은, 농업이나 가축 기르기, 심지어는 사냥
보다, 한마디로 어떤 '생산'보다 오래된, 땅이나 바다로부터 채
집을 하던 단계[20]로의 퇴행을 의미한다. 이 서사시가 꽃을 먹는

---

18 Jacob Burckhardt, *Griechische Kulturgeschichte*, Stuttgart, o. J., Band III, S. 95.

19 *Odyssee*, IX, 98f.

20 인도 신화에서 연은 대지의 신이다(하인리히 침머 Heinrich Zimmer, 『마야』, 슈투트
가르트와 베를린, 1936, 105쪽 이하 참조). 전승되어온 신화와 호머 서사시의 오래

행위를 놓고 먹는 인생과 결부시키는 것은, 오늘날 그러한 생각을 따라가기는 어렵지만, 우연이 아니다. 꽃을 먹는 행위——근동 지방에서는 아직도 후식으로 이용되고, 유럽의 아이들은 장미즙을 넣은 과자나 설탕에 절인 바이올렛에 의해 떠올려볼 수 있는——는 삶의 재생산이 의식적인 자기 유지와 무관하고, 행복한 포만감이 유용성의 원칙에 입각해 만든 영양 관리와는 다른, 어떤 상태를 약속해준다. 까마득히 멀고 오래된 이러한 행복에 대한 회상은 후각을 통해 언뜻 느낄 수 있는 것으로서 인간의 일차적 행위인 식사 행위와 얽혀 있다. 이러한 회상은 선사 시대에까지 소급된다. 선사 시대의 실제 상황이 당시의 인간에게 얼마나 많은 고통을 안겨주었나라는 사실과는 무관하게, 그들은 선사 시대의 이미지로부터가 아니고는 달리 행복이라는 것을 생각할 수가 없다. "그래서 우리는 무거운 마음으로 항해를 계속했다."[21]

오디세우스가 걸려들게 된——걸려든다는 것과 교활하다는 것은 호머에게 있어서는 동일한 의미이다——다음 등장인물인 키클롭스 폴리페모스는 동일한 선사 시대의 흔적으로서 바퀴만한 크기의 눈을 소유하고 있다. 눈이 하나밖에 없다는 것은 대칭을 이루는 두 눈과 두 귀[22]——이러한 균제는 두 개가 하나로 통일됨으로써 대상에 대한 인지 작용에, 동일화하는 능력과 깊이와 객관성을 보장해준다——보다 더 원시적 기관인 코와 입을 연상케 한다. 그렇기는 하지만 로토파겐과 비교하면 폴리페모스는 원시 시대보다 더 이후인 야만 시대, 즉 사냥꾼과 목

된 판이 연관이 있다면 로토파겐과의 만남은 지하 세계의 힘과 대결하는 장면으로 규정할 수 있다.

21 *Odyssee*, IX, 105.

22 빌라모비츠에 따르면 키클롭스들은 "실제로 동물들이다"(『헬라인의 신앙』, 1권, 14쪽).

동의 시대를 대변한다. 호머에 있어서 야만 시대의 규정은 체계적인 경작이 이루어지지 않고 그 때문에 시간을 관리하는 노동 조직과 사회 체제가 아직 체계화되지 않았던 시대에 해당한다. 호머는 키클롭스들을 "황당무계한 무법자"[23]라고 부른다. 왜냐하면 그들은——그리고 여기에는 문명 자신의 죄과에 대한 은밀한 고백 같은 것이 들어 있다——"불멸하는 신들의 힘을 신뢰하면서도/아무도 손을 움직여 재배하고 수확하려 하지 않네/하지만 그들의 곡식은 씨 뿌리는 사람이나 재배자가 없어도 자라며/밀, 보리, 그리고 질 좋은 포도주를 만들어줄 탐스런 포도나무들/이것들을 크로니온의 비가 자라게 하네."[24] '풍요로움'은 법을 필요로 하지 않는데, 문명이 이러한 사회를 무정부 상태라고 비난하는 것은 마치 '풍요로움'을 비난하는 것처럼 들린다. "그곳에는 법도 없으며, 민중 집회도 없네/모두다 산속의 바위 동굴 속에서 살고 있네/둥근 지붕을 가진 동굴 안 여기저기서/각자 그들이 원하는 대로/부인과 아이들을 다스리네. 아무도 다른 이들을 상관하지 않네."[25] 이 사회는 이미 육체적으로 더 약한 부인과 아이들을 억압하는 가부장적 사회지만, 아직도 확고한 소유와 소유의 위계 질서에 의해 조직되지는 않은 사회다. 이 사회는 결속력이 없는 동굴 거주자들의 사회로서, 이 사회에는 객관적인 법이 없다. 그래서 호머는 이러한 사회를 서로에 대한 관심이 없는 야만 상태라고 비난했던 것이다. 이러한 점에서 볼 때 실용적인 태도를 견지하는 화자가 뒷부분에 가서는 자신의 문명화된 판단을 부정한다는 것이 흥미롭다. 즉 눈이 먼 폴리페모스가 비명을 질렀을 때 위에서

109

부록 설명 1 오디세우스 또는 신화와 계몽

---

23 *Odyssee.* IX. 106.
24 *A. a. O.,* 107ff.
25 *A. a. O.,* 112ff.

언급한 상호 무관심에도 불구하고 그를 돕기 위해 그의 부족들이 달려오자, 오디세우스는 '아무도 아니다'라는 이름의 술책을 통해 그들로 하여금 폴리페모스를 돕지 못하게 한다.[26] 법이 없다는 것과 우둔함은 동일한 것으로 규정된다. 호머가 키클롭스들을 "무법적으로 사고하는 괴물"[27]이라고 부른다면, 그것은 키클롭스들의 사고가 문명의 법을 존중하지 않는다는 것뿐만 아니라 그의 사고 자체가 무법적이며 비체계적이고 광상적(狂想的)이라는 것을 의미한다. 이러한 광상적인 사고 때문에 폴리페모스는 초대하지도 않은 불청객이 동굴로부터 탈출하는 방식이나 ──양의 등에 타는 것이 아니라 양의 배에 매달림으로써── 그러한 꾀를 생각해내는 시민적 사고 방식을 짐작할 수도 없고, 오디세우스의 잘못된 이름이 뜻하는 궤변적인 이중 의미를 알 수도 없는 것이다. 스스로 불사(不死)한다는 믿음을 갖고 있는 폴리페모스는 인육을 먹는 자로서, 당연히 신들을 경배하지는 않는다. "이방인이여, 너는 바보로구나, 아니면 먼 길을 온 자로구나." 그 이후의 시대에도 바보와 이방인 사이의 차이를 사람들은 분명하게 구별하려 하지 않는다. 그 지방의 관습에 대해 무지할 경우 이방인이라는 점을 고려하기보다는 무조건 바보로 낙인찍는다. "너는 신들과 신들의 복수에 대해 경고하는구나!/우리 키클롭스들에게는 번개의 신인 제우스 크로니온이든 다른 신들이든 통하지 않아/우리들은 그들보다 훨씬 뛰어나기 때문이지."[28] "훨씬 뛰어나다"라고 오디세우스는 비웃으면서 보고한다. 그러나 실제로 의미하는 것은 그들이 나이가 더 많다는 것이다. 그들은 제우스로 대변되는 태양계의

---

26 Vgl. *a. a. O.*, 403ff.
27 *A. a. O.*, 428.
28 *A. a. O.*, 273ff.

힘을 인정하지만 그 인정은, 그가 당한 불의가 그 자신이 행한 불의와 같은 종류의 것이라는 사실을 인지하지 못한 채 시민 계급의 부를 인정하면서도 속으로는 자신이 더 훌륭하다고 느끼는 봉건 영주의 태도와 비슷하다. 폴리페모스의 아버지며 오디세우스의 적으로서 가까이 있는 해신(海神) 포세이돈은, 전 우주의 신이지만 멀리 떨어져 있는 천신(天神) 제우스보다 더 나이가 많다. 원초적인 민간 종교와 이성 중심적인 율법 종교 사이의 투쟁이 '주체'의 어깨 위에서 벌어지는 것이다. 그러나 율법을 모르는 폴리페모스는, 계몽된 유년기의 동화 세계에 나오는 거인 골리앗과 같은, 문명이 터부시하는 악당에 불과한 것만은 아니다. 폴리페모스도 자신의 자기 유지가 가능한 좁은 영역에서는 나름대로의 질서와 관습을 가지고 있으며, 그 속에 '화해'가 없는 것도 아니다. 그가 양과 염소의 새끼들에게 어미 젖을 물리는 실천적 행위 속에는 이 동물들 자체에 대한 염려도 들어 있다. 또한 그가 눈이 멀게 되었을 때, 그가 양들의 우두머리에게 한 유명한 말——그는 이 양을 자신의 친구라고 부르면서, 왜 이번에는 무리들 중에 마지막으로 동굴을 떠나는지 그리고 주인의 불행이 가슴 아픈지 묻는다——은 아주 감동적인 장면으로서 이러한 감동은 오디세우스가 귀환했을 때 아르고스라는 개가 옛 주인을 알아보는 이 서사시의 절정에서나 다시 만날 수 있다. 비록 양과의 대화는 오디세우스에 대한 끔찍하고 원색적인 욕설로 끝나지만 이러한 감동이 삭감되는 것은 아니다. 단지 이 거인의 행태는 아직 일관된 성격으로 객관화되지는 못하고 있을 뿐이다. 거인은 애원하는 오디세우스에게 증오의 말을 거칠게 내뱉을 뿐만 아니라 자신에게는 이해가 되지 않는 율법을 거부하는 답변을 한다. "내 마음이 내키지 않는 터에"[29]라고 말하면서 그는 오디세우스와 그의 부하들을 용서

하려 하지 않는다. 또한 이야기를 전개하는 오디세우스의 주장처럼* 거인이 정말로 간악하게 말했는지는 단지 추측에 불과하다. 포도주에 취한 거인은 오디세우스에게 허세를 부리면서 선물[30]을 약속한다. 그리고 나서 오디세우스가 자신을 '아무도 아니다'라고 소개하자 거인은 대장을 마지막으로 잡아먹음으로써 선물에 보답해야겠다는 엉뚱한 생각을 한다. 그 이유는 아마도 오디세우스가 자신을 '아무도 아니다'라고 불렀으므로, 키클롭스들의 아둔한 머리로는 그가 존재하지 않는 것으로 여길 수밖에 없었기 때문일 것이다.[31] 힘이 센 자가 항상 신뢰할 수 있는 것은 자신이 가진 원색적인 완력이다. 그 때문에 항상 피고석에 선 자에게 불의가 가해지는 신화적 율법의 이행은 또한 율법을 제정한 자연력에 대한 불의가 된다. 오디세우스에게 속아넘어가는 폴리페모스와 다른 괴물들은 샤일록으로부터 메피스토펠레스에 이르기까지 계속 등장하는 기독교 시대의 멍청한 악마의 모델이다. 거인이 가진 거칠고 야만적인 기질에서 나올 수밖에 없는 '우둔함'은 시절이 좋을 때에는 '좋은 것'을 대변하지만 그것은 얼마 안 있어 영리한 자의 꾀에 넘어가 쓰러지게 된다. 오디세우스는 폴리페모스에 의해 대변되는 인육 식사권에 고분고분 순응함으로써 폴리페모스의 신용을 얻어낸다. 이러한 순응은 율법의 실행을 통해 율법을 깨뜨리는 저 책략의 틀에 의거한 것이다. "받으세요 키클롭스, 그리고 마시세요. 인육에는 포도주가 좋습니다/우리를 데려다 준 배에서 가

---

29 *A. a. O.*, 278.

* 『오디세이』 9장 272행에서 오디세우스는 거인이 인정사정도 없이 악의로 대답한다고 말하고 있다.

30 Vgl. *a. a. O.*, 355ff.

31 "결국 폴리페모스의 반복된 어리석음은 사산(死産)된 유머의 일종이다"(클라게스, 앞의 책, 1469쪽).

저온 포도주가 얼마나 훌륭한지 맛보시지요"[32]라고 문명의 전
파자는 권한다.

　'합리적 이성'이 자신과 반대되는 것——무지막지한 거인 폴
리페모스로 구체화되어 나타나는——에 동화되는 것, 즉 어떤
확고부동한 동일성도 확립하지 못한 의식의 상태에 동화되는
것은 '이름을 통한 책략'을 통해 완수된다. 이러한 동화(同
化) Angleichung는 넓게 퍼져 있는 민간 전승 문화의 일부다.
그리스인들에게는 언어 유희가 중요시되었다. 이러한 언어 유
희의 관점에서 본다면 오디세우스라는 이름과 그 의도인 '아무
도 아니다'는 서로 분리된다. 현대인의 귀에도 오디세우스와
우데이스는 비슷하게 들리지만, 이타카로의 귀향 이야기가 전
승되어온 방언 중의 하나에서는 실제로 도주(島主) 오디세우스
의 이름이 우데이스(아무도 아니다)와 비슷하게 발음되었다고
추측해볼 수도 있을 것이다. 오디세우스가 탈출한 후 누가 폴
리페모스의 눈을 그렇게 만들었는가라는 부족 사람들의 질문
에 대해 폴리페모스가 '아무도 아니다'라고 대답함으로써 일어
난 행위를 감추고, 죄인이 복수를 모면하는 데 일조했다는 추
정은 진실을 얄팍한 합리주의로써 은폐시키는 것에 불과하다.
이 에피소드의 진정한 의미는, '주체'인 오디세우스가 자신을
주체가 되도록 만들어주는 자신의 고유한 동일성을 부인하고 '무
정형한 것에 동화Mimikry ans Amorphe'됨으로써 자신의 삶을
구했다는 것이다. 폴리페모스는 '자아'가 아니기 때문에 오디
세우스가 자신을 '아무도 아니다'라고 부르는 것이며, 이름과
사물을 구별할 수 없는 야만인들은 오디세우스가 놓은 책략의
올가미에서 빠져나올 수 없는 것이다. 다시 말해 복수를 외치

---

32 *Odyssee, a. a. O.,* 347f.

는 부르짖음은 복수하고자 하는 자의 이름과 주술적으로 결합되어 있는데 '아무도 아니다'라는 이름은 부르짖음을 무력화시키는 것이다. 오디세우스는 이름에 '의도'를 삽입시킴으로써 이름을 주술적인 영역에서 빠져나오게 만드는 것이다.* 자기 유지를 위한 오디세우스의 방법은 이 서사시 전체나 모든 문명에서 나타나는 바와 같이 '자기 부정'이다. 따라서 자아는 동화를 통해 빠져나오려 하는 바로 그 강압적 자연 연관의 사슬에 다시 빠지게 되는 것이다. 자신을 위해서 스스로를 '아무도 아니다'라고 부르고 자연을 지배하기 위한 수단으로서 자연 상태에의 동화를 조작하는 자는 신성모독적인 오만에 빠진다. 교활한 오디세우스는 도주하면서 아직 거인이 던지는 돌의 착탄 거리 안에 있음에도 불구하고 거인을 비웃을 뿐만 아니라 자신의 본명과 출신을 밝히지 않을 수 없게 된다. 이것은, 방금 빠져나오기는 했지만, 원시적인 세계가 그에 대해 아직도 힘을 가지고 있어서, 한번 '아무도 아니다'라고 불리면 또다시 '아무도 아니다'가 되어버릴까 두렵기 때문에, 합리적인 동일성에 의해 해체시켰던 주술적인 단어의 힘을 빌려 자신의 고유한 동일성을 다시 회복하려는 행동이다. 동료들은 영리함을 발설하는 오디세우스의 우둔함에 대해 경고하려 하지만 아무런 소용이 없다. 오디세우스는 폴리페모스가 던진 바위를 가까스로 피하기는 하지만 그의 진짜 이름을 알려줌으로써 전지전능한 포세이

---

* 언어에는 사물-이름-의도의 세 차원이 있다고 생각해볼 수 있다. 언어의 혼란이 일어난 바벨탑 사건 이전의 원시 시대에는 사물과 이름의 차이를 몰랐다면, 사물과 이름 사이의 틈새에 의도와 책략이 끼어들면서 객관적 자연의 흐름에 작위를 가하는 문명과 역사가 시작되었다고 볼 수 있다. 자연으로부터 한없이 멀어진 오늘날은 언어 속에 있는 사물이나 '기의(記意)'에 대한 기억마저 시대착오적인 순진성으로 여겨지고 사물이나 세계는 주체가 마음대로 만들어 가지고 놀 수 있는 것이 된다.

돈의 분노를 끌어들이게 된다. 책략은 우둔한 체하는 영리함에 의해 가능한 것인데, 그가 우둔한 체하는 것을 포기하고 본색을 드러내자 책략은 우둔함으로 변하는 것이다. 이것이 바로 '달변의 변증법'이다. 고대 그리스로부터 파시즘에 이르기까지 사람들은 호머에 대해 주인공이든 화자든 말이 너무 많다고 비난했다. 이오니아인인 호머는, 교활한 중개인인 오디세우스가 자신의 말 때문에 그러한 운명을 자초했다고 설명함으로써, 과거와 현재의 스파르타인들에게 자신의 우수함을 예언적으로 보여주었다. 말은 물리적 힘을 속일 수는 있지만, 자신에 대해 적시에 제동을 걸기는 힘들다. 말의 흐름은, 겉으로 표현되는 것의 패러디로서 의식의 흐름, 즉 사유 자체를 동반한다. 다시 말해 사유란 현실에 대해 일정한 거리를 두고 영향력을 행사할 수 있는 것인데도 불구하고, 사유와 현실이 같은 것인 양, 외부의 간섭 없이 의식 내부에서 자동적으로 흐르고 있는 사유가 담론을 통해 외부의 현실로 표출되게 되면 주관적 환상에 빠진 그러한 자율성은 어딘지 바보스럽거나 미친 것처럼 보이게 된다. 현실과 사유 사이에 존재하는 '거리'는 동시에 고통이다. 그래서 영리한 사람은, 속담과는 반대로, 점점 더 말을 많이 하고 싶은 유혹에 빠진다. 이러한 사람을 지배하고 있는 불안은, 물리적인 힘에 비해 말의 장점은 취약하기 그지없는 것인데 이러한 장점을 꼭 붙들고 있지 않으면 그러한 장점이 빠져 달아나지 않을까 하는 불안이다. 왜냐하면 말은 말이 기만하는 자연보다 약하다는 것을 알고 있기 때문이다. 다변은 폭력과 불의가 실질적 원칙임을 백일하에 드러내고, 자신이 두려워하는 사람으로 하여금 두려움의 원천이 되는 바로 그 행동을 끊임없이 하도록 오히려 자극한다. 선사 시대에 나타나는 '말'의 신화적인 강압은 후에 계몽된 '말'의 칼끝이 자신에게 되돌아오도록 만드는 재난 속에서 영구화된다. 어쩔 수 없이 자신을 오디세우스라고 고백하는 우데이스는 이미, 그 자신 끊임없이 죽음의 공포에 시달리면서도 죽음의 공포에서 유래한 우월성을 자랑하는 유대인의 특징을 띠고 있다. 중개인에 대한 복수는 시민 사회 말기에야 비로소 생겨난 것이 아니다. 그러한 복수는 시민 사회가 처음 생성되던 시기에도 이미, 모든 폭력이 항상 추구하는 '부정적 유토피아'의 형태로 행해졌다.

식인 거인 폴리페모스가 대변하는 야만 시대라는 신화로부터의 도피를 다루고 있는 장과는 대조적으로 키르케의 신비로운 이야기는 본래의 주술적 단계를 보여준다. 주술은 자아를 해체하며, 자아는 다시 주술의 단계에 빠지게 되어 예전의 생물학적인 종(種)으로 복귀한다. 주술의 해체하는 힘은 예전에 만났던 '망각의 힘'이다. 주술은 확고한 시간의 질서로써 바로 그 시간의 질서 속에 세운 자아의 확고한 의지를 공격한다. 키르케는 오디세우스의 부하들로 하여금 충동에 자신을 내맡기도록 유혹한다. 예로부터 사람들은 유혹된 인간들과 동물의 형상을 연관지었으며 키르케를 창녀의 전형으로 만들었는데, 이것은 키르케가 성적 주도권을 쥐었다고 암시하는 헤르메스의 다음 시행에서 연유했을 것이다. "자, 놀란 그녀는 너에게 함께 자자고 졸라댈 것인데,/너는 이 여신의 침대 앞에서 오래 반항하지 말지어다."[33] 이야기 속에서 처음에는 타락시키는 자로 후에는 조력자로 나타나는 키르케의 특징은 이중적이다. 이러한 이중성은 그녀의 출신 성분에도 표현되어 있다. 그녀는 태양신 Helios의 딸이며 동시에 대양신 Okeanos의 손녀다.[34] 그녀에게

---

33 *A. a. O.*, X, 296~97.

34 Vgl. *a. a. O.*, 138f. Vgl. auch F. C. Bauer, *Symbolik und Mythologie*, Stuttgart 1824, Band I, S. 47.

는 불과 물의 요소가 혼합되어 있는데, 모계 사회든 부계 사회든 자연의 특정한 요소를 우위에 두는 것과 대립되는 이러한 비분리성은 난혼이나 창녀성의 특징을 이룬다. 이러한 특징은 매춘부의 시선이나 별들의 축축한 반사[35]에 반영되어 있다. 창녀는 행복을 보장하지만 동시에 그녀가 행복하게 만들어준 자의 자율성을 파괴한다. 이것이 바로 그녀의 이중성이다. 그렇지만 그녀가 반드시 그를 파괴하는 것은 아니다. 그녀는 더 오래된 태고의 생활 방식을 유지하고 있다.[36] 로토파겐과 유사하게 그녀도 자신의 손님들에게 치명상을 가하지는 않으며 그녀가 야수로 만들어버린 사람들도 또한 평화롭다. "주위에는 그녀가 약초를 먹여 순하게 만든 야생 늑대와 갈기를 가진 사자들이 있었다. 그 동물들은 사람들에게 덤벼들지 않고, 식탁을 떠날 때 맛있는 것을 갖다 주는 주인 주위를 꼬리를 흔들며 서성대는 개처럼, 아양을 떨 듯 그들의 긴 꼬리를 흔들며 서 있었다. 이런 식으로 억센 발톱을 가진 늑대와 사자들이 꼬리를 흔들면서 내 부하들 주위에 서 있었다."[37] 마법에 빠진 인간들은 오르페우스의 연주에 귀를 기울이는 야생 동물처럼 행동한다. 그들은 신화적 명령의 손아귀에 떨어지지만 신화적 명령은 동시에 그들 내부에 억압되어 있던 '자연'도 해방시킨다. 신화로 돌아가면서 그들이 버려야 할 것도 또한 신화이다. 그들을 '자아'로 만들어주고 동물로부터 분리시키는 것인 '충동의 억압'은, 예전의 관념에 따르면, 키르케라는 이름이 암시하듯 절망적으로 폐쇄된 자연 순환 속에서 억압을 내재화하는 것이었다. 그런데 예전의 생각과는 반대로, 그들에게 이상화된 선사 시대

35 Vgl. Baudelaire, *Les fleurs du mal*, Le vin du solitaire.

36 Vgl. J. A. K.Thomson, *Studies in the Odyssey*, Oxford, 1914, S. 153.

37 *Odyssee, a. a. O.*, 212ff.

를 회상케 하는 강력한 마법은 그들을 동물로 만들 뿐만 아니라, 로토파겐의 목가처럼, 화해의 가상──이 자체가 편견에 지나지 않을지는 몰라도──을 야기시킨다. 그렇지만 그들도 한때 인간이었기 때문에, 문명화된 서사시는 그들에게 일어난 사건을 치유 불가능한 타락이라고 표현해야 한다는 것을 안다. 호머의 묘사에서는 어떤 쾌락의 흔적도 감지하기가 어렵다. 희생자가 문명화되면 될수록 그러한 흔적은 좀더 강력하게 삭제된다.[38] 오디세우스의 부하들은 앞선 방문객들과 같은 신성한 야생 동물이 되지 못하며 그 대신 지저분한 가축인 돼지가 된다. 키르케의 이야기 속에서는 돼지를 신성시한 '대지의 여신 Demeter'의 명부(冥府) 숭배에 대한 기억이 끼어든 것 같다.[39] 돼지라는 모티프를 사용하게 된 데에는 또한 인간과 유사한 돼지의 해부학적 특징과 돼지의 벌거벗은 모습이 중요한 역할을 하는 것 같다. 유대인들에게서 여전히 유지되고 있는 동종 교배에 대한 터부가 이오니아인들에게도 있었는지 모른다. 마지막으로 식육 행위에 대한 금지를 생각할 수도 있다. 왜냐하면 유베날리스*에게서처럼 인육의 맛은 항상 계속해서 돼지고기의 맛으로 묘사되었기 때문이다. 어쨌든 그 뒤로도 모든 문명은 사회가 정당하다고 승인한 쾌락이 아닌 다른 쾌락을 꿈꾸는 충동을 가진 사람을 보통 돼지라고 부른다. 선원들을 변신시키는 마술과 이것을 푸는 마술은 양배추 및 포도주와 연관되어 있다. 또한 도취와 각성은 성(性)이나 선사 시대와 가장 가깝

제몽의 변증법

---

38 머레이는 호머의 시가 채록, 편집되는 과정에서 겪었다고 추정되는 "에로틱한 부분의 삭제"에 관해 다루고 있다(같은 책, 141쪽 이하 참조).

39 "돼지들은 일반적으로 대지의 여신에게 바치는 희생 동물이다"(빌라모비츠-묄렌도르프, 『헬라인의 신앙』, 2권, 53쪽 이하).

* Juvenalis(50?~130?): 로마 시대의 풍자시인으로 당시의 부패한 사회상을 풍자했다. "건전한 정신은 건전한 육체에 깃든다"는 말을 남겼다.

지만, 점점 갈수록 억압되고 추방당하는 감각인 후각과 연관을 맺고 있다.[40] 그러나 돼지의 형상 속에서 후각의 쾌락은 코를 땅에 박고 직립 보행을 포기한 자의 부자유스러운 킁킁거림으로[41] 왜곡되어 있다. 그것은 마치 마법을 거는 창녀가 남자들을 굴복시키는 의식을 거행하는 도중에 가부장적 사회가 그녀 자신을 다시금 굴복시키는 의식을 반복하는 것과 같다. 이러한 창녀처럼 문명의 억압하에 있는 여성들은 여성에 대한 문명적 판단을 받아들이고 섹스를 비방하는 경향이 농후하다. 계몽과 신화의 대결——그러한 대결의 흔적을 이 서사시는 간직하고 있는데——속에 있는 유혹녀는 강력한 유혹의 힘을 지니고 있지만 동시에 이미 연약하고, 구식이며, 방어력이 없는 존재다. 그녀는 자신의 에스코트로 말 잘 듣는 동물을 필요로 한다.[42] 자연의 대변자로서 시민 사회에서 여성은 저항할 수 없는 매력[43]을 지님에도 불구하고 무기력한 수수께끼 같은 존재가 되었다. 그래서 여성은, 자연과 화해하는 대신에 자연의 정복을 설정하는, '지배'를 위한 공허한 거짓말을 반영한다.

이런 정도로 만족하기 위한 사회의 타협점이 결혼이다. 여성은 무력한 존재로 남는다. 왜냐하면 힘은 단지 남성을 통해 매개되어서만 여성에게 주어지기 때문이다. 이와 흡사한 것이

---

40 Vgl. Freud, *Das Unbehagen in der Kultur*, in Gesammelte Werke, Band XIV, Frankfurt am Main, '1968, S. 459, Fußnote.

41 빌라모비츠는 놀랍게도 킁킁거림과 자율적 이성을 의미하는 노스 noos라는 개념 사이의 관련성에 대해 언급하고 있다. "슈비처 Schwyzer는 대단한 확신을 가지고 노스 noos를 킁킁거림과 연관시켰다"(빌라모비츠-묄렌도르프, 『오디세우스의 귀향』, 191쪽 이하). 빌라모비츠는 물론 어원적 유사성이 의미를 밝히는 데 도움을 줄 것이라는 사실을 문제삼지는 않았다.

42 Vgl. *Odyssee*, X, 434.

43 저항할 수 없다는 의식(意識)은 후에 아프로디테 페이톤 Aphrodite Peithon 숭배 속에 표현되어 있다. "그 여신에 대한 마법에 대해 아무도 저항할 수 없다"(빌라모비츠-묄렌도르프, 『헬라인의 신앙』, 2권, 152쪽 이하).

『오디세이』에서는 창녀-여신의 패배로 묘사된다. 반면에 페넬로페와의 문명적 결혼*은, 문학적으로는 더 나중의 것이지만, 가부장적 장치가 객관화된 후기 단계를 대변하고 있다. 아이아이에에서 오디세우스가 등장하는 장면**에서는 여성에 대한 남성의 관계가 갖는 이중 의미, 즉 '동경과 명령'은 이미 계약에 의해 보호되는 교환 형식을 취한다. 이러한 교환을 위한 전제는 '체념'이다. 오디세우스는 키르케의 마법에 저항한다. 그녀에게 저항하지 못하는 사람들에게 그녀의 마법이 거짓으로 약속해주고 있는 것이 오디세우스에게도 해당되어 오디세우스는 그녀와 동침한다. 그렇지만 그는 그전에 그녀에게 신성한 자들인, 올림포스 신을 걸고 굳은 맹세를 하게 한다. 그 서약은 남성을 거세당하지 않도록 보호하는 것, 즉 난혼의 금지와 남성 지배에 대해 복수하지 못하도록 하는 것으로서, 이러한 남성의 지배는 남성의 입장에서는 영원한 본능의 포기로서 남성의 상징적인 자기 거세다. 그녀에게 저항하는 자, 도저히 변할 가능성이 없기 때문에 "가슴속에 돌처럼 차갑고 단단한 심장을"[44] 가지고 있다고 키르케가 비난하는 '주인'이며 '자아'인 오디세우스에게 그녀는 복종한다. "자 오세요. 칼을 칼집에 넣고/우리의 침대로 올라가서 우리 하나가 돼요/그러면 우리는 서로를 신뢰하는 법을 배우게 될 거예요."[45] 그녀가 보장하는 쾌락에 대해 그녀는 그 쾌락이 경멸당하는 대가를 지불한다. 마지막 창녀는 최초의 여성적 성격을 내보인다. 전설로부터 역

---

* 페넬로페는 남편인 오디세우스가 트로이와의 전쟁 기간인 10년과 바다에서의 방랑 기간인 10년 동안 귀환하지 못하고 있을 때 구혼자들의 유혹을 뿌리치고 20년 동안이나 정절을 지켰기 때문에 가장 정숙한 부인의 표상으로 알려져 있다.

** 오디세우스는 귀환 도중 키르케가 살고 있는 전설의 섬 아이아이에에 도착한다.

44 *Odyssee*, X, 329.

45 *A. a. O.*, 333ff.

사로 이행하는 과정 속에서 그녀는 '시민적 차가움'에 결정적 기여를 한다. 그녀의 태도는 '사랑의 금지'를 실천한다. 이러한 사랑의 금지는, 후에 사랑이 이데올로기가 되어 경쟁자의 증오를 기만하게 될수록 더욱더 강력하게 관철된다. 교환의 세계에서는 더 많은 것을 제공하는 자가 잘못이다. 그렇지만 사랑하는 자는 항상 더 많이 사랑하는 자다. 그가 하는 희생은 찬미되지만 사람들은 사랑하는 자가 희생을 약간 유보하고 있지 않나를 질투하면서 주목한다. 사랑하는 자는 바로 그 사랑에 의해 불의를 저질렀다는 판결을 받고 처벌당한다. 그의 사랑이 증명하고 있는 것은 자신이나 다른 사람을 지배할 능력이 없다는 것으로서 그 때문에 그에게는 '완성'이 거부된다. 사회와 함께 고독의 재생산은 계속 확대된다. 감정의 가장 부드러운 부분에서조차 이러한 메커니즘이 만연한다. 다른 사람에게 다가갈 수 있기 위해서는 사랑마저 '차가움'으로 내몰리게 됨으로써 사랑의 진정한 실현은 불가능하게 된다. 남자들을 자신의 발밑에 굴복시키는 키르케의 힘은, 체념하여 그녀에게 굴복하기를 거부하는 자 앞에서는 그러한 힘 자체가 예속되는 상태로 된다. 시인이 여신 키르케에게 부여한 자연에 대한 영향력은 사제의 예언이나, 앞으로의 항해에서 만날 난관에 대한 현명한 예견으로 쭈그러든다. 이것은 여성적 현명함에 대한 풍자 속에 계속 남아 있다. 능력을 상실한 여자 마법사의 사이렌, 스칠라 그리고 카리브디스에 대한 예언은 마지막에 가서 다시 남성적 자기유지에 도움을 줄 뿐이다.

그렇지만 성적인 문제에 관한 모든 관계의 질서를 확립하는 것이 얼마나 비싼 대가를 지불해야 하는가는, 키르케가 주인의 요청에 따라 다시 인간으로 변신시킨 오디세우스 동료들의 행태에 대해 기술하고 있는 몇몇 구절들에서만 어렴풋이 드러날 뿐이다. 우선 이렇게 씌어 있다. "그들은 바로 인간이 되었는데 그전보다 더 젊어 보이며, 외관은 더 준수하고 기품 있게 보였다."[46] 그들은 자신감에 넘치고 더욱더 남성다워 보였지만 행복하지는 않았다. "달콤하지만 애절한 슬픔이 모든 사람의 가슴에 저며들었고/집 안에는 비탄의 소리가 울려퍼졌다."[47] 아마도 일 년 기한의 약식 결혼을 축하하는 피로연에서 불려진 가장 오래된 결혼 축가가 그렇게 들렸을 것이다. 페넬로페와의 실제 결혼은 우리가 추측하는 것보다는 오히려 이러한 결혼식과 비슷할 것이다. 가부장적 사회에서 창녀와 부인은 여성적 자기 소외의 보완물이다. 즉 부인이 생활과 소유에 대한 확고한 질서가 주는 즐거움을 드러낸다면, 창녀는 부인의 비밀스런 동맹자로서 부인의 소유권이 점유하지 않고 남겨놓은 것을 다시 한 번 소유 관계에 종속시키면서 쾌락을 판다. 키르케와 칼립소 같은 정부(情婦)들은 운명의 여신[48]이지만 시민 가정의 부인네들처럼 부지런히 베를 짜는 여인으로 소개되어 있는 반면, 페넬로페는 마치 매춘부처럼 귀향한 오디세우스에 대해 그가 정말로 늙은 거지나 또는 모험 중인 신이 아닌가 하고 의심한다. 페넬로페가 오디세우스를 다시 알아보는 유명한 장면은 정말로 가부장적인 방식이다. "그녀는 너무나 놀란 나머지 오랫동안 아무 말 없이 앉아 있었다./그의 얼굴을 자세히 들여다보자 그가 남편과 비슷하다고 생각했다./하지만 그가 입은 남루한 옷 때문에 그녀는 다시 헷갈렸다."[49] 그녀는 자연스러운 반응을 보이는 대신 실수를 하지 않으려 한다. 그녀에게 부과된

---

46 *A. a. O.,* 395f.
47 *A. a. O.,* 398f.
48 Vgl. Bauer, *a. a. O.* und S. 49.
49 *A. a. O.,* XXIII, 93ff.

사회 질서의 압력하에서는 자연스런 반응을 보이는 것이 허용되지 않는다. 자신이 수행해야 할 미래의 역할에 아직 적응하지 못한 어린 텔레마코스는 그러한 모친의 행동에 화를 내면서 어머니를 질책할 만큼 충분히 남자답다. 어머니에 대한 비난에서 보여지는 텔레마코스의 완고함과 냉정함은 예전에 키르케가 오디세우스에게 보여준 태도와 비슷하다. 키르케와 같은 창녀는 가부장적 세계 질서를 감내하면서 받아들이지만 일부일처제의 부인인 페넬로페는 그것으로 만족하지 않고 자신을 남성적 성격과 동일하게 만들 때까지 부단히 노력한다. 이런 식으로 결혼한 남녀는 합의를 보게 된다. 페넬로페가 귀향한 오디세우스에게 제기한 시험은 움직일 수 없는 부부 침대의 위치에 관한 질문이다. 이 침대는 젊은 시절 남편이 올리브 나무——성(性)과 소유를 통일하는 상징물——위에 만들었던 것이다. 매우 약삭빠르게 그녀는 이 침대를 그 자리로부터 옮길 수 있는지 물어보자, 남편은 불쾌감을 감추지 못하면서 붙박이로 만든 침대의 제작 과정에 대해 상세히 설명한다. 전형적인 시민으로서 그는 우아한 취미를 가지고 있다. 그것은, 분업화된 소유 구조 속에서 오디세우스 같은 신분의 사람은 오래 전부터 면제될 수밖에 없는 수공업적 노동을 취미로 삼는다. 그는 이러한 노동을 좋아한다. 왜냐하면 필요 없는 노동을 할 수 있는 자유란, 살기 위해서는 그러한 종류의 노동을 해야만 하는 사람들에 대한 지배권을 확인시켜주기 때문이다. 신중한 페넬로페는 이제 오디세우스를 알아보고는 그의 현명함을 칭찬하면서 애교를 부린다. 약간의 조롱 섞인 칭찬과 격정에 찬 해후 끝에 그녀는, 남편의 이 모든 고난은 결혼만이 줄 수 있는 행복, 즉 "보장된 영원한 약속"[50]에 대한 신들의 질투에서 기인한다고 말을 잇는다. "신들은 우리가 젊음을 함께 즐기고,/평온하게 노년에 이르는 것을 시기하여/우리에게 불행을 준 것이에요."[51] 결혼이란 단순히 서로에게 도움을 주고받는 생활의 질서일 뿐만 아니라 죽음을 함께 이겨나가는 연대감이다. 지금까지 역사에 있어서 '인간적인 것'은 항상 '인간적인 것'의 구호 밑에 숨겨진 '야만'의 언저리에서 번창하듯이 결혼에 있어서 '화해'는 '억압'의 둘레를 맴돌면서 커간다. 부부 사이의 계약이 남녀 간의 해묵은 적대감에 대한 궁여지책의 대안이기는 하지만, 희생 제단의 연기가 화로의 성스러운 연기로 변화되듯, 필레몬과 바우키스의 경우처럼* 사람들은 함께 평화롭게 늙어가다 사라질 수도 있을 것이다. **결혼은 문명의 지반 위에 있기는 하지만 태곳적부터 있어온 성스러운 바위 중의 하나다.** 이 견고한 바위는 망망대해에 떠 있는 작은 섬나라처럼 신화로부터 돌출해 있다.

방황의 마지막 종착역은 가정이라는 피난처가 아니라 저승세계다. 모험가가 죽은 자들의 세계를 처음 방문했을 때 그가 본 모습들은 '빛의 종교'에 의해 추방된 모권적 형상들이다.[52] 오디세우스의 어머니를 뒤따라— 오디세우스는 그녀에게 부권 사회의 목적 지향적인 엄격함으로 대하는데[53]— 태고 시대

124

제몽의 변증법

---

50 Goethe, *Wilhelm Meisters Lehrjahre*, Jubiläumsausgabe, Stuttgart und Berlin, o. J., Band I, 16. Kapitel, S. 70.

51 *Odyssee*, XXIII, 210ff.

* 제우스와 헤르메스 신이 여행 도중에 한 마을에서 쉬어가려 하였는데 마을 사람들 중 가난한 노부부인 필레몬과 바우키스를 제외하고는 아무도 그들을 접대하지 않았다. 가난한 살림이지만 정성을 다해 손님을 대접한 그들 부부를 제외하고 제우스는 그 마을을 물에 잠기게 했다. 제우스는 필레몬과 바우키스의 소원에 따라 그들을 신전을 지키는 사제로 임명하고 한날 한시에 함께 죽음을 맞게 해주었다. 그들은 죽으면서 보리수와 참나무로 변해 영원히 서로 마주보고 서 있게 되었다.

52 Vgl. Thomson, *a. a. O.*, S. 28.

53 "나는 눈에 눈물을 가득 담고 그녀를 바라보았다. 그리고 진심으로 슬펐다./내 마음은 슬픔으로 가득 찼음에도 불구하고 테이레시아스에게 물어보기 전까지는/그녀가 피에 가까이 접근하는 것을 막았다"(『오디세이』 11장, 87행 이하).

의 여자 영웅들이 등장한다. 그렇지만 어머니의 모습은 무기력하며, 보지도 듣지도 못 하는——서사적인 장르가 형상을 위해 언어를 포기하는 순간처럼——환영이다.[54] '형상'에 언어를 부여하려면 살아 있는 기억의 담보로서 제물로 바쳐진 피가 필요하다. 이렇게 얻어진 언어를 통해, 비록 헛되고 순간적인 것에 불과하지만, 신화적인 침묵으로부터 빠져나가는 것이 가능하다. 주체가, 환영에 불과한 이런 형상들이 아무것도 아니라는 인식을 감당할 수 있을 때 비로소 주체는 그 형상들이 헛되이 약속하고 있는 것에 참여할 수 있는 것이다. 사람들이 찬양하는 오디세우스의 세계는 태곳적인 '형상의 왕국'이 아니다. 오디세우스에게 있어 모든 형상들은 결국 '죽음의 세계'의 그림자로서 그 진정한 본질은 '가상'임을 드러낸다. 오디세우스가 일단 그들이 죽은 자임을 알아보고, 자기 유지의 당당한 제스처를 통해 허깨비에 희생당하기보다는 그들을 쫓아버린 후에야 그는 그들로부터 자유로워진다. 오디세우스는 삶에 유용한 지식을 주는 혼령들만을 접근하도록 허용한다. 이런 삶 속에서 신화의 힘은 오직 '정신'으로 전환된 상상으로서만 존재할 수 있는 것이다. 거세당한 신화들이 모여 있는 죽음의 세계는 고향에서 가장 멀리 떨어진 곳이다. 죽음의 왕국은 고향과 소통할 수 있기에는 너무나 멀리 떨어져 있는 것이다. 오디세우스가 죽음의 세계를 방문하는 것이 신화의 가장 오래된 전설적인 층이라는 키르히호프의 가정을 따른다면[55] 이 부분은, 오르페

---

54 "그곳에서 나는 돌아가신 어머니의 영혼을 보았다./그렇지만 그녀는 말없이 피 옆에 앉아서 자신의 아들을 보지도 않고/한마디 말도 하지 않았다./왕이시어, 어떻게 그녀가 나를 알아보시게 할 수 있을까요?"(같은 장, 141행 이하).

55 "나는 몇 부분을 제외하고는 죽음의 세계를 다루는 11장 전부를 오래된 귀향 설화 Nostos의 분실된 부분으로, 즉 이 서사시의 가장 오래된 부분으로 간주하지 않을 수 없다"(키르히호프 Kirchhoff, 『호머의 오디세이』, 베를린, 1879, 226쪽); "오디세우

우스나 헤라클레스의 전승되어온 이야기처럼, 신화를 결정적
으로 넘어서는 가장 오래된 층도 된다. 그 전거로서 지옥의 문
을 부수거나 죽음을 무효화하는 모티프는 바로 반(反)신화적
인 사상의 핵심을 이루는 것이다. 이러한 반신화적 요소는 포
세이돈과 화해하는 것이 가능하리라는 테이레시아스의 예언에
포함되어 있다. 예언은 오디세우스가 어깨에 노를 메고, "바다
를 알지 못하고/한 번도 소금으로 간을 한 음식을 먹어보지 못
한"[56] 사람을 만날 때까지 방랑해야만 한다고 말한다. 다른 방
랑자가 그를 만났을 때 그가 메고 있는 것이 '키'냐고 묻는다면
포세이돈에게 화해를 위한 제물을 바칠 수 있는 올바른 장소에
도달한 것이라는 것이다. 예언의 핵심은 노를 키로 오인하는
데 있다. 이오니아인들에게 이러한 오해는 매우 우습게 여겨졌
을 것이다. 그러나 '화해'에 대해 암시하는 이 해학은 인간이
아니라 분노하는 포세이돈[57]을 목표로 한다. 오해는 찡그린 포
세이돈을 웃게 만들고 이러한 웃음 속에서 분노는 사그라지는
것이다. 이러한 상황은 그림Grimm 동화집에서 바뀐 아이*를
어떻게 떼어낼지에 대한 이웃집 부인의 충고와 유사하다. "당
신은 바뀐 아이를 부엌에 데려가 화덕 위에 올려놓은 다음 불
을 지피세요. 그리고 두 개의 달걀 껍질에 물을 끓이세요. 그러

스의 신화에 있어서 원래부터 있었던 부분은 죽음의 세계로의 방문이다"(톰슨
Thomson, 같은 책, 95쪽).

56 *Odyssee*, XI, 122f.

57 그는 원래 "대지의 신의 남편"(빌라모비츠, 『헬라인의 신앙』, 1권, 112쪽 이하 참조)
이었으며 나중에 해신이 되었다. 테이레시아스의 예언은 포세이돈의 이중성을 암시
한다. 바다와는 동떨어진 대지의 희생을 통해 포세이돈과 화해한다는 것은 그가 가
진 명부적 힘을 상징적으로 복원시키는 데 기인한다고 볼 수 있을 것이다. 이러한
복원은 해적 행위를 그만두고 경작을 시작했다는 것을 의미한다. 포세이돈과 데메테
르에 대한 경배는 서로 혼합되어 있다(톰슨, 같은 책, 96쪽, 각주 참조).

* Wechselbalg. 난쟁이나 도깨비가 본래의 아이를 빼돌리고는 대신 갖다 놓은 기형아.
그의 추한 모습은 악마의 소행이라는 믿음이 깔려 있다.

면 그것이 바뀐 아이를 웃게 하고 일단 그 아이가 웃으면 끝난 거예요."[58] 오늘날까지 웃음이 폭력의 표시이고 또한 맹목적이고 완고한 본성이 폭발되는 표시라고 말하는 것은 웃음에는 대립적 요소가 내포되어 있다는 것이다. 즉 웃음에 의해 맹목적 본성은 스스로를 깨닫고는 파괴적인 힘에 복종하게 된다는 것이다. 웃음의 이러한 이중 의미는 이름의 이중 의미와 유사하다. 아마도 이름은, 마치 오늘날의 별명처럼, 화석화된 웃음에 불과할지 모른다. 이러한 별명 속에는 아직도 이름을 부여하는 행위의 본래 의미가 살아 있는 것이다. 웃음은 '주체'의 죄와 결부되지만 또한 이렇게 결부된 상태를 넘어선 무엇을 암시한다. 웃음은 '고향'으로 가는 길을 약속해준다. **모험을 감행하게 하는 것은 향수이며 이런 모험을 통하여 주체는──주체 형성의 원역사가『오디세이』라고 할 수 있는데──선사의 세계로부터 탈출한다.** 고향이라는 개념은, 파시스트들이 고향이라고 날조한 신화와 대립돼 있다는 사실 속에 이 서사시의 가장 본질적 역설이 들어 있다. 이 서사시 속에는 유목 시대에 이어, 모든 고향의 전제 조건인 정착 생활이 나타났다는 역사적 사실이 침전되어 있다. 정착 생활과 함께 주어지는 '소유'의 확고한 질서가, 잃어버린 '원초 상태'에 대한 모든 동경과 향수가 생겨나는 인간 소외의 원인이지만, 모든 동경과 향수가 지향하는 고향이라는 관념을 형성시킨 기반은 바로 이 정착 생활과 확고한 소유인 것이다. "모든 철학은 향수"라고 한 노발리스의 정의는, 이러

---

58 그림 형제,『아동과 가정 동화』, 라이프치히, 208쪽. 서로 흡사한 모티프들은 그리스 고전 시대로부터 전승된 것인데 바로 데메테르와 연관되어 있다. 데메테르가 납치된 딸을 찾아 엘레우시스에 도착했을 때 디사울레스와 그의 부인 바우보의 접대를 받았으나 그녀는 너무나 슬퍼서 음식과 음료에 손대기를 거부했다. 이때 바우보는 갑자기 옷을 벗고 자신의 몸을 보여줌으로써 그녀가 웃도록 만들었다(프로이트, 전집 10권, 399쪽; 살로몽 라이나 Salomon Reinach,『문화, 신화 그리고 종교』, 4권, 파리, 1912, 115쪽 이하 참조).

한 향수가 잃어버린 먼 태고의 환상 속으로 사라져 들어가버리는 것이 아니라 '고향,' 즉 신화적 속박을 풀 때 비로소 생각할 수 있는 무엇인 '자연 자체'를 의미할 때만 옳다. 고향은 '탈출한 상태 Entronnensein'다. 따라서 호머의 전설들이 "대지로부터 멀어지는 자들"이라는 비난은 그들의 진실, 즉 "그들은 인간으로 돌아온다"[59]라는 진실을 확인하는 것이다. 신화의 소설로의 전이――모험소설에서 본격적으로 일어나지만――가 신화를 왜곡시킨다는 것은 별 문제가 안 된다. 이러한 전이가 행하는 진정한 왜곡은 '고향'과 '화해' 사이에 가로놓인 심연을 은폐하면서 신화를 시간 내부로 끌어들이는 행위에 있다. 문명이 선사 시대에 대해 자행하는 복수는 끔찍한 것이다. 양치기 멜란티오스를 불구로 만드는 행위에 대한 보고가 호머의 서사시에서 가장 잔인한 부분인 것처럼, 그러한 복수 속에서 문명은 바로 선사 시대와 다를 바 없이 된다. 문명이 신화와 구별되는 방식은 보고되는 행위의 내용에 의해서가 아니다. 차이를 가져오는 것은 이야기가 진행되는 가운데 폭력을 자각하도록 만드는 자의식이다. 웅변적인 어투 자체나, 신화적인 노래와는 상반되는 언어, 지나간 재난을 회상 속에서 계속 붙들 수 있는 가능성, 이런 것들이 호머적인 '탈출'의 법칙이다. 그렇지 않다면 탈출하는 주인공이 화자로서 계속해서 등장해야 할 이유가 없는 것이다. 끔찍한 이야기를 재밋거리인 양 천연덕스럽게 끌고 나가는 '차가운 거리'를 유지하는 화술은 오히려 '잔혹함'이 노래 속에서 장엄한 운명으로 승격될 수 있도록 만들어준다. 그러나 이야기를 잠시 멈추는 것은 휴지부(休止符)를 설정하는 것으로서, 이러한 휴지부는 보고된 것을 이미 오래 전에 지나

---

59 Hölderlin, *Der Herbst*, a. a. O., S. 1066.

간 것으로 변형시키는데, 이러한 변형에 의해 예전부터 문명이
결코 완전히 꺼버리지는 못하는 '자유의 가상'이 빛을 발하는
것이다. 『오디세이』 22장은 오디세우스의 아들이 창녀 상태에
떨어진 부정(不貞)한 여인을 처벌하는 과정을 기술하고 있다.
흔들리지 않는 침착함이나 19세기 위대한 작가들의 무감동성*
에 버금가는 비인간적인 묘사로써 호머는 교수형에 처해진 사
람들의 운명을 담담하게 그물에 걸린 새에 비유하고 있는데,
그 절제된 언어의 행간에 숨어 있는 '침묵'은 인간의 모든 말이
증류되어 결정(結晶)이 된 순수한 앙금일 것이다. 이러한 묘사
의 뒤를 이어, 줄지어 매달린 하녀들은 "발을 약간 버둥거렸지
만 오래가지는 않았다"[60]라고 보고하는 시행이 나온다. 해부나
생체 실험의 냉정함을 보여주는 묘사의 정확성[61]에 의해, 정의
와 법의 이름으로 심판관인 오디세우스가 탈출해 나온 영역으
로 떠밀린 피지배자들이 일으키는 최후의 경련에 관한 의정서
가 기록된다. 교수형에 대해 곰곰이 생각한 시민으로서 호머
는, 그러한 끔찍한 장면이 오래가지는 않고 잠깐 동안이었으며
그리고는 모두 끝나버렸다고 자신과 서사시의 청자(聽者) ──
실제로는 독자──를 위로한다.[62] 그렇지만 '오래가지 않았다'

---

* 무감동성 impassibilité은 작가의 주관적인 느낌이나 감정, 견해를 배제하는 프랑스
리얼리즘 작가들의 창작 태도다. 그 대표적인 인물은 플로베르다. 플로베르는 예술
가의 병적이고 광대 같은 기질이나 무절제한 창작 방식에 부담을 느끼면서 수공업적
인 꼼꼼함과 엄격한 자기 단련, 작품 뒤에 몸을 숨기는 금욕주의적 태도를 기반으로
한 사무적인 예술관을 수립한다.

60 *Odyssee*, XXII, 473.

61 빌라모비츠는 "시인이 쾌적한 마음으로 처벌 장면을 끌고 나갔다"고 생각한다(『오
디세우스의 귀향』, 같은 곳, 67쪽). 물론 권위적인 어문학자는 목매달린 여인들의
시신을 새의 그물에 비유한 것이 정확하며 현대적이라고(같은 쪽, 또한 같은 책, 76
쪽 참조) 감탄하겠지만 '쾌적한 마음'이라는 표현은 빌라모비츠 자신의 태도인 것
같다. 빌라모비츠의 저작은 야만과 문화에 대한 독일적 뒤엉킴을 적나라하게 보여주
는 기록이다. 그의 저작은 현대의 그리스 애호주의에 근거를 두고 있다.

62 길버트 머레이는 그 시행의 위안적인 의도에 주목하고 있다. 그는 호머가 문화적인

는 언급 이후 서사시의 내면적 흐름은 정지한다. '오래가지 않았다?'라고 화자의 제스처는 질문을 던지면서 자신의 침착함이 거짓이라고 책망하는 것이다. 이러한 제스처는 보고를 자제함으로써 희생자를 잊지 않도록 만들어주며 여인들이 죽음과 투쟁하는 마지막 순간의 이루 말할 수 없는 영원한 고통을 폭로한다. '오래가지 않았다'라는 말의 메아리로서 남는 것은 '도대체 어디로 가는 것인가'만이다. 이 말을 후대의 수사가들은 미래를 위해 인간은 고통을 참아야 한다고 말함으로써 무심코 모독한다. 그러나 잔혹 행위에 대한 보고 속에서 '희망'은 오직 이미 오래된 과거사와만 연결된다. 선사 시대, 야만 그리고 문화의 뒤엉킴에 대해 호머는 오직 '옛날옛날에 Es war einmal'라는 '기억 Eingedenken'을 통해서만 독자를 위로한다. 서사시는 소설이 됨으로써 비로소 동화로 넘어가는 것이다.

검열 때문에 고문 장면은 삭제하고 멜란티오스와 하녀들의 죽음만 남겼다고 말한다 (같은 책, 146쪽).

부연 설명 2   줄리엣* 또는 계몽과 도덕

계몽은 칸트에 따르면 "스스로에 기인한 미성숙으로부터 빠져나오는 것인데, 미성숙이란 다른 사람의 인도 없이는 자신의 오성을 사용할 수 없는 무능력이다."[1] "다른 사람의 인도가 없는 오성"이란 이성에 의해 인도되는 오성이다. 이 말은 즉 자신의 독자적인 일관성을 근거로 인식을 체계화한다는 것이다. "이성의 대상은 오직 오성과 이의 합목적적 사용이다."[2] 이성은 "오성 행위의 목표로서 어떤 집합적 통일체"[3]를 설정하는데 이것이 "체계"다. 체계는 개념의 위계 질서를 수립할 것을 요구한다. 라이프니츠나 데카르트에게서와 마찬가지로 칸트에게서도 '합리성'이란 "좀더 높은 유(類)와 좀더 낮은 종(種)으로 오르락내리락하면서 체계적 상관 관계를 완수하는"[4] 데 있다. 인식의 "체계화란 하나의 원리에 입각한 수미일관성이다."[5] 계

---

* 사드(1740~1814)의 소설 『줄리엣의 일대기 또는 악덕의 승리 Histoire de Juliette ou Les prospérité du vice』의 여주인공 이름. 1797년 파리에서 초판 간행된 이 소설은 모험소설의 구조 속에서 작가의 잔혹한 상상력을 통해 지옥의 형상들을 묘사함으로써 악의 승리를 노래한 일인칭 소설이다. 줄리엣은 몇 년 만에 만난 정숙한 자매 쥐스틴 앞에서 악과 방탕과 범죄로 얼룩진 자신의 지난 과거를 이야기한다. 양친이 죽은 후 완전한 영락에 직면한 줄리엣은 자신의 의지에 의해 악과 범죄의 편에 선다. 매음과 뚜쟁이질과 살인을 통해 점점 더 잔혹하게 이 길을 가게 될수록 그녀는 행복감을 느끼며 생퐁즈가 이끄는 최고 범죄 집단의 인정을 받는다. 악마의 향연에 앞선 긴 토론에서는 신의 모독, 인간의 불평등, 제물에 대한 범죄의 무한한 권리가 정당화된다.

1 Kant, *Beantwortung der Frage: Was ist Aufklärung?*, Kants Werke, Akademie–Ausgabe, Bd. VIII, Berlin, 1912, S. 35.

2 Kant, *Kritik der reinen Vernunft* (2. Aufl.), a. a. O., Band. III, Berlin, 1911, S. 427.

3 *A. a. O.*

4 *A. a. O.*, S. 435f.

5 *A. a. O.*, S. 428.

몽이란 의미에서 '사유'란 통일적인 학문적 질서를 만들어내고 원리들——이것이 자의적으로 설정된 공리이건, 내재적인 이념이건, 최상의 추상화이건 관계없이——로부터 사실 인식을 도출해내는 것이다. '논리의 법칙'들은 질서의 내부에 가장 보편적인 관계들을 만들어내며 이 관계들을 정의한다. 통일성이란 하나의 목소리를 만들어내는 데 있는 것이다. 모순율은 체계의 핵심이다. '인식'이란, 원리들 밑에 다른 일체를 포섭함으로써 성립한다. 인식이란 체계 속에 분류해 넣는 판단과 동일한 것이다. 체계적이지 못한 사유는 종잡을 수 없는 것이거나 권위적인 사유다. 이성은 오직 체계적 통일성이라는 이념, 즉 개념적으로 고정된 상관 관계에 기여할 뿐이다. 사람들이 붙잡고 싶어하는 모든 '내용적 목표'란, 그것이 이성의 통찰일지라도 계몽의 엄격한 의미에서 보면 광기나 거짓, 합리화에 불과하다. 철학자들이 이런 결론을 희석시키기 위해 인간적이고 우호적인 감정을 내보이면서 갖은 애를 쓴다고 상황이 달라지는 것은 아니다. 이성이란 **"보편자로부터 특수자를 이끌어내는 능력"**[6] 이다. 보편자와 특수자가 같은 성질이라는 것은 칸트에 의하면 "순수 오성의 틀"에 의해 보증된다. 이 말은 즉 지각 작용을 이미 오성에 일치하게 구조화하는 지적 메커니즘의 무의식적 작용을 일컫는 것이다. 주관적 판단이 행하는 사물의 이해가 가능하기 위해서는 사물이 자아 속으로 들어오기 전에 사물에는 객관적 질(質)로서 오성이 이미 새겨져 있어야 하는 것이다. 그러한 틀이 없다면, 즉 간단히 말해 지각 작용에 지성이 결여되어 있다면 어떤 인상도 개념으로 나아갈 수 없고, 어떤 범주도 실례와 어울릴 수 없을 뿐만 아니라, 체계라는 것은 말할 것

---

6 *A. a. O.*, S. 429.

도 없고 모든 것이 수렴하는 사유의 통일성조차 불가능할 것이
다. 학문이 의식하고 있는 과제는 이러한 '사유의 통일성'을 생
산하는 것이다. "모든 경험적 법칙이 오성이라는 순수 법칙의
특별한 규정에 불과하다면,"[7] 연구할 때 항상 유의해야 할 것은
'원리와 사실 판단의 올바른 결합'이 유지되고 있는가이다.
"우리의 인식 능력이 자연에 합치한다는 것은 판단력에 의해
선험적으로 전제된다."[8] 이러한 일치가 경험의 조직을 위한
"인도선(引導線) Leitfaden"[9]인 것이다.

'체계'는 자연과의 조화를 유지해야 한다. 사실들이 체계로
부터 예측되는 것처럼 사실들은 체계를 보증해야 한다. 사실들
은 그러나 실제 Praxis에 속한다. 사실과의 관계에서 볼 때 개별
주체와 자연의 모든 접촉은 이미 사회적인 대상이다. 경험은
항상 현실적인 행동이며 고통이다. 이론의 검증을 위해 필수
불가결한 지각 작용은 물리학에서는 보통 실험 기구에서 눈으
로 볼 수 있는 전기 스파크로 축소된다. 스파크가 일어나지 않
는다는 것은 대체로 실제적 결과가 없다는 것으로서, 그것은
이론을 못 쓰게 만들 뿐만 아니라 실험을 장치하는 데 책임이
있는 조교의 경력에 치명상을 입힐 수도 있다. 그러나 실험실
의 조건이란 예외적인 것이다. 체계와 관찰 Anschauung이 일치
되지 않는 곳인 '사유'는 우선 고립된 시각적 인상들과 충돌할
뿐만 아니라 현실적 실천 Praxis과도 갈등을 일으킨다. 예상한
사건이 일어나지 않을 수 있을 뿐만 아니라 예상치 않은 사건
이 일어나기도 한다. 다리가 붕괴되고, 곡식이 시들며, 약이 병
을 유발하기도 한다. 체계적인 사유의 빈곤, 즉 벽에 부딪힌 논

---

7 Kant, *Kritik der reinen Vernunft* (1. Aufl.), a. a. O., Band. IV, Berlin, 1903, S. 93.
8 Kant, *Kritik der Urteilskraft*, a. a. O., Band. V, Berlin, 1908, S. 185.
9 *A. a. O.*

리를 가장 확실히 보여주는 스파크는 언뜻 나타나는 지각이 아니라 갑작스런 죽음이다. 계몽이 염두에 두고 있는 '체계'란 인식의 형태로서, 이러한 형태의 인식은 **사실들을 능숙하게 요리**하며 자연을 지배하는 데 있어서 주체를 가장 효과적으로 지지해준다. 그 원리는 '자기 유지'의 원리다. '미성숙'이란 생존 능력을 결하고 있음을 말한다. 노예 소유자, 자유 기업가, 관료로 탈바꿈해나가는 시민은 계몽의 논리적 주체다.

　서구적 계몽의 판단들은 겉보기에는 자명한 것처럼 보이지만, 그 자명성 뒤에는 이성의 주체들, 즉 바로 동일한 이성의 담지자들 사이의 치열한 대립이 숨겨져 있다는 사실에 이성 개념의 어려움이 있다. 『순수 이성 비판』에서는 그러나 계몽된 판단들이 초월적 자아와 경험적 자아의 불분명한 관계 속에서, 그리고 여타의 화해되지 못한 모순들 속에서 표현된다. 칸트의 개념들은 모호하며 이중적인 의미를 지닌다. 초월적이며 초개인적인 자아로서 이성은 인류의 자유로운 공동체적 삶이라는 이념을 포함하고 있는데, 이러한 공동체적 삶 속에서 인류는 보편적 주체로 스스로를 조직하며 순수한 이성과 경험적 이성 사이의 모순을 단호한 '전체의 입장'에서 지양한다. 이 전체는 '진정한 보편성'이라는 이념, 즉 유토피아를 구현한다. 그러나 동시에 이성은 '계산적 사유'의 기관이 되는데, 이러한 사유는 자기 유지라는 목적을 위해 세계를 조정하며 단순한 감각적 재료들을 복속되는 재료들로 만들기 위해 대상을 마련하는 기능 이외에는 아무것도 알지 못한다. 보편과 특수, 개념과 개별 사례의 관계를 외부로부터 조정하는 도식화 작업 Schematismus이 지니는 진정한 본성은 궁극적으로 산업 사회의 이해 관계임이 현대 학문에 의해 폭로되었다. '존재'는 조작과 관리의 측면에서 포착된다. 모든 것은——동물은 말할 것도 없고 사람까지도

──반복 가능하고 대체 가능한 과정이 되며, 체계라는 개념 장치의 단순한 실례가 된다. 행정적인 학문과 물화시키는 학문 사이의 갈등, 여론과 개별적 경험 사이의 갈등은 제반 여건에 의해 예방된다. 지각 작용이 일어나기도 전에 개념 장치가 감각들을 미리 결정해버리며, 선험적으로 시민들은 세계를 소재──그로부터 그들 스스로 세계를 만들어 가질 수 있는──로 파악한다. 칸트는 할리우드가 의식적으로 이제야 비로소 실현시킨 그 무엇을 직관적으로 선취하고 있다. 이미지들은 이미 그 만들어지는 과정 속에서 오성의 규범에 따라 사전 검열을 받으며, 그런 다음 사후에 오성의 규범에 따라 다시 파악된다. 공적인 판단을 확인하는 데 봉사하는 지각 작용은 그것이 미처 일어나기도 전에 공적 판단에 의해 조정된다. 이성 개념에 숨어 있는 비밀스런 유토피아가 주체들 사이의 우연한 차이를 넘어서는 공통 이해를 지적한다면, 그러한 목적을 위해 체계화하는 학문으로서만 기능하는 이성은, 차이들을 전정(剪定)하여 공통 이해로 평준화하는 데 봉사한다. 이성은 사회 과정을 분류하는 것 이외에는 어떤 다른 규정도 허용하지 않는다. 아무도──직업 집단이나 민족 집단 속에서 유용한, 성공적인 또는 좌절한 구성원으로서──지금까지와 다르게 될 수는 없다. 그는 자기가 속한 지리적 · 심리적 · 사회학적 유형에 대한 임의의 대표자다. 논리는 민주적이다. 이 속에서 강자는 약자에 대해 어떤 특권도 갖지 않는다. 복지 정책에서 강자가 중요 인물로 분류된다면 약자는 사회 복지 대상자로 분류된다. 학문 일반이 자연과 인간에 대해 취하는 행태는 보험학이라는 특수 학문이 삶과 죽음에 대해 취하는 행태와 다르지 않다. 누가 죽었는가 하는 것은 중요하지 않다. 문제가 되는 것은 보험 회사의 책임과 사건 사이의 관계다. 서식 속에서 계속 되풀이되는 것은 개별

성이 아닌 '다수의 법칙'이다. '보편과 특수의 일치'는 지식인에게서조차 감추어져 있는 어떤 이상(理想)이 아니다. 그는 특수자를 단순히 보편자의 일례로 지각하며, 보편자를 특수자에 의해 포착되고 조작될 수 있는 특수자의 양태로 느낀다. 학문 자체도 스스로에 대한 의식을 갖고 있지 않다. 학문은 단순한 도구다. 계몽은 진리를 학문적 체계화와 동일시하는 철학이다. 이러한 동일성을 수립하려는 노력——칸트는 아직 그래도 철학적인 의도로써 시도했었지만——은 학문적으로 어떤 의미도 갖지 못하는 개념들——왜냐하면 개념들이란 게임 규칙에 따른 단순한 조작의 지침은 아니기 때문에——에게로 나아간다. 학문의 자기 이해라는 개념은 학문의 개념 자체와 상반된다. 칸트의 작품은 단순한 조작으로서의 경험을 초월한다. 그 때문에 그의 작품은 그 자체의 원리에 입각해서 오늘날 계몽에 의해 도그마라고 탄핵된다. 진리의 형식으로서 학문적 체계를 철저히 보증하는 칸트와 함께 '사유'란 아무것도 아니라는 것이 증명된다. 왜냐하면 학문이란 노동의 다른 형식들과 마찬가지로 '체계의 강압' 밑에서 그 자신의 목표에 대해 더 이상 반성하지 않는 기술적 실천에 불과한 것이기 때문이다.

'계몽의 도덕론'은 종교가 허약해진 상황에서, 사회 속에서 자신의 입장을 견지하는 것이 이해 관계만으로는 안 될 때 이에 대한 지적 근거를 발견하려는 무망한 노력으로부터 나온 것이다. 철학자들은 시민의 적자(嫡子)로서, 이론적으로는 탄핵한 힘들과 실제에 있어서는 제휴한다. 이론은 수미일관하고 엄격하다. 그러나 도덕론은 그것이 엄격하게 보이는 경우에도 선동적이고 감상적이다. '사실로서의 윤리적 힘'에 대한 칸트의 호소처럼, 도덕론은 도덕 자체가 아무런 근거가 없다라는 의식에서 나오는 일종의 폭력 행위이다. 상호 존중의 의무를 이성의 법칙으로부터 도출하려는 칸트의 시도는 서구 철학 전체에서 가장 사려 깊은 것이지만, 이를 지지해줄 수 있는 어떤 근거도 『비판』에서 찾을 수 없다. 칸트의 노력은 시민적 사유가 행하는 통상적 노력의 일환으로, 문명이 존속하는 데 필요한 필수적 고려를 물질적 이해 관계나 폭력이 아닌 다른 무엇에 의해 근거지으려는 것으로서 그 이전의 어떤 시도보다도 고상하고 패러독스하지만, 다른 것과 마찬가지로 부질없는 것이 되고 말았다. 단순한 법형식의 존중이라는 칸트의 모티프를 순진하게 믿는 시민은 계몽되었다기보다는 미신에 빠진 바보다. 비열한 행위가 만연하는 것이 현실인데도 도덕적 행위는 이성적이라는 칸트적 낙관주의의 뿌리는 사실은 **야만 상태에 떨어지는 것에 대한 두려움**이다. 칸트가 할러에게 쓰고 있는 바에 따르면, 이 위대한 윤리적 힘들 중의 하나인 상호 존중과 사랑이 침몰한다면 "비도덕성이라는 무(無)가 도덕이라는 것을 한입 가득 물고는 물방울 하나를 마시듯 제국 전체를 집어삼킬 것이다"[10]라고 한다. 그러나 바로 그 칸트에 따르면 이러한 윤리적 힘들은 학문적 이성 앞에서는 비윤리적 힘들——윤리적 힘들은 자신 안에 숨겨진 가능성에 의해서보다는 권력과의 화해로 나아가는 그 순간에 비윤리적인 힘들로 변하는데——만큼이나 중립적 충동 또는 행동 방식이 아니다. 계몽은 이론으로부터의 어떤 편차도 허용하지 않는다. 계몽은 정열을 "선이나 면이나 입체에 관한 질문과 같은 것"[11]으로 간주한다. 전체주의적인 질서는 이것을 최고의 진지성을 가지고 수행한다. 19세기의 상인이 칸트적인 상호 존중과 사랑에 묶여 있었다면, 바로 그 계급의 통제로부터 벗어난 파시즘은 '강철의 규율'에 의해 자신의 신민들을 도

---

10 Kant, *Metaphysische Anfänge der Tugendlehre*, a. a. O., Band VI, Berlin, 1907, S. 449.
11 Spinoza, *Ethica*, Pars III, Praefatio.

덕적 감정으로부터 면제시켜주게 되자 어떤 규율도 더 이상 지
킬 필요가 없게 되었다. '정언 명령'에 따라, 더 깊이는 '순수
이성'에 조응해서, 파시즘은 인간을 사물로, 즉 행동 양식들의
총화로 만들었다. 파도처럼 밀려오는 공개적 폭력에 대항해서
——실제로 유럽에서 일어났던——통치자들은 경제적 집중이 아
직 충분히 진보해 있지 못한 정도까지만 시민 사회를 보호하고
자 했다. 이전에는 가난한 자나 문명에 길들여지지 않은 인간
들만이 고삐 풀린 자본주의적 요소에 노출되어 있었다. 그러나
전체주의적인 질서는 '계산적 사유'에 전권을 부여하며 그러한
과학에 매달린다. 그 계율은 무자비한 '업적주의'다. 그러한
계율을 벽에다 쓴 것은 칸트의 비판으로부터 니체의 '도덕의
생성 계보'에 이르는 철학의 손이었다. 한 인간이 이것을 세부
에까지 추적하고 있다. 사드 백작의 작품은 "다른 사람의 인도
없는 오성," 즉 후견인 제도로부터 해방된 시민적 주체를 보여
준다.

　'자기 유지'는 그것이 칸트에게서처럼 이상주의적으로 환원
될 때조차도 학문의 구성 원리며 카테고리들을 나열한 목록표
의 영혼이다. 느낀 것들을 종합하는 통일체인 자아, 가능한 모
든 논리 형식이 필연적으로 의존하는——칸트가 최고의 지점이
라고 부른[12]——심급인 자아 자체가 실제로는 물질적 생존의 조
건일 뿐 아니라 그 산물이다. 스스로가 스스로를 돌보아야 하
는 개인들은 성찰하고 예견하고 조망하는 심급으로서 '자아'라
는 것을 발전시켰으며, 이 자아는 세대가 바뀌면서 경제적 자
율성과 생산을 위한 소유가 어떠하냐에 따라 확장되기도 하고
위축되기도 한다. 마지막으로 '자아'는 소유를 박탈당한 시민

---

12 Kant, *Kritik der reinen Vernunft* (2. Auflage), a. a. O., Band III, S. 109.

들을 떠나 전체주의적인 대기업 총수들에게 넘어갔으며, 이들의 학문이라는 것은 전적으로, 굴복한 대중 사회의 재생산 방식의 총화가 되어버렸다. 사드는 일찍이 '계획'에 대한 그들의 감각에 기념비를 세워주었다. 견고한 조직을 수단으로 권력을 쥔 자가 은밀히 민중을 배반하는 것은 마키아벨리나 홉스 이래의 계몽된 정신에게는 시민 공화국만큼이나 친숙한 것이다. 계몽된 정신은 권위가 복종을 강요할 힘을 갖지 않은 경우에만 권위에 대해 적대적이다. 다시 말해 사실이 아닌 폭력에 대해서만 적대적인 것이다. 이성의 사용자가 누구인가에 대한 고려를 배제할 경우, 이성은 폭력보다는 중재력에 가까운 것이다. 개인 또는 집단의 상황에 따라 이성은 전쟁이나 평화, 관용이나 억압을 당연한 것으로 받아들인다. 이성의 내용적 목표란 정신에 대한 자연의 힘을 드러내는 것 또는 이성의 자기 입법적 기능을 훼손시키는 것이라는 사실이 이성에 의해 드러난 이후, 이성은 그 형식적 성격에 따라 그때그때의 자연적 이해 관계에 봉사할 준비가 되어 있다. '사유'는 순전한 수단으로 전락했으며, 자연으로 되돌려졌다. 그러나 지배자에게 있어 인간이란 자연 전체가 사회에 대해 그러하듯 물적 자원이 되었다. 시민들이 서로 장기판의 상대역으로 마주섰던 자유주의라는 짧은 막간극이 끝난 후, **'지배'**는 파시즘적으로 합리화된 형태를 띤 **'태고의 공포'**임이 드러났다. 나폴리의 왕인 페르디난트의 궁정에서 프랑카빌라Francavilla 공은 말한다. "이제 종교적인 망상을 극도의 공포로 대치해야 합니다. 민중이 미래의 지옥이라는 두려움에서 해방된다면 이 지옥이 사라지자마자 그들은 무엇에라도 기꺼이 자신을 내맡길 것입니다. 그러나 이 망상에 찬 두려움을 극도로 무자비한 형벌로 대치한다면, 물론 이 형벌은 국가의 불안을 야기시킬 수 있는 유일한 존재인 민중 자체를 겨냥하게 되지만, 단지 최하 계층에서만 불만은 싹틀 것입니다. 부자들에게는 그들이 한번도 체험해보지 못한 재갈이라는 관념이 어떤 위협감도 주지 않을 것입니다. 그들은 오히려 이 가상적인 위협 수단을 그들 나름대로 자신의 지배하에 사는 자들을 쥐어짜는 권리로 사용하게 될 것입니다. 다른 모든 사람들이 고통을 겪는 한 자신에게 부과되는 최악의 폭정에 굴복하지 않는 자를 이 계층에서는 한 사람도 발견할 수 없을 것입니다."[13] 이성은 계산과 계획의 기관이며 목표에 대해서는 중립적이다. 이성의 요소는 '조종'이다. 칸트가 선험적으로 밝힌 '인식과 계획의 유사성,' 순식간에 철저히 합리화된 시민적 실존의 세부 사항에 이르기까지 빠져나갈 길 없는 합목적성의 성격을 부과한 이 유사성을 사드는 스포츠가 시작되기 한 세기도 더 전에 경험적으로 상론하고 있다. 팀 내부의 협력은 정확히 규제되어 어떤 구성원도 자신의 역할에 대해 추호의 의심도 품지 않으며 매 구성원에 대해 대체할 후보가 준비되어 있는 현대의 스포츠 팀들의 전례를 우리는 줄리엣의 섹스 팀에서 분명히 발견하게 된다. 여기서는 어떤 순간도 놓쳐지지 않으며, 육체의 어떤 구멍도 등한시되지 않고, 어떤 기능도 활용되지 않는 것이 없다. 스포츠에서뿐만 아니라 대중 문화의 모든 영역에서는——충분히 영민하지 못한 관중은 콤비네이션의 차이들과 자의적 규칙에 의해 야기되는 다양한 변화의 의미를 완전히 눈치채지는 못하지만——목표 달성을 위해서는 어떤 차질도 용서치 않는 긴장된 활력이 지배한다. 칸트 체계의 건축학적 구조나 사드적인 섹스 파티의 체조 피라미드나 프리메이슨 결사 단체의 일사불란한 원리들은——『소돔의 120일』*에 나오는 탕

---

13 Sade, *Histoire de Juliette*, Hollande, 1797, Band V, S. 319f.

아 사회의 규정은 냉소적으로 이런 것들을 구현하고 있다——
실제적 목표를 결여한 전체 삶의 조직화를 드러낸다. 이미 황
제 시대의 로마, 르네상스, 바로크와 같은 탈신화화된 시대에
서 '활동성'의 형식 자체가 그 내용보다 중요했던 것처럼, 이러
한 장치들에서는 **단순한 향락보다는 조직을 만들어내려는 미친
듯한 활동 자체가 목표인 것** 같다. 근대 시대에 계몽은 종교적
피안에서 구현될 수 있었던 '조화'와 '완성'을 지상으로 끌어내
려서는 그것들을 체계라는 형식 속에서 인간적 노력이 도달해
야 할 기준으로 만들었다. 프랑스 혁명에 희망을 제공했던 유
토피아가 힘차면서도 무기력하게 독일 철학과 음악에 흘러들
어온 이후, 확립된 시민적 질서는 이성을 완전히 기능화시켜버
렸다. 이성은 '목적 없는 합목적성'이 되었으며, 이 '목적 없는
합목적성'은 모든 목적 속에서 팽팽한 긴장을 일으킨다. 이런
의미에서 이성은 순전히 '계획'을 위해 고안된 계획이다. 총체
화된 국가는 국민들을 조작한다. 사드는 이렇게 말한다. "바로
그것입니다. 프랑카빌라가 대답했다. 정부가 국민을 통제해야
합니다. 정부는 국민이 두려울 경우에는 그들을 제거하기 위해
서, 또한 그들의 수가 증가하는 것이 필요할 경우는 이를 위해
서 모든 수단을 소유해야만 합니다. 정부의 정의란 바로 통치
자의 이해와 정열, 그리고 이와 결부되어 있는 것으로서 자신
의 힘을 재생산하는 데 필수적인 힘을 이 통치자로부터 부여받

---

* 『소돔의 120일 또는 탕아의 학교 Les 120 journées de Sodome ou L'école de
libertinage』. 데카메론의 구조를 닮은 사드의 소설로서 1785년에 씌어졌으나 1904년
에야 초판 간행되었다. 악과 방탕에 어떤 한계도 모르는 블랑지스 공작과 판사, 주
교 등 네 명은 기묘한 근친 상간으로 뒤엉킨 자신의 부인들——이들도 나중에는 희
생된다——, 납치해서 선발한 8명씩의 미소년과 미소녀, 매달 이야기를 이끌어갈 4
명의 그로테스크한 이야기꾼, 8명의 색골 등을 데리고 외부로부터 완전히 차단된 성
(城)으로 들어간다. 성에서의 방탕한 향연은 점점 잔인한 고문과 살인으로 치달아
결국 46명 중 16명만이 살아 돌아온다.

은 사람들의 이해와 정열 이외에는 다른 어떤 무엇도 되어서는 안 됩니다."[14] 프랑카빌라는 합리성의 가장 끔찍한 형태인 제국주의가 예전부터 밟아왔던 길을 제시한다. "굴복시키고자 하는 민중으로부터 그들의 신을 빼앗아와서는 그 민중을 탈도덕화시키십시오. 그들이 당신들 이외에 어떤 다른 신도 섬기지 않는 한, 당신들의 도덕 이외에 어떤 도덕도 갖고 있지 않는 한, 당신들은 항상 그들의 주인으로 남아 있을 것입니다. 그 대신에 민중 자신들에게도 범죄적 능력을 맘껏 펼칠 수 있도록 하시오. 민중들의 비수가 당신들 자신에게 향할 때가 아니고서는 결코 그들을 벌하지 마시오."[15]

이성이 어떤 내용적 목표도 설정하지 않으므로, 어떤 감정적 끌림도 이성에서는 배제된다. 감정이란 너무나 자연적인 것이다. 이성을 비이성으로부터 분리시키는 원리가 '계몽'과 '신화'의 진정한 대립을 규명하기 위한 근거를 제공한다. '신화'는 다만 자연에 함몰된 정신으로서의 정신, 즉 자연력만을 안다. 외부의 힘들과 마찬가지로 내부에서 꿈틀거리는 충동도 신 또는 악마적 근원을 지닌 살아 있는 힘들이다. '계몽'은 이와 반대로 연관 관계나 의미나 생명을 완전히 '주관성' 속에 밀어넣는데 사실 주관성이란 이러한 환수 과정 속에서 비로소 구성된 것이었다. '주관성'에서 이성이란 사물의 고유한 실체를 자신의 내부로 집어삼켜 이성 자체의 단순한 자율성 속으로 증발시켜버리는 화학적 장치다. 자연에 대한 미신적 공포로부터 빠져나가기 위해 이성은 객관적인 작용 단위나 형태들을 혼돈에 찬 물질들이 만든 베일로 변조시켜서는 인간에 대한 이의 영향을 노예적 행태라고 저주한다. 이러한 과정은 주체가——그 이념

14 *A. a. O.*, S. 322f.
15 *A. a. O.*, S. 324.

에 따라──유일하고 무제한적이지만 공허한 권위를 완전히 가
질 때까지 진행한다. 자연의 모든 힘은 주체라는 추상적 힘에
대해 단순하고도 무차별한 저항력이 된다. 서구적 계몽이──
칼빈주의도 마찬가지로──제거하고자 했던 특별한 신화는 오
르도*에 관한 가톨릭 교리와 가톨릭하에서도 번창했던 이교적
인 민중 종교였다. 시민 철학의 목표는 이런 것들로부터 인간
을 해방시키는 것이다. 그러나 '해방'은 이것을 처음 주창한 인
문주의자들이 생각했던 것보다 더 나아갔다. 고삐 풀린 시장 경
제는 이성의 진정한 형태이면서 동시에 이성을 파괴하는 힘이다.
낭만주의적인 반동 세력들은 다만 시민들 스스로가 겪은 것에
대해 말한다. 즉 그들 세계에서 자유는 조직화된 무정부 상태
로 치달았으며, 계몽이 가톨릭을 부정한 것이 옳았듯이 가톨릭
반혁명이 행한 계몽의 비판도 옳다고 말하는 것이다. 계몽은
자유주의에 발이 묶여 있다는 것이다. 모든 감정이 동일한 가
치를 갖는 것이라면, '자기 유지'──체계라는 형태는 오로지
이의 지배를 받는데──또한 인간 행동에 가장 그럴듯한 원리
를 제공하는 것처럼 보인다. 자유 시장 경제에서는 사실 완전
한 전권이 자기 유지에 부여된다. 초기 시민 시대의 어두운 사
상가들, 즉 마키아벨리, 홉스, 망드빌** 같은 사람들은 자아의
이기성에 대해 언급하면서 바로 이러한 이기성으로부터 '사
회'라는 파괴적 원리를 인식했으며, 후에 밝은 사상가들이나
고전주의자들에 의해서 공식 이념으로 부상된 '조화'의 관념을
탄핵했다. 저들은 시민적 질서의 총체성이란 종국에 가서는 보편
자와 특수자, 즉 사회와 자아 모두를 집어삼킬 공포임을 부각시켰

---

* 성사(聖事)와 기타 전례 집전을 위하여 교황청이 펴낸 예식서.
** Bernard de Mandeville(1670~1733): 영국의 의사이자 철학자로 당대의 이상주의나
  도덕적 허풍에 대항하여, 사회 생활을 추동하는 힘으로서의 이기심을 지적했다.

다. 사적 집단의 경제 장치라는 지배에 의해 인간들이 분할되는 경제 체제가 전개되면서 이성의 다른 이름인 '자기 유지,' 또는 개별 시민의 대상화된 충동은 '자기 파괴'와 더 이상 분리될 수 없는 파괴적 자연력임이 증명된다. **자기 유지와 자기 파괴는 서로 분간하기 어려울 정도로 중첩된다.** 순수한 이성은 비이성, 즉 결함 없고 내용 없는 처리 방식이 된다. 자연과 자아 사이의 화해를 외쳤던 저 유토피아는 혁명적 아방가르드와 함께 자유로운 인간들의 결사라는 이념을 내걸고 독일 철학이라는 은닉처에서 빠져나오면서—그것은 비합리적이며 동시에 이성적이다—합리성의 온갖 분노를 자신에게 집중시켰다. 휴머니티를 가장 합리적인 수단이라고 부르짖는 가련한 도덕적 노력들에도 불구하고, 있는 그대로 현존하고 있는 사회에서 '자기 유지'는 신화라고 지탄받는 유토피아로부터 아무런 상처도 받지 않는다. 상류층의 간교한 자기 유지는 파시스트적인 권력을 얻기 위한 투쟁이며, 개인들의 자기 유지는 어떤 대가를 치르더라도 불의에 순응하는 것이다. 계몽된 이성은, 스스로의 내부에서나 다른 충동들에 대해서, 자신의 충동을 가늠할 수 있는 척도 내지 세계 전체를 구획들로 질서화할 수 있는 척도를 발견할 수 없다. 이성이 중세 사회를 자연의 위계가 반영된 것으로 파악한 것은 어느 정도 일리가 있지만 새로운 객관적 가치 서열을 제시하려는 그후의 기도는 이마에 거짓말이라는 낙인을 찍는 것이다. 그러한 공허한 재구성 속에서 출현하는 비합리주의는 산업적 합리성에 저항할 능력이 없다. 라이프니츠나 헤겔 같은 철학의 주류가 감정이나 제도나 예술 작품에서—아직 사상이라고까지 말하기는 어려운 주관적·객관적 표명에서일지라도—진리에 대한 요구를 발견하려 든다면, 비합리주의는, 계몽의 마지막 잔재인 현대의 실증주의와 유사하게,

감정이나 종교나 예술을 인식이라 불릴 만한 어떤 것으로부터도 고립시키려 든다. 비합리주의는 '직접적인 삶'을 위해 차가운 이성에 족쇄를 채우려 하지만, 이로써 삶을 사상에 적대적인 원리로 만들어버린다. 이러한 가상적 적대감 속에서 감정, 또는 궁극적으로 모든 인간적 표현, 심지어는 문화마저 사유할 책임으로부터 빠져나가게 되지만, 이로 말미암아 그것은 이미 오래 전에 비합리적으로 되어버린 경제 체제, 즉 모든 것을 집어삼키는 '합리성'의 중립적 요소로 변질되고 만다. 처음부터 '합리성'은 자신의 매력을 스스로 신뢰할 수 없었기 때문에 감정 숭배를 통한 보완을 필요로 했다. 합리성이 '감정'에 호소하는 곳에서 합리성은 자신의 본래 매체인 '사유' ——자기 소외된 이성인 합리성에게 사유는 항상 의심스러운 것이기는 했지만 ——에 등을 돌리게 된다. 영화에서 부드러운 애무와 사랑의 범람은 감흥 없는 이론에 대해 이미 일격을 가하는 것이며, 이러한 일격은 불의를 공격하는 사상에 대해 감상적 입장에서 불쾌감을 드러내는 태도로 계속 이어진다. 이런 방식으로 '감정'은 이데올로기로 부상하지만 감정이 겪는 경멸은 현실 속에서 제거되지 않는다. 이데올로기는 '감정'을 드높은 창공에까지 올려놓지만 감정은 여전히 속된 것이라는 사실이 감정을 추방하도록 만든다. 감정에 대한 유죄 판결은 이미 이성의 형식화 속에 포함되어 있었다. 자연적 충동으로서 자기 유지란 다른 충동들처럼 '검은 마음'이다. 다만 효율성과 이에 봉사하는 제도들, 즉 자립화된 매개, 장치, 조직, 체계 들만이 이성적으로 보이게 된다. 감정들은 그 안에 양념으로 끼워넣어진다.

　근대의 '계몽'은 처음부터 급진주의의 표식을 달고 출현했다. 이것이 근대의 계몽을 그 이전 단계의 어떤 '탈신화화'와도 구별시킨다. 새로운 방식의 사회적 삶이 새로운 종교나 사고

방식에 공간을 마련해줄 경우, 옛 계급이나 종족이나 민족들과 함께 보통 옛 신들도 내팽개쳐진다. 그렇지만 특히 한 민족이, 예를 들면 유대 민족처럼, 자신의 운명으로 말미암아 새로운 형식의 사회적 삶으로 넘어가게 될 경우, 예전에 사랑받던 습관이나 신성한 행동이나 경배 대상들은 가증스런 비행이나 공포스러운 유령으로 변모된다. 오늘날 불안이나 이디오진크라지,* 조롱받거나 혐오의 대상이 되는 성격의 징후들은 인류의 폭력적 진보가 만든 상흔에 대한 암호임이 드러난다. 분뇨나 인간 육신에 대한 역겨움으로부터 광신, 나태, 정신적·육체적 가난에 대한 경멸에 이르기까지, 적절하고 필수불가결한 것으로부터 혐오스러운 것으로 변질된 일련의 행동 방식이 있다. 이러한 일련의 흐름은 파괴의 과정이면서 동시에 문명의 과정이다. 매 발자국은 진보였으며, 계몽의 한 단계였다. 그러나 예전의 모든 변화들, 전(前)애니미즘으로부터 주술로의, 모계 문화로부터 부계 문화로의, 노예제의 다신교로부터 가톨릭적인 위계 질서로의 모든 변화는 옛 신화를 새로운 계몽된 신화로, 위대한 어머니를 여호와로, 토템에 대한 경배를 그리스도에 대한 경배로 대치시켰다. 계몽된 이성의 빛 앞에서, 객관적이며 사실에 근거를 둔 것으로 여겨졌던 모든 '헌신'은 신화적인 것으로 해체되었다. 예전의 모든 속박들은 터부시되었는데, 시민적 질서 자체의 존속에 필수적인 것들조차 예외가 될 수는 없었

---

* 이디오진크라지 Idiosynkrasie는 고도로 문명화된 현대인에게도 유일하게 남아 있는 원시적이고 동물적인 반응 형식으로서 외부의 위협에 대해 본능적으로 움츠리는 말미잘의 촉수와 같은 무조건 반사다. 이디오진크라지는 생물학적인 원초 상태를 재현한다. 듣기만 해도 머리가 곤두서고 가슴이 뛰고 소름이 끼치는 위험에 직면해서 신체의 개별 기관들은 주체의 지배를 벗어난다. 이런 기관들은 원초적인 자극에 자율적으로 순응한다. 머리카락이나 근육이나 사지가 경직되는 그런 반작용 속에서 경험되는 주체는 전혀 강하지 않다. 일순간 이들 신체 부분들은 움직이지 않는 주변 세계에 미메시스적으로 동화한다.

다. 시민 계급을 권좌에 올렸던 도구, 즉 제반 힘들의 해방, 보편적 자유, 자율, 한마디로 말해 '계몽'은 시민 계급이 지배 체제로서 억압의 주체가 되자 이 계급에 등을 돌리게 되었다. 계몽은 그 자체의 속성으로 말미암아 '최소한의 믿음' ——그것이 없이는 시민 사회의 존속이 불가능할지라도——에서 멈출 수가 없다. 예전의 이데올로기가 지배에 충실히 봉사했다면, 계몽은 더 이상 그렇게 하지 않는다. 계몽의 반권위적 경향, 이성 개념 속에 있는 저 유토피아와 잘 조응할 수 있는——물론 지하 세계에서만 가능하겠지만——이 경향은 계몽을 귀족 계급만큼이나 시민 계급에게도 결국은 적대적인 것으로 만든다. 그 때문에 귀족 계급과 시민 계급은 재빨리 연대를 형성하게 된다. 계몽의 반권위적 원리는 궁극에 가서는 계몽 자신의 대립물로, 즉 이성 자체에 반대되는 심급으로 변한다. 이러한 원칙이 초래하는 모든 선천적 구속들의 폐기는 지배자로 하여금 그때그때 자신에게 유리한 구속들을 명령하고 조작할 수 있는 여지를 허용한다. 공중도덕과 인류애의 이름으로——이것들은 이미 정당한 근거를 상실했음에도 불구하고——철학 또한 이미 오래 전에 거짓으로 판명된 '권위'와 '위계 질서'를 미덕이라고 선포했다. 그러나 본래의 성질이 그렇게 뒤바뀐 데 대해 계몽은 어떠한 항변도 할 수 없다. 왜냐하면 순수한 진리나 합리화가 어떤 실제적인 강점을 자신들이 지니고 있다고 제시하지 못할 경우, 진리는 왜곡에 비해, 합리화는 '합리적 이성'에 비해 더 나을 것이 없기 때문이다. 이성이 형식화됨으로 말미암아 이론 자체도, 단순한 중립적 방법론 이상이고자 하는 경우, 이해할 수 없는 개념이 될 것이며, '사유'는 의미를 포기함으로써만 의미를 지닐 수 있게 된다. 지배적인 생산 방식에 얽매이게 된 계몽은 억압적이 된 질서의 밑을 파헤치려 노력하지만 오히려 그 자신을 해체해버리게 된다. 보편적 환원주의자인 칸트에 대해 계몽이 벌였던 초기의 공격에서 이미 그러한 사실이 보여진다. 칸트의 도덕철학이 이성의 가능성을 구제하기 위해 자신의 계몽적 비판에 제한을 가하려 한다면, 이와는 반대로 무반성적인 계몽적 사유는 스스로를 유지하기 위해서는 결국 회의주의에 귀착될 수밖에 없기 때문에 결국에는 기존 질서에 충분한 설자리를 마련해준다.

이와는 반대로 사드나 니체의 작품은 실천 이성에 대해 비타협적인 비판을 가한다. 이러한 비판에 비하면 칸트의 비판은 자신의 사유 자체를 철회하는 것처럼 보인다. 칸트의 비판은 과학적 원리를 그 파괴성이 드러나는 지점까지 밀고 나간다. 물론 칸트는 자아 내부에 있는 도덕 법칙을 어떤 이질적 믿음으로부터도 철저히 정화시켰으며, 이 때문에 이러한 칸트의 보증은, 우리 위의 별이 빛나는 하늘이 물리적인 자연 사실인 것처럼, 거역할 수 없는 심리적 자연 사실이 되었다. 칸트 자신 그것을 "이성의 사실"[16]이라고 명명했으며, 라이프니츠는 "사회의 보편적 본능"[17]이라고 일컫는다. 그렇지만 '사실'이란 그것이 눈앞에 현존해 있지 않는 곳에서는 아무 쓸모가 없는 것이다. 사드는 사실의 현존을 부인하지 않는다. 두 자매 중 선한 쪽인 쥐스틴은 도덕 법칙의 희생자다. 줄리엣은 시민 계급이 회피하고 싶어하는 결론을 이끌어낸다. 그녀는 가톨릭을 최근의 신화라고 말함으로써 사탄으로 만들며, 이와 함께 문명 전체를 그렇게 만든다. 성사(聖事)에 쏟아지던 정열은 이제 성사 자체에 대한 비난으로 바뀐다. 이러한 전도는 사회 자체에 대

16 Kant, *Kritik der praktischen Vernunft*, a. a. O., Band V, S. 31, 47, 55 u. a. m.

17 Leibniz, *Nouveaux Essais sur L'Entendement Humain*, Ed. Erdmann, Berlin, 1840, Buch I, Kapitel II, § 9, S. 215.

해서도 이루어진다. 이 모든 행동에서 줄리엣은——가톨릭이 잉카 문명에 대해 그러했던 것과는 달리——광신적이 아니다. 줄리엣은 그녀의 성사를 행함에 있어, 가톨릭 교도가 오랜 습관 속에서 그렇게 하듯, 충분히 계몽되어 있으며 효율적이다. 문명에 의해 터부시된 태고의 행동 방식이 야수성의 낙인이 찍힌 파괴적인 무엇으로 변질되어 지하의 존재를 이끌어간다. 줄리엣은 이것들을 자연스럽게 행하는 것이 아니라, 터부라는 것을 자각하고 실행한다. 그녀는 그런 행동을 지탄하는 가치 판단, 아무런 근거 없는 가치 판단——왜냐하면 모든 가치 판단은 본래 근거가 없기 때문에——에 대해 정반대의 가치 판단을 내세움으로써 보상받으려 한다. 그녀는 그런 행동을 통해 원초적 반응을 되풀이하지만, 그러한 반응들은 사실 원초적이라기보다는 야수적인 것이다. 『위험한 관계』*에 나오는 메르퇴이처럼,[18] 줄리엣이 구현하고 있는 것은——심리학의 표현으로는——승화되지 않은 퇴행적 리비도가 아니라 '퇴행'에 대한 지적인 기쁨, 즉 지적·악마적 사랑으로서 문명 자체의 무기로 문명을 파괴하는 즐거움이다. 그녀는 체계와 수미일관성을 좋아한다. 그녀는 합리적 사고라는 기관을 능숙히 구사할 줄 안다. 자기 통제에 관한 한, 칸트의 지침에 대해 그녀의 지침이 갖는 관계는 종종 근본 명제에 대한 특수한 적용례 같다. 칸트는 이렇게 말한다. "덕이란 그것이 내적 자유에 근거하고 있는 한 인간에게 하나의 긍정적 명령, 다시 말해 자신의 모든 능력이나 경향들을 이성의 지배하에, 즉 자신의 통제하에 놓아야 한다는 명령이며, 자신의 감정이나 경향에 의해 지배당해서는 안 된다

---

* 18세기 Choderlos de Laclos의 편지소설.

18 Vgl. Heinrich Manns Einleitung zur Ausgabe im Inselverlag.

는 금지 명령, 즉 '초연한 무감동Apathie'의 의무이다. 왜냐하면 이성이 통제의 고삐를 잃게 된다면, 감정과 경향들이 지배권을 차지할 것이기 때문이다."[19] 줄리엣은 범죄자의 자기 훈육에 대해 설교한다. "우선 여러분의 계획을 미리 며칠 전에 충분히 숙고하며, 그 결과들을 곰곰이 생각해보시오. 무엇이 소용될 수 있는지, 무엇이 당신들을 배반할 수 있는지 각별히 주의해서 살펴보시오. 발각될 때 응용할 수 있도록 이런 것들에 대해 아주 냉정하게 생각하시오."[20] 살인자의 얼굴은 최고의 냉정함을 내보여야 하는 것이다. "당신들의 모습이 침착하고 덤덤하게 보이도록 하시오. 이런 처지에서는 가능한 한 최고로 냉정하도록 노력하시오. 당신들은 양심의 가책에 시달리지 않을 자신이 있어야 하는데, 범죄의 습성상 그렇게 될 수도 있는 것이지만, 이에 대한 자신이 없다면 당신들이 여러분의 얼굴 표정을 아무리 잘 관리해도 아무 소용이 없을 것이오."[21] 형식주의적인 이성에 있어 양심의 가책으로부터 자유로운 것은 사랑이나 증오로부터 자유로운 것만큼이나 아주 중요한 것이다. '후회'는 과거를, 시민 계급의 일상적 이데올로기에서는 옛날부터 무(無)로 여겨진 과거를 현존하는 것으로 만든다. 후회는 퇴보다. 그러므로 이러한 퇴보에 떨어지지 않는 것만이 앞으로 치닫는 시민적 실천 앞에서 후회가 가질 수 있는 유일한 정당성일 것이다. 스피노자는 스토아 학파의 말을 다음과 같이 되받아 이야기한다. "후회는 덕이 아니다. 그것은 이성에 어긋나는 것이다. 그러므로 자신의 행동에 대해 후회하는 자는 비참할 뿐 아니라 허약한 것이다."[22] 바로 저 프랑카빌라적인 의미

19 Kant, *Metaphysische Anfänge der Tugendlehre*, a. a. O., Band VI, S. 408.
20 Sade, *Juliette*, a. a. O., Band IV, S. 58.
21 A. a. O., S. 60f.

에서 스피노자는 기꺼이 "두려움을 모르는 민족은 두렵다"[23]라고 덧붙인다. 그리고는 제대로 마키아벨리주의자가 되어 겸손과 후회는 공포나 희망처럼 이성에는 어긋나지만 매우 유용한 것이라고 말한다. 칸트는 사드와 다르지 않게 도덕적인 '초연한 무감동'을 감각적 자극에 대한 무관심이라는 의미에서의 무감각과 구별하면서 "초연한 무감동은 덕(德)을 위한 필수적인 전제"[24]라고 말한다. 열정은 나쁜 것이며, 침착함과 결단력이 덕(德)의 강점을 이룬다. "이것이 도덕적 삶에서 건강한 상태다. 이에 비해 감정은 그것이 선(善)의 관념에 의해 촉발되었을지라도 순간적으로 반짝하는 현상이며 그뒤에는 씁쓸한 무력감만이 남는다."[25] 줄리엣의 친구 클레윌Clairwil은 악덕(惡德)에 관해서 똑같은 점을 확인한다. "나의 영혼은 견고해. 나는 내가 즐기고 있는 '행복한 무감동'을 버리고 감수성을 취하고 싶지는 않아. 오 줄리엣, 너는 저 수많은 바보들이 이끌리는 위험한 감수성에 기만당하고 있는 것 같아."[26] '초연한 무감동'은 시민적 역사에서뿐만 아니라 고대에서도, 저 소수의 행복한 사람들이 엄청난 역사의 흐름에 직면하여 자신의 무기력을 자각하는 전환기에 등장했다. '초연한 무감동'은 개별 인간의 자발성이 사적 영역으로 은퇴하는 것을 지적하는 것으로서, 사적 영역은 이리하여 시민들의 적절한 실존 형식으로 자리잡게 되는 것이다. 스토아주의는──그것은 시민적인 철학인데──특권 계급으로 하여금 다른 사람의 고통에 직면하여 느끼게 마련인, 그들의 눈앞에 닥친 위협을 경감시켜주었다. 스토아주의는

22 Spinoza, *Ethica*, Pars IV, Prop. LIV, S. 368.

23 *A. a. O.*, Schol.

24 Kant, *Metaphysische Anfänge der Tugendlehre*, a. a. O., Band VI, S. 408.

25 *A. a. O.*, S. 409.

26 Sade, *Juliette*, a. a. O., Band II, S. 114.

보편성에 대한 방어를 위해 사적 생존을 근본 원리로 부상시킴으로써 보편성을 붙들려고 한다. 시민의 사적 영역은 침몰한 상류 계급의 문화 유산이다.

줄리엣은 과학을 신조로 삼는다. 그녀는 그 합리성이 증명될 수 없는 어떤 경배도 경멸한다. 즉 하느님이나 그의 죽은 아들에 대한 믿음, 십계명을 지키는 것, 악보다는 선을 선호하는 것, 죄보다는 성스러움을 선호하는 것을 경멸하는 것이다. 그녀는 문명의 전설들이 추방한 반동들에 이끌린다. 그녀는 최근의 실증주의처럼 의미론이나 논리적 구문론을 가지고 놀지만, 전투적 계몽주의의 딸로서 그녀의 언어 비판은 최근의 행정 관료들과는 달리 사상이나 철학보다는 종교로 향한다. "죽은 신이여!"라고 그녀는 그리스도에 대해 외친다. "가톨릭 사전에 나오는 이 연관성 없는 언어 꾸러미보다 더 우스꽝스러운 것이 이 세상에 또 있을까요? 신은 영원하고 죽음은 유한하다고 합니다. 천치 같은 기독교인들이여, 당신들은 죽은 신으로 무얼 하려는 것입니까?"[27] 과학적 증명 없이 저주받은 것을 추구할 가치가 있는 것으로, 또한 증명 없이 승인된 것들을 타기의 대상으로 변모시키는 것, 즉 '가치의 전도'나 "금지된 것에의 용기"[28]는 니체의 폭로적인 말 "자, 가자!"나 그의 '생리학적 이상주의' 없이도 줄리엣의 특수한 정열이다. "범죄를 저지르는 데도 변명이 필요한가요?"[29] 그녀의 절친한 친구인 보르게제 Borghese 공작 부인이 바로 니체적 의미에서 외친다. 니체는 이러한 주장의 정수가 될 만한 무엇을 피력한다.[30] "약자나 실

---

27 *A. a. O.*, Band III, S. 282.

28 Nietzsche, *Der Wille zur Macht*, Werke, Band VIII, Leipzig, 1899, S. 213.

29 Sade, *Juliette*, a. a. O., Band IV. S. 204.

30 E. Dühren은 *Neue Forschungen* (Berlin, 1904, S. 453ff.)에서 이러한 유사성을 지적했다.

패한 자들은 멸망해야 한다. 이것이 우리 인간 사랑의 제1명제다. 또한 사람들은 그들로 하여금 그렇게 할 수 있도록 도와줘야 한다. 어떤 악덕보다도 더 해로운 것은 무엇일까? 모든 약자나 실패한 자에 대한 '동정'이다. 그것은 기독교다."[31] 기독교란 "오로지 폭군들을 순치시켜 동포애의 원리를 승인하도록 강요하는 것으로서, 여기서는 오로지 약자들의 장난이 활개치고 있다. 기독교는 약자들을 대변하며 약자들처럼 말해야 한다는 것이다. 우리는 이 약자들의 동맹이란, 그것이 어떻게 생겨나게 되었든, 성직자들의 힘이 우연히 약자들의 손아귀에 떨어지게 되었을 때 활동하게 되었다는 것을 확신해도 좋을 것이다."[32] 줄리엣의 선생인 느와르쾨이Noirceuil가 한 이 말은 '도덕의 생성'을 설명해주는 데 기여할 것이다. 악의적으로 니체는 강자들과 이들의 잔인성을 찬양한다. "밖으로 나가자. 낯선 세계가 펼쳐지는 저곳으로." 이 말은 그들에게 속하지 않은 모든 것에 대한 것이다. "그곳에서 그들은 어떤 사회적 속박에서도 해방된 자유를 만끽한다. 그들은 황야에 나가면 평화로운 공동체 속의 유폐 생활이 초래한 긴장에서 벗어나 즐겁게 뛰어논다. 일련의 끔찍한 살인, 방화, 능욕, 고문을 저지른 다음 든든한 여유와 자긍심을 가지고 집으로 돌아오는 그들은 맹수의 순진무구함으로 돌아간다. 그것은 마치 시인들이 오래도록 기리고 노래할 무엇이 있다고 확신하는 대학생들의 도취적 축제와 비슷한 것이다. 〔……〕 미치광이 같기도 하고 어리석기도 하며 급작스럽기도 한 우수한 종족의 이러한 대담성, 기상천외하고 예측 불가능한 모험들, 〔……〕 안전, 육체, 생명, 안락에 대한 그들의 무관심과 경멸, 그 모든 파괴나 승리나 잔인성에

31 Nietzsche, *a. a. O.*, Band VIII, S. 218.
32 Sade, *Juliette*, a. a. O., Band I, S. 315f.

의 탐닉에서 보여지는 경이스러운 명랑성과 기쁨의 깊이."[33] 니체가 큰 소리로 외치는 이 대담성이 줄리엣의 마음 또한 사로잡았던 것이다. "위험스럽게 사는 것"이 또한 그녀의 사명이었다. "두려움 없이 앞으로 전진하자."[34] 이 세상에는 약자와 함께 강자가 있으며, 지배하는 계급, 종족, 국가가 있는 반면, 지배당하는 계급, 종족, 국가가 있다는 것이다. 베르뇌이Verneuil 경이 외친다. "당신께 묻건대, 유한한 생명을 가진 자로서 매 순간, 인간은 권리에 있어서나 사실에 있어서나 동등하게 태어났다고 확신할 수 있는 바보 같은 자가 어디에 있겠습니까! 그러한 패러독스를 제기한 루소 같은 예외적인 인류의 적이 있겠습니다만, 그것은 그 스스로가 너무나 약해서 자신이 올라가 겨룰 수 없는 자들을 자신에게 끌어내리려 했기 때문이지요. 당신께 묻건대 어떻게 4피트 2인치밖에 안 되는 피그미족을 하늘이 준 헤라클레스의 힘과 골격에 비길 수가 있을까요? 그것은 파리를 코끼리에 비교하는 것과 같지 않을까요? 강함, 아름다움, 후리후리한 키, 말재간, 이것들은 사회가 시작된 이래 면면히 계승되어온 덕으로서 지배하는 자들에게 부여된 것이 아닐까요?"[35] 니체도 계속 이야기한다. "강자로 하여금 강자로 나타나지 않기를 요구하고, 정복욕, 제압욕, 지배욕이나 적대, 저항, 승리에의 갈증을 포기하도록 요구하는 것은 약자로 하여금 강자로 나타나도록 요구하는 것만큼이나 어처구니없는 일이다."[36] 베르뇌이가 말한다. "천성적으로 범죄에 대한 최고의 소질을 가진 자가——그것이 힘의 우월성이든, 신체 기관의 섬세

---

33 Nietzsche, *Genealogie der Moral*, a. a. O., Band VII, Leipzig, 1910, S. 321ff.

34 Sade, *Juliette*, a. a. O., Band I, S. 300.

35 Sade, *Histoire de Justine*, Hollande, 1797, Band IV, S. 4(Auch zitiert bei Dühren, a. a. O., S. 452).

36 Nietzsche, *Genealogie der Moral*, a. a. O., Band VII, S. 326f.

함이든, 신분에 맞는 교육이든, 재산이든——모든 것을 덕과 절제에 맞추어 행동하는 인간들과 동일한 법의 적용을 받기를 실제로 원하십니까? 이 두 인간을 동등하게 처벌하는 법이 올바른가요? 모든 것을 난폭하게 행하려는 유혹을 받는 자를 항상 조심스럽게 처신하려 드는 자처럼 취급하는 것이 자연스러운가요?"[37]

자연의 객관적 질서라는 것이 편견과 신화임이 드러난 이후, 자연은 단순한 물질의 덩어리로만 남게 되었다. 니체는 "우리가 무엇인가를 인식할 뿐 아니라 우리 자신에 대해서도 인식할 수 있는"[38] 어떤 법칙도 없음을 안다. 자기 유지라는 척도가 인도하는 데 따라 성장한 오성이 '삶의 법칙'을 자각하는 한 그것은 강자의 법칙이다. 이러한 강자의 법칙이 이성의 형식주의 때문에 인류에게 어떤 필연적인 '모범'도 내놓을 수 없다면, 이 법칙은 기만적인 이데올로기에 대해 '사실성'이라는 유리한 고지를 차지하게 된다. 약자는 유죄라는 것, 약자는 자연 법칙을 간사하게 비껴가려 한다는 것이 니체의 교리다. "인류의 가장 큰 위험은 병든 자들이지 악한 자나 육식 동물적 인간이 아니다. 처음부터 불행한 자, 내팽개쳐진 자, 분쇄된 자들이 그들이다. 그들은 가장 약한 자들로서 인간의 삶을 파헤치며, 삶과 인간과 우리 자신에 대한 우리의 신뢰에 의문을 제기하고 맹독을 퍼뜨린다."[39] 그들이 기독교를, 사드 못지않게 니체가 혐오하고 증오하는 기독교를 이 세상에 가져왔다는 것이다. "자연은 결코 강자에 대한 약자의 보복 행위를 지시하지 않았습니다. 그러한 보복 행위는 머릿속에서는 가능한지 몰라도 육체의 영역에서

37 Sade, *Justine*, a. a. O., Band IV, S. 7.
38 Nietzsche, *Nachlaß*, a. a. O., Band XI, Leipzig 1901, S. 214.
39 Nietzsche, *Genealogie der Moral*, a. a. O., Band VII, S. 433.

는 불가능합니다. 그런 보복 행위를 하려면 약자는 그가 소유하고 있지 않은 힘을 사용해야 합니다. 그는 그가 타고나지 않은 성격을 후천적으로 획득해야 하는 것입니다. 그것은 어쨌든 자연을 거역하는 것이지요. 그러나 이 어진 어머니의 법칙에서 진실된 것은 강자가 약자에게 낸 상처입니다. 왜냐하면 강자는 오로지 이러한 목적을 위해 자신의 재능을 부여받았기 때문이지요. 그는 약자와는 달리 자신이 타고나지 않은 다른 성격으로 치장하려 하지 않지요. 그는 다만 그가 자연으로부터 받은 것만을 표현하지요. 그래서 그로부터 나오는 모든 결과는 자연스럽지요. 그의 가해, 폭력, 잔인성, 횡포, 부당성은 자연이 그에게 부여한 손만큼이나 순수하지요. 그가 약자들을 억압하고 약탈하기 위해 그의 권리를 사용한다는 것은 세상에서 가장 자연스러운 일을 하는 것입니다. 그러므로 우리는 약자로부터 강탈한 것에 대해 어떤 양심의 가책도 느낄 필요가 없습니다. 왜냐하면 그런 행동에 있어서 범죄자는 우리가 아니기 때문입니다. 범죄는 오히려 약자의 방어와 복수지요."[40] 약자의 자기 방어는 정당하지 못하다는 것이다. 이는 즉 "자연이 부여한 약자의 성격을 빠져나오려는 불의를 범하는 것입니다. 자연은 그를 노예나 가난한 자로 창조했는데, 그는 굴복하지 않으려는 것이며, 이것이 그의 불의입니다."[41] 이와 같이 유명한 파리 갱단의 두목인 도르발Dorval은 줄리엣 앞에서 모든 지배 계급의 비밀 신조를 훈시하는 것이다. 이러한 신조를 니체는 원한 감정Ressentiment의 심리를 배가시키기 위해 다시 드러낸다. 그는 줄리엣처럼 "행동의 끔찍한 아름다움"[42]에 대해 경탄한다. 그

---

40 Sade, *Juliette*, a. a. O., Band I, S. 208ff.
41 *A. a. O.*, S. 211f.
42 Nietzsche, *Jenseits von Gut und Böse*, a. a. O., Band VII, S. 100.

렇지만 그는 독일판 사드로서 범죄가 저급한 목표를 지향하고 거기서 머문다는 이유로 범죄를 부정한다는 점에서 사드와는 다르다. "목표가 위대하다면 인류는 다른 척도를 갖게 될 것이며, 가장 끔찍한 수단일지라도 범죄를 그런 식으로 평가하지는 않을 것이다."[43] 계몽된 줄리엣은 사실상 시민 사회의 특징을 이루고 있는 위대함에 대한 니체적 편견으로부터 아직은 자유롭다. 그녀는 공갈범의 노획물이 장관의 그것에 비해 양적으로 적다고 해서 공갈범을 멸시하지는 않는다. 그러나 니체는 독일인답게 미(美)를 그 착탄 거리에 따라 평가하려 한다. 그는 '우상의 황혼'을 외쳐대지만, 제국주의적인 약탈 행각을 세계사적 사명으로 만들면서 다른 한편으로는 좀도둑이 교수형당하는 것을 방관하는 이상주의적 습성을 떠날 수 없다. 독일의 파시즘은 '강자의 숭배'를 세계사적 원리로 부상시키면서 동시에 이 원리의 고유한 부조리성이 드러나는 극단까지 이 원리를 밀고 나갔다. 문명에 대한 항의인 '주인의 도덕Herrenmoral'은 거꾸로 억압받은 자들을 대변했던 것이다. 위축된 본능은 희생자들에게서 표면화되지만 사실 가혹한 감독관인 '주인'들의 진정한 본성으로서 위축된 본능에 대한 증오는 주인들이 자신의 본성을 객관적으로 비난하는 것이다. 주인의 도덕은 지배 권력이나 국가 종교로서 기존의 문명 세력이나 견고한 다수, 원한 감정, 그리고 자신이 반대했던 모든 것에 굴복하게 된다. 니체는 자신의 의지를 실현시킴과 동시에 반격을 당함으로써, 삶에 대한 온갖 긍정에도 불구하고 현실 정신에는 적대적이라는 자신의 진실을 드러내게 된다.

　'후회'가 반이성적인 것으로 간주되었다면 '동정'은 죄 자체

43 Nietzsche, *Nachlaß*, a. a. O., Band XII, S. 108.

다. 동정에 굴복하는 자는, "보편적 법칙을 왜곡시킨다. 그로부
터 나오는 결과는 덕과는 거리가 먼 동정이 자연 법칙들에 근
거한 불평등을 교란시키게 되자마자 현실적인 악이 되는 것이
다."[44] 사드와 니체는 이성이 형식화된 이후 '보편과 특수의 동
일성'에 대한 감각적 느낌으로서, 또한 자연화된 매개로서 소
위 '동정'이란 것이 여전히 남는다는 것을 알았다. 스피노자가
말하듯이 "동정이 도덕감의 외양을 띠고 있다 할지라도"[45] '동
정'은 가장 벗어나기 힘든 편견이다. "왜냐하면 이성을 통해서
든 동정을 통해서든 다른 사람에게 도움을 제공할 마음이 움직
이지 않는 사람은 능히 비인간이라고 불려질 것이기 때문이
다."[46] 동정은 직접적 형태의 인간성이지만 동시에 "불쾌하고
해로운 것"[47]으로서, 로마의 덕성 virtus으로부터 메디치 가(家)
를 거쳐 포드 사(社)의 효율성에 이르기까지 꾸준히 시민적 덕
목이었던 '남성적 유능함'과 반대되는 것이다. 클레월은 자신
에게 허용된 "흔들림 없이 모든 일을 행하고 지속시킬 수 있는
스토아주의나 감정의 평정"[48]을 뻐기면서 동정을 여성적이고
유치한 것이라고 부른다. "동정은 결코 미덕이 아니다. 그것은
불안과 불행 의식에서 태어난 허약성, 즉 철학의 금언들에 어
긋나는 지나친 예민함을 극복하려 할 경우 무엇보다도 먼저 극
복해야만 하는 허약성인 것이다."[49] "무제한한 동정이 폭발"[50]
하는 원천은 여성이다. 사드와 니체는 '동정이 죄'라는 그들의
교리가 해묵은 시민적 유산임을 알았었다. 니체는 "강한 시대"

---

44 Sade, *Juliette*, a. a. O., Band I, S. 313.

45 Spinoza, *Ethica*, Pars IV, Appendix, Cap. XVI.

46 A. a. O., Prop. L, Schol.

47 A. a. O., Prop. L.

48 Sade, *Juliette*, a. a. O., Band II, S. 125.

49 A. a. O.

50 Nietzsche *Contra Wagner*, a. a. O., Band VIII, S. 204.

와 "우수한 문화"를, 사드는 아리스토텔레스[51]와 아리스토텔레스 학파[52]를 언급한다. '동정'은 철학 앞에서 쉽게 무너지지 않는다. 칸트 또한 예외가 아니다. 칸트에 따르면 동정은 "그 어떤 여린 마음으로서 그 자체 덕(德)의 품위를 지니는 것은 아니다."[53] 클레월의 합리주의와는 반대로 칸트는 "인류에 대한 보편적 호의"[54]라는 근본 명제로써 동정을 대체시키려 했지만, 인간을 "마음씨 좋은 게으름뱅이"가 되도록 쉽게 유혹하는 "이 선한 정열"처럼 '인류에 대한 호의'라는 명제 또한 비합리성의 저주에 떨어진다는 사실을 보지 못했다. '계몽'은 기만을 용납하지 않는다. 보편적 사실이 특수한 사실에 대해, 모든 것을 포용하는 사랑이 제한된 사랑에 대해 어떤 우월한 지위를 갖지는 않는다. '동정'은 존경의 대상이 되지 못한다. 사드처럼 니체도 판단의 자료로서 『시학 *Ars Poetica*』을 끌어들인다. "아리스토텔레스에 따르면 그리스인들은 종종 과도한 동정 때문에 고통을 받았다. 그 때문에 비극을 통해 동정이라는 짐을 벗어버리는 것이 필요했던 것이다. 우리는 그들에게 있어서 동정심이라는 것이 얼마나 의심스럽게 느껴졌나 하는 것을 알 수 있다. 동정심은 필수불가결한 엄격함과 강인함을 무력하게 만드는 것으로서, 국가를 위태롭게 하는 것이다. 그것은 영웅들로 하여금 흐느끼는 여인들처럼 행동하게 만든다."[55] 차라투스트라는 설교한다. "나는 너무나 많은 선(善)과 너무나 많은 유약함을 본다. 그토록 많은 정의와 동정과 유약함을."[56] 니체는 동정심

51 Sade, *Juliette*, a. a. O., Band I, S. 313.

52 A. a. O., Band II, S. 126.

53 Kant, *Beobachtungen über das Gefühl des Schönen und Erhabenen*, a. a. O., Band II, Berlin, 1905, S. 215f.

54 A. a. O.

55 Nietzsche, *Nachlaß*, a. a. O., Band XI, S. 227f.

56 Nietzsche, *Also Sprach Zarathustra*, a. a. O., Band VI, Leipzig, 1910, S. 248.

과 정의를 싸잡아 비판하지만 사실 동정심은 정의와 모순된 측면을 갖는다. 동정심은 그것의 실천이 예외적이라는 사실로 말미암아 비인간성의 법칙을 확인하는 것이다. 동정심은 불의의 지양을 이웃 사랑이라는 우연성에만 내맡김으로써, 동정심이 완화시키고 싶어하는 보편적 소외의 법칙을 어쩔 수 없는 것으로 받아들인다. 개별 인간으로서 동정을 베푸는 자는 보편성의 요구, 즉 삶에 대한 요구——이러한 요구를 거절하는 보편성이나 자연이나 사회에 대항해서——를 대변할지 모른다. 그러나 개별 인간이 행하는 내적 보편성과의 일치는 그 고유한 약점으로 말미암아 기만적인 것임이 드러난다. 동정의 부드러움이 아닌 동정의 제한적 성격이 동정을 의심스러운 것으로 만든다. 동정이란 항상 불충분한 것이다. 스토아적인 '초연한 무감동'이——동정과는 반대 극단에 있는 '시민적 차가움'은 이를 본받고 있는데——세상에 순응하는 천박한 참여와는 달리 동정이라는 보편성에 거리를 유지하면서도 그것에 충실한 것처럼, 동정을 불신하는 사람들은——비록 부정적인 것일지는 몰라도——혁명의 편에 선다. 박애주의자의 자부심이나 사회사업가의 도덕적 자의식과 같은 '동정'의 나르시스적 변형은 빈부의 차이를 마음 깊숙이 확인하는 것이다. 철학이 엄격함에 대한 기쁨을 부주의하게 누설시켰다는 사실이 그러한 기쁨을 공공연하게 떠드는 자들로 하여금 철학을 악용할 수 있도록 만들었다. 파시스트적인 세상의 주인들은 동정심의 거부를 정치적 관용의 거부와 계엄령의 요구로 해석하였으며, 이 점에서 그들은 동정의 형이상학자인 쇼펜하우어와 뜻을 같이한다. 쇼펜하우어에게 있어서 인간성의 회복을 희망하는 것은 불행밖에는 희망할 것이 없는 사람의 주제넘는 망상으로 여겨졌다. 동정심의 적대자들은 인간을 불행과 동일시하려 하지 않는다. 그들에게 있어서는 불행의 존재 자체가 모욕이었다. 실제적인 무감각에서 비롯된 예민한 감각은 그들로 하여금 인간이 불쌍하다는 사실을 참을 수 없게 만든다. 그들은 절망적으로 '힘'을 찬양하나, 실제에 있어서는 아무리 '힘'을 향해 다리를 놓으려 해도 '힘'으로부터 거부당하고 있다.

선의와 자비는 죄가 되며, 지배와 억압은 덕이 된다. "모든 좋은 것들은 예전에는 나쁜 것이었다. 모든 원죄로부터 원덕(原德) Erbtugend이 나온다."[57] 줄리엣은 니체의 이 말을 니체 자신보다도 먼저 진지하게 생각했으며, 의식적으로 '가치 전도'를 획책한 첫번째 인물이다. 모든 이데올로기를 무너뜨린 후 그녀는 기독교가 저주받은 것으로 간주한 것——물론 실제에 있어서 항상 그렇다고 할 수는 없지만 적어도 이념적으로는——을 자신의 도덕으로 만들었다. 유능한 철학자로서 그녀는 냉정하고 용의주도하다. 모든 것은 어떤 환상도 없이 전개된다. 클레윌이 성사를 제안하자 그녀는 대답한다. "우리가 신을 믿지 않게 되자마자, 네가 원하는 탈세례식이라는 것은 전혀 쓸데없는 애들 장난에 불과해. [……] 나는 너보다 더 확고부동하다고 생각해. 나의 무신론은 꼭대기까지 올라갔어. 내 마음을 확고히 다지기 위해서는 네가 제안한 애들 장난이 필요할 것이라고 상상하지 마. 그런 장난이 너를 기쁘게 한다면 그것을 할 수도 있지. 그렇지만 그것은 순전히 재미를 위해서야." 미국의 살인마 앤니 헨리는 "오직 재미를 위해서 just for fun"라고 말했을 것이다. "나의 사고 방식을 강화하기 위해서든, 아니면 다른 사람들을 설득시키기 위해서든 간에 그것이 꼭 필요한 것은 아니야."[58] 자신의 공범에게 친절을 베풀다가 그녀는 자신

57 Nietzsche, *Genealogie der Moral*, a. a. O., Band VII, S. 421.
58 Sade, *Juliette*, a. a. O., Band III, S. 78f.

의 원칙을 신이 나서 떠들게 되었던 것이다. '이성의 형식화'로 말미암아 모든 목표가 필연성이나 객관성의 성격을 상실하게 되자 불의, 증오, 그리고 파괴가 번창하게 된다. '주술'은 단순한 행동이나 수단, 한마디로 말해 '산업'으로 넘어가게 된다. 이성의 형식화란 단지 기계적인 생산 방식에 대한 지적 표현에 불과하다. 수단이 물신화되어 모든 기쁨을 삼켜버린다. 계몽이 이론적으로 '목표'를, 예전의 지배가 자신을 장식했던 목표라는 것을 환상으로 만들었다면, 계몽은 잉여 생산의 가능성을 통해 목표로부터 실제적 근거를 박탈해버린다. 경제적인 힘이라는 옷으로 치장을 하기는 하지만 '지배'는 스스로가 목적이 되어 살아남는다. 향락 Genuß은, 향락을 금지한 형이상학처럼, 해묵은 것이나 비사실적인 것의 잔재를 보여준다. 줄리엣은 범죄의 동기에 대해 이야기한다. 그녀 자신 그녀의 친구 스브리가니 Sbrigani만큼 명예와 돈을 탐하지만 그와 다르게 그녀는 금지된 것을 신격화한다. 수단과 의무의 인간인 스브리가니는 더 진보된 인간이다. "부자가 되는 것, 그것이 중요해. 우리가 이 목표를 놓칠 경우 그 책임은 전적으로 우리에게 있어. 부자가 되는 탄탄대로를 제대로 달린 다음에야 우리는 스스로에게 즐김이라는 수확을 허락할 수 있는 거야. 그때까지는 그것을 잊어야만 해."[59] 온갖 합리성에도 불구하고 그녀는 미신을 버리지 못한다. 그녀는 성사(聖事)가 유치하다는 것을 알고 있지만 결국 그로부터 '향락'을 끌어내고 있다. 그러나 향락은 우상 숭배의 계기를 드러낸다. 향락이란 다른 무엇에 자신을 바치는 것이다. 자연은 본래 향락을 모른다. 자연은 욕구를 채우는 것 이상 나아가지 않는다. 모든 향락은 승화된 감정 속에 있건 그렇지 않건 상관없이 사회적인 것이다. 향락은 소외로부터 나온다. 향락은 자기가 범한 것이 무엇인지 모를 때조차 문명으로부터, 즉 확고한 질서로부터 나온 것으로, 향락은 이 질서로부터 빠져나와 자연으로——바로 이 자연에 향락이 접근하는 것을 질서는 막으려 한다——돌아가기를 갈망한다. 노동의 강압으로부터, 특정한 사회 기능에의 속박, 그리고 궁극적으로는 자아에의 속박으로부터, 인간의 꿈이 지배 없고 훈육 없는 저 선사 시대로 돌아갈 때 인간은 향락의 마술을 느낀다. 문명에 휘말린 자의 향수, 스스로를 사회 질서의 한 요소로 만들 수밖에 없었던 사람들의 "객관적 절망," 이런 것들이 신과 악마에 대한 사랑에 자양분을 제공하는 무엇이며, 사람들이 '변용된 자연'으로 경배하는 무엇이다. '사유'란 공포스러운 자연으로부터 해방되는 과정에서 생겨난 것으로서, 이 자연은 마지막에는 사유에 의해 완전히 결박당하고 만다. '향락'은 '자연의 복수'라고 말할 수 있을 것이다. 향락 속에서 인간은 사유로부터 면제되며 문명으로부터 탈출한다. 고대 사회에서 그러한 귀환은 축제를 통해 집합적으로 이루어졌다. 원시 사회의 주신제는 향락의 집합적인 원천이다. 로제 카이와Roger Caillois*는 말한다. "우주가 온통 뒤죽박죽되는 막간극인 축제는 진정으로 세계 질서가 지양되는 순간처럼 보인다. 그 때문에 축제 속에서는 어떠한 방종도 허락된다. 사람들은 규칙에 어긋나게 행동해도 되며, 모든 것은 거꾸로 뒤집혀진다. 이 신화적인 시대에는 시간조차 역전된다. 사람은 백발이 되어 태어나기도 하고 아이가 되어 죽기도 한다. [……] 이런 식으로 선량한 자연과 사회의 질서를 지켜주는 모든 규정들은 체계적으로 침훼당한다."[60]

---

* Roger Caillois(1913~1978): 프랑스의 문필가.
60 R. Caillois, *Théorie de la Fête*, *Nouvelle Revue Française*, Jan. 1940, S. 49.

사람들은 변용된 원초적 힘들에 자신들을 내맡긴다. 그러나 잠시 유보된 금지의 입장에서 보면 이러한 행동은 명백한 탈선과 광기다.[61] 문명과 계몽이 증가함에 따라 비로소, 강화된 자아나 확립된 지배는 축제를 단순한 소극(笑劇) Farce으로 만든다. 지배자들은 향락을 합리적인 것으로서, 즉 완전히는 제압되지 못한 자연에 바치는 공물로서 용인한다. 그들은 스스로를 위해 향락의 독성을 제거하며 동시에 좀더 발달된 문화 형태 속에서 향락을 보존하기 위해 향락을 추구하는 것이다. 그것은 향락으로부터 완전히 빠져나올 수 없는 피지배자들에게 약간의 숨통을 터준다. 향락은 조종의 대상이 되며, 마침내는 완전히 향락 산업에 흡수되게 된다. 그것은 원시적인 축제로부터 현대의 휴가 제도로 발전해나간다. "사회 조직이 점점 더 복잡해질수록, 매일매일의 생활 흐름을 정지시키는 것은 점점 더 용인되기 어렵게 된다. 오늘은 어제처럼, 내일은 오늘처럼, 모든 것은 계속 흘러가야 한다. 모든 것이 끓어넘치는 냄비처럼 되는 것은 불가능하다. 소용돌이의 기간은 개별화된다. 휴가가 축제를 해체시켜버리는 것이다."[62] 이 휴가는 파시즘에서는 라디오와 슬로건과 벤체드린*의 속임수에 의해 만들어진 집단적 사이비 열광에 의해 보완된다. 스브리가니는 이 비슷한 것을 꿈꾼다. 그는 스스로에게 일종의 휴가인 "행운의 가도 위에서"의 향락을 허용한다. 줄리엣은 이에 비하면 구질서 Ancien Régime를 붙들고 있는 것이다. 그녀는 죄를 신격화한다. 수녀의 황홀경이 이교의 사슬을 벗어나지 못하고 있듯, 그녀의 방탕은 가톨릭의 사슬 밑에 있는 것이다.

---

61 Vgl. Caillois, *a. a. O.*
62 *A. a. O.*, S. 58f.
* 흥분제의 일종.

니체는 모든 향락이 여전히 신화적이라는 것을 안다. '동정'이 사회 전체의 구조 변화를 단념하듯이 '향락'은 자연에 헌신하면서 미래에의 가능성을 체념한다. 양자는 '체념'의 계기를 내포하고 있다. 니체는 모든 은폐물 뒤에 칩거하는 사람들이 갖는 향락의 심리, 즉 고립 속에서의 자기 향락이나, 자학의 절망 속에 있는 마조히스트적인 향락의 심리를 읽어낸다. "단순히 향락만 하려는 모든 사람에 반대하여!"[63] 줄리엣은 시민적 교활함에 대한 시민적 저항——지난 세기의 특징이었던——으로서의 '헌신적 사랑'을 비난함으로써 향락을 구하려 한다. '사랑' 속에서는 인간의 신격화가 일어난다. 이 신격화가 본래의 인간 정열일 것이다. 또한 궁극적으로는 이러한 신격화 속에서 성(性)의 한계 속에 갇힌 가치 판단으로서의 사랑은 철회된다. 연인에게 보내는 무한한 존경과 경탄 속에서 여성의 실제적 예속성은 항상 새롭게 승화된다. 이러한 예속성의 승인을 토대로 양성은 이따금씩 다시 화해하는 것이다. 여성은 굴복을 자유롭게 받아들이는 것처럼 보이며 남성은 승리를 그녀에게 양보한다. 기독교를 통해 이성간의 위계 질서, 즉 여성적 성격에 비해 남성적 소유 질서를 우위에 놓았던 질곡은 결혼 속에서 마음의 결합으로 승화되었다. 이러한 결합은 이성간의 저 행복했던 전(前)가부장적 과거를 아련히 상기시킨다. 거대 산업 사회에서는 사랑이 축출된다. 중산층의 붕괴, 자유로운 경제 주체의 몰락은 '가정'에 상처를 입힌다. 이제 가정은 더 이상 예전의 영예로운 '사회의 세포'가 아니다. 이제 가정은 시민적 생존을 위한 경제적 토대를 제공할 수 없게 됨으로 말미암아 그러한 지위를 박탈당하게 되었다. 성장기의 아이들에게 가

---

63 Nietzsche, *Nachlaß*, a. a. O., Band XII, S. 364.

정은 더 이상 삶의 터전으로서의 역할을 하지 못하게 된다. 아버지의 자율성은 사라지며, 이와 함께 그의 권위에 대한 저항도 없어진다. 예전에는 아버지 집에서의 노예 상태가 처녀들로 하여금 자유의 환상을 좇는 정열에 불을 붙였지만 그들은 결혼을 통해서든 바깥 세상에서든 그러한 정열을 실현시킬 수가 없었다. 그러나 이제는 처녀들에게 취업에 대한 전망이 열려 있는 대신에 사랑은 금지된다. 현대의 산업 체제가 모든 사람에게 그 속에 살도록 요구하는 보편성이 커질수록, 부적격한 노동자나 실업자들은 백수건달 상태에 떨어지게 되든지 힘겹게 자력으로 자신의 삶을 꾸려나가야 한다. 인정받는 노동으로서 기업가의 자율성──사실은 지나간 시대의 것인──을 직업 여성을 포함한 모든 생산자들은 자신의 성격으로 만들려 한다. 그때그때의 직업이나 상황에 유연하게 대처할 수 있는 변신 능력이 클수록 한 개인의 자존심도 커진다. 그럼에도 불구하고 가정에 대한 저항이 그렇게 큰 것은 아니다. 그것은 자유 시간에 이루어지는 남자 친구와의 관계가 천국을 열어주는 것과 같은 이치다. 사람들은 같은 성(性)에 대해서는 합리적이고 계산된 관계를 유지한다. 이런 관계는 줄리엣의 계몽된 서클에서는 이미 오래 전부터 당연한 지혜로 통용되던 것이었다. 저 신중치 못한 탕아들이 요구하는 것처럼 정신과 육체는 실제로 분리된다. 느와르퀘이는 합리적으로 말한다. "다시 한 번 말하지만 내 생각에 사랑하는 것과 즐기는 것은 전혀 별개의 것입니다. [……] 왜냐하면 '부드러운 감정'은 상쾌한 기분이나 예의범절과는 잘 어울리겠지만 그것이 아름다운 목이나 어여쁜 둔부의 곡선에서 나오는 것은 아니지요. 취향에 따라 다르기는 하겠지만 우리의 관능을 짜릿하게 흥분시키는 이러한 대상들은 정신적인 것과는 아무런 관련이 없는 것처럼 보입니다. 구체적인 예를 들면, 벨리체는 추합니다. 마흔 살이나 먹었고, 균형 잡힌 몸매를 가진 것도 아니고, 특별한 매력점을 지닌 것도 아니며 우아하지도 않습니다. 그러나 벨리체는 고귀한 인격과 정신을 소유하고 있으며, 정말 매우 호감이 가는 사람입니다. 나는 벨리체와 자고 싶은 마음은 없습니다. 그럼에도 불구하고 미칠 지경으로 사랑할지 모릅니다. 이에 반해 나는 아라민트를 강렬히 원합니다. 그렇지만 열정과 열기가 지나가자마자 나는 그녀를 진심으로 혐오하게 될 것입니다."[64] 인간을 사유하는 존재와 육체를 가진 존재로 나누는 데카르트적인 이분법이 이미 내포하고 있는 피할 수 없는 결론이 '낭만적 사랑'의 파괴에서 너무나 분명히 드러난다. 낭만적 사랑은, 벨모어 Belmor 경이 사랑에 관한 거창한 연설에서 피력하듯, 육체적 충동을 은폐하고 합리화한 것이며 "거짓된, 그리고 매우 위험한 형이상학"[65]으로 간주된다. 줄리엣의 남자 친구들이 '부드러움'보다는 섹스를, 천상의 사랑보다는 지상의 사랑을 택하는 것은 그것이 박력 있을 뿐만 아니라 무해하다고 생각하기 때문이다. 목의 아름다움이나 둔부의 곡선은 무역사적이고 자연적인 사실로서 성적 욕망을 촉발시킬 뿐만 아니라 사회적 경험을 함축하고 있는 이미지들로서 작용한다. 이러한 경험 속에는 자연과는 다른 무엇에 대한, 또한 성(性)에만 국한되지 않는 사랑에 대한 의도가 살아남아 있다. 그러나 '부드러움'은 아직 전적으로 비육체적인 것이기는 하지만 변질된 성적 욕망으로서, 손으로 머리카락을 어루만지는 행위나 이마에 입을 맞추는 행위——정신적 사랑의 열광을 표현해주고 있는 것인——는 호주 토인에 의해 성교시 행해지는 때리고 물어뜯는 행위의 부드럽게 완화된 형

---

64 Sade, *Juliette*, a. a. O., Band II, S. 81f.
65 *A. a. O.*, Band III, S. 172f.

태다. 영혼과 육체의 분리는 추상적인 것이다. 벨모어는, 형이상학은 사실을 왜곡시키며, 연인을 있는 그대로 보는 것을 방해하는 것으로서, 그것은 주술에서 유래하는 일종의 베일이라고 말한다. "나는 이 베일을 눈에서 떼어내지 않겠다. 그것은 허약하고 소심한 행위다. 우리는 향락이 끝난 다음 이 형이상학, 예전에 내 눈을 멀게 했던 이 여신을 분석하려 한다."[66] 사랑이란 그 자체로서는 비학문적인 개념이다. "잘못된 정의는 항상 우리를 헷갈리게 한다"라고 돌망세Dolmance는 『규방의 철학』*의 주목할 만한 다섯번째 대화편에서 설명한다. "나는 마음이라는 것이 무엇인지 모르겠다. 그것은 단지 약화된 정신이라고 부를 수 있을지 모른다."[67] "루크레츠가 말하는 대로 한번 인생의 뒤뜰로 넘어가봅시다." 이것은 냉정한 분석을 해보자는 말이다. "그러면 우리는 연인을 고상하게 우상화하는 행위 또는 낭만적 감정이라는 것이 우리의 분석을 견뎌낼 수 없다는 것을 알게 될 것입니다. [……] 내가 사랑하는 것도 단순한 몸뚱어리에 불과하며, 내가 불평하는 것도 단순한 몸뚱어리에 불과합니다. 매 순간 어떻게 바뀌더라도."[68] 이 모든 것에서 진실은 오직 사랑의 분해를 통찰하는 것 —— '진보'의 작품인 —— 이라는 것이다. 기쁨을 기계화하고 동경을 미혹이라고 왜곡시키는 이러한 분해를 통해 사랑은 그 심장부를 공격당한다. 줄리엣은 부자연스럽고 비물질적이며 환상적인 성적 욕구에 비해 성기에 의한 섹스나 변태적인 섹스를 찬양함으로써, 사랑의 유토피아적인 과잉과 함께 육체적 향락도, 최상의 행복뿐만 아니라

---

66 *A. a. O.*, S. 176f.

*『규방의 철학 또는 부도덕한 교사 *La Philosophie dans le Boudoir ou Les instituteurs immoraux*』. 1795년에 런던에서 나온 사드의 대화식 소설.

67 Sade, *La Philosophie dans le Boudoir*, edition privée par Helpey, S. 267.

68 Sade, *Juliette*, a. a. O.

가까운 행복마저도 너무나 빈약하게 만드는 저 평범성에 떨어
지게 된다. 줄리엣이 지지하는 환상 없는 탕아는 섹스 교사, 심
리분석가, 호르몬 생리학자의 도움을 받아 탁 트인 실천적 인
간으로 변신하며, 스포츠나 위생 문제에 대한 그의 태도를 성
생활에까지 확장한다. 줄리엣의 비판은 계몽 자체처럼 모순된
것이다. 예전에 시민 혁명과 유대를 맺었던 뻔뻔스런 터부의
파괴가 현실의 새로운 정의가 되지는 못한 상태에서, 육체적
향락이라는 피부로 느낄 수 있는 유토피아를 모두에게 허락하
는 이러한 파괴는 숭고한 사랑과 함께 계속 공존한다.

　우리를 특정한 개인에 묶어두는 "우스꽝스러운 정열"과 사
랑 속에서 여성을 숭고한 무엇으로 높이는 것은 기독교보다 앞
선 모계 사회 단계에까지 소급된다. "단지 우리의 욕구 충족을
위해 만들어진 대상에게 우스꽝스럽게도 충성심을 바치는 우
리의 기사도 정신이라는 것은, 분명히 말하지만, 도시나 농촌
에서 무당으로서의 예언자적 기능을 했던 여성들에 대해 우리
선조들이 가졌던 경외심에서 유래하는 것입니다. 경악을 통해
두려움의 대상은 숭배의 대상으로 바뀐 것입니다. 다시 말해
기사도란 미신의 품 안에서 생겨났던 것입니다. 이런 경외심이
란 결코 자연에는 없습니다. 그러므로 그것을 자연 속에서 찾
는 것은 시간 낭비에 불과합니다. 여성이 우리에 비해 열등하
다는 것은 매우 확실한 근거가 있으며, 여성이 우리에게 존경
을 불러일으킬 만한 어떤 강한 동인을 갖고 있다는 것은 말도
안 됩니다. 이런 맹목적 경외심으로부터 생겨난 사랑이란 것도
그러므로 경외심만큼이나 편견에 불과합니다."[69] 폭력이 법에
의해 아무리 은폐되어 있을지라도, 사회의 위계 질서는 궁극적

69 *A. a. O.*, S. 178f.

으로 폭력에 의존하고 있다. '자연에 대한 지배'는 인류 내부에서 재생산된다. 기독교 문명은 강한 노예를 착취하는 데에 약자를 보호한다는 이념을 이용하고 있지만 개종된 민족들의 마음을 완전히 얻을 수는 없었다. 사랑의 원리는, 기독교 통치자들이 가진 정교한 오성이나 다른 더욱 정교한 무기들에 의해 부인된다. 이러한 상황은 루터주의가 칼과 채찍을 신교의 정수로 만들면서 국가와 교리의 대립을 제거하게 됨에 따라 더욱 가중된다. 루터주의는 정신적 자유를 현실적 억압의 긍정과 직접적으로 동일시한다. 여성은 약자라는 낙인이 찍히며, 약자라는 이유로 말미암아, 수적으로 남성을 압도하는 곳에서조차, 소수파가 된다. 초기 국가에서의 복속당한 토착민들, 정복자에 비해 조직이나 무기에서 뒤떨어진 식민지의 원주민들, 아리아인들 밑에서 억압을 당한 유대인들, 이들처럼 여성의 방어 능력 부족은 억압을 위한 법적 명분이 된다. 사드는 스트린드베리Strindberg의 성찰들을 피력한다. "남성과 여성 사이에는 인간과 숲속의 원숭이 사이처럼 분명하고도 중요한 차이가 있다는 것은 의심의 여지가 없습니다. 여성이 우리와 같은 종류의 인간이라는 것을 거부하는 것은 원숭이가 우리와 형제라는 것을 부인하는 것만큼이나 충분한 이유가 있다고 생각합니다. 같은 또래의 벌거벗은 여자와 남자를 주의 깊게 관찰한다면 이 두 피조물 사이에 존재하는 현저한 구조적 차이——성적 차이는 제쳐놓더라도——가 여성은 남성보다 낮은 등급에 속한다는 것을 분명히 보여줄 것입니다. 내적인 차이도 비슷하게 존재하고 있는데, 양성의 해부학적 차이는 꼼꼼히 관찰할 경우 이러한 진리를 백일하에 드러낼 것입니다."[70] 기독교가 여성에 대한

---

70 *A. a. O.*, S. 188~99.

억압을 여성에 대한 경외로 보상하고 위계 질서가 존재하지 않았던 상태에 대한 회상을 추방하기보다는 고귀하게 만들려 했다면, 여기서는 기독교의 그러한 시도 대신에 '고귀한 부인이나 이론적으로 해방된 즐거움에 대한 원한'이 등장한다. 억압의 실제에 어울리는 감정은 존경이 아니라 경멸이다. 기독교 시대에도 항상 이웃 사랑 뒤에는, 실패할 수밖에 없는 노력 끝에 오는 죄책감을 상기시키는 여성에 대한 증오, 금지되었음에도 불구하고 떨쳐버릴 수 없는 증오가 도사리고 있다. 이러한 증오는 마돈나 숭배를 마녀 박해로써 상쇄시킨다. 그것은 신성한 가부장적 지배 질서에 은밀히 의문을 제기하도록 만드는 저 전(前)기독교적 예언녀의 이미지에 대한 복수다. 약자가 겉보기에만 문명화된 강자의 적개심을 불러일으키듯이——강자는 약자를 보호해야만 하겠지만——, 여성은 반쯤만 개종된 남성의 분노를——겉으로는 남성이 여성을 숭배하는 것 같지만——야기시킨다. 사드는 이러한 증오를 의식화시킨다. 로마 경찰 대장인 기기 백작Ghigi이 말한다. "나는 두 육체의 결합에서 두 마음의 결합이 생겨나리라고는 전혀 믿지 않습니다. 나는 두 육체의 결합에서 경멸과 혐오를 위한 강한 동기를 볼 뿐 사랑의 동기는 느낄 수 없습니다."[71] 또한 황제의 장관인 생퐁즈 Saint-Fonds는 자신이 고문을 가하는 소녀가 울음을 터뜨리자 이렇게 외친다. "이것이 내가 여자를 좋아하는 방식이다. [……] 단 한마디의 말로써 여자들을 이런 상태에 빠뜨릴 수가 있다면!"[72] 통치자로서 남성은 하나의 고유한 인격이 되고자 하는 여성의 명예심을 거부한다. 남성적인 논리로 파악할 때 개인은 사회적으로 자신이 속한 유(類)의 견본, 혹은 성(性)의

71 *A. a. O.*, Band IV, S. 261.
72 *A. a. O.*, Band II, S. 273.

대리인에 불과한 자연적 존재로서, 개인은 이념적으로는 끝나지 않는 포섭의 대상, 현실적으로는 끝나지 않는 굴복의 대상이다. 소위 자연적 존재라고 주장되는 여성은 사실 역사의 산물로서, 역사가 여성을 탈자연화시켰던 것이다. 관상학적으로나, 생리학적으로나, 민족적으로나, 사회적으로 열등한 자들이 자연에 빠져들려는 유혹을 모조리 분쇄하려는 절망적 의지는 기독교의 시도가 불행하게도 실패했다는 것을 보여준다. "단 한마디의 말로써 그들을 이런 상태에 빠뜨릴 수 있다면!" 자연 상태에 다시 빠져들려는 엄청난 유혹을 증오하고 완전히 제거하려는 것, 그것은 실패한 문명에서 비롯된 잔혹성으로서 문화의 다른 얼굴인 야만성이다. "모두를!" 왜냐하면 절멸은 예외를 인정치 않으려 하며, 절멸의 의지는 총체적인 것이기 때문이다. 줄리엣은 교황에게 말한다. "티베리우스처럼 내가 원하는 것은 이런 것입니다. 전체 인류가 단 하나의 머리만을 가지고 있다면, 그럼 나는 한칼에 그것을 잘라버리는 기쁨을 누릴 수 있을 텐데."[73] 무력감, 불안하고 조급한 몸놀림, 동물적인 두려움, 혼란스러움이 살의를 드러낸다. 정신적으로나 육체적으로 열등한 여성에 대한 증오의 명분, 이마에 지배의 표식을 달고 있는 그 명분은 또한 유대인 증오에 대한 명분이다. 유대인과 여자에게서 사람들이 느끼는 것은 그들이 수천 년 동안 굴복당하지 않았다는 사실이다. 사람들은 그들을 제거하고 싶어했지만 그들은 여전히 살고 있는데, 오랜 억압이 초래한 그들의 불안, 허약함, 자연에의 좀더 큰 유사성은 바로 그들의 생명을 지탱시켜주는 요소들이다. 이러한 점이 강함의 대가로서 자연으로부터 소외당해야 하고 영원히 두려움을 억눌러야만 하는 강자를 격분시

---

73 *A. a. O.*, Band IV, S. 379.

킨다. 강자는, 그 자신은 꾹 눌러 참아야만 하는 외침을 그의 희생자들이 수천 번 내뱉도록 함으로써 자신을 자연과 동일시하려 한다. "이 미친 것들"이라고 『알린느와 발쿠르』*에서 블라몽 회장**은 여자에 대해 쓰고 있다. "나의 손아귀에서 허우적거리는 것을 보는 것은 얼마나 즐거운지! 그것은 사자의 이빨 밑에 있는 양이다."[74] 또한 같은 편지 속에서는, "그것은 한 도시를 정복하는 것과 비슷하죠. 고지들을 점령해야지요. 〔……〕 모든 거점들을 확보한 다음 그곳으로부터 저항에 대한 어떤 두려움도 없이 중앙을 공략해야 합니다."[75] 밑에 깔린 것은 공격을 스스로에게 끌어들인다. 불행에 이미 강타당한 곳에 다시 굴욕을 가하는 것은 최고의 기쁨이다. 위에 있는 자에게 위험이 적어질수록 곤욕당한 자——이제 그를 위해 봉사하는 ——에게서 느끼는 기쁨은 더욱 거침이 없다. 사냥감이 출구 없는 절망감에 빠졌을 때에야 비로소 지배는 승리의 기쁨을 누리면서 자신의 강권을 누그러뜨린다. 더 이상 위협이 되지 않는 불안은 유쾌한 웃음으로 터져나온다. 이 웃음은 고립을 견디지 못하고 집단 속에서만 생존을 영위할 수 있는 사람의 내면에 있는 경직성의 표현이다. 이 웃음의 메아리는 매 시기마다 문명을 겁탈한다. "인간의 입, 이 분화구가 쏟아내는 용암 중에서 가장 파괴적인 것은 쾌활함Fröhlichkeit"[76]이라고 빅토르 위고는 「대양의 폭풍보다 더 사악한 인간 폭풍」이라는 장(章)에서

*『알린느와 발쿠르 또는 철학적인 소설 Aline et Valcour ou Le roman philosophique』. 1785~1789년에 씌어진 사드의 작품. 1789년 파리에서 출간되었다.
** President Blammont. 『알린느와 발쿠르』에 나오는 작중인물로서 호색한인 그는 친구인 Dolburg와 함께 무방비 상태의 소녀들을 가학하면서 쾌락을 느낀다.
74 Sade, *Aline et Valcour*, Bruxelles, 1883, Band I, S. 58.
75 *A. a. O.*, S. 57.
76 Victor Hugo, *L'Homme qui rit*, Band VIII, Kapitel 7.

말한다. 줄리엣은 이렇게 가르친다.[77] "사람들은 자신의 악의를 가능한 한 불행 위에 쏟아부어야 한다. 참담함으로부터 터져나오는 눈물은 신경 조직을 강렬하게 뒤흔들 수 있는 예리함을 가지고 있다."[78] 쾌락은 부드러움보다는 잔혹함과 잘 어울린다. 또한 이성간의 사랑은——니체에 따르면 이성간의 사랑은 항상 그러했는데——"그 수단에 있어서는 전쟁이며, 근본적으로는 이성에 대한 지독한 증오다."[79] 동물원에서 배울 수 있는 것은, "암컷이나 수컷에 있어서 사랑 또는 성적 매력이라는 것은 그 본질과 핵심에 있어 의심의 여지 없이 사디즘적인 것으로서 그것은 고통을 주는 것이다. 사랑은 배고픔처럼 잔인한 것이다."[80] 문명의 마지막 귀결은 공포스러운 자연으로 돌아가는 것이다. 사드의 묘사가 궁극적으로 수렴하는 곳은 '잔혹한 사랑'이며, 어떻게든 고통받는 사랑으로 하여금 굴욕을 당하게 하지 않으려는 니체의 노력이 귀착하는 곳은 부끄러우면서도 부끄러움이 없는 대범성이다. 독일의 파시즘이 실제로 그러했던 것처럼, 실제의 놀이에 있어서나 머릿속의 상상에 있어서나 잔혹함은 위대함만큼이나 인간을 호되게 다룬다. 현실 의식이 없는 공룡, 즉 주체가 없는 자본주의가 절멸의 작업을 말없이 수행하듯이, 반항적인 주체는 이 잔혹한 사랑을 통해 자신의 광기를 실현시킨다. 물화된 세계에서 '직접성'의 자리를 유지하고 있는 사랑은 차갑게 식고 왜곡되어, 사물로 전락한 인간들에게 나누어진다. 병은 회복의 징후가 된다. '광기'는 희생자의 내적 정화 작용을 단지 그의 굴복으로 간주한다. 광기는 살아 있는 한은 극복이

---

77 Sade, *Juliette*, a. a. O., Band IV, S. 199.
78 Vgl. Sade, *Les 120 Journées de Sodome*, Paris, 1935, Band II, S. 308.
79 Nietzsche, *Der Fall Wagner*, a. a. O., Band VIII, S. 10.
80 R. Briffault, *The Mothers*, New York, 1927, Band I, S. 119.

불가능한 지배의 위력에 자신을 동화시킨다. 상상력은 스스로 잔혹해짐으로써만 잔혹성을 견뎌낼 수 있다. 고된 것이 진정한 즐거움이라는 로마의 격언은 단순한 독전(督戰)의 북소리에 지나지 않는 것이 아니다. 그것은 질서의 풀 수 없는 모순, 다시 말해 행복을 승인하는 곳에서는 행복을 불행으로 바꾸며, 행복을 거부하는 곳에서는 행복을 창조한다는 모순을 표현하고 있다. 이러한 모순을 영구화한다는 점에서 사드와 니체는 이러한 '모순'의 개념 파악에 일조를 하고 있다.

'합리성'에게는 예배 대상에 헌신하는 것이 우상 숭배로 보인다. 우상화를 분쇄하는 것은 '신화의 금지'에서 유래한다. 신화의 금지는 유대교라는 일신교에서 시작되어 그것의 세속화된 형태인 '계몽'에 의해, 즉 사유의 역사 속에서 그때그때 모습을 달리하여 나타나는 경배에 대한 계몽 속에서 수행된다. 매 시기마다 미신의 기저를 이루는 경제 현실이 붕괴되면서 그 시대에 특수한 '부정의 힘'이 활기를 띠게 된다. 기독교는 '사랑,' 즉 그리스도에 대한 순수한 경배를 선전한다. 기독교는 눈먼 성욕을 결혼의 신성화를 통해 정화시켰으며, 신의 은총에 의해 수정처럼 투명한 율법을 지상에 가져오려 노력했다. 기독교가 십자가에 못 박힌 하느님이라는 교리를 통해 때 이르게 얻어내려 했던 '자연과 문명의 화해'는 계몽의 엄격주의만큼이나 유대인에게는 낯선 것이었다. 모세와 칸트는 '감정'이라는 것을 배제했으며, 그들의 차가운 법칙은 사랑도 화형도 알지 못한다. 일신교에 대한 니체의 공격은 유대교보다는 기독교에 더 치명적이다. 그는 물론 '법칙'을 부인하지만 "더 높은 자아,"[81] 즉 자연적 자아가 아닌 자연보다 높은 자아에 속하고자

---

81 Nietzsche, *Nachlaß*, a. a. O., Band XI, S. 216.

한다. 니체는 일신교 또는 그 변형태인 기독교가 신화임을 꿰뚫어볼 수 있었기 때문에 신을 '초인Übermensch'으로 대체시키고자 했다. 이 '더 높은 자아'의 육성, 즉 "지배력의 함양을 위한"[82] 자기 극복으로서 예전의 금욕주의적 이상을 니체가 찬양하듯이, '더 높은 자아'라는 관념 자체도 죽었다고 말해지는 신을 다시 구출하려는 절망적인 시도임이 증명된다. 이러한 시도는 유럽 문명을 구하기 위해 '신적인 법칙'을 '자율성'으로 변형시키려 했던 칸트의 기도——영국의 회의주의가 포기했던 ——를 다시금 되풀이하는 것이다. "보편적 입법자로서 스스로를 동시에 객체로서 가질 수 있는 사람처럼, 모든 것을 자신의 의지가 발딛고 있는 금언에 따라 행한다"[83]는 칸트의 원칙은 또한 '초인'의 비밀이다. '초인의 의지'는 '정언 명령kategorische Imperativ'만큼이나 전제적이다. 칸트나 니체의 원칙은 모두 외적인 힘으로부터의 독립, 즉 계몽의 본질로서 규정된 조건 없는 '성숙'을 목표로 삼는다. 거짓에 대한 두려움——니체 자신 의식이 명료한 순간에는 "돈 키호테적인 망상"[84]이라고 야유했던——은 '법칙'을 자기 입법에 의해 해체하고 모든 것이 하나의 거대한 미신임을 폭로하게 됨에 따라, 계몽 자체나, 또한 어떤 형태의 진리도 우상이 되고 만다. 그리하여 우리는 "현대의 인식하는 자인 우리, 신을 갖고 있지 않은 자이며 반(反)형이상학자인 우리는, 천년 묵은 믿음, 저 기독교라는 믿음, 또한 플라톤의 믿음이기도 했던 믿음, 즉 신은 진리이고 진리는 신적이라는 믿음이 점화시켰던 불꽃으로부터 불씨를 빌려와 우리의 횃

82 *A. a. O.*, Band XIV, Leipzig, 1904, S. 273.

83 Kant, *Grundlegung zur Metaphysik der Sitten*, a. a. O., Band IV, S. 432.

84 Nietzsche, *Die Fröhliche Wissenschaft*, a. a. O., Band V, Leipzig, 1908, S. 275. Vgl. *Genealogie der Moral*, a. a. O., Band VII, S. 267~71.

85 Nietzsche, *Die Fröhliche Wissenschaft*, a. a. O.

불을 밝힌다는 것"[85]을 알게 된다. '형이상학에 대한 비판'은 또한 '학문'에게도 향한다. 신을 부정하는 것은 그 자체 지양될 수 없는 모순을 내포하고 있다. 그것은 '앎' 자체를 부정하는 것이다. 사드는 계몽의 사상을 이 역전의 지점까지 밀고 나가지는 않았다. 계몽의 양심인 학문의 자기 반성은 철학에, 즉 독일인에게 유보되어 있는 것이다. 사드에게서 계몽은 아직은 정신적 현상이 되지 못한 단순한 사회적 현상이었다. 사드는 집단의 해체——니체가 더 높은 자아를 통해 이상주의적으로 극복하려는 망상을 품었던——와, 사회 · 직장 · 가족[86]과의 유대에 대한 비판을 무정부 상태가 찬양되는 지경까지 몰고 갔다. 그의 작품은 종교가 문명의 기초를 이룬다고 말하는 원칙들의, 예를 들면 십계명이나 가부장적 권위나 소유의, 신화적 성격을 폭로한다. 이것은 르 플레이 Le Play*가 백년 후 만들어낸[87] 사회 이론과 정확하게 반대되는 것이다. '형식적 이성'의 법정에서 십계명의 모든 조항은 무효임이 선언된다. 십계명의 조항들은 모두 이데올로기임이 증명되는 것이다. 줄리엣의 요청에 대한 대답으로 살인을 변호하면서,[88] 교황은 비기독교적 행위를 합리화시키는 것이 자연의 빛을 통해 기독교의 원칙들——이 원칙에 따르면 그런 행위는 악마의 소행인데——을 정당화하는 것보다 더 쉽다고 생각한다. 살인을 정당화하는 '주교관을 쓴 철학자 philosophe mitré'는 살인을 저주하는 마이모니데스**나 토머스 아퀴나스보다 오히려 덜 소피스트적이다. 로마의 이성

---

86 Vgl. Nietzsche, *Nachlaß*, a. a. O., Band XI, S. 216.

　* Frédéric Pierre Guillaume Le Play(1806~1882): 프랑스의 엔지니어이며 사회 개혁가. 나폴레옹 3세 시절의 가장 중요한 가톨릭적 · 보수주의적 사회 개혁자.

87 Vgl. Le Play, *Les Ouvriers Européens*, Paris, 1879, Band I, Besonders S. 133ff.

88 Sade, *Juliette*, a. a. O., Band IV, S. 303ff.

　** Moses Maimonides(1135~1204): 유대인 철학자이며 의사. 전통적인 유대 신학을 정비하고 체계화한 인물이다.

은 프로이센의 신들보다도 더 강자의 편을 든다. 그러나 '법
칙'은 왕관을 박탈당하며, 이 법칙을 인간화하려는 사랑은 우
상 숭배로의 회귀임이 폭로된다. 학문이나 '산업'은 이성간의
낭만적 사랑뿐만 아니라 사랑 일반을 형이상학이라고 매도한
다. 왜냐하면 이성 앞에서는 어떠한 사랑도——부부간의 사랑
이든, 연인간의 사랑이든, 부모의 사랑이든, 자식의 사랑이든
——버틸 수 없기 때문이다. 블랑지스Blangis 공작은 통치자의
식솔들, 즉 딸들이나 부인을 다른 사람만큼 엄격하게, 아니 더
가혹하게 다루라고 부하들에게 말한다. "그 이유는 너희들이
끈끈하게 연결되어 있다고 믿는 이 가족이라는 결사체가 우리
의 눈에는 얼마나 경멸스러운 것인가를 너희들에게 보여주기
위해서다."[89] 남성의 사랑이 그러하듯이 여성의 사랑도 해체된
다. 생퐁즈가 줄리엣에게 말하고 있는 탕아들의 법칙은 모든
여성에게 적용되어야 한다는 것이다.[90] 돌망세는 부모의 사랑
을 유물론적으로 탈마법화시킬 것을 제안한다. 가족이라는 "마
지막 결사체는 노년에 버림받을 것을 두려워하는 부모들의 불
안에서 생겨난다. 그들은 어린 시절에 우리에게 제공했던 것과
비슷한 정도의 보살핌을 노년에 받기를 기대한다."[91] 사드의 주
장은 시민 계급만큼이나 오래된 것이다. 데모크리투스는 이미
부모의 사랑이 경제적인 것임을 폭로했다.[92] 사드는 문명의 토
대인 족외혼 제도Exogamie를 탈마법화시킨다. 사드에 따르면
근친 상간은 반대해야 할 하등의 합리적 근거를 갖고 있지 않
다.[93] 위생학적 이유에서 그것을 반대하는 주장은 가장 진보된

89 Sade, *Les 120 Journées de Sodome*, a. a. O., Band I, S. 72.
90 Vgl. Sade, *Juliette*, a. a. O., Band II, S. 234. Anm.
91 Sade, *La Philosophie dans le Boudoir*, a. a. O., S. 185.
92 Vgl. Demokrit, *Diels Fragment 278*, Berlin, 1912, Band II, S. 117f.
93 Sade, *La Philosophie dans le Boudoir*, a. a. O., S. 242.

과학에 의해 결국 반박당했다. 과학은 사드의 냉혹한 판결을 인준했다. "근친 상간에 의해 태어난 아이들이 다른 아이들보다 백치나 벙어리나 곱사로 태어날 가능성이 높다는 것은 증명되지 않았다."[94] 이성간의 낭만적 사랑이 아닌 어머니의 사랑——모든 '부드러움'과 사회적 감정의 토대를 이루는[95]——에 의해 유지되고 있는 가정은 '사회' 자체와 갈등을 일으키게 된다. "사회라는 공동체에만 속해야 하는 아이들을 가정 속에 고립시키는 한 그들을 유능한 공화국 시민으로 만들 꿈은 꾸지 마시오. 〔……〕 종종 조국의 이득과 배치되는 가족 속에서만 아이들이 양분을 섭취하도록 놔두는 것이 엄청난 불이익을 초래한다 할 때, 아이들을 가정으로부터 분리시키는 것은 많은 이익을 가져다 줄 것이오."[96] "가족 결사체"는 사회적인 이유로 분쇄된다. 아이들에게 아버지에 대한 지식은 "절대적인 금기"다. 그들은 "오직 조국의 아이들"[97]로서, 사드가 '법칙들'과 투쟁하면서 선포한[98] 무정부 상태나 개인주의는 '공화국,' 즉 '절대적인 보편의 지배'로 귀결된다. 몰락한 신이 더욱 지독한 우상이 되어 돌아왔듯이, 예전의 야경 국가는 파시스트 집단의 폭력으로 전환된다. 사드는 생쥐스트나 로베스피에르가 그 초입에서 좌절했던 국가사회주의의 모든 과정을 머릿속에서 추적해보았다. 시민 계급이 그들의 가장 충실한 정치가인 이들을 단두대에 보냈듯이, 그들의 가장 솔직한 작가를 국립 도서관이라는 지옥 속에 유폐시켜버렸다. 쥐스틴과 줄리엣의 스캔들에 찬 연

94 S. Reinach, "La prohibition de l'inceste et le sentiment de la pudeur," in *Cultes, Mythes et Religions*, Paris, 1905, Band I, S. 157.

95 Sade, *La Philosophie dans le Boudoir*, a. a. O., S. 238.

96 *A. a. O.*, S. 238~49.

97 *A. a. O.*

98 Sade, *Juliette*, a. a. O., Band IV, S. 240~44.

대기인 사드의 소설은——스타일은 18세기적이지만, 생산 라인의 후속 상품으로 나타난 19세기 통속소설과 20세기 대중 문학의 전신을 이루는데——'지배 기관으로서의 사유에 대한 역사'라는 마지막 신화적 껍질이 벗겨진 호머의 서사시다. 시민 계급이 자신의 거울에 비친 스스로의 이미지에 경악하게 되자 그들은 자신의 계급 너머 저편에 있는 세계에 시선을 주게 된다. 이 세계는 사드에게서조차 미래의 상으로 어른거리는 '조화로운 사회'라는 이상——"너의 한계를 직시하고는 집 안에 가만히 앉아 있어라"[99]——도 아니며, 또한 차메*의 역사에서 발전시킨[100] 사회주의적 유토피아도 아니다. '자기 스스로에 대한 계몽의 경악'을 사드가 그의 적들에게 넘겨주지 않았다는 것, 이것이 그의 작품을 구제하도록 만드는 지렛대다.

시민 계급의 '어두운' 사상가들은 시민 계급의 '변호론자'들과는 달리 '조화'의 교리를 통해 '계몽의 결론'을 빠져나가려고 시도하지 않았다. 이들은 또한 형식주의적인 이성이 비도덕보다는 도덕과 친화성을 갖는다고 생각하지 않았다. '밝은' 사상가들이 이성과 범죄, 시민 사회와 지배 사이에 존재하는 뗄 수 없는 밀착 관계를 부정함으로써 보호한다면, 저 어두운 사상가들은 충격적인 진리를 무자비하게 폭로한다. "부녀 살해, 유아 살해, 수간(獸姦), 암살, 매춘, 강간으로 얼룩진 손에 하늘은 부(富)를 선사하셨습니다. 이러한 파렴치한 행위를 보상해주기 위해 하늘은 나에게 부를 누리도록 해주신 것입니다"[101]라고 클레윌

99 Sade, *La Philosophie dans le Boudoir*, a. a. O., S. 263.
  * Zamé:『알린느와 발쿠르』의 2부에 나오는 타뫼Tamoe라는 나라의 왕으로서 사드의 유토피아를 대변하는 인물. 그는 모든 고통의 원인을 사유 재산, 계급간의 차이, 종교 그리고 가족간의 사랑이라고 지적하고 타뫼를 개혁하려 한다.
100 Sade, *Aline et Valcour*, a. a. O., Band II, S. 181ff.
101 Sade, *Juliette*, a. a. O., Band V, S. 232.

은 자기 오빠의 일대기를 요약한다. 그녀의 말은 물론 과장된 것이기는 하다. 사악한 지배가 정의롭다는 말은 범죄가 보상을 받는다는 말에 비해 앞뒤가 잘 안 맞는다. 그러나 **과장만이 진리다.** 극단적인 잔혹성이 개별 사례 속에서 구체적으로 드러나는 데에 지나간 역사의 본질이 있을 것이다. 포그롬 학살*의 진실은 통계적 파악에 의해서가 아니라──고통을 덜어주기 위해 인정상 죽인 사람들의 숫자를 포함시키더라도──지독한 고문 같은 예외적 상황에 대한 정확한 묘사에서 잘 드러난다. 잔혹한 세계 속에서 '행복한 삶'이란, 엄청난 고통 속에서 희생당한 사람들이 존재한다는 단순한 사실만으로도 몰염치한 것이다. 이 희생자들이 '본질'을 구현한다면, 저 행복한 삶은 '무(無)'인 것이다. 시민의 시대에서 자신의 아이나 부인을 죽인다거나 매춘, 수간을 하는 행위는 상류층보다는, 지난 시대의 지배자들의 행태를 물려받은 피지배층에서 더 자주 일어날 것이다. 이를 위해 피지배층의 사람들은 지난 몇 세기 동안에도 권력을 둘러싸고 산더미 같은 시체들을 쌓아올렸던 것이다. 지배가 그 적나라한 모습을 드러낸 파시즘에서 보여진 지배자들의 행태에 비할 때, 파시즘의 구체적 실례를 보여주는 브리자테스타*의 생애에 관한 격정적인 묘사는 전혀 해롭지 않은 낯익은 무엇에 불과한 것으로 여겨진다. 사드나 망드빌에서 묘사되는 사적인 악(惡)은 전체주의 시대에 자행된 공적인 악의 예고편일 것이다. 이성을 통해 살인의 부당성을 제시하는 것이 근본적으로 불가능하다는 사실을 은폐하거나 얼버무리기보다는 온 세상에 큰 소리로 외쳐댔다는 사실이, 사드와 니체에 대한 오늘

---

* 유대인 학살. 특히 1881년, 1903년, 1905년 제정 러시아에서 일어난 사건.
* Brisa-Testa: 『줄리엣』에 나오는 인물. 줄리엣의 동료이며 클레윌과 근친 상간 관계에 있는 강도단의 두목.

날까지도 사그라질 수 없는 진보주의자들의 증오에 불을 붙였다. 물론 논리실증주의와는 다른 방식으로서이지만 이 두 사람은 글자 그대로 '과학'을 추구한다. **사드와 니체는 논리실증주의자들보다 더 철저히 합리성에 집착함으로써** 칸트의 이성 개념에서나 다른 위대한 철학들에 은밀히 내포되어 있는 유토피아의 표피를 벗겨내어 그 본질을 적나라하게 들추어낸다. 그것은 더 이상 왜곡되지 않은 인간의 유토피아로서 더 이상 왜곡을 필요로 하지도 않는다. 이 무자비한 교리들은 '지배와 이성의 동일성'을 공표하고 있지만, 그들은 시민 계급의 비굴한 도덕주의자들보다 오히려 자비롭다. "너의 가장 큰 위험은 무엇인가?"[102] 니체는 이렇게 자문하면서 그 대답은 "동정심"이라고 한다. 인간에 대한 신뢰가 온갖 위안과 보장에 의해 매일매일 배반당하고 있다 할 때, 니체는 오히려 그의 '부정' 속에서 인간에 대한 흔들림 없는 신뢰를 구제했던 것이다.

---

102 Nietzsche, *Die Fröbliche Wissenschaft*, a.a.O., Band V, S. 205.

문화 산업: 대중 기만으로서의 계몽

기성 종교의 객관적 권위가 상실되고, 자본주의 이전 시대의 마지막 잔재마저 해체되며, 기술과 사회의 분화와 전문화가 심화됨으로써 문화적 혼란이 초래되었다는 사회학적 견해는 매일매일 거짓임이 드러나고 있다. 왜냐하면 오늘날 문화는 모든 것을 동질화시키기 때문이다. 영화와 라디오와 잡지는 개개 분야에 있어서나 전체적으로나 획일화된 체계를 만들어내고 있다. 대립된 정치적 견해들은 그럴듯한 미사여구에도 불구하고 사실은 모두 비슷하게 강철의 리듬을 찬양하고 있다. 기업의 장식적인 본사 건물이나 전시장은 권위주의 국가에서나 그렇지 않은 국가에서나 별 차이가 없다. 온 사방에 솟아 있는 으리으리한 기념탑 같은 고층 건물들은 다국적 기업의 치밀한 계획성을 과시하며, 이 다국적 기업이 보인 모범을 향해 모든 기업은 맹렬한 기세로 달려간다. 위로할 길 없는 도시에 널려 있는 삭막한 주거 집단과 사무실들은 이러한 기업들이 만들어낸 기념물이다. 시멘트로 이루어진 도시 중심가 주변에 남아 있는 옛 가옥들은 슬럼처럼 보이며, 국제 상품 전람회장에 세워진 임시 구조물들처럼 도시 변두리의 새로 지어진 간이 주택들은 기술 진보를 찬양하지만 잠시 사용된 후에는 통조림 캔처럼 버려지기를 기다리고 있다. 도시의 주택 사업은 위생적인 소주택을 보급하여 개인들을 자율적인 주체로 보이게 하지만, 사실은 그들의 반대편에 있는 절대적인 자본의 힘에 개인들을 좀더 철저히 종속시키고 있다. 중심가(中心街)가 생산자인 동시에 소비자인 주민들을 일과 유흥을 위해 끌어들인다면, 닭장 같은 집들은 빈틈없이 잘 조직된 주거 단지를 이룬다. 대우주와 소우주의 가시적 통일성은 개개의 인간들이 그들 문화의 대표자인 것처럼 보여준다. 그러나 그것은 **보편과 특수의 잘못된 동일성**이다. 독점하에서 대중 문화는 모두 획일적인 모습을 하고 있는데, 독점에 의해 만들어지는 대중 문화의 골격과 윤곽이 서서히 드러나기 시작한다. 대중 문화의 조종자들은 독점을 숨기려 하지도 않는다. 독점의 힘이 강화될수록 그 힘의 행사도 점점 노골화된다. 영화나 라디오는 더 이상 예술인 척할 필요가 없다. 대중 매체가 단순히 '장사business' 이외에는 아무것도 아니라는 사실은 아예 한술 더 떠 그들이 고의로 만들어낸 허섭스레기들을 정당화하는 이데올로기로 사용된다. 그들 스스로 자신을 기업이라 부르며, 사장의 수입이 공개되면 그로써 그들의 생산물이 사회적으로 유용한가 아닌가에 대한 의심은 충분히 제거된 것으로 간주한다.

대중 문화의 관계자들은 문화 산업을 기술적 용어로 설명한다. 그들은 문화 산업에 수백만이 참여하기 때문에 수많은 장소에서 동일한 상품에 대한 동일한 욕구를 충족시키기 위해서는 어떤 방식이든 재생산 과정이 필요하다고 주장한다. 생산의 중심지는 몇 안 되지만 수요는 여기저기 산만하게 흩어져 있다는 기술적 문제가 경영에 의한 조직과 계획을 필요하게 만든다고 얘기한다. 규격품이란 본래 소비의 욕구에서 나왔다는 것이며 그 때문에 규격품은 별 저항 없이 받아들여진다는 것이다. 이러한 주장 속에 가려져 있는 것은 문화 산업의 조종과 이러한 조종의 부메랑 효과인 수요가 만드는 순환 고리로서 이러한 순환 고리 속에서 체계의 통일성은 사실 점점 촘촘해지고 있다. 이러한 기술적 설명 뒤에 은폐되어 있는 것은, 기술이 사회에 대한 통제력을 획득할 수 있는 기반은 사회에 대한 경제적 강자의 지배력이라는 사실이다. 오늘날 **기술적 합리성이란 지배의 합리성 자체다.** 이러한 합리성은 스스로로부터 소외된 사회가 갖게 된 강압적 성격이다. 자동차나 폭탄이나 영화는 전체가 해체되지 않도록 근근이 유지시켜주고 있지만 그러한 유지의 한계는 그것들이 벌이는 끝없는 평준화 작업이 결국에는 빚어낼 수밖에 없는 불의 속에서 자신의 힘을 확인할 때까지다. 문화 산업의 기술은 규격화나 대량 생산을 가능케 하며 그 대신 일의 논리와 사회 체계의 논리를 구별시켜줄 수 있는 무엇을 희생시켰다. 그러나 이것은 기술의 운동 법칙에서 빚어진 결과라기보다는 현대 경제에서 기술이 행하는 기능에서 비롯된 것이다. 중앙 통제로부터 벗어나려는 욕구는 개인들의 의식 내부에서 이루어지는 통제에 의해 사전 봉쇄된다. 전화로부터 라디오로 나아가는 발걸음은 역할의 문제에서 분명한 분기점을 이룬다. 전화의 참여자는 주체로서 역할하는 것이 가능하다는 점에서 앞의 단계가 자유주의 단계라면, 청취자들을 서로 엇비슷한 방송 프로그램들에 권위적으로 복종시키는 라디오는 그들을 수동적인 객체로 만든다는 점에서 후자의 단계는 민주주의 단계다. 수신자가 자신의 의사를 말할 수 있는 어떤 응답 장치도 아직은 개발되지 않았으며 사적인 전파(電波)에는 자유가 허용되지 않는다. 사적인 전파는 아마추어라는 출처 미상의 영역에만 국한되며 그나마도 위로부터 통제받아야만 한다. 공적 방송의 틀 안에서는 자발적인 청중의 작은 흔적이라도 전문가 집단에 의해 선별된 온갖 종류의 배우 스카우터, 방송국간의 경쟁, 그리고 공적 프로그램에 흡수당하고 조종당한다. 배우들의 연기는 기업이 연기의 지침을 내리기도 전에 이미 기업의 생리에 종속된다. 그렇지 않다면 배우들은 그토록 열렬히 자신을 순응시키려 들지 않을 것이다. 실제든 가식이든 청중이 문화 산업의 체계를 선호하고 있다는 것은 그 자체가 체계의 일부이지 체계를 변명하기 위한 구실은 아니다. 어떤 예술 분야가 소재나 전달 수단에 있어 전혀 다른 분야들과 똑같은 처리 방식을 따르면서, 청중의 자발적인 소망들에 호응하기 위한 것이라고 말하는 것은 억지 변명에 지나지 않는다. 예를 들어 라디오 멜로물에서 극의 매끄러운 흐름을 방해하는 매듭들이 재즈 음악의 클라이맥스에서 겪는 난관과 같은 기술적으로 극복되어야 할 어려움의 적절한 예로서 제시되거나, 영화 대본을 위해 톨스토이 소설의 부분들을 제멋대로 각색하는 것과 비슷한 방식으로 베토벤 교향곡의 한 악장을 영화의 사운드트랙을 위해 슬그머니 따오는 경우가 그러하다. 이러한 현상은 경제적인 선별 메커니즘을 구성하고 있는 기술적·인적 장치가 자신의 고유한 무게 때문에 어쩔 수 없이 저지를 수밖에 없는 과오라고 설명하는 것이 차라리 나을 것이다. 또 하나 덧붙일 수 있는 것으로서 그들이 가지고 있는 규칙이나 소비의 개념에 어긋나는 것, 무엇보다도 그들 자신과 같지 않은 것은 무엇이든 생산하거나 허가하지 않는다는 방침은 최고 경영진에 있는 모든 사람들의 합의 사항이거나 각자가 암묵적으로 갖고 있는 최소한의 결의다.

우리 시대에서 사회의 객관적 경향은 최고 경영자의 은밀한 주관적 의도 속에 새겨져 있다고 할 수 있는데, 그러한 의도란 사실은 철강·석유·전기·화학과 같은 가장 강력한 산업 부문들이 지니고 있는 의도다. 그들과 비교할 때 문화 부분의 독점이란 연약하고 종속적인 것이다. 그래도 문화 부문은 아직 감미로운 자유주의나 유대인적 지성에 의해 장사를 하고 있지만 대중 사회에서 정화 대상이 되지 않기 위해서는 실질적인 권력 소유자들의 비위를 맞추지 않으면 안 된다. 개개의 계열들은 경제적으로 서로 얽혀 있는데 그 비근한 예로는 방송 산업들이 전기 산업에 종속되어 있다든지 영화 산업이 은행업에 매여 있다는 사실을 들 수 있을 것이다. 모두가 서로간에 너무나 긴밀히 뒤엉켜 있기 때문에 그들의 공통된 정신은 전혀 다른 업종이나 기술이 만들어내는 경계선 정도는 거리낌없이 넘나든다. 문화 산업의 물샐틈없는 통일성은 정치의 영역에서 무슨 일이 일어날 수 있는지를 짐작게 한다. 갑이라는 영화와 을이라는 영화 사이에, 또는 상이한 가격층의 잡지 내용들 사이에 차이가 없는 것은 물론 아니지만, 그 차이란 사실 자체로부터 나오는 본질적 차이라기보다는 소비자들을 분류하고 조직하고 장악하기 위한 차이에 불과하다. 어느 누구를 위해서도 무엇인가가 마련되어 있지만 그것은 누구도 그것으로부터 빠져나가지 못하게 하기 위해서다. 이를 위해 차이는 오히려 강조되고 선전된다. 대중에게는 각계 각층을 위해 다양한 질(質)의 대량 생산물이 제공되지만 그것은 양화(量化) Quantifizierung의 법칙을 더욱 완벽하게 실현시키기 위한 것이다. 모든 사람은 미리 자신에게 주어진 수준에 걸맞게 '자발적으로' 행동하며 자기와 같은 유형을 겨냥해 제조된 대량 생산물을 고른다. 소비자들은 정치 선동을 위한 조사 단체와 구별되지 않는 조사 단체의 통계표 위에서 소득 수준에 따라 빨강·초록·파란 부분으로 분류된다.

일련의 과정들이 얼마나 도식화되어 있는가 하는 것은, 생산물들의 기계적인 차이란 궁극적으로는 똑같다는 사실에서 잘 드러난다. 크라이슬러의 모델과 제너럴 모터스의 모델들의 차이란 근본적으로 환상에 불과하다는 것은 작은 차이에 열광하는 어린아이조차 알고 있다. 전문가들이 무엇이 장점이고 무엇이 단점이라고 떠들어대는 것은 경쟁과 선택 가능성이라는 가상을 영구화하는 데 기여할 뿐이다. 어떤 영화가 워너브러더스에 의해 공급되었는가 메트로 골드윈 메이어에 의해 공급되었는가의 문제에서도 사정은 똑같다. 동일한 회사가 만들어내는 값싼 모델과 비싼 모델 사이의 차이조차 점점 축소되고 있다. 그 예로서 자동차의 경우 기통수, 배기량, 신안(新案) 부품 수에 따른 차이가 점점 줄어들며, 영화의 경우 스타를 얼마나 동원했는가, 기술이나 인력이나 장비, 또는 최신의 심리학적 기법들을 얼마나 풍성하게 사용했는가의 차이가 점점 대수롭지 않은 것이 된다. 가치의 유일한 척도는 얼마나 이목을 끄는가 또는 얼마나 포장을 잘하는가에 달려 있다. 문화 산업의 상이한 예산 배분에 의해 만들어진 가치의 편차는 생산물의 실제적 가치나 의미와는 아무런 관계가 없다. 기술 매체 또한 서로간의 차이가 희석되어 끊임없는 획일화가 강요된다. 텔레비전은 영화와 라디오의 종합을 꾀하고 있는데 그러한 종합은 이해 당사자간의 의견 통일이 아직 이루어지지 않아 저지되고 있지만 그 무한한 가능성은 심미적 소재의 빈곤화를 엄청나게 가속화시킬 것이 분명하며, 그에 따라 아직은 가려져 있는 모든 문화 산업의 획일성이 미래에는 확연히 백일하에 모습을 드러낼 것이다. 이것은 한 작품 속에 모든 예술을 융합한다는 바그너의 '총체적 예술 작품'이라는 꿈이 우스꽝스러운 형태로 실현되는 것이다. 말과 형상과 음악을 일치시키는 것은 「트리스탄」에서 보다 훨씬 완벽하게 성공하고 있다. 왜냐하면 겉으로 드러난 사회 현실을 비판 없이 반영하는 감각적 요소들은 원칙적으로 동일한 기술적 작업 과정 속에서 생산되며 이러한 작업 과정의 통일성은 곧 사회 현실의 본질을 표현할 것이기 때문이다. 이러한 작업 과정은 소설을 어쭙잖게 각색한 영화로부터 최근의 음향 효과에 이르기까지 생산의 모든 요소들을 통합한다. 이러한 작업 과정은 **투자된 자본의 승리**를 의미한다. 전능한 자본은 꼭두각시가 되어버린 생산 라인의 종사자들의 마음에 깊이 새겨지게 되며, 이렇게 새겨진 화인(火印)은 작업 팀이 그때그때 어떤 플롯을 선택하든 상관없이 모든 영화의 본질적 의미가 된다.

　사람들의 여가 시간은 문화 산업이 제공하는 획일적 생산물로 채워질 수밖에 없다. 칸트의 도식이 감각의 다양성을 근본 개념과 연관지을 수 있는 능력을 주체에게서 기대했다면 산업은 주체로부터 그러한 능력을 빼앗아간다. 고객에 대한 산업의 가장 큰 봉사는 그러한 틈짜기를 고객을 위해 자신이 떠맡는 것이다. 칸트에 따르면 외부로부터 오는 직접적인 자료들을 순수 이성의 체계에 끼워넣도록 도와주는 은밀한 메커니즘이 영혼 속에서 작용하고 있다고 한다. 오늘날 이 은밀한 메커니즘이라는 비밀의 수수께끼는 풀렸다. 이 메커니즘은 경험을 위한 자료들을 모아주는 사람들이나, 온갖 합리화에도 불구하고 비합리적인 사회의 중량이 어쩔 수 없이 만들어낸 문화 산업에 의해 계획되고 있는데, 이러한 메커니즘이 운영되는 과정 속에서 여기에 관여하는 사람들은 그러한 과정에 내재하는 생리를 자각하고 이용함으로써 이 메커니즘을 조작 가능한 것으로 만든다. 소비자가 직접 분류할 무엇은 더 이상 남아 있지 않다. 생산자들이 소비자를 위해 그러한 분류를 다 끝내놓았기 때문이다. 꿈이 없는 대중 예술은 이상주의의 꿈——비판적인 의식에서 볼 때 이러한 꿈은 그 자체가 지나친 것인데——을 실현시킨다. 모든 것은 의식으로부터 나온다. 다만 말브랑슈Malebranche*

---

* 니콜라스 드 말브랑슈(1638~1715): 프랑스의 철학자이자 수도사. 『진리의 탐구』라는 책을 남겼다.

나 버클리Berkeley에게 있어서는 신의 의식으로부터 나온다면 대중 예술에서는 세속적인 제작 팀의 의식으로부터 나온다는 점이 다르다. 여러 유형의 인기 가요나 인기 배우, 멜로물들이 돌고돌지만 실제로는 전혀 변화가 없는 것처럼, 오락물의 내용들도 겉보기에는 변하는 것 같지만 사실은 전혀 변화 없는 반복일 뿐이며, 세부 사항들만이 대체 가능하다. 인기 가요에서 효과를 보이는 짧고 단속적인 인터벌, 유쾌한 재밋거리에 불과하겠지만 간혹 벌어지는 인기 배우의 창피스런 실수, 남자 배우가 연인에게 휘두르는 억센 손찌검 또는 응석받이 상속녀를 거칠게 다루는 것 등은 다른 자질구레한 사항들처럼 어떤 작품에서나 임의로 사용할 수 있는 준비된 상투 수법들로서 그 역할이란 이미 짜여진 틀 속에서 그들에게 부여된 목표를 달성하는 것뿐이다. 이러한 것들의 존재 이유란 그들이 오직 전체 틀을 유지하기 위한 구성 부분이 됨으로써 그 틀을 확인하는 것이다. 영화가 시작되자마자 끝이 어떻게 될지, 누가 상을 받고 누가 벌을 받으며, 누가 잊혀질지는 분명하게 드러난다. 가벼운 음악에서는 이미 단련된 귀로 인기 가요의 처음 몇 마디만 들어도 노래가 어떻게 진행되어갈지를 짐작할 수 있으며 자신의 추측이 맞아떨어질 때 행복감을 느낀다. 단편소설의 표준화된 길이는 엄격히 준수되어야만 하는 것이다. 익살이나 농담, 효과들도 사전에 치밀하게 계산된 것이다. 이러한 것들은 특별한 전문가들이 떠맡게 되는데 이들의 세분화된 업무는 사무실 안에서 분담된다. 문화 산업은, 눈에 띄는 효과나 성과 또는 기술적 사항들이 작품 자체보다 더 높이 평가되는 추세와 병행하여 발달해왔는데, 예전에 어떤 '이념'에 의해 지탱되던 작품이란 관념은 그 '이념'과 함께 해체되어버린다. '부분'이 전체로부터 해방되면서 부분은 반란을 획책하게 되어, 낭만주의로부터 표현주의에 이르는 동안 '부분'은 스스로를 자유분방한 표현이며, 조직에 대한 항의의 담당자임을 표방하게 된다. 음악에서는 감미로운 개별 효과가 전체 형식에 대한 의식을 무디게 만들며, 회화에서는 전체적 구성을 희생시킨 채 개별적인 색깔만이 강조되고 소설에서는 개별적인 심리 묘사가 전체 구조보다 더 중요시된다. 문화 산업의 총체성은 전체적인 구조라는 관념에 종말을 고하게 만든다. 문화 산업이 오직 '효과'에만 매달리게 됨으로 말미암아, 마음대로 주물러지지 않는 것이라는 '효과'의 고유한 특성이 무시되고 '작품'이라는 관념을 대체해버린 상투화된 형식에 효과는 종속된다. 전체나 부분 모두에 대해 문화 산업은 비슷한 타격을 가한다. **전체는 부분들과의 필연적 연관성을 상실하게 되어,** 전체란 모든 것을—실제에는 황당무계한 사건들의 총합 이외에는 아무것도 아닌—성공담을 위한 사례와 전거로 끌어들이는 성공한 사람의 인생 여정 비슷한 것이 된다. 소위 말하는 포괄적 이념이란 잡다한 것들을 담아놓은 서류 가방 같은 것으로서 질서를 지탱시켜주고 있을지는 모르지만 내적 연관성을 확보해주지는 못한다. 서로 대립적이지도, 또한 서로에 대해 어떤 구속력도 갖지 않게 된 전체와 개별 요소들은 둘 다 비슷한 경향을 보여준다. 사전에 이미 보증되어 있는 '조화Harmonie'는 시민 예술의 걸작품에서 어렵게 얻어지는 조화라는 관념을 비웃는다. 독일의 경우, 무덤에서나 가능한 독재자의 휴식을 민주주의 시대의 명랑한 영화는 이미 처음부터 간판으로 내건다.

전 세계는 문화 산업이라는 필터를 통해 걸러진다. 바깥의 거리는 방금 본 영화의 연속임을 깨닫는—왜냐하면 영화 자체가 일상적인 감수성의 세계를 엄밀하게 재현하려 하기 때문에— 관람객의 오랜 경험은 이제 영화 제작의 지침이 되었다. 제작 기술이 경험 대상을 빈틈없이 정확하게 재현할수록 바깥의 세상은 영화에서 본 세상의 정확한 연장이라는 환상이 쉽게 퍼져나간다. 유성 영화가 도입된 이후 기계적인 복제는 오직 이러한 목적에 이용되었다. 실제 생활은 점점 유성 영화와 구별할 수 없게 된다. 착각극Illusionstheater*을 훨씬 능가하는 유성 영화는, 관람자가 줄거리를 놓치지 않으면서도 사건의 흐름에서 자유롭게 빠져나와 이런저런 상상과 반성을 할 수 있는 여지를 남겨놓지 않음으로써 자신의 제물들로 하여금 영화를 현실과 직접적으로 동일시하도록 유도한다. 오늘날 문화 소비자들의 자발성이나 상상력이 위축된 이유를 그 어떤 심리적 메커니즘에서 찾을 필요는 없다. 제작물 자체가——그 특성이 가장 강한 것은 유성 영화라고 할 수 있는데——자신의 객관적 속성에 따라 그러한 능력을 불구로 만들어버린 것이다. 문화 상품의 속성은, 제작물을 제대로 파악하기 위해서는 민첩성과 관찰력과 상당한 사전 지식을 요구하지만 관객으로 하여금——재빨리 스쳐 지나가는 사실들을 놓치지 않기 위해——**적극적으로 사유하는 것을 불가능하도록 만든다**는 데 있다. 그때그때 신경을 곤두세우지 않더라도 관람객의 긴장은 어느 정도 유지되지만 상상을 위한 공간은 남겨져 있지 않다. 영상과 제스처와 말들이 만드는 영화의 세계에 사로잡혀서 그 세계에 무언가를 덧붙여 자신의 세계로 만들 능력이 없는 사람들은 필름이 돌아가는 동안 전체 조합이 만들어내는 특별한 효과에 몰두할 필요가 없다. 지금까지 그들이 보아온 다른 영화나 유흥물들로부터 이미 관중들은 무엇을 기대해야 하는지를 알고 있으며 그들은 그것에 대해 자동적으로 반응한다. 산업 사회의 폭력은 사람들 마음

---

* 무대 장치를 사실주의적으로 정교하게 함으로써 관람자가 열려 있는 한쪽 벽면을 통해 현실의 일부를 몰래 엿보고 있다는 착각을 불러일으키는 극.

계몽의 변증법

속에서 언제나 작용한다. 문화 산업의 생산물은 여가 시간에조차 소비가 활발히 이루어지기를 노린다. 개개의 문화 생산물은 모든 사람들을 일하는 시간과 마찬가지로 휴식 시간에도 잡아 놓는 거대한 경제 메커니즘의 일환이다. 어떤 영화나 방송 프로그램이건 언뜻 보면 임의적인 것처럼 보이지만 사실은 사회 속에 사는 사람이면 누구도 벗어날 수 없는 작용을 사람들에게 가하려 한다. 문화 산업은 하자 없는 규격품을 만들 듯이 인간들을 재생산하려 든다. 프로듀서로부터 여성 단체에 이르는 모든 문화 산업의 대리인은 이러한 정신의 단순한 재생산 과정에 어떠한 뉘앙스나 사족이 끼어드는 것에 신경을 곤두세운다.

문화사가들이나 문화 수호자들이 서구에서는 '양식'을 만들어내는 힘이 소실되었다고 한탄하는 것은 놀랍게도 전혀 근거가 없는 것이다. 모든 것을, 전혀 생각도 할 수 없었던 것조차 기계적으로 복제 가능한 틀 속에 천편일률적으로 끼워넣는 능력은 문화의 감식가들이 산업 사회 이전의 과거를 유기적인 사회라고 미화하는 데 이용했던, 그 어떤 실재했던 양식의 타당성과 강도를 능가한다. 자기 장르의 은어(隱語)에 순응하지 않는 어떤 경향도 철저히 억압하기 위해 예상치 않은 불협화음을 제거하는 데 있어 팔레스트리나* 같은 작곡가도 재즈 편곡자만큼 철저하지는 않았다. 모차르트를 재즈로 편곡할 경우 편곡자는 모차르트 곡이 지나치게 심각하거나 어려울 경우 또는 별 이유 없이도 멜로디를 다르게 바꾼다. 그는 물론 보통의 관례보다 더 단순한 방법으로 멜로디를 조화시킴으로써 모차르트를 변질시킨다. 중세의 건축 감독도 교회 창문이나 조각품의 주제를 의심의 눈초리로 면밀히 조사했겠지만, 오늘날 발자크나 빅토

---

* Palestrina(1525?~1594): 16세기 이탈리아 작곡가로서 교회 음악의 대가.

르 위고의 원작을 가공하여 최종적으로 유통시키기 위해 대단히 위계화된 구조를 지닌 스튜디오가 이들 소재들을 검토하는 치밀성에는 못 미칠 것이다. 중세의 성직자가 신적인 사랑이라는 계율에 의거 귀신 들린 자에게 어느 정도의 고문을 가할지를 결정하는 데 있어 보여주는 주도면밀성은 대형 영화의 제작 책임자가 주인공으로 하여금 어느 정도의 고문을 받게 할지 또는 여주인공의 치마를 어느 높이까지 끌어올릴 것인지를 결정하는 데 있어 보여주는 치밀성을 따라가지는 못한다. 명시적이면서 암묵적인, 또한 공공연하면서도 비교(秘敎)적인 금지 목록과 허용 목록은 매우 광범위하여 자유의 허용 범위를 설정할 뿐 아니라 그 범위 내에서는 전능한 권력을 행사한다. 아주 자질구레한 세부 사항에 이르기까지 모든 것은 이러한 목록에 따라 규정된다. 문화 산업이건 또는 그와 정반대되는 전위 예술이건 이들은 금기의 테두리 내에서——문장 구성이나 단어 선택에 이르기까지——자신의 고유한 언어를 결정한다. 기존의 틀을 벗어나지 않으면서 새로운 효과를 창출해야 한다는 끊임없는 압력은, 개개의 효과가 빠져나가고 싶어하는 관습의 힘을 증가시키는 추가 규칙으로서 기능할 뿐이다. 세상에 나타나고 있는 모든 것에는 예외 없이 문화 산업의 인장이 찍혀지기 때문에 문화 산업의 흔적을 갖고 있지 않은 것이나 확인 도장이 찍히지 않은 것은 어떤 것도 세상에 등장할 수가 없다. 문화 산업의 생산이나 재생산에 종사하는 인기 연예인들은 문화 산업의 은어를, 오랫동안 참아왔던 말문이 터진 양, 자유자재로 기쁨에 넘쳐 구사할 수 있는 사람들이다. 문화 산업의 분야에서 그러한 태도는 자연스러움이라는 이상(理想)이 되었다. 문화 산업의 최종 생산물과 일상 현실의 차이에서 오는 긴장을 완화시키는 기술이 완벽해질수록 문화 산업의 영향은 점점 더 절대적이 된다. 자연의 패러디에 불과할 뿐인 이러한 상투성이 지니는 역설을 문화 산업의 흔적이 배어 있는 현대의 모든 사물들 속에서 만날 수 있다. 베토벤의 간단한 미뉴에트 같은 진지한 음악의 한 부분을 연주하는 재즈 음악가는 부지불식간에 곡을 축약하고는, 정상적인 박자를 지켜줄 것을 요청받으면 거만한 미소를 보낸다. 이러한 속성은, 개별 매체들이 이러한 속성을 점점 노골적으로 추구하고 더욱 과장시키게 됨에 따라 새로운 양식을 이룬다. 이 양식은 말하자면 "비(非)문화의 체계로서 하나의 통일적인 양식이며, 이러한 양식에 어떤 의미가 있다면 우리는 그것을 **야만적인 양식**이라 부를 수 있을 것이다."[1]

이러한 양식이 지니는 보편적 구속력은 이미 준(準)공적인 규정이나 금기가 지닌 구속력을 능가한다. 비근한 예를 들면 인기 가수가 관례를 벗어나는 비밀스런 멜로디나 하모니를 만들어내는 것은 용인되지 않지만 32박자나 9도 음계의 범위를 지키지 않는 것에 대해서는 별로 문제삼지 않는다. 오슨 웰스*가 상업의 관례를 어겼을 경우 그러한 규범 이탈은 체계의 유효성을 더욱 강하게 확인시켜주는 계산된 돌연변이로 간주되기 때문에 용서받는다. 기술적으로 조건지어진 관습적 제약들을 배우나 연출가가 자연 자체인 양 생산하게 되면서, 사람들은 미묘한 뉘앙스에 이르기까지 그러한 관습들을 자기 것으로 만들며 그러한 뉘앙스를 통해 전위 작품의 미묘한 수단들을 오히려 진리 자체로 받아들인다. 문화 산업의 여러 분야에 널려 있는 '자연스러움'의 관례가 부과하는 의무 조항들을 몇 분 내

---

1 Nietzsche, *Unzeitgemäße Betrachtungen*, Werke, Großoktavausgabe, Bd. I Leipzig, 1923, S. 187.

* Orson Wells(1915~1985): 미국의 영화 배우 겸 감독.「시민 케인」의 제작자 겸 주연을 맡았다.

에 충족시킬 수 있는가라는 진기한 능력이 문화 산업 종사자들의 유능함을 측정하는 척도가 된다. 사람들이 무엇을 어떻게 말하는가라는 문제는 논리실증주의에서처럼 일상 언어에서도 통제 가능해야만 하는 것이다. 제작자들은 전문가들이다. 관례는 놀라운 생산력을 요구하며 또한 그러한 생산력을 흡수하고 소비한다. 이를 통해 진정한 양식과 인위적 양식을 나누는 보수주의적인 구별은 가차없이 폐기 처분당한다. 형식의 내적 저항을 뚫고 외부로부터 부과된 양식을 보통 인위적 양식이라 부른다. 그렇지만 문화 산업에서 소재는 개개의 세부 요소들에 이르기까지 자기 폐쇄적인 동일 집단의 은어 속에서 나와 다시 그 은어 속으로 들어간다. 예술 전문가들이 스폰서나 검열관들과 서로를 믿을 수 없다고 비방하면서 벌이는 줄다리기는 미학 내적 긴장이 아니라 이해 관계의 차이에서 비롯된 것이다. 자율성의 마지막 잔재가 이따금씩 발견하는 피신처인 전문가의 명성은 교회의 사업 정책이나 문화 상품을 만들어내는 대기업의 사업 정책과 충돌한다. 그렇지만 그러한 싸움은 그 속성상 상이한 분야들 사이의 전면전으로 발전하기보다는 통상적인 매일매일의 일과로 처리된다. 성(聖)베르나데트*는, 채눅**이 그녀를 영화화하기 이전에 이미 그녀의 전기를 쓴 작가의 눈에도, 모든 관계 분야를 위한 눈부신 선전 소재로 보였다. 그것은 형상화되기에 적합한 그 인물의 매력에서 비롯된 것이다. 다루기 힘든 소재에 대해 더 이상 실험해볼 필요성도 느끼지 않는 문화 산업의 양식은 동시에 양식의 부정이다. 보편과 특수의 화해, 또는 대상의 특수한 요구가 규칙과 화해하는 것——이 과정 속에

---

* Bernadette(1844~1879): 가톨릭의 성녀로 루르드에서 성모 마리아의 현현을 체험했다. 그후 루르드는 가톨릭 최고의 성지가 되었다.
** Zanuck: 20세기 폭스 사의 사장.

서만 문화 산업의 양식은 내용을 얻게 되는데——은 극단간의 긴장이 더 이상 문제되지 않기 때문에 공허한 것이다. 서로 접촉하고 있는 극단들은 음울한 동일성이 되어버렸다. 보편자가 특수자를 대체할 수 있으며 역(逆)도 가능하다.*

그렇지만 이러한 양식의 왜곡된 모습은 과거의 진정한 양식에 대해 무엇인가를 일깨워준다. 문화 산업을 통해 **진정한 양식이라는 관념은 '지배'의 심미적 등가물임이** 드러난다. 양식을 단순한 심미적 법칙성으로 보는 관념은 과거에 대한 낭만적 환상이다. 기독교적인 중세에서나 르네상스에서도 통일적 양식이란 그때그때 상이한 사회적 힘의 구조를 표현하는 것이지 보편성이 더 이상 통용되지 않는 피지배자의 어두운 경험을 보여주는 것은 아니다. 위대한 예술가들이란 결코 매끈하고 완전한 양식을 구현한 사람들이 아니라 카오스적인 고통의 표현에 대항하기 위한 강인함으로서, 즉 양식을 '부정적 진리'로서 작품 속에 받아들인 사람들이다. 그러한 작품들의 양식은 표현된 것에 그 어떤 힘을 부여하는데 이러한 힘이 없다면 삶은 아무 소리도 못 내고 죽음 속으로 흘러 들어가버렸을 것이다. 모차르트의 음악처럼 고전이라고 불리는 저 예술 형식들은 그들이 구현한 양식과는 다른 무엇이고자 하는 객관적 경향을 내포하고 있다. 쇤베르크**나 피카소에 이르기까지 위대한 예술가들은 양

---

* 특수자는 체계 바깥에 위치하는 비동일적인 것으로서 보편자에 포섭될 수 없으며 보편자의 범주 속으로 붙잡아오려 할 경우 사라지는 무엇이다. 동일성의 철학이나 현대 사회는 보편과 특수 사이의 해결 불가능한 모순과 이로부터 빚어지는 아포리아 Aporia를 감당하기보다는 이러한 특수자를 억압하고 무시함으로써 획일화된 체계를 만들며, 한 개인이나 집단의 특수한 이해나 입장밖에 될 수 없는 특수자를 곧 보편자로 착각함으로써 폭력을 휘두르는 경향이 있다. 이러한 경향이 문화 산업에 의해 심화되는 것이다.

** Arnold Schönberg(1874~1951): 오스트리아의 작곡가. 젤린스키에게서 대위법을 배우고 후기 낭만파적 작품으로 주목을 끌었으며 12음기법을 창시하여 무조(無調) 음악의 기초를 확립했다. 아도르노의 현대 음악 해석을 위한 전범을 제공했다.

식에 대한 불신감을 품고 있으며 결정적 국면에서는 양식보다 '사물의 논리'를 따른다. 다다이스트나 표현주의자들이 '양식의 비진리'라고 부른 것과 유사한 것이 오늘날 감상적인 저음을 애용하는 가수의 노래에서, 사실적인 분위기를 연출하는 영화 배우의 옷 맵시에서, 가난한 농부의 오두막을 찍은 걸작 사진 작품에서 당당하게 나타난다. 모든 예술 작품에서 양식이란 하나의 '약속'이다. 어떤 표현이 양식을 가지게 된다는 것은 진정한 보편성과 화해하려는 희망 속에서──음악적인 언어든 회화적인 언어든 문학적인 언어든──지배적 보편성의 형식 속에 들어가는 것을 의미한다. 사회적으로 전승된 형식 속에 새로운 형태를 새겨넣음으로써 진리를 만들어낸다는 예술 작품의 약속은 어쩔 수 없는 것이기도 하지만 위선적인 것이기도 하다. 예술 작품은 사회에 대한 심미적 파생물을 통해 약속의 실현을 선취하려 함으로서 기존 사회의 실제 형식을 절대적인 것으로 간주한다. 그런 한에서 예술의 요구는 항상 이데올로기가 될 수밖에 없다.* 그렇지만 양식 속에 침전되는 전통과의 대결 말고는 달리 고통을 위한 표현을 발견할 길이 예술에는 없다. 예술 작품에서 현실을 넘어서는 요소를 양식으로부터 분리시킬 수는 없는 것이다. 그러나 양식이란 실제로 실현된 조화 속에 있는 것이 아니다. 다시 말해 양식은 내용과 형식, 안과 밖, 개인과 사회의 조화 속에 있는 것이 아니라 불화가 있는 곳 또는 '동일성'을 향한 열정적 노력이 어쩔 수 없이 좌절하는 곳에서 생겨나는 것이다. 위대한 예술 작품의 양식이 옛날부터 자기 부정

---

* 있는 그대로의 현실에 대한 무기력한 투영이 되지 않기 위해 예술은 현실에는 존재하지 않는 것을 약속하며 미약하나마 현상할 수 있다는 것은 가능한 것이 아니냐는 요구를 제기한다. 기존 현실의 묘사를 통해 화해의 가능성을 보여주는 예술의 선험적 긍정성은 이데올로기적인 측면을 지닌다. 그렇지만 아도르노의 『미학 이론』에서는 예술의 이러한 죄는 무죄에서 비롯된 것이라고 말한다.

에까지 이르는 좌절에 스스로를 노출시킨다면 열등한 예술 작품은 '동일성'에 대한 대용물로서 다른 작품과의 유사성에 매달린다.

문화 산업에 오면 이러한 모방은 절대적인 것이 된다. 양식을 넘어서는 무엇이 되려는 노력을 포기하면서 문화 산업은 양식의 비밀을 폭로한다. 양식에 숨겨져 있는 비밀은 바로 사회적 위계 질서에 대한 순종이다. 오늘날 심미적인 야만 상태는 정신적 형상물들을 문화라는 이름으로 긁어모아서는 '중화'시키게 됨으로써 이 형상물들에 대한 위협을 실제로 실현시킨다. 문화에 대해 이야기하는 것은 항상 이미 문화를 거역하는 것이었다. 문화라는 공통분모는 잠재적으로는 이미 문화를 관리 대상에 포함시키기 위해, 파악하고 카탈로그화하고 분류하려는 경향을 내포하고 있다. 산업 사회가 문화를 완전히 포섭하게 됨으로써 비로소 문화의 이러한 개념은 완전히 타당한 것이 되었다. 정신적 생산이 이루어지는 모든 부문을 동일한 방식에 의해 동일한 목적 아래 굴복시킴으로써, 또한 저녁때 공장을 떠난 후 다음날 아침 정확히 일터로 복귀할 때까지의 시간 동안 사람들의 감각을 낮 동안 행하는 노동 과정의 연장선상에 묶어둠으로써, 문화 산업에 의한 문화의 장악은, 대중화에 대한 반대 속에서 개성을 옹호하는 철학자들이 주장하는 '통일적 문화'라는 개념을 희화적으로 충족시킨다.

그러므로 문화 산업은, 양식이 결여되어 있다고 비난을 받는 자유주의가 도달할 수밖에 없는 곳이지만, 어떤 양식보다도 강인한 양식임이 증명된다. 문화 산업의 범주나 내용만이 자유주의, 즉 오페레타나 레뷔* 같은 순치된 자연주의로부터 유래하

---

* Revue: 음악·무도·장치가 화려한 시사 풍자 만극(漫劇).

는 것이 아니다. 현대의 문화 독점 기업은, 몇몇 비슷한 유형의 기업들과 함께 대부분이 겪은 해체와 분산의 위기를 넘기고 살아남은 경제 분야의 하나다. 문화 산업에서는 오직 다른 데에 눈길을 돌리지 않고 자기 일에만 매달리는 사람이 아니라 적당히 유연한 사람들만이 아직도 여전히 행복을 만들어갈 수 있다. 저항하는 자는 저항을 포기하고 자신을 어떤 부류에 넣음으로써만 살아남을 수 있다. 문화 산업의 분류 목록 속에 그러한 이견을 가진 사람도 일단 등록이 되면 토지 개혁가가 자본주의에 소속되듯 문화 산업에 속하게 된다. 현실성 있는 이견은 기업에 새로운 아이디어를 제공해주는 사람임을 드러내주는 상표가 되었다. 현대의 여론 사회에서 비난의 소리는 분명히 들릴 수 있을 만큼 밖으로 드러나지도 않지만 그러한 소리가 있을 경우 감각이 예민한 사람들은 이미 그러한 소리 속에서 불평꾼들이 자신들과 곧 화해하리라는 징후를 감지한다. 합창단과 지휘자 사이의 간극이 측량 불가능하면 할수록 지휘자는 모든 사람에게 전체와 잘 조화된 각자의 탁월한 능력을 발휘할 기회를 부여한다. 이와 마찬가지로 문화 산업에서도 또한 유능한 사람들로 하여금 자유롭게 자신을 펼칠 수 있게 하는 자유주의적 경향이 살아남을 수 있는 것이다. 그러한 유능한 자에게 자유로운 길을 열어주는 이러한 상황은 여전히 시장의 기능이지만, 사정이 달라졌다면 이러한 시장 기능에는 훨씬 큰 통제가 가해진다는 것이다. 예술의 전성기에도 그러한 자유는 다른 분야와 마찬가지로 이 분야에서도 멍청한 자에게는 또한 굶어죽을 수 있는 자유를 의미한다. 그러므로 문화 산업이라는 체계가 좀더 자유주의적인 산업 국가에서 출발했으며, 영화, 라디오, 재즈, 잡지와 같은 문화 산업의 모든 특징적 매체들이 그곳에서 번창하고 있는 것은 괜히 그렇게 된 것이 아니다. 이들 매체의 진보는 물론 자본의 보편적인 법칙으로부터 나온 것이다. 고몽, 파테, 울슈타인, 후겐베르크* 같은 사람은 세계적인 추세를 따라가는 데 성공했다. 전후의 유럽 대륙이 미국에 경제적으로 종속되게 된 상황과 인플레이션은 그들의 성공에 상당한 기여를 했다. 문화 산업의 야만성은 '문화 정체'의 결과라든가 미국의 의식이 기술 수준에 못 미치기 때문이라는 신념은 완전한 착각이다. 문화 독점으로 가는 경향을 따라잡지 못한 것은 파시즘 이전 상태에 머물러 있던 유럽이었다. '정신'이 자율성의 마지막 잔재만이라도 잃지 않을 수 있었고, 그 마지막 담당자들이 가사 상태에서나마 생존할 수 있었던 것은 그러한 정체 덕분이었다. 독일에서 민주적 통제가 생활 속에 파고드는 데 실패하게 된 상황은 역설적인 결과를 초래했다. 독일에서는 많은 것들이 서유럽 국가들을 공략한 시장 메커니즘으로부터 벗어나 있었다. 대학을 포함한 독일의 교육 제도, 예술적 권위를 유지하고 있는 극장, 대규모 오케스트라, 박물관 등이 아직 비호를 받고 있었다. 정치 세력과 국가나 지방의 행정부서들은 그러한 문화 제도들을 절대주의로부터 물려받았는데, 그들은 19세기까지 존속했던 제후들이나 봉건 귀족들이 그렇게 했던 것처럼 그러한 문화 제도들로 하여금 시장의 지배 관계로부터 약간이나마 독립할 수 있는 여지를 보장해주었다. 이것은 마지막 사멸의 단계에 있는 예술로 하여금 수요 공급의 법칙에 저항하는 것을 가능하게 했을 뿐만 아니라 실제로 제공된 보호 이상으로 문화 제도들의 저항력을 강화시켜주었다. 시장에서도 쓸모가

---

* Gaumont: 프랑스의 초기 영화 제작자: Pathé(1863~1957): 프랑스 영화사 사장: Ullstein(1859~1935): 독일의 출판업자: Hugenberg(1865~1951): 독일의 기업가, 정치가. 크루프 회사 회장으로 후겐베르크 콘체른을 창립했으며, 독일 국가민중당 당수 등을 역임했다.

없거나 더 이상 통용되지 않는 '질(質) Qualität'에 바치는 공물은 구매력으로 전환되기도 했다. 그 때문에 품위 있는 문학이나 음악의 출판사들은, 영리를 추구하기보다는 감식력 있는 독자들에게 존경받기를 원하는 저자들을 먹여살릴 수가 있었다. 예술가들에게 결정적으로 재갈을 물린 것은 그들이 심미적 전문가지만 사업가의 삶도 또한 살아야 한다는 엄청난 압력이었다. 예전에는 그들도 칸트나 흄처럼 편지에 '가장 충실한 종'이라는 서명을 한 후 왕위와 제단의 토대를 파헤쳤다. 오늘날 예술가들은 국가 수반의 이름을 마음대로 부르지만 매일의 예술 활동에서는 비합법적인 주인들에게 복종해야만 한다. 토크빌이 백년 전에 행한 분석은 이제 완전한 진실임이 입증되었다. 사적인 문화 독점하에서 "폭군은 육체를 자유롭게 놓아두는 대신 곧바로 영혼을 공략한다. 지배자는 이제 더 이상 '너는 나처럼 생각하라, 그렇지 않으면 죽음을 당할 것이다'라고 말하지 않는다. 그는 이렇게 말한다. '나처럼 생각하지 않는 것은 자유다. 너의 생명이건 재산이건 계속 네 것으로 남아 있을 것이다. 그렇지만 오늘 이후 너는 우리들 사이에서 이방인이 될 것이다'."[2] 순응하지 않는 별종은 경제적인 무능 상태에 빠지게 되고 이는 나아가 정신적 무력증을 초래한다. 경제 생활에서 배제된 국외자는 쉽게 무능력자라는 판정을 받는다. 수요 공급의 메커니즘이 실물 경제에서는 해체 과정 속에 있다면 상부 구조에서는 여전히 지배자에 유리한 통제 기능으로서 기능하고 있다. 소비자는 노동자나 회사원, 농민, 소시민 계층이다. 자본주의적인 생산은 그들의 육체나 영혼으로 하여금 자신들에게 제공된 것을 고분고분 받아들이도록 묶어놓는다. 피지배자들이

2 A. de Tocqeville, *De la Démocratie en Amérique*, Band II, Paris, 1864, S. 151.

지배자들로부터 부과된 도덕을 지배자들보다도 더 진지하게 받아들이는 것이 자연스러운 것처럼 기만당한 대중은 성공한 사람들보다 더욱 성공의 신화에 사로잡힌다. 피지배자들은 그들의 소망을 포기할 수 없기 때문이다. 그들을 노예로 만든 이데올로기에 피지배자들은 아무런 심적 동요 없이 매달린다. 그들이 당한 불의에 대한 민중의 잘못된 사랑은 교활한 권위보다 더 큰 힘을 갖는다. 그러한 사랑은, 저 뜨거운 혁명의 시기에 민중이 자기 스스로에게 칼끝이 돌아오도록 만드는 장치인 '혁명 재판소*의 공포'에 불을 붙였던 것처럼, 헤이즈 오피스**의 엄격함을 능가한다. 그것은 비극적인 그레타 가르보***보다는 미키 루니****를 요구하며 베티 붑Betty Boop보다는 도날드 덕을 원한다. 문화 산업은 자신이 대중들에게 일깨워준 서약에 고분고분 순종한다. 인기가 떨어진 배우와의 계약으로 말미암아 입게 된 회사의 손해라는 특별 지출은 전체 체계를 위해 필요한 정당한 비용이 된다. 오물 처리 비용을 노련한 솜씨로 승인함으로써 총체적인 조화는 오히려 더욱 빛을 발하게 된다. 감식력 있는 사람들이나 전문가들은 남들보다 더 많이 아는 체하는 거만 때문에 경멸당하며 문화는 민주적으로 자신의 특권을 모든 사람에게 배분해줄 수 있게 된다. 이데올로기 전쟁이 잠시 멈춘 상황에서 구매자들의 순응주의와 생산자들의 뻔뻔스러움은 도처에 만연하게 된다. 그들은 '항상 동일한 것'을 끊

---

* Tribunal: 1793년 로베스피에르가 이끄는 자코뱅 당이 펼친 공포 정치의 한 제도. 혁명 재판소는 반(反)혁명 범죄 심의를 위한 특별 재판소로서 판결은 재심을 인정하지 않으며 24시간 안에 집행되었다. 이 재판소는 왕당파나 반혁명 분자뿐만 아니라 혁명에 비협조적인 사람도 기요틴에 보냈다.

** Hays-Office: 미국의 검열 당국.

*** Greta Garbo(1905~1990): 스웨덴 출신의 미국 여배우. 무성 영화와 유성 영화 초기의 대표적 여배우.

**** Mickey Rooney: 희극 영화에 많이 출연한 미국 영화 배우.

임없이 재생산하는 데 만족한다.

'항상 동일한 것'이라는 관념은 또한 과거에 대한 관계도 주재한다. 후기자유주의의 단계에 비해 대중 문화의 단계에서 새로운 것은 '새로움'을 배제하는 것이다. 기계는 항상 같은 자리를 돌고 있다. 소비를 결정하는 과정에서, 아직 시험해보지 않은 것은 위험 부담이 있는 것으로서 배제된다. 영화 제작자는 베스트셀러에 의해 보증된 안심할 수 있는 원고가 아닌 경우 모든 원고에 대해 의심의 눈길을 보낸다. 바로 그 때문에 모두에게 친숙한 것이지만 아직 존재해본 적이 없는 무엇인가를 머릿속에 떠올리게 만드는 말인 '참신한 아이디어' '신선한 무엇' '경이스러운 것'이라는 단어가 끊임없이 들먹여진다. 이러한 추세를 부추기는 것은 템포와 역동성이다. 아무것도 옛날 상태에 머물러 있어서는 안 된다. 모든 것은 끊임없이 뛰어야 하며 잠시도 멈추어서는 안 된다. 왜냐하면 기계적인 생산·재상산 리듬의 보편적 승리가 약속해주는 것은 아무것도 변하지 않으며 부적합한 것은 아무것도 출현 못 한다는 것이기 때문이다. 이미 충분히 입증된 문화 목록에 무언가를 덧붙인다는 것은 엄청난 투기다. 스케치나 단편, 문제작, 히트 송과 같은 형식들은 후기자유주의적인 취향에서 유래한 것이지만 대중 문화의 단계에서는 화석화되어 문화 산업에 의해 강요된 평균적 규범이 되었다. 대학을 나왔건 나오지 않았건 상관없이 사이좋게 함께 일하는 경영인들처럼 강력한 문화 대리인들은 이미 '객관적인 정신'을 정비하고 합리화시켜왔다. 그것은 어디에나 보편적으로 존재하는 권위가 재료를 체로 쳐서 걸러내고 공식적인 문화 상품 카탈로그를 설정하며 공급 가능한 일련의 목록표를 일목요연하게 내거는 상황 비슷한 것이다. 그 이념들은 이미 문화의 이상 국가에 기록되어 있는데, 그 이상 국가에서 플라톤은 이미 그 이념들의 수를 세어놓았다. 그 숫자 자체는 이미 더 이상 더할 수도, 변경할 수도 없는 숫자인 것이다.

'유흥Amusement'과 같은 문화 산업의 모든 요소들은 문화 산업이 존재하기 훨씬 이전부터 존재하고 있었다. 달라진 것은 이제 그러한 요소들이 위로부터 조종되며 즉석 요리처럼 바로바로 제공된다는 것이다. 문화 산업이 스스로 자랑스러워하는 점은, 예전에는 여러모로 서툴게 이루어지던, 예술을 소비로 전환시키는 작업을 정력적으로 수행할 뿐 아니라 이러한 역할을 자신의 근본 원칙으로 삼는다는 것이며, 유흥을 세련화시키고 상품의 형태를 개선시켰다는 것이다. 문화 산업은 총체적이 되어갈수록 더욱더 무자비하게 모든 국외자를 파산시키든지 아니면 담합 조직 속으로 끌어들이며 그에 따라 더욱더 세련되고 고상하게 된다. 그리하여 마침내는 베토벤과 「파리의 카지노Casino de Paris」의 종합Synthese까지 만들어내게 된다. 자신의 외부에 있을 수 있는 진리를 소멸시킴과 동시에 자신의 내부에서는 거짓말을 임의로 재생산할 수 있다는 점에서 문화 산업의 승리는 이중적이다. 기분풀이나 '가벼운 예술' 그 자체는 데카당스의 형식이 아니다. 누군가가 이것들을 순수한 표현에 대한 배반이라고 불평한다면 그는 사회에 대해 어떤 환상을 품고 있는 것이다. 물질적 실천과 반대되는 자유의 왕국이라고 스스로를 내세우는 시민 예술의 순수성이란 처음부터 하층 계급을 배제시킨 대가로 얻어진 것이다. 이 하층 계급의 계기를 포함할 때에야 진정한 보편성은 가능한 것으로서, 예술은 잘못된 보편성으로부터 벗어나려는 자유에의 열망을 통해 진정한 보편성에 충실하고자 하는 것이다. 삶의 곤궁과 압박으로 말미암아 '진지함'이라는 것이 조롱거리로밖에 느껴지지 않는 사람에게 '진지한 예술'은 낯선 것이다. 또한 생산 라인 앞에 서 있지 않은 시간을 스스로 무엇인가를 직접 행하는 데 보내고 싶은 사람에게도 진지한 예술은 낯선 것이다. '자율적인 예술'은 '가벼운 예술'을 그림자처럼 따라다닌다. 사회적으로 볼 때 가벼운 예술은 진지한 예술 속에 숨어 있는 '검은 마음' 같은 것이다. 사회적인 전제 때문에 진지한 예술이 어쩔 수 없이 놓칠 수밖에 없는 진리를 가벼운 예술은 그럴듯한 가상으로 내보인다. 양자의 분리 자체가 진리다. 그러한 분리는 최소한 다양한 영역으로 구성된 문화의 부정성을 말해주고 있는 것이다. 가벼운 예술을 진지한 예술 속으로 끌어들이든지 또는 반대가 될 경우 대립은 최소한 화해될 수 있을 것이다. 문화 산업이 바로 그러한 것을 시도하고 있다. 서커스나 만화경, 유곽과 같은 기괴한 존재는 쇤베르크나 칼 크라우스*만큼이나 문화 산업을 당황시키는 것이다. 그 대신에 베니 굿맨Benny Goodman** 같은 재즈 음악가가 부다페스트 현악 사중주와 함께 등장하여 어떤 필하모니의 클라리넷 연주자보다 현학적인 리듬을 연주하며, 부다페스트 연주자들은 구이 롱바르도Guy Lombardo***만큼 감미롭고 매끄럽게 연주한다. 특기할 만한 점은 이러한 잡탕이 교양 없이 조악하고 둔탁하거나 세련되지 않은 것은 아니라는 것이다. 고양된 톤을 유지하기 위해 일부러 끊임없이 조악한 오류를 범하기는 하지만 아마추어적인 설익음을 금지시키거나 순치시키는 데 있어서 보여주는 문화 산업 특유의 완벽성을 통해 문화 산업은 예전의 퇴물들을 다시 끌어와 소비한다. 그렇지만 새로운 점은

---

* Karl Kraus(1874~1936): 오스트리아의 작가. 보헤미아 태생의 유대인으로 기지와 통렬한 풍자로 모든 영역의 부패 타락상을 비판했다. 작품으로 『인류 최후의 나날』과 히틀러 시대를 비판한 『제3의 발푸르기스의 밤』이 있다.
** Benjamin David Goodman(1909~1986): 미국의 클라리넷 연주자이면서 재즈 밴드 리더.
*** Guy Albert Lombardo(1902~1977): Royal Canadians라는 댄스 밴드를 이끈 미국의 인기 대중 음악가.

문화 산업이 문화나 예술이나 오락의 화해 불가능한 요소들을 하나의 목적 밑에 종속시켜 문화 산업의 총체성이라는 잘못된 틀 속에 포섭한다는 것이다. 이러한 총체성은 끊임없는 반복에 의해 실현된다. 문화 산업의 특징인 '새롭게 하기'는 대량 복제의 개선 이외에는 다른 아무것도 아니라는 사실이 '체계'의 핵심적 요소다. 무수한 소비자들의 관심을 경직된 채 반복하여 닳아빠진, 그래서 이제는 반쯤은 포기된 '내용'보다는 '테크닉'을 향하도록 하는 것은 충분한 근거가 있는 것이다. 구경꾼들이 숭배하는 사회 세력들은 물거품 같은 내용만이 들어 있는 맥빠진 이데올로기보다는, 기술에 의해 이룩된, 온 사방에 편재하는 똑같은 복제품 속에서 더욱 효과적으로 자신의 존재를 확인한다.

그렇기는 하지만 문화 산업은 다른 무엇보다도 유흥 산업이다. 문화 산업의 소비자에 대한 영향은 '유흥'을 통해 매개되는 것이다. 공공연한 입장 표명보다는 유흥 이상이 되고자 하는 무엇에 대해 드러내는 적대감——이러한 적대감은 유흥 자체에 내재한다——에 의해 유흥은 결국에 가서는 깨질 것이다. 문화 산업의 모든 경향들은 사회의 전체 과정을 통해 대중의 피와 살 속에 구현되어 있으며, 문화 분야에서 아직도 살아 움직이는 시장의 원리에 의해 그러한 경향들은 계속적으로 자양분을 공급받는다. 수요란 아직은 단순한 복종에 의해 대체되지는 않는다. 영화 산업을 팽창시킨 물적 기반을 만들어준 것은 제1차 세계대전 직전 영화 산업의 대대적 재조직이었다. 이는 극장 매표소의 통계에 근거한 대중의 욕구를 충족시키려는 의식적 작업이었는데, 그러한 대중의 욕구란 영화의 개척 시대에는 감히 상상조차 할 수 없는 것이었다. 오늘날 영화의 책임자들에 게서는 진지하게 진실성이란 판단 기준에 의존하기보다 그들의 영화가 얼마나 히트하는가를 판단 기준으로 삼는 것이 당연한 것으로 받아들여지고 있다. **장사가 그들의 이데올로기다.** 문화 산업의 힘이란 얼마나 대중의 욕구——그 욕구 자체가 산업 사회에 의해 만들어진 것이지만——와 일치하는가에 있는 것이지 그러한 욕구와 우직하게 대치하는 데 있는 것이 아니라는 것은 맞는 말이기는 하지만, 이 자체가 또한 문화 산업의 전능과 무능을 동시에 보여주는 것이다. 후기자본주의에서 **유흥**은 일의 연장이다. 유흥을 찾는 사람들은 기계화된 노동 과정을 다시금 감당할 수 있기 위해 그로부터 벗어나려는 사람들이다. 그렇지만 동시에 유흥 상품의 제조나 여가를 즐기는 사람의 행복이 철저히 기계적이 되어버렸기 때문에 그는 노동 과정의 심리적 잔상 외에는 어떤 것도 더 이상 경험할 수 없다. 소위 '내용'이라는 것은 다만 이미 빛이 바랜, 전면에 나타난 이야기일 뿐이며, 뒤에 남는 인상은 오직 표준화된 업무가 자동적으로 흘러간다는 것이다. 공장이나 사무실에서의 노동 과정에서 해방되는 것은 단지 여가 시간에도 그러한 노동 과정에 동화됨으로써만 가능하다. 모든 유흥이 괴로워하는 불치병은 이러한 상황에서 비롯된 것이다. **즐거움은 딱딱한 지루함이 되고 만다.** 왜냐하면 즐거움은 즐거움으로 계속 남기 위해 어떤 괴로운 노력도 더 이상 지불하지 않으려 하며 이로 인해 닳아빠진 연상 궤도 속에 갇혀서는 그로부터 한 발자국도 못 나간 채 다람쥐 쳇바퀴를 돌고 있기 때문이다. 구경꾼은 자신의 고유한 생각을 가지려 해서는 안 된다. 제작물은 모든 반응을 미리 지시해준다. 그러한 지시는 작품의 자연스러운 연관 구조가 아닌——그러한 구조는 사고를 필요로 하기 때문에 붕괴된다—— '신호 sign'를 통해 이루어진다. 정신적인 긴장을 요구하는 모든 논리적 연관은 교묘하게 기피된다. 작품의 전개는 가능한 한 바로 앞선 장면으로부터 따라나와야지 전체라는 이념으로부터 나와서는 안 된다. 관람객의 주의력은 개별 장면이 어떻게 될지를 미리 짐작하며, 이러한 주의력을 거스르는 플롯은 없다. 또한 심지어 아무런 의미도 만들어내서는 안 되는 곳에서 털끝만한 의미 연관이라도 지지해주는 것처럼 보이는 장치마저 위험시된다. 예전의 관례에 따라 극중의 등장인물이나 사물이 요구하는 줄거리의 발전 또한 종종 악의에 찬 거부를 당한다. 그 대신에 다음 장면을 만드는 것은 시나리오 작가가 상황에 맞게 선택한 기발해 보이는 착상이다. 공들여 만들기는 했지만 진부한 깜짝쇼가 영화의 진행 속에 끼어든다. 채플린이나 막스 브러더스에 이르기까지 통속 예술, 소극(笑劇), 광대극이 보여주는, 완전한 난센스가 되려는 제작물의 경향은 저급한 장르에서 특히 두드러진다. 그래도 그리어 가슨*이나 베티 데이비스**가 주연한 영화는 일관성 있는 사회심리학적 사례 연구를 바탕으로 수미일관한 플롯에 근접하는 무엇을 제공해준다면 기발한 가요나 범죄 영화나 만화 영화에서는 위의 경향이 철저히 관철되고 있다. '사유'는 코미디나 공포물의 대상들과 유사해짐으로써 산산조각나고 살육당한다. 예전부터 기발한 가요들은 '의미'에 대한 조롱을 먹고 살았다. 정신분석의 선구며 후예인 그러한 가요는 의미라는 것을 단조로운 성적 상징으로 환원시킨다. 오늘날 범죄 영화나 모험 영화는 관중에게 계몽의 과정에 동참할 기회를 부여하지 않는다. 더 이상 어떤 아이러니도 갖지 않는 그러한 장르의 폭주 속에서 관중은 별 필연성도 없이 서로 연관되어 있는 장면들이 만들어내는 공포에 만족해야만 하는 것이다.

---

* Greer Garson(1903~1996): 북아일랜드 출신의 여배우로 1930년대 이후 주로 활동했으며, 「미세스 미니버 Mrs. Miniver」에 출연했다.
**Bette Davis: 1930년대 이후 활동한 미국의 여배우.

만화 영화는 합리주의에 대항하는 상상력의 표출 수단으로서의 역할을 한 적이 있었다. 만화 영화는 전자 기술을 통해, 인간을 위한 객체의 위치에 떨어져 불구가 되어버린 동물이나 사물들에게 2차적인 삶을 부여함으로써 그들 나름대로의 정의를 되찾아주었다. 그러나 오늘날의 만화 영화는 다만 '진리에 대한 기술적 이성의 승리'를 확인시켜주고 있을 따름이다. 몇 년 전까지만 해도 만화 영화는 마지막 몇 분을 남기고서야 뒤엉킨 줄거리가 풀리게 되는 수미일관한 플롯을 가지고 있었다. 이런 점에서 만화 영화의 처리 방식은 익살극의 오랜 수법과 유사하였다. 그러나 이제 시간의 연관 구조는 변화를 겪게되었다. 만화 영화의 처음 몇 장면에서는 여전히 줄거리 구성을 위한 동기들이 주어진다. 그러나 그러한 동기는 사건의 진행 속에서 플롯의 파괴가 활동할 수 있는 근거일 뿐이다. 예를 들어 관중의 환호 속에 주인공은 무자비한 폭력의 제물이 되는것이다. 이런 식으로 구조화된 유흥이라는 양(量)은 조직화된 잔혹성이라는 질(質)로 전환된다. 영화 산업의 자기 검열은 사냥놀이로까지 나아간 폭력 장면의 길이를 얼마로 할 것인가를 결정한다. 포옹 장면이 제공할지도 모르는 즐거움은 단순한 재미로 대체되어 그 진정한 만족은 대량 학살의 날까지 연기된다. 만화 영화는 새로운 속도감에 감각을 길들이는 데 기여할 뿐 아니라 이를 넘어, 알력이 끊이지 않는 것은 어쩔 수 없지만모든 개인적 반항이 분쇄당하는 것은 이 사회에서 삶의 조건이되고 있다는 해묵은 교훈을 모든 사람들의 머리 속에 주입시키고 있는 것이다. 현실의 불행한 사람들처럼 만화 영화 속의 도날드 덕이 채찍질을 당하는 데서 관중들은 스스로가 받는 벌에익숙해지게 된다.

영화 속의 인물이 겪는 폭력에서 느끼는 재미는 관중에 대한 폭력으로 전환되며 기분 전환은 중노동이 된다. 제공된 트릭들 앞에서 사람들은 한순간도 멍청해서는 안 되며, 관중의 지친 눈은 전문가들이 자극제로 고안해낸 것 중 어떤 것도 놓쳐서는 안 된다. 관중은 장면들을 하나하나 따라가면서 장면들이 제공하고 선전하는 기민성을 그 자신도 보여야 한다. 이런 점이 문화 산업 스스로가 자랑하고 있는 긴장 이완의 기능을 문화 산업이 제대로 충족시키고 있는가에 대해 의문을 제기하도록 만든다. 라디오 방송국이나 영화관이 대부분 문을 닫는다고 하더라도 소비자들은 아마 그렇게 아쉬워하지는 않을 것이다. 거리로부터 영화관으로 걸어 들어가는 것이 더 이상 꿈의 세계로 들어가는 것을 의미하지는 않는다. 이러한 제도들의 존재 자체가 그 이용을 의무화하는 것과 같은 상황이 지나가게 되면 이러한 제도를 이용하려는 욕구도 그렇게 크지 않을 것이다. 그런 식으로 문닫는 사태가 반동적인 기계 파괴는 아닐 것이다. 미련을 갖는 사람은 열광자들보다는 모든 것이 못마땅한 뒤처진 사람들일 것이다. 영화는 모든 사람을 자신에게 끌어들이려고 하지만 가정주부는 영화관의 어둠을 몇 시간 동안 감시받지 않고 앉아 있을 수 있는 피난처——아직 집과 저녁의 휴식이 있던 시절 창 밖을 물끄러미 내다보던 것처럼——로 여길 것이다. 대도시의 실업자는 온도 조절이 된 이 장소에서 여름의 시원함과 겨울의 따뜻함을 발견할 것이다. 이런 것들을 제외한다면 잔뜩 비대해진 이 유흥 장치는 삶의 질을 개선하는 데 별로 기여한 것이 없다. 주어진 기술적 자원이나 도구들을 심미적 대량 소비를 위해 '철저히 이용한다'는 관념은 기아 추방을 위해 자원을 활용하는 것에는 인색한 경제 체계의 한 부분이 되었다.

　문화 산업은 그들의 소비자에 대해 자신이 끊임없이 약속하고 있는 것을 끊임없이 기만한다. 줄거리나 겉포장이 제공하는 즐거움을 계속 바꾸어가면서 '약속'은 끝없이 연장된다. 모든 관람의 필수 요건인 약속은 유감스럽게도 사물의 정곡에 도달하지 못하는 기만적인 것으로서 손님은 배를 채우기보다는 단순히 메뉴판을 읽는 것으로 만족해야 하는 것이다. 화려한 이름과 화보들이 관람의 욕구를 자극하지만 기껏 제공되는 것은 사람들이 빠져나가고 싶어하는 우울한 일상 생활의 찬양이다. 물론 성적인 충동을 노출시킨다고 예술 작품이 되는 것은 아니다. 예술 작품은 거세당한 충동을 부정적인 것으로 형상화하며, 충동이 굴욕을 당하게 하기보다는 내부로 철수시켜, 거세당한 것을 매개된 것으로 만듦으로써 구제한다. 이것이 심미적 '승화'의 비밀이다. 그것은 즉 약속의 좌절을 실현으로 보는 것이다. 문화 산업은 충동을 승화시키는 것이 아니라 억압한다. 문화 산업은 착 달라붙은 스웨터 속의 가슴이나 스포츠 영웅의 벌거벗은 상반신과 같은 욕망의 대상을 끊임없이 노출시킴으로써 승화되지 않은 전희(前戲)를 자극하지만, 실제로는 성적 충동의 현실적 충족 불능을 습관화시킴으로써 결국에는 그러한 전희를 마조히스트적인 것으로 불구화한다. 넘어서는 안 되는 선을 넘고 싶은 충동을 건드리지 않고도 암시와 격정을 일으키는 에로틱한 상황이 거기에는 없다. 헤이즈 오피스는 어쨌든 문화 산업이 수립한 탄탈루스*의 기념비를 보여준다. 예술 작품이 절제를 알지만 수치스러워하지는 않는다면 문화 산업은 포르노적이면서도 점잔을 뺀다. 이런 식으로 문화 산업은 사랑을 로맨스로 전락시키는 것이다. 사랑이 로맨스로 떨어진 이후 많

---

* 제우스 신의 아들로 부친의 비밀을 누설한 벌로 지옥에서 영원한 배고픔과 목마름을 맛본다.

은 것이 허용된다. 음란물조차 시장성 있는 전문 영역으로서 '대담한 묘사'라는 상표를 달고는 자신의 지분을 얻어낸다. 섹스 상품의 범람은 자동적으로 섹스의 추방을 초래한다. 사람들이 사랑에 빠지는 영화 배우를 어디서나 볼 수 있고 만날 수 있다는 그 편재성으로 말미암아 사실 영화 배우는 처음부터 실재하는 인물의 복제품에 불과하다. 모든 테너 가수의 목소리는 카루소의 레코드 판처럼 들리며 텍사스 소녀의 자연스러운 얼굴은 성공한 모델의 얼굴과 닮았기 때문에 그녀에게는 할리우드에서 배역이 맡겨질지도 모른다. 문화에 대한 반동적 몽상이 개성을 조직적으로 우상화하는 과정 속에서 초래할 수밖에 없었던 아름다움의 기계적 복제는, 미(美)를 완성시키는 데 필수적인 무의식적 신격화가 활동할 수 있는 공간을 제거해버렸다. 미(美)에 대한 승리 또는 모든 성공적 좌절에 대한 '짓궂은 기쁨'이 유머에 의해 수행된다. 웃을 일이 아무것도 없다는 사실에 대해 웃음을 터뜨린다. 화해에서 나온 웃음이든 경악에서 나온 웃음이든 두려움이 스쳐 지나가는 순간 웃음이 동반된다. 웃음이 시사하고 있는 것은 육체적 위험으로부터의 해방이나 '논리'의 올가미로부터의 해방이다. 화해의 웃음이 마수로부터 빠져나온 것에 대한 메아리라면 쓴웃음은 두려운 힘에 사로잡힌 공포를 극복하려는 데서 나온다. 쓴웃음은 빠져 달아날 수 없는 힘에서 울려나오는 메아리다. 재미는 뜨거운 온천욕이다. 유흥 산업은 끊임없이 재미를 처방해준다. 유흥 산업에서 웃음은 행복을 기만하기 위한 도구가 된다. 행복의 순간들은 웃음을 알지 못한다. 오페레타나 영화만이 웃음 소리를 동반한 섹스를 제공한다. 보들레르는 그러나 횔덜린만큼이나 유머를 모른다. 잘못된 사회에서의 웃음은 행복을 공격하는 질병으로서 행복을 그러한 사회의 무가치한 총체성 속으로 끌어들인다. 무엇에 대해 웃는다는 것은 그것을 비웃는다는 것이다. 삶이란, 베르그송이 장벽을 돌파하는 것이라고 했듯이, 사실 홍수처럼 밀려오는 야만성이며 사회적인 모임 속에서 어떤 망설임도 없이 자기 주장을 감행하는 것이다. 집단적인 웃음은 인류를 패러디화한다. 그러한 집단 속에 있는 개개인은 다수를 든든한 뒷배경으로 삼아 나머지 다른 모든 사람들을 희생시키면서 모든 것을 받아들이려는 즐거움에 자신을 내맡기는 단자Monade다. 그러한 조화 속에서 그들이 보여주고 있는 것은 왜곡된 모습의 연대감이다. 이러한 잘못된 웃음 속에 있는 악마적 요소는 그러한 웃음 자체가 최상의 가치인 '화해'를 패러디화한다는 데 있다. 기쁨은 가혹한 것이다res severa verum gaudium. 성행위가 아닌 금욕이 신성한 행복에 도달하는 길이라고 가르치는 수도원의 이데올로기는, 막연한 예감에 가득 차서 탈선의 순간에 자신의 생명을 거는 연인의 진지함 속에 부정적으로 구현된다. 문화 산업은 도취 속에서든 금욕 속에서든 현존하는 고통을 쾌활한 거세로 대체한다. 최고의 계율은 사람들이 어떤 대가를 치르더라도 자신의 욕망을 만족시킬 수 없다는 것이며, 그 대신에 사람들은 이러한 불가능성을 웃어넘겨야 하고 이러한 웃음으로서 자족해야 한다는 것이다. 문화 산업의 모든 생산물은 문명이 부과한 영원한 거세를 약간씩 내용을 첨가하여 내보인다. 무엇인가를 제공하고 그럼으로써 무엇인가를 박탈한다는 것은 동일한 것이다. 에로틱한 영화가 행하고 있는 것은 바로 이런 일이다. 성교는 발생해서는 안 된다는 바로 그 이유 때문에 모든 것으로 하여금 그 주위를 맴돌게 한다. 영화에서는 미래에 백만장자의 사위가 될 사람이 노동 운동을 하는 것은 용인되지만 아무런 법적 처벌 없이 불륜 관계를 허용하는 것은 엄격히 터부시된다. 자유주의 시대와는 달리 산업 사회나

계몽의 변증법

파시즘의 문화는 자본주의에 대한 분개를 허용해준다. 그렇지만 거세의 위협이 따른다는 것을 덧붙이지 않으면 안 된다. 이러한 거세 위협이 이 문화의 근본적인 본질을 이룬다. 그러한 위협은 조직적으로 이루어진 사회 윤리의 이완 속에서도——그런 목적을 위해 만들어진 영화 속에서나 실제의 현실 속에서나——여전히 존속하고 있다. 오늘날 결정적으로 문제가 되는 것은 더 이상 청교도주의——비록 여성 운동과 같은 형태로 아직 유효성을 지니고 있기는 하지만——가 아니라, 소비자들이 다만 한순간이라도 저항이 가능하지 않을까라는 생각을 품는 것을 내버려두지 않는 체계 자체에 내재하는 필연성이다. 문화 산업은 소비자의 모든 욕구가 실현될 수 있는 것처럼 제시하지만 그 욕구들은 문화 산업에 의해 사전 결정된 것이다. 소비자는 자신을 영원한 소비자로서, 즉 문화 산업의 객체로서 느끼게 되는 것이 체계의 원리다. 문화 산업은 자신이 행하는 기만이 욕구의 충족인 양 소비자를 설득하려 들 뿐만 아니라 이를 넘어 문화 산업이 무엇을 제공하든 소비자는 그것에 만족해야 한다는 것을 소비자에게 주입시킨다. 문화 산업 전체가 약속해주고 있는 일상성으로부터의 탈출은 미국 만화 영화에서 볼 수 있는 유혹당하는 딸과 비교될 수 있다. 아버지는 어둠 속에서 사다리를 붙들고 있는 것이다. 문화 산업이 제공하는 낙원은 똑같은 일상 생활이다. 탈출이나 가출은 처음부터 출발점으로 다시 돌아오도록 설계되어 있다. 즐거움은 체념을 부추기며, 체념은 즐거움 속에서 잊혀지고 싶어한다.

모든 속박으로부터 해방된 유흥은 예술과 대립될 뿐만 아니라 예술의 극단적인 기능이다. 미국의 문화 산업이 이따금씩 추파를 보내는 마크 트웨인적인 '어리석음'은 예술에 대한 교정 역할을 할 수도 있을 것이다. 예술이 진지하게 삶과 모순되면 될수록 더욱더 그 반대인 삶의 진지성을 닮게 된다. 다시 말해 예술이 삶의 중압으로부터 벗어나기 위해 자신의 고유한 형식 법칙 위에서 스스로를 전개시키려 하면 할수록 그만큼 더이해를 위한 노고——자신이 그러한 부담을 부정하고 싶어했음에도 불구하고——를 요구한다. 몇몇 가벼운 희극 영화에서, 특히 괴기 영화나 연재 만화에서 잠시나마 그에 대한 부정의 가능성이 언뜻 엿보인다. 물론 그러한 부정이 실현될 수는 없다. 내적 일관성이 있는 순수한 재미, 즉 긴장을 푼 상태에서 다채로운 연상과 행복한 무의미에 자신을 내맡기는 재미는 문화 산업이 제공하는 재미에서는 삭감된다. 부연하면, 순수한 재미는 임시변통으로 끼워맞춘 '의미'——문화 산업은 자신의 제작물에 이러한 의미를 제공하려 들 뿐만 아니라 의미는 배우들을 등장시킨 데 대한 핑계로 사용된다——에 의해 방해를 받는 것이다. 전기 또는 다른 단순한 줄거리가 무의미한 조각들을 말도 안 되는 플롯으로 꿰매어놓는다. 어릿광대의 방울 달린 모자가 내는 딸랑 소리 대신에 성공의 즐거움을 스크린에 담는, 자본주의적 이성의 상징인 열쇠뭉치를 만날 뿐이다. 희극 영화의 키스 장면들은 유명해진 권투 선수나 인기 가수를 찬미하는데 기여한다. 문화 산업의 기만은 그것이 재미를 제공한다는데 있는 것이 아니라, 해체 과정 속에 있는 문화의 진부한 이데올로기와 연루된 문화 산업의 상업적 고려가 재미를 망친다는데 있다. 문화 산업이 생각하는 윤리나 취향상의 고려는 무제한한 재미를 순진한 것으로 삭제함으로써——순진성은 지성주의처럼 사악시된다——기술적 잠재력마저 제약한다. **문화 산업은 타락이다.** 그 이유는 문화 산업이 죄 많은 바벨탑이어서가 아니라 들뜬 **재미에 헌정된 성전(聖殿)**이기 때문이다. 헤밍웨이로부터 에밀 루드비히*에 이르는,「미세스 미니버 Mrs. Miniver」

로부터 「외로운 레인저」**에 이르는, 토스카니니***로부터 구이 롱바르도에 이르는 모든 단계마다 진실성이 결여된 정신, 즉 예술과 과학으로부터 도용한 기성품적 성격이 따라다닌다. 문화 산업은 서커스에 접근하는 경향을 보일 때 좀더 나은 무엇의 흔적을 간직하고 있다. 말타기나 공중곡예나 어릿광대의, '의미'로부터 면제된 데서 오는 자신감에 찬 기예는 "지성적 예술에 저항하는 육체적 예술의 방어와 정당화다."³ 그러나 틀에 박힌 이성은 사회적 메커니즘에 대항해 인간적인 것을 대변하는 비정신적 곡예의 은신처를 무자비하게 파헤쳐서는 모든 것에 '의미'와 '효과'를 강요한다. 그러한 이성은, 위로는 예술 작품의 '의미'를 제거해버린 것처럼 밑으로는 '의미로부터 면제된 것'이 철저하게 사라지도록 만든다.

예술과 유흥의 융합은 오늘날 예술의 박탈뿐만 아니라 오락의 어쩔 수 없는 '정신화'도 초래한다. 이러한 정신화는 영화가 실제가 아닌 사진으로 이루어지고 라디오는 녹음으로 이루어지듯 사람들은 오직 복사판만을 만날 수밖에 없다는 데 기인한다. 자유주의의 팽창기에 '오락'은 미래에 대한 흔들리지 않는 믿음을 먹고 살았다. 그 믿음은 이대로 계속 있으면 점점 나아지리라는 것이다. 오늘날 그러한 믿음은 다시 한 번 정신화된다. 이 새로운 믿음은 매우 교묘하여, 눈앞에 떠올릴 수 있는 구체적 목표는 모두 잃어버리지만 현실의 뒤에 투사되어 있는 금맥 속에 자리잡고 있다. 이러한 믿음은 실제에서처럼 영화 속에서도 다시 한 번 '멋진 녀석'이나 엔지니어나 유능한 여성이나 확고부

217

문화 산업: 대중 기만으로서의 계몽

* Emil Ludwig(1881~1949): 스위스의 유대인 작가로 몽타주를 이용한 전기소설의 대가로 알려져 있다.
** Lone Ranger: 연속극 이름.
*** Toscanini(1867~1957): 이탈리아 태생의 미국 작곡가.
3 Frank Wedekind, *Gesammelte Werke*, Band IX, München, 1921, S. 426.

동한 성격으로 분장한 무자비성, 스포츠에 대한 관심, 마지막으로는 자동차나 담배를 의미 있는 것으로 강조함으로써 얻어지는데, 이러한 방식은 유흥의 선전이 직접적인 생산자의 이득보다는 체제 전체의 이득을 노릴 때에도 마찬가지다. 오락은 사적인 선전들이 행하는 것보다 더 집요하게 반복적으로 자신이 최고라고 떠들어댐으로써 대중이 완전히 추방된 지고한 위치를 차지하게 된다는 점에서 그 자체가 하나의 이상(理想)이 된다. 주관 속에 갇혀버린 진리인 '내면성'은 그 자신이 생각했던 것보다 훨씬 더 지속적으로 외부 세력에 예속되게 마련이었다. 그러나 이제 문화 산업은 내면성이라는 것을 공공연한 거짓말로 만들어버렸다. 내면성은 실제 생활에서의 인간적 감정들을 좀더 확실히 제어하기 위해 종교적인 베스트셀러나 심리 영화나 여성물에 첨가된 고통스러우면서도 유쾌한 양념이나 쓸데없는 수다로만 취급된다. 이런 의미에서 오락은 아리스토텔레스가 비극에 부여했던, 그리고 모르티머 아들러 Mortimer Adler가 실제로 영화에 활용한 '감정의 순화'로서 기능한다. 문화 산업은 '양식'에 대해서처럼 카타르시스의 진리를 폭로한다.

문화 산업의 위치가 확고해지면 확고해질수록 문화 산업은 소비자의 욕구를 더욱더 능란하게 다룰 수 있게 된다. 문화 산업은 소비자의 욕구를 만들어내고 조종하고 교육시키며 심지어는 재미를 몰수할 수도 있다. 문화의 진보에는 어떤 걸림돌도 없다. 그러나 이러한 경향은 시민적·계몽적인 원리로서 오락의 원리에 이미 내재해 있는 것이다. 안에 그려진 먹음직스런 음식을 통해 천연색 석판화를 선전하거나 푸딩 요리로 푸딩 가루를 선전하는 것처럼 대중에게 어떤 주제를 부각시킴으로써 상품 구매를 권유하는 행태에서 보듯 오락에 대한 욕구가 상당 부분 산업의 산물이라면, 오락에는 물건을 팔기 위해 요란한 소리를 내는 시장 바닥의 외침과 같은 장사꾼 냄새가 배어 있다. 장사와 오락의 근원적인 친화성은 그러나 '사회에 대한 변명'이라는 오락 자체의 고유한 의미 속에 이미 들어 있다. 기뻐한다는 것은 동의하고 있다는 것을 말한다. 즐거워한다는 것은 사회의 전체 과정에 대해 무감각해질 수 있으며, 아무리 하찮은 작품이라도 전체를 반영하지 않을 수 없다는——물론 그러한 작품의 반영에는 한계가 있겠지만——모든 작품의 어쩔 수 없는 요구를 처음부터 완강하게 희생시킬 때에만 가능하다. 즐긴다는 것이 의미하는 것은 항상 무엇인가에 대해 더 이상 생각하지 않는 것, 고통을 목격할 때조차 고통을 잊어버리는 것이다. 즐김의 근저에 있는 것은 무력감이다. 즐김은 사실 도피다. 그러나 그 도피는 일반적으로 얘기되듯 잘못된 현실로부터의 도피가 아니라 마지막 남아 있는 저항 의식으로부터 도피하는 것이다. 오락이 약속해주고 있는 해방이란 '부정성'을 의미하는 사유로부터의 해방이다. '사람들은 무엇을 원하는가'라는 수사학적 질문의 뻔뻔스러움은 이러한 질문이 사유하는 주체에게로 향하는 것처럼 보이지만 사실은 주체적 사유로부터 빠져 달아나고 싶어하는 사람들에게 향하고 있다는 데 있다. 청중이 예외적으로 유흥 산업에 저항할 때조차 그것은 유흥 산업 자체가 가르쳐준 있으나마나 한 저항에 불과하다. 그럼에도 불구하고 사람들이 그러한 저항이나마 하는 것도 점점 불가능하게 되었다. 우민화의 진보는 지능의 진보에 뒤처져서는 안 되는 것이다. 통계의 시대에 대중은 화면 속의 백만장자와 자신을 동일시하기에는 너무나 영리하지만 큰 숫자가 만드는 환상에서 벗어나기에는 너무나 어리석다. 그럴듯해야 한다는 고려 속에는 이데올로기가 숨어 있다. 누구에게나 행운이 주어지는 것은 아니다. 행운은 복권에 당첨된 자, 또는 대체로 좀더 큰 권력——보통은 끊임없이 재능을 찾아다니는 유흥 산업 자체——에 의해 행운을 갖도록 지명된 자에게 주어진다. 탤런트 사냥꾼에 의해 발견되어 제작 스튜디오 속에서 혜성처럼 등장한 인물들은 새로운 종속적 중산층이 부러워하는 이상형이다. 신인 여배우는 화려한 무도복을 입는다는 점에서 보통 사람과 차이가 나지만 근본적으로는 여사무원의 상징이다. 관람석에 앉아 있는 소녀들은 그들 자신이 스크린에 나타날 수 있다고 느끼기도 하지만 다른 한편으로는 스크린과 그들을 분리시키고 있는 거대한 심연도 실감한다. 한 사람만이 행운을 잡을 수 있으며 한 사람만이 상을 탈 수 있는 것이다. 수학적으로는 모든 사람이 동등한 기회를 가지고 있지만 개개인에게 주어질 수 있는 기회란 너무나 적은 것이기 때문에 사람들은 놓친 기회를 쉽게 체념하면서 현실에서는 그렇지 못하더라도 자신의 것이 될 가능성도 있는 다른 사람의 행운을 기뻐한다. 문화 산업은 순진한 '동일화Identifikation'에 사람들을 초대하지만 이러한 동일화는 곧바로 철회된다. 누구도 자신으로부터 더 이상 도망갈 수가 없다. 예전에 관중은 영화 속에 나타난 결혼식 속에서 자기 자신의 결혼식을 만날 수 있었다. 이제 화면 속의 행복한 배우들은 관중 개개인들과 똑같은 유형에 속하는 복사품의 하나이지만 그러한 비슷함 속에는 인간적 요소들 사이의 극복 불가능한 분리가 들어 있다. 완성된 '유사성'은 절대적인 차이다. '유(類)'의 동일성은 개체의 자기 동일성을 금지시킨다. 문화 산업은 '유적 존재'로서의 인간을 고약한 방식으로 실현시켰다. 모든 사람은 다른 사람에 의해 대체 가능하다. 그는 교체 가능한 복제물에 불과하다. 하나의 개인으로서 각자는 절대적으로 대체 가능한 존재로서 절대적인 '무(無)'다. 사람들은 나이가 들면서 유사성을 상실하게 됨으로써 이러한 사실을 자각하게 된다. 이에 따라 성공 신화의 내적 구조——상황이 다르다면 엄격히 유지될 수도 있었을——도 변하게 된다. 시련과 노력이 필요한 '고난을 통해 하늘에 이르는 길'보다는 상을 타는 것이 점점 더 크게 강조된다. 현대의 이데올로기는 어떤 노래를 히트 송으로 대접하거나 엑스트라를 여주인공으로 발탁하는 진부한 결정 과정에 들어 있는 '눈먼 기회'의 요소를 찬양한다. 영화들은 우연을 강조한다. 영화가 악역을 제외하곤 모든 성격이 본질적으로 비슷하다는 것을 강조하고, 순응을 거부하는 인물들, 예를 들어 그레타 가르보처럼 스스럼없이 대하기에 거북한 인물들을 제거하려 드는 것은 영화 관중으로 하여금 언뜻 보기에는 삶을 쉽게 만들어주는 것처럼 보인다. 관중은 지금 그대로가 아닌 다른 무엇이 될 필요는 없으며 그들이 감당할 수 없는 무엇이 그들에게 요구되지는 않으리라는 생각 속에서 안심을 한다. 그러나 동시에 시민적 행복이란 계산 가능한 노력의 결과와는 아무런 연관도 없다는 사실이 암시된다. 사람들은 이러한 암시를 잘 이해하고 있다. 누가 행운을 잡는가라는 문제에 관해 대부분의 사람들은 계획성과 반대되는 '우연성'을 알고 있다. 누구든지 엔지니어나 경영자가 될 수 있을 정도로 사회 내의 에너지가 충분히 합리화되었기 때문에 사회가 누구를 선택해서 그런 기능을 훈련시키고 맡기는가라는 문제는 완전히 비합리적이 되었다. 우연과 계획은 동일한 것이다. 인간의 평등이라는 관념이 통용되게 됨으로써 개인의 행·불행은 최정상의 인물에 이르기까지 경제적 의미를 상실한다. '우연' 자체가 계획된다. 그 이유는 우연이 갑 또는 을이라는 사람에게 작용한다는 점 때문이 아니라 사람들은 우연이 결정적 역할을 한다는 것을 믿게 되기 때문이다. 우연은 계획자들의 알리바이로서 기능하며 일련의 상호 작용과 조치들로 변질된 삶들이 직접적이고 자발적인 인간 관계인 것처럼 보이게 만든다. 문화 산업의 다양한 매체들이 평균적 개인들을 자의적으로 선발하는 일은 이러한 자유의 상징이다. 행운을 잡은 사람에게 제공되는, 사실은 별 것 아닌 화려한 여행 보너스——보통은 지역 유지와 친분이 있는 속기 타이피스트의 차지가 되지만——에 대한 잡지의 상세한 정보는 이 모든 것이 얼마나 무기력한가를 반영해준다. 그러한 여행 보너스란 무의미한 자료에 불과하기 때문에 이러한 자료들을 관리하는 사람들은 누군가를 자신들의 천국으로 초대할 수도, 그리고는 다시 쫓아낼 수도 있다. 그의 권리나 일은 아무런 향기나 윤기도 없는 것이다. 문화 산업은 오직 자신의 고객이나 피고용자로서만 인간에 대해 관심을 가지며 그에 따라 실제로 인류 전체나 각각의 구성원을 빈틈없는 틀 속에 가두어놓는다. 그때그때 어떤 측면이 두드러지는가에 따라 현대의 이데올로기는 계획 또는 우연을, 기술 또는 삶을, 문명 또는 자연을 강조한다. 문화 산업은 자신의 피고용자인 사람들에게 그때그때 합리적인 조직성을 상기시키고는 그러한 조직성에 '건전한 인간 오성'을 가지고 적응할 것을 강요한다. 고객으로서 사람들에게는 선택하는 자유를 부여하고, 스크린이나 신문에는 개인적 일화를 게재함으로써 미처 생각 못 한 신선한 자극을 주는 것이 허용된다. 그렇더라도 사람들이 객체의 상태를 벗어날 수 있는 것은 아니다.

문화 산업이 제공하는 약속이나 삶에 대한 의미 있는 설명이 적어질수록 문화 산업이 유포하는 이데올로기도 공허해진다. 사회의 조화나 선(善)이라는 추상적 이념조차 선전이 일반화된 시대에는 너무나 구체적인 것이 된다. 사람들은 추상적 개넘까지도 고객 유치를 위한 선전으로 활용하는 법을 알게 되었다. 오직 진리에 호소하고자 하는 언어는 돈버는 데 혈안이 되어 있는 현실의 사람들을 짜증나게 할 뿐이다. 수단이 아닌 말들은 무의미하게 보이며 그렇지 않은 말들은 진실성이 없는 거짓말로 보인다. 가치 판단은 선전이나 공허한 요설로 느껴진다. 그에 따라 이데올로기는 미확정적이고 구속력도 없어졌지만 그렇다고 이데올로기의 정체가 분명해지거나 약화된 것은 아니다. 입증되지 않은 것을 받아들이는 데 대한 과학주의적 혐오인 '이데올로기의 미확정성'은 지배를 위한 수단으로 작용한다. 그러한 미확정성은 현상 유지를 계획적으로 끌고 나가는 데 매우 효과적이다. 문화 산업은 공식적인 원자 명제들Protokoll-sätze의 총합이 되는 경향이 있으며 이를 통해 기존 질서를 확고부동하게 대변하는 예언자가 된다. 문화 산업은 두꺼운 안개층 때문에 통찰이 불가능하면서도 온 사방에 편재하는 '현상'을 이상(理想)으로 설정하고는 '현상'을 충실히 재현함으로써, 드러난 거짓 정보와 분명한 진리 사이에 있는 험한 협로를 능숙하게 항해한다. 이데올로기는 천근 같은 삶을 사진처럼 재현하는 것과 삶의 의미에 관한 새빨간 거짓말――내놓고 떠들기보다는 은근한 암시를 통해 끝없이 세뇌시키는――로 양분된다. 현실은 그 신성함을 과시하기 위해 항상 냉소적으로 되풀이된다. 이렇게 사진을 들이대는 식으로 증명하는 것은 논리적 엄격함을 갖지는 못할지라도 엄청난 힘을 지닌다. '단조로움'의 힘을 의심하는 자는 바보다. 문화 산업은 문화 산업에 대한 항의를 세계――문화 산업이 아무런 편파성 없이 재현하고 있는 세계――에 대한 항의를 분쇄하듯 가볍게 분쇄한다. 선택의 가능성은 동참하든지 아니면 뒷짐지고 서 있는 것뿐이다. 극장이나 라디오에 대한 반감에서 영원한 아름다움이니 아마추어 무대

니 하는 것을 기웃거리는 주변인들은 정치적으로는 이미 대중 문화가 그들의 지지자들을 몰고 간 자리에 서 있는 것이다. 대중 문화는 그때그때의 수요에 따라 선조들의 이상이나 조건 없는 감정 같은 해묵은 꿈과 소망을 소임을 다한 이데올로기라고 조롱할 수 있을 정도로는 충분히 단련되어 있다. 새로운 이데올로기가 대상으로 삼고 있는 세계는 그러한 세계. 대중 문화는 사실에 대한 숭배를 이용하여 가능한 한 자세한 묘사를 통해 잘못된 세계를 사실의 세계로 승격시키는 데 만족한다. 이러한 전이는 존재 자체를 의미와 권리를 대신하는 대용물로 만든다. 카메라가 무엇을 복사해내든 그것은 아름다운 것이다. 자신이 세계 여행의 행운을 잡는 회사원이 될 수도 있다는 기대와 그에 따른 실망은 직접 갈 수 있었을지도 모르는 여행지를 정확히 묘사한 사진에서 느끼는 실망과 상응한다. 제공되는 것은 실제의 이탈리아가 아니라 그것이 존재한다는 증거다. 영화는 미국 소녀가 아직도 동경하고 있는 파리를 황량한 곳으로 묘사함으로써 그녀로 하여금 이미 전에 만날 수도 있었을 미국 소년의 품에 거리낌없이 자신을 내맡길 수 있도록 몰고 갈 수도 있다. 어쨌든 세상이 계속 돌아가고 있다는 것, 최근의 단계에서는 체계 자체가 체계를 가능케 하는 사람들의 삶을 폐기 처분시키기보다는 재생산해나가고 있다는 사실이 체계의 의미와 공로로 기록될 것이다. 계속되고 있고 계속되게 만든다는 것은 체계가 무조건 존속해야 하며 나아가 그것을 변경시킬 수 없다는 것을 정당화한다. 자연 속에서든 산업 속에서든 순환되고 반복되고 있는 것은 건강하다는 것이다. 잡지 속에서는 똑같은 아기가 영원히 천진스럽게 웃고 있고 재즈 기계는 영원히 퉁탕거린다. 복제 기술이나 규칙이나 전문성의 그 모든 진보에도 불구하고, 또한 쉴새없이 바쁘게 돌아가는 산업에도 불구하고 문화 산업이 사람들에게 공급하는 빵은 천편일률적인 딱딱한 돌빵이다. 문화 산업은 생명의 순환을 먹고 산다. 즉 어떤 일이 있어도 어머니들은 끊임없이 아이들을 만들어내고 있고 바퀴는 멈추지 않고 돌고 있다는 충분히 근거 있는 경이를 먹고 사는 것이다. 이러한 상황이 변경 불가능한 관계를 더욱 강화하는 데 기여한다. 채플린의 영화 「위대한 독재자」의 마지막 장면인 바람에 물결치는 밀밭은 반파시스트적인 자유에의 호소를 무색하게 만든다. 그 밀밭은 나치 영화 회사 우파Ufa가 촬영한, 군대 야영지에 있는 독일 소녀의 산들바람에 나부끼는 금발머리를 닮았다. 사회의 지배 메커니즘이 자연을 사회의 병폐를 치유하는 사회의 대립물로 봄으로써, 자연은 탈자연화되어 치유 불가능한 사회 속에 끌어넣어져서는 비싼 값에 팔린다. 푸른 나무나 파란 하늘이나 흘러가는 구름을 보여주는 그림에서는 자연이 공장 굴뚝이나 주유소의 로고가 된다. 반면 반짝거리는 바퀴나 기계 부품은 자연의 일부가 되어 거기에도 나무나 구름의 혼이 배어 있는 것처럼 보인다. 이런 식으로 자연과 기술은 사람들이 무어라 하든 아랑곳하지 않고 하나로 뭉뚱그려져 동원된다. 예를 들어 자유주의 시대를 제멋대로 날조하여 회상하는 그림 속에는 오늘날의 무미건조한 대중목욕탕 대신에 한가롭고 에로틱한 분위기를 연출하는 호화로운 욕실 풍경이나, 총알 같은 속도로 이곳에서 저곳으로 질주하는 것 ―그래 보았자 그곳이 그곳이지만―이 아니라 화려한 구형 벤츠를 타고 가다 고장을 겪는 광경이 들어 있는 것이다. 초창기 기업가 정신에 대한 대기업의 승리를 문화 산업은 기업가 정신의 영원함이라고 찬미한다. 이미 패배한 적, 즉 사유하는 주체는 아직도 격퇴시켜야 할 적이다. 독일의 경우 속물들에 대해 적대적이었던 한스 존넨슈퇴서Hans Sonnenstößer가 부활한 것과, 「아버지와의 생활」*을 관람하면서 느끼는 즐거움은 동일한 것이다.

한 가지 점에서 현대의 공허한 이데올로기는 농담을 허용하지 않는 진지성을 보여준다. 그 진지성은 모든 사람을 돌봐야 한다는 것이다. 히틀러 시대에 독일에서 유행하던 농담, "누구도 굶주리거나 얼어죽어서는 안 된다. 그런 사람이 있다면 그는 아우슈비츠와 같은 집단 수용소로 가야 한다"는 농담은 오늘날 문화 산업의 모든 현관에 걸려 있는 표어라고 할 수 있을 것이다. 이러한 표어는 교활하면서도 순진하게 최근의 사회를 특징지었던 상황, 즉 사회가 자신의 지지자들을 쉽게 발견할 수 있었던 상황을 전제하고 있다. 모든 사람에게 형식적 자유가 보장된다. 누구도 자신의 생각에 대해 공적인 책임을 질 필요는 없다. 그 대신에 모든 사람은 일찍부터 사회적 통제의 가장 민감한 도구인 교회나 클럽이나 직업 동맹이나 여타 관계들의 체계 속에 소속된다. 파멸하지 않으려면 사람들은 이러한 장치들의 경중을 잘 저울질하면서 경솔하지 않게 처신해야 한다. 그렇지 못하면 그는 뒤처지게 되고 결국에는 파멸하게 된다. 어떤 부류의 삶에서든, 특히 자유직종에서의 전문 지식이란 대부분 사전 규정된 행동 규범과 결합되어 있다. 그 때문에 문제가 되는 것은 오직 전문 지식이라는 착각이 일어난다. 사실 이 사회가 자신을 충실히 따르는 구성원들의 삶만을 재생산한다는 것은 이 사회가 지닌 비합리적인 계획성의 일부다. 표준화된 삶의 등급은 여러 계층이나 개인들이 체계와 얼마나 내

---

* Life with Father: 1935년에 씌어진 클래렌스 데이 Clarence Day(1874~1935)의 유머러스한 비망록으로 1938년 린세이 Lindsay와 크라우스 Crouse에 의해 드라마로 만들어졌다.

적으로 연결되어 있는가를 보여준다. 사람들은 경영자를 신뢰하며 하급 사무원의 경우는 그가 대그우드Dagwood처럼 풍자만화 속에 나오거나 현실적인 생활을 할 때 신뢰한다. 추위에 떨고 있거나 굶주리는 자는, 그가 한때는 전도가 양양한 사람이었을지라도, 낙인찍힌 사람이고 아웃사이더다. 범죄의 경우를 제외하더라도 아웃사이더가 된다는 것은 가장 큰 죄다. 그러한 아웃사이더는 영화 속에서라면 혹시 씁쓸한 유머로서 너그럽게 봐줄 수 있는 별종이 될 수도 있을 것이다. 그러나 대부분의 경우 사회는 착한 다수에 피해를 주는 실수를 범하지 않기 위해 그러한 아웃사이더가 어떤 행동을 저지르지 않았는데도 처음 보는 순간부터 그를 악인 취급한다. 사실 오늘날은 상당한 수준에 달한 복지 국가가 실현되었다고 할 수도 있을 것이다. 자신의 위치를 지키기 위해 사람들은 고도로 발달된 기술을 바탕으로 생산자로서의 대중의 역할은 더 이상 필요하지 않는 경제를 계속 유지하려 한다. 이데올로기가 만들어내는 가상은 실제로 먹여살리는 주체인 노동자들이 거꾸로 경제를 이끌어나가는 경영자들에 의해 부양되는 것처럼 보이게 만드는 것이다. 개인의 위치는 이에 따라 흔들리게 된다. 자유주의 시대에는 가난뱅이가 게으른 사람으로 취급되었다면 오늘날엔 가난한 사람은 자동적으로 의심스러운 대상이 된다. 바깥에서 먹고 살 것을 마련하지 않는 사람은 집단 수용소에 가든지 아니면 가장 험한 일과 슬럼이 기다리는 지옥으로 보내진다. 효율성이 지배하는 세계에서 문화 산업은, 긍정적 의미든 부정적 의미든 인간들의 직접적 연대인 관리되는 대중의 후생 복지를 반영한다. 아무도 잊혀지지 않고 있으며 도처에 사회가 돌봐야 할 이웃이 있다는 것이다. 길스피스 박사Dr. Gillespies나 안방 철학자들은 자상하게도 사회의 항구화된 빈곤을, 적어도 불행

문화 산업: 대중 기만으로서의 계몽

한 사람들의 개인적 결격 사유에서 비롯된 장애가 아니라면, 인간 대 인간의 호의적인 상호부조를 통해 하나하나 치유해나가고자 했다. 생산량을 높이기 위해 경영 전문가들과 모든 공장이 채택하고 있는 인화 관계의 증진은 생산 과정의 인간 관계를 가상으로나마 사사(私事)화하여 직접적 관계로 만듦으로써 마지막 사적 충동들마저 사회적 통제하에 놓으려 한다. 이러한 비물질적 자선은 공장으로부터 사회 전체에 퍼져나가기 훨씬 전부터 문화 산업의 산물에 화해의 그림자를 던져주었다. 그러나 인류의 위대한 자선가들——그들의 업적은 인간적인 관심이 있다는 것을 억지로 보이기 위한 동정 행위라고 규정할 수 있을 것이다——은 동정의 폐지를 공표하면서 마지막 무능력자를 제거하고는 어떤 재발도 막을 수 있다고 생각하는 히틀러의 대리인이다.

'황금의 심장'을 강조함으로써 사회는 자신이 생산한 고통을 고백한다. 모든 사람들은 체계 속에서 자신이 무기력하다는 것을 알고 있으며, 현대의 이데올로기도 이것을 고려하지 않을 수 없다. 문화 산업은 즉흥적으로 만들어진 동료애의 가면 밑에 있는 고통을 숨기기보다는 고통을 남자답게 직시하는 데에——자신을 통제하는 어려움이 아무리 클지라도——자부심을 느낀다. 평정을 유지하려는 열정이 그러한 평정을 필수적인 것으로 만드는 세계를 정당화시켜준다. 그처럼 삶은 가혹한 것이지만 그 때문에 그만큼 굉장한 것이고 건강한 것이 되는 것이다. 거짓말은 비극 앞에서도 위축되지 않는다. 사회 전체가 구성원들의 고통을 없애지는 못하지만 그 고통을 기록하고 주재하는 것과 똑같은 방식으로 대중 문화는 비극을 다룬다. 그 때문에 대중 문화는 집요하게 예술로부터 모든 것을 채용해오는 것이다. 예술은 순수한 유흥이 스스로 제공할 수 없는 비극적 요소를 공급하는데, 유흥은 현상을 정확하게 재현한다는 자신의 원칙을 지키기 위해 그러한 비극적 요소들을 필요로 한다. 주도면밀하게 계산된 세계의 긍정적 양상으로 탈바꿈된 비극성은 대중 문화에게는 축복으로 들리게 된다. 대중 문화는 사람들로 하여금 냉소적이고 측은한 마음으로 진리를 받아들이게 만듦으로써 진리를 존중하지 않는다는 비난에 대해 자신을 방어한다. 대중 문화는 검열을 거친 무미건조한 행복을 흥미있는 것으로 만들며 나아가 흥미를 손쉬운 것으로 만든다. 대중 문화는 문화적으로 더 좋은 날들을 경험했던 소비자들에게는 오래 전에 폐기 처분된 '깊이'에 대한 대용물을 제공해주며, 통상적인 소비자에게는 과시용으로 삼을 수 있는 잡다한 교양을 제공한다. 대중 문화는 모두에게 강인하고도 진실된 인간 운명이 아직도 가능하며 그러한 운명을 적나라하게 묘사하는 것은 어쩔 수 없다는 위안을 준다. 빈틈없이 완결된 삶──오늘날의 이데올로기는 이러한 삶을 재현하는 데 혈안이 되어 있는데──에 반드시 뒤따르는 고통을 철저히 묘사할수록 그러한 삶은 위대하고 강력한 것으로 돋보이게 된다. 그러한 삶은 운명의 한 조각인 것처럼 보이게 된다. 예전의 비극성이 지니는 역설적 의미가 신화적 위협에 대한 절망적 저항에 있었다면, 오늘날의 비극성은 동참하지 않는 자를 파괴하는 위협으로 축소되었다. 시민 미학은 옛날부터 비극적 운명을 정당한 처벌로 바꾸고 싶어했었는데, 대중 문화에서는 이것이 정말로 실현되었다. 대중 문화의 도덕이라는 것은 옛날의 아동 도서에서 볼 수 있었던, 이제는 품격이 떨어진 도덕이다. 예를 들면 일류 영화에서 악인은 히스테리가 심한 여인으로 분장하는데 그녀는, 정신과 의사의 소견에 의하면 훨씬 현실에 성실한 자기 상대역의 행복을 파괴하려다 자신이 오히려 전혀 극적이지 못한 죽음을 당하게

문화 산업: 대중 기만으로서의 계몽

된다. 그 정도의 학술적 성실성도 정상의 작품들에서만 유지되
며 그 밑으로 내려가면 제작에 들이는 노력이 훨씬 적어진다.
여기서의 비극성은 그나마 사회심리학에 의지하지도 않는다.
정통 헝가리-비엔나 오페레타들이 2막의 결말을 비극적으로
장식할 수밖에 없었다면 3막은 오직 오해를 없애기 위해 만들
어진 것이다. 이처럼 문화 산업은 비극을 진부하고 판에 박힌
것으로 만들어버린다. 익히 알려진 처방만으로도——사실은 제
어될 수 없는——비극성에 대한 걱정을 달래기에 충분하다는
것이다. 어떤 주부라도 금방 알아챌 수 있는 드라마의 틀, 즉
'어려운 처지에 말려들고 다시 그로부터 빠져나온다'는 틀은
저급한 여성물로부터 최고 수준의 제작물에 이르기까지 모든
대중 문화에 적용된다. 좀더 나은 의도를 가지고 만들어진 비
극적 종말마저 비극성을 훼손시키고는 기존 질서를 재확인하
는 데 머문다. 기존 관행을 벗어난 연인의 짧은 행복은 죽음으
로 그 대가를 치르게 되며, 영화의 슬픈 종말은 더욱 분명하게
실제 삶의 변경 불가능성을 강조한다. 비극 영화는 도덕의 개
선을 위한 제도가 되는 것이다. 체계의 압력 밑에 살면서 비도
덕적이 되었으며, 분노와 저항으로 얼룩진 발작적 행동 방식에
의해서만 문명의 주체임을 우리에게 새삼 일깨워주는 대중은,
불행한 자의 가혹한 삶이 만들고 있는 표본 사례를 보면서 질
서를 받아들이게 된다. 문화란 옛날부터 혁명적 또는 야만적
본능을 길들이는 데 기여해왔다. 산업 사회에서의 문화는 문화
의 이러한 역할에 다른 무엇을 더 첨가한다. 산업 사회의 문화
는 사람들이 겨우겨우 감당해나가는 가혹한 삶의 조건을 부단
히 연습시키는 역할을 한다. 완전히 지쳐버린 개인은 지쳐버린
상태에서 비롯된 무관심을 잘못된 충동이라고 자아 비판하고
는 이미 신물이 난 집합적 힘에 가담해야만 한다. 일상 생활에

서 관객들을 끊임없이 괴롭히는 항구화된 절망적 상황들이 영화 속에 재현되면서는 교묘한 방식에 의해 계속 살아야 한다는 약속으로 전환된다. 사람들은 오직 자신의 무가치성을 자각하고 자신의 패배를 인정하기만 하면 사회의 일원이 될 수 있는 것이다. 사회는 낙담한 자들의 사회로서 그 때문에 갱단의 제물이 된다. 『베를린 알렉산더 광장』*이나 『이 친구야, 어쩔래』**와 같은 파시즘 이전 시대 독일의 뛰어난 작품들에서는 이러한 경향이 보통의 영화나 재즈에서처럼 두드러지게 나타난다. 이들에게서 공통적으로 문제되는 것은 인간의 자기 경멸이다. 한 인간이 기업가나 재산가와 같은 경제 주체가 될 수 있는 가능성은 완전히 없어지고 말았다. 구멍가게에 이르기까지 자율적 기업 경영——시민적인 가정이나 그 자존심이 이러한 사업을 이끌어나가고 상속시키는 데서 나온다면——은 절망적인 종속 상태에 빠지게 되었다. 모든 사람은 피고용인이 되며 피고용자의 문화 속에서 가장(家長)의 품위——언제나 의문스러운 것이기는 했지만——는 실추된다. 갱단에 대한 개인의 태도——그것이 사업이든 직업이든 당이든, 또한 허락된 것이든 아니든 상관없이——는 대중에 대한 정치가의 제스처나 연인에게 애정을 구하는 구혼자의 모습처럼 근본적으로 마조히스트적인 경향을 띤다. 끊임없이 새롭게 이 사회에 대한 도덕적 순종을 표시하도록 강요당하는 사람들이 보여주는 태도는 성년식 때 신부(神父)가 두드리는 박자에 맞춰 웃음 띤 얼굴을 하고서는 원을 그리며 돌고 있는 소년들을 연상시킨다. 후기자본주의 시대에서

---

* *Berlin Alexanderplatz*: 알렉산더 되블린 Döblin의 소설(1929). 주인공 비버코프의 밑바닥 인생을 통해 현대 대도시의 총체성을 파악하고자 한 소설.
** *Kleiner Mann, was nun*: 한스 팔라다 Fallada의 소설(1932). 경제 공황기에 한 종업원이 프롤레타리아화하는 과정을 묘사한 소설.

삶이란 지속적인 세례 의식이다. 모든 사람은 끊임없이 그를 때리는 폭력과 스스로를 동일시하고 있음을 보여주어야 한다. 이것이 흐느적거림을 조롱하면서 동시에 그것을 규칙으로 만드는 재즈적인 분절법의 원리다. 라디오에서 흘러나오는 감상적 저음 가수의 내시 같은 음성, 턱시도를 입고 수영장에 빠지는, 상속녀의 잘생긴 정부는 체계가 그에게 무엇을 강요하든 거기에 자신을 맞춰야만 하는 사람들에게 모범이 된다. 모든 사람은 전능한 사회와 같아질 수 있다. 모든 사람은 완전히 굴복하고 행복에의 요구를 포기할 때 행복해질 수 있다는 것이다. 개인의 무기력 속에서 사회는 자신의 힘을 확인하고는 그에게 약간의 힘을 나누어준다. 개인의 무저항이 개인을 신뢰할 만한 사회 구성원으로 만들어주는 것이다. 이로써 비극성은 폐기된다. 예전에는 사회에 대한 개인의 대립성이 개인의 실체를 구성해주었었다. 개인은 "막강한 적과 고상한 재난과 공포를 불러일으키는 문제 앞에서 감정의 용기와 자유를"[4] 찬미했다. 오늘날 비극성은 아무 의미도 없는 저 **사회와 주체의 잘못된 동일성** 속으로 녹아들어갔는데, 이러한 잘못된 동일성이 지니는 가공스러운 모습을 우리는 공허한 비극적 가상 속에서 언뜻 만날 수 있다. 개인의 반항을 질식시킨 다음 백기를 든 개인들에게 항구적인 자비를 베푸는 통합의 기적은 바로 파시즘을 의미한다. 이러한 경향은 되블린이 그의 비버코프에게 피난처로 제공한 인도주의나 사회성이 짙은 영화에서 나타난다. 피난처를 발견하는 능력이나 몰락하지 않고 살아남는 능력——이를 통해 비극성은 시대에 뒤떨어진 순진성이 되어버리는데——을 새로운 세대는 보여준다. 그들은 어떤 일이라도 유능하게 해내는데

---

4 Nietzsche, *Götzendämmerung*, Werke, Band VIII, S. 136.

그것은 노동은 하지만 그들이 거기에 얽매이지는 않기 때문이다. 이것은 아무런 열정 없이 전쟁에 나갔다가 귀향한 병사나 확고한 직장 없이 이일 저일을 하다가 마침내는 군대 비슷한 단체나 조직에 가담하는 젊은이들의 서글픈 유연성을 연상시킨다. 비극성의 해소는 개인의 몰락을 재확인시켜준다.

문화 산업에서 개인이라는 관념이 환상이 되는 것은 생산 방식의 표준화 때문만은 아니다. 개인이라는 관념은 개인과 보편성과의 완전한 동일성이 문제되지 않을 경우에만 용납될 수 있다. 재즈 음악에서의 규범화된 즉흥성으로부터 사람들의 눈에 띄게 눈 위를 곱슬머리로 가리고 있는 영화 속의 기이한 인물에 이르기까지 사이비 개성이 지배하고 있다. 개인적인 것이란, 우연한 것은 우연한 것에 불과할 뿐이다라는 사실에 확인 도장을 찍는 보편성의 능력으로 환원된다. 영화 속에서 볼 수 있는, 개인들의 요지부동한 태도건 점잖게 자신을 드러내는 태도건 모두 다 아주 미세한 부분에서 서로 차이가 나는 현관 자물통처럼 대량 생산된 것이다. 자아의 특수성이란 언뜻 보면 자연스러운 것으로 보이지만 사실은 사회에 의해 결정된 개인들의 독점 상품이다. 개인의 특수성은 구레나룻, 프랑스적인 억양, 음탕한 여자의 깊은 저음, 루비치 터치*로 축소된다. 이러한 개인적 특수성은 신분 증명서에 찍힌 지문과 같은 것이다. 이러한 지문을 제외한다면 신분 증명서는 모두 정확히 똑같은 것으로서 영화 배우로부터 감옥에 갇혀 있는 죄수에 이르기까지 모든 개인의 삶과 얼굴은 보편성의 힘에 의해 똑같은 신분 증명서 중의

---

* 에른스트 루비치 Lubitsch: 1892년 베를린에서 태어나, 1947년 할리우드에서 사망한 영화 감독. 루비치 터치는 말로 표현할 수 없는 관념을 영상을 통해 은밀하게 암시하기 위한 루비치의 독특한 기법을 말한다.

하나로 변질된다. 사이비 개성은 비극성을 인식하고 또한 해독시키기 위한 전제로서 기능한다. 개인은 진정한 개인이 아니라 보편적인 경향들이 만나는 정류장이 됨으로써 무리 없이 보편성 속에 흡수될 수 있는 것이 된다. 이로써 대중 문화는 시민의 시대에 개인이라는 형식이 이제까지 보여주었던 허구적 성격을 폭로하고는 보편과 특수의 우울한 조화에 만족함으로써 개인이라는 형식에 불의를 가한다. 개별성이라는 원리는 처음부터 모순에 찬 것이었다. 이 원리는 한 번도 진정한 개별화를 달성한 적이 없다. '자기 유지'의 계급적 형태는 모든 사람을 단순한 '유적 존재'의 단계에 묶어둔다. 시민적 성격은 모두, 개인적 일탈에도 불구하고 또한 바로 그러한 일탈 속에서 똑같이 경쟁 사회의 경직성을 표현한다. **사회를 지탱시켜주고 있는 개인은 사회라는 보기 흉한 상흔을 지니고 다닌다.** 개인은 겉보기에는 자유를 갖고 있는 것 같지만 사실은 **사회라는 경제적·사회적 장치의 산물이다.** 권력은 자신으로부터 피해를 당한 개인들에게 자신을 승인할 것을 강요하기 위해 그때그때의 지배적 권력 관계에 호소한다. 시민 사회는 그 진행 과정 속에서 개인 또한 발전시켰다. 지배자의 의지에 반하는 것이기는 하지만 기술은 인류를 유아 상태로부터 '개인'으로 만들었다. 그러나 이러한 개별화의 진보는 개별성이라는 이름 아래 진행되었음에도 개별성을 희생시키는 결과를 초래하게 됨으로써 개인은 스스로가 단호히 자신의 고유한 목적을 추구하지 않을 수 없게 되었다. 개인의 존재는 사업과 사생활로 분열되고, 사생활은 공적인 이미지 관리와 가정 생활로 나누어지며, 가정 생활은 다시 작은 마찰로 점철된 결혼 생활과 완전히 혼자가 되는 쓸쓸한 평화 상태로 나누어진다. 자기 스스로와 그리고 모든 사람과 불화에 빠지는 그러한 '시민'은 이미 열광과 비방을 동시에

계몽의 변증법

되풀이하는 잠재적인 나치다. 또한 시민은 오늘날의 대도시인처럼 친분 관계를 단지 사회적인 교분으로, 내면적 교류가 없는 사회적인 접촉으로 생각할 수밖에 없다. 문화 산업이 개별성을 마음대로 가지고 놀 수 있는 이유는 본래 부서지기 쉬운 사회의 성격이 개인 속에서 재생산되기 때문이다. 잡지 표지를 본떠 사적인 개인과 영화 주인공을 조합시킨 얼굴 속에서 통일적인 인격체——아무도 더 이상 그런 것을 믿지도 않지만——라는 개인의 가상은 깨어진다. 유명 모델의 인기는 개별화를 이루려는 노력이 결국에는 흉내내는 데 드는 숨 가쁜 노력에 의해 대체되리라는 은밀한 만족에서 나온다. 자기 모순에 찬 분열된 개인이 몇 세대를 더 지속할 수 없으리라는 희망, 체계는 그러한 심리적인 분열로 말미암아 분쇄될 수밖에 없으리라는 희망, 개인을 천편일률적인 복제물로 대체하는 기만이 더 이상 지탱될 수 없으리라는 희망, 이러한 희망들은 공허한 것이다. 인격의 통일성이란 셰익스피어의 햄릿 이래 가상임이 드러났다. 오늘날 몽타주 사진에서는 언젠가 인간의 삶이라는 관념이 있었다는 사실마저 잊혀진다. 수백 년 동안 사회는 빅터 마추어*나 미키 루니를 준비해왔다. 해체를 통해 그들은 실현을 보게 되는 것이다.

평균적인 것을 영웅화하는 것은 싸구려에 대한 숭배의 일부분이다. 최고의 값을 지불한 배우 사진도 이름 없는 상품을 선전하는 사진과 별로 다르지 않다. 이것들도 수많은 상품 모델들 중에서 공들여 선택된 것들이다. 지배적인 취향은 '소비의 아름다움'인 상품 선전을 이상으로 삼는다. "미(美)란 유용한 것"이라는 소크라테스의 말은 오늘날에 와서 아이러니컬한 방

문화 산업: 대중 기만으로서의 계몽

---

* Victor Mature: 미국의 영화 배우.

식으로 실현되었다. 영화관은 문화 산업 전체를 선전하며, 라디오에서 상품들은——이 상품을 위해 문화 상품도 존재하지만——개별적으로 선전된다. 동전 몇 개로 수백만 달러의 비용이 든 영화를 볼 수 있으며, 그 5분의 1의 값으로 추잉껌을, 그 뒤에 세계의 거대한 부가 버티고 있고 껌의 판매를 통해 부가 더욱 커져가고 있는 회사의 껌을 구입할 수 있는 것이다. 사회에서는 매춘이 허용되지 않지만 그러한 것이 군대에서는 모두에 의해 암묵적으로 양해된다. 최고의 오케스트라를——최고가 아닐 수도 있겠지만——무료로 안방까지 날라올 수도 있다. 이 모두는, 파시즘의 민족 공동체가 인간 공동체의 패러디인 것처럼 향락만이 있는 동화 속의 나라에 대한 패러디다. 누구에게나 이름만 대면 무엇이든 주겠다는 것이다. 베를린의 옛 메트로폴 극장을 방문한 시골 사람이 "사람들이 돈으로 무엇이든 할 수 있다는 것은 굉장하다"라고 한 말은 문화 산업에서 이미 오래 전에 실현되어 생산의 진정한 본질로 부상했다. 이것은 항상 문화 산업이 가능하다는 승리를 동반할 뿐만 아니라 문화 산업 자체가 상당한 정도 이러한 승리 그 자체다. 쇼란 사람들이 가지고 있는 것이나 할 수 있는 것을 모든 사람에게 보여주는 것을 말한다. 쇼는 오늘날도 여전히 시장을 의미하나 예전의 시장과 다른 점은 쇼가 치유 불가능한 문화병을 앓고 있다는 것이다. 장사꾼의 외침 소리에 끌려 노점 속으로 들어간 사람들이 거기서 느낀 실망을 대범한 웃음으로 극복할 수 있는 것은 어느 정도 실망을 미리 짐작했기 때문이라면, 영화관을 찾는 사람도 그와 비슷한 이해심을 가지고 문화 산업의 제도를 대한다. 대량 생산된 사치품들을 값싸게 공급하고 부풀려서 칭찬을 해대는 광범위한 사기에 의해 예술의 상품적 성격 자체에 변화가 초래된다. 예술이 상품이라는 사실은 새로운 것이 아니다.

진짜 새로운 것은 그러한 사실을 내놓고 떠들고 다니며, 예술 자신이 자율성을 포기하고 상품의 일원이 되었음을 자랑스러워하고 있다는 사실이다. 분리된 영역으로서의 예술이란 예전부터 오직 시민적 예술에서만 가능했다. 예술의 자유란, 그 자체가 시장을 통해 관철되는 사회적 합목적성에 대한 부정으로서 근본적으로는 상품 경제의 전제에 결부되어 있는 것이다. 오직 자신의 고유한 법칙을 좇음으로써 사회의 상품적 성격을 부정하는 순수한 예술 작품도 또한 상품이다. 주문자의 후견인 제도가 예술가를 시장으로부터 보호해주던 18세기까지 예술 작품은 상품이 되지 않을 수 있었지만 그 대신에 주문자나 그들의 목적에 종속되었었다. 그 이후의 위대한 예술 작품이 갖는 무목적성은 시장의 익명성을 먹고 산다. 예술가는 사회의 특정한 요구들로부터 어느 정도 면제되어야 한다는 자율적 작품의 요구는 다양한 측면들과 매개된 것이다. 왜냐하면 예술 작품의 자율성이란 사회에 의해 할 수 없이 용인되어오기는 했지만, 자율성의 주변에는 시민적 역사가 흘러오는 동안 줄곧 어떤 비진리의 계기들이 운집하게 됨으로써 결국은 예술의 사회적 해체까지 몰고 왔기 때문이다. 중병에 걸린 베토벤은 월터 스코트의 한 소설을 읽다가 "이 작자는 돈 때문에 쓰고 있군"이라고 말하면서 책을 내팽개쳤는데, 그 베토벤이 시장에 대한 극단적 거부를 내용으로 하는 그의 마지막 작품 현악 사중주곡*을 매각하는 데서 보여준 노련하고 완고한 사업가적 풍모는, 시민 예술에서 시장과 자율성이 서로 대립하고 있는 것

---

* 1823년 니콜라스 갈리친 Nikolas Galitzin 공작으로부터 세 곡의 현악 사중주에 대해 각각 50듀카트씩을 지불하겠다고 제의를 받은 베토벤은 1825년에 첫째 곡인 작품 127의 내림마장조 사중주를 완성한 다음. 예정된 두 곡이 아니라 네 곡을 잇따라 작곡한다. 여기에는 현악 사중주 작품 번호 130, 132와 131, 135가 있다.

같지만 사실은 하나라는 사실을 보여주는 좋은 예다. 그러한 모순을 베토벤처럼 창작 과정 속에서 충분히 의식하고 작품 속에 끌어들이는 것이 아니라 그러한 모순을 은폐하려 드는 작품은 바로 이데올로기에 떨어진다. 베토벤은 동전 몇 닢을 잃은 분노를 즉흥적으로 음악을 통해 나타냈으며, 세계의 압력을 스스로의 내부로 끌어들임으로써 심미적으로 지양시켜야 한다는 형이상학적 당위를 월급을 요구하는 가정부로부터 이끌어냈다. '목적 없는 합목적성'이라는 이상주의 미학의 원리는 시민 예술이 사회적으로 따르고 있는 틀, 시장의 원리가 선언한 '목적 있는 무목적성'을 뒤집어놓은 것이다. 마지막으로 유흥과 긴장 이완의 요구 속에서는 목적이 무목적성의 영역을 집어삼킨다. 그러나 예술도 쓸모 있어야 한다는 요구가 총체적이 되면서 문화 상품의 경제적 내부 구조 속에도 변화의 조짐이 보이기 시작한다. 적대적인 사회 속에서 인간이 예술 작품으로부터 얻고 싶어하는 효용이란 상당 정도 바로 효용 없는 것의 존재 자체인데, 이 존재는 효용 속에 완전히 포섭됨으로써 폐기되는 것이다. 예술 작품이 완전히 욕구를 닮아가게 됨으로써 예술은 예술이 제공해야 할 효용성 원리로부터의 해방이라는 원리를 배반하게 되고 이에 따라 사람들을 기만하게 된다. 문화 상품의 수용에서 사용가치라고 부를 수 있는 것은 교환가치에 의해 대체되며, 향유 대신에 표를 사서 공연장에 참석한다는 사실 자체나 어떤 예술 분야의 잡다한 정보에 정통하다는 것이 더욱 중요시된다. 진정한 애호가나 감식가 대신에 명예를 얻으려는 자들만이 들끓는다. 소비자는 유흥 산업의 제도들로부터 빠져나갈 수 없게 됨으로써 유흥 산업의 이데올로기로 이용된다. 사람들은 『라이프 Life』지나 『타임 Time』지를 구독해야 하는 것처럼 「미세스 미니버」를 봐야만 한다. 모든 것은 오직, 어떤 것이 다른 어떤 것에 기여할 수 있으리라는——비록 이 다른 어떤 것이 시야에 분명히 들어오지 않을지라도——측면, 즉 효용성의 측면에서만 인지된다. 모든 것은 그 자체가 어떤 무엇이 아니라 교환될 수 있는 무엇일 때만 가치를 갖는다. 예술의 사용가치, 즉 예술의 존재는 '물신'으로 여겨지며, 예술 작품의 수준이라고 오해되는 예술의 사회적 평가라는 물신이 향유할 수 있는 유일한 사용가치나 질(質)이 된다. 예술의 상품적 성격이 완전히 실현된다는 것은 곧 그러한 상품적 성격이 해체된다는 것을 의미한다. 다시 말해 예술은 산업 생산물처럼 팔릴 수 있고 대체할 수 있는 상품의 일종이 되지만 '팔릴 수 없기 위해 팔린다'는 속성을 지니고 있는데, 장사가 예술의 단순한 의도를 넘는 예술의 유일한 원리가 되면서 예술이라는 상품이 팔릴 수 있다는 것은 위선이 되어 예술은 전혀 팔릴 수 없는 것이 되는 것이다. 라디오를 통해 흘러나오는 토스카니니는 팔릴 수 없는 것이다. 사람들은 그것을 공짜로 듣는다. 교향곡의 모든 울림에는 '이 음악회는 공중을 위한 봉사의 일환으로 당신에게 제공되는 것입니다'라는 식으로 교향곡이 선전을 통해 방해받지 않는다는 고상한 선전이 들어 있는 것처럼 들린다. 이러한 착각은 라디오 방송국의 재원을 대는 자동차 산업과 비누 산업 연합의 이윤과 라디오 수신기를 제조하는 전자 회사의 판매고 증가에 의해 가능한 것이다. 불완전한 영화 시장으로 말미암아 영화에서는 불가능했던 많은 결과들을 문화 산업의 진일보한 후발 주자인 라디오는 이용할 수 있게 되었다. 영화 산업이 자유주의적인 일탈을 자신의 영역 안에 허용하지 않을 수 없었던 데 반해 상업적인 라디오 방송 체계가 만들어낸 기술 구조는 자신의 시장을 그러한 자유주의적인 일탈에 대해 충분히 면역시켰다. 라디오 방송은 이미 지고(至高)한 전체를 대변하는 사기업이라는 점에서 여타의 대기업보다 훨씬 앞서 있는 것이다. 체스터필드는 국가의 담배지만 라디오는 국가의 소리인 것이다. 문화적인 생산물 전체를 상품의 영역으로 끌어들이면서도 라디오는 자신의 문화 생산물 자체는 소비자에게 상품으로 내어놓는 것을 포기한다. 미국에서 라디오는 시청자로부터 시청료를 징수하지 않는다. 이를 통해 라디오는 이해나 편견에 얽매이지 않은 권위——파시즘을 수식해주던 기만——라는 형식을 획득한다. 파시즘 시대에 라디오는 세계를 향한 총통의 입이었다. 길거리의 확성기에서 울리는 총통의 목소리는 공습의 공포를 알리는 사이렌 소리로 이어지는데, 오늘날의 프로파간다도 이와 별로 다르지 않을 것이다. 나치들도 무선 방송이, 종교 개혁에 끼친 인쇄술의 역할처럼, 그들의 원대한 계획에 모양을 갖춰주리라는 것을 알았다. 종교사회학에 의해 착상된 총통의 형이상학적인 카리스마란 바로 라디오를 통해 어디서나 들을 수 있는 총통의 연설이었다. 그것은 어디에나 존재하는 성령에 대한 악마적 패러디다. 총통의 연설이 어디든 파고든다는 엄청난 사실이 연설의 내용을 대체한다. 이와 마찬가지로 교향곡의 내용 자체보다도 토스카니니를 공짜로 방송한다는 자선 행위 자체가 중요한 것이 된다. 시청자는 총통의 연설이 순전한 거짓말이라는 것은 알지만 토스카니니 방송의 진정한 의미를 알아채기는 어렵다. 인간의 말인 아나운서의 말이 잘못된 명령일 수 있음에도 불구하고 그것을 절대화하려는 것은 라디오에 내재하는 경향이다. 추천은 명령이 된다. 다양한 상표 아래 동일한 상품을 추천하는 것, 라트라비아타 서곡과 리엔치 서곡 사이에 아나운서가 부드러운 목소리를 통해 과학적 근거를 제시하면서 설사약을 선전하는 것 같은 것만이 오직 그 유치한 수준으로 말미암아 더 이상 시청자에게 먹혀들지 않는다. 선택 가능성이라는 가상 밑에 숨겨져 있는 진정한 선전인 생산의 독재는 어느 날엔가는 총통의 공개적 명령으로 돌변할지도 모른다. 사회 생산물 중 어떤 부분이 민족의 필요에 할당되어야 하는가에 대해 합의한 파시스트 사회에서 특정한 비누를 사용하라고 선전하는 것은 시대착오적인 것으로 보인다. 총통은 쓸데없는 군더더기 없이 누구를 수용소로 보내고 시체더미를 어떻게 처리할 것인가를 직접 지시한다는 점에서 훨씬 현대적이다.

오늘날 벌써 문화 산업은 예술 작품을 정치적 구호처럼 포장해서 결코 호락호락하지만은 않은 청중들에게 싼값으로 퍼붓는다. 공원처럼 예술 작품도 민중에게 접근 가능한 것이 되었다. 그러나 예술 작품이 지니는 진정한 상품적 성격이 소멸했다는 것은 자유가 실현된 사회에서 예술 작품이 지양되었다는 것을 의미하는 것이 아니라, 예술 작품이 케케묵은 문화재로 전락하는 것을 막아주는 마지막 보루가 무너졌다는 것을 의미한다. 헐값의 대량 판매가 교양이라는 특권을 폐기시켰다는 것은 대중에게 예전에는 접근이 거부되었던 영역을 열어주는 것이 아니라, 적어도 현재의 사회 조건 아래서는 **교양의 상실과 야만적 무질서의 증가**를 의미한다. 19세기나 20세기초에 연극을 보거나 음악회에 참석하기 위해 돈을 지불한 사람들은 적어도 그들이 지불한 돈만큼의 존경을 공연에 보냈었다. 예술 작품으로부터 무엇인가를 얻고 싶어하는 시민은 이따금씩 작품과 어떤 관계를 맺어보려 노력했다. 이에 대한 증거는 바그너 악극에 대한 소개 문학이나 파우스트에 대한 주해서에서 찾아볼 수 있다. 이러한 것들은 예술가의 일대기를 미화하는 작업 등으로 넘어가는데 오늘날은 이런 것들이 실제의 예술 작품보다 더 큰 영향력을 발휘한다. 초창기, 장사가 번창하던 시절에서조차 교환가치는 사용가치를 단순한 부속물로 동반했다기보다는 자기 자신의 고유한 전제 조건으로서 사용가치를 발전시켰다. 이러한 사정은 사회적으로는 예술 작품에 도움이 되었다. 값비싼 것으로 여겨진 예술은 시민들에게 어느 정도 절제를 가하는 역할을 했다. 이러한 상황은 이제 과거지사가 되었다. 어떤 제한도 없어지고 돈을 지불할 필요도 없게 됨으로써 수용자와 예술 사이의 거리가 없어지게 됨에 따라 예술이나 수용자는 모두 물건 비슷한 것이 되고 소외는 완성된다. 문화 산업에서는 비평이 사라진 것처럼 존경도 사라진다. 비평은 전문가의 기계적 활동으로 넘어가고 존경은 최고의 인기 스타에 대한 단명한 숭배로 대체된다. 소비자에게는 아무것도 귀한 것이 없다. 그럼에도 불구하고 소비자들은 돈을 적게 지불할수록 주어지는 것도 적다는 것을 안다. 전통 문화를 이데올로기로 보는 이중의 불신은 산업화된 문화를 사기로 보는 불신과 합쳐진다. 사람들은 볼 것이 많고 들을 것이 많다는 데 기쁨을 느끼지만 단순한 덤의 위치에 떨어진 예술 작품이나 쓰레기 같은 예술 매체들을 더 이상 쳐다보지 않는다. 모든 것은 얻을 수 있는 것이다. 영화관의 버라이어티 쇼나 음악 알아맞히기 게임, 라디오 프로그램에서 제공하는 공짜 팸플릿이나 경품은 단순한 액세서리가 아니라 문화 산업이 행하는 본래 활동의 일부다. 교향곡은 라디오를 듣는 대가로 부여되는 상이며, 기술이 진보한다면 영화는 라디오의 경우처럼 아파트로 운반될 것이다. 상업적인 체계는 점점 진행된다. 텔레비전은 발전의 방향을 보여준다. 이러한 발전 속에서 워너 브러더스는 진지한 음악가나 문화 보수주의자들처럼 대접받지 못하는 처지에 떨어지지 않을 수 없을 것이다. 소비자들의 행태에서 시상 제도는 이미 자리를 잡았다. 문화가 사적으로나 사회적으로나 분명한 이득이 되는 보너스로 되자 문화를 수용한다는 것은 기회를 포착하는 것이 되었다. 게으름을 피우다가 무엇인가를 놓치지 않나 하는 불안 때문에 사람들은 문화 산업 속으로 몰려 들어간다. 기회의 내용이 무엇인지 분명하지는 않지만 어쨌든 참여하는 자만이 기회를 포착할 수 있다. 파시즘은 문화 산업에 의해 훈련된 경품 수혜자들을 순종 잘하는 정규 집단으로 재조직하고 싶어한다.

문화는 패러독스한 상품이다. 문화가 완전히 교환 법칙 밑에 종속되게 되면 문화는 더 이상 교환 불가능한 것이 된다. 다시 말해 문화는 맹목적 소비로 해체되면 더 이상 소비할 수 없는 것이 되는 것이다. 그 때문에 문화와 선전은 용해되어 하나로 된다. 독점하에서 선전이 아무 의미 없는 것이 되면 될수록 선전은 더욱 전능한 것이 된다. 그 동기는 충분히 경제적인 것이다. 사람들은 분명 문화 산업 없이도 살 수 있을지 모른다. 문화 산업은 소비자들에게 너무나 많은 포만감과 둔감만을 만들어주고 있기 때문이다. 문화 산업 스스로는 이러한 사태를 호전시킬 만한 능력을 별로 갖고 있지 않다. 선전은 문화 산업의 불로장생약이다. 상품으로서 문화 산업의 생산물이 약속해주고 있는 향유는 끊임없이 약속에만 그치게 됨에 따라, 문화 산업의 생산물은 자신의 향유 불가능성 때문에 필요로 하는 선전 자체와 결국에는 동일해지게 되는 것이다. 경쟁 사회에서 선전은 구매자에게 시장 정보를 제공하는 사회적 기능을 한다. 선전은 구매자들에게는 불특정한 여러 물건 중에서 자신에게 유리한 상품을 선택하는 것을 쉽게 하고 공급자에게는 자신의 상품이 적당한 소비자에게 전달될 수 있도록 도와준다. 선전은 시간을 잡아먹는 일이기는 하지만 시간을 절약시켜주기도 한다. 오늘날 자유로운 시장의 기능이 마비되어감에 따라 체계의 지배자들은 엄호물 속으로 은둔해버린다. 그들은 소비자들을 대기업에 묶어놓는 동아줄을 더욱 튼튼하게 만든다. 광고 매체——무엇보다도 라디오 방송 자체인——가 요구하는 터무니없는 비용을 지속적으로 지불할 수 있는 사람, 즉 이미 그럴 수 있는 위치에 있는 사람들이나 은행이나 산업 자본에 의해 자리매꿈용으로 발탁된 자만이 겉으로만 시장같이 보이는 판매 시장에 판매자로서 발을 들여놓을 수 있는 것이다. 선전 비용은——그 나마도 결국에는 대기업의 주머니로 다시 흘러들어가게 되지만——달갑지 않은 아웃사이더를 힘겹게 물리쳐야 하는 수고를 덜어준다. **선전 비용은 권력이 한 사람의 손아귀에 계속 남아 있도록 보장해준다.** 그것은 어떤 사업을 신규로 시작할지 아니면 기존의 사업을 계속 진행시킬지를 조정하는 전체주의 국가의 경제 결정 메커니즘과 별로 다르지 않다. 선전은 오늘날 부정적 원리를 구현하는 방어 기제다. 선전의 도장이 찍히지 않은 것은 경제적으로는 수상쩍은 것이다. 상품의 종류는 어차피 제한되어 있기 때문에 사람들에게 상품의 종류를 알리기 위한 포괄적 선전이 꼭 필요한 것은 아니다. 그러한 선전은 판매에 간접적으로만 도움을 준다. 어떤 한 회사가 통용되고 있는 선전 관행을 파기하는 것은 명예의 실추를 의미할 뿐만 아니라, 사실에 있어서는 해당 집단이 소속 구성원에게 부과한 규율을 위반하는 것이다. 전쟁 중에는 오직 경제력을 과시하기 위해 실제로는 더 이상 공급되지 않는 상품들이 계속 선전되기도 한다. 이 경우 상품 이름을 되풀이하는 것보다 더 중요한 것은 이데올로기 매체에 대한 지원이다. 체계가 모든 생산물로 하여금 선전의 기술을 이용하도록 강요하게 됨에 따라 선전의 기술은 문화산업의 관용구며 '양식'이 되었다. 이러한 새로운 양식의 승리는 너무나 완벽해서 사람들이 그것을 자각할 수 있을 만큼 결정적으로 눈에 띄지도 않는다. 대기업의 으리으리한 고층 건물은 화려한 조명등 속에 있는 돌로 만든 선전물로서 더 이상 선전을 필요로 하지 않는다. 그러한 기업은 자기 자랑을 위한 선전을 늘어놓을 필요도 없이 사람들이 볼 수 있도록 옥상에 회사의 상표를 내걸기만 하면 된다. 그러나 그와 반대로 19세기부터 있어온 건물들은 부끄럽게도 소비 상품과 주거용 모두를 위해 이용될 수 있도록 건축되었음을 보여주는데, 그러한 건물들은 땅바닥으로부터 지붕 꼭대기까지 포스터와 간판으로 온통 덮여 있다. 그리하여 건물의 풍경은 간판이나 벽보를 위한 단순한 배경이 되어버린다. 괴벨스가 뛰어난 예견력으로 선전과 예술을 하나로 결합시켰듯이 선전은 바로 예술이 된다. 선전 자체를 위한 선전은 '예술을 위한 예술'이 되어 사회적인 힘에 대한 순수한 과시가 된다. 미국에서 가장 영향력 있는 잡지들인 『라이프 Life』지나 『포춘 Fortune』지에서는 선전을 위한 그림이나 문구들과 그렇지 않은 그림이나 문구들이 언뜻 보아서는 거의 구별되지 않는다. 편집자가 엮은 일반 내용들이 새로운 팬을 모아주기 위해 인기인의 생활 습관이나 신체 관리를 삽화를 곁들여 선정적으로 묘사한다면, 선전 면들은 오히려 이상적인 정보를 제공하기 위해 사실적이고 진실성 있어 보이는 그림과 문구들로 채워져 있다. 모든 영화는 동일한 주연 커플을 동일한 이국적인 태양 아래서 다시 한 번 결합시켜줄 것을 약속하는 속편을 위한 예고편이다. 속편만을 보는 자는 그가 전편을 보고 있는지 속편을 보고 있는지 모른다. 영화 제작소에서나 싸구려 전기물을 쌓아놓은 곳에서나 다큐멘터리 소설에서나 인기 가요에서나 이것저것을 인위적으로 합성해서 제작하는 문화 산업의 몽타주적 성격은 처음부터 선전을 위해서는 매우 적합한 것이다. 개별 계기들은 따로 떼어 대체시킬 수 있는 것이 됨으로써 작품 내적인 의미 연관은 소외되며, 그 대신에 그러한 계기들이 작품 외적인 목적을 위해 이용될 수 있게 되는 것이다. 독립적으로 되풀이할 수 있는 효과나 트릭, 장치들은 예전부터 선전 목적을 위해 상품을 전시하는 데 이용되어왔다면 오늘날의 특징은, 영화 배우를 클로즈업시키는 것이 그 배우의 이름을 선전하는 것이 되고 모든 인기 가요는 그 멜로디를 위한 광고가 되었다는 것이다. 기술 면에 있어서나 경제 면에 있어서나 선전과 문화 산업은 하나로 용해된다. 선전에 있어서나 문화 산업에 있어서나 무수한 장소에서 동일한 무엇이 나타나고 있으며, 똑같은 문화 생산물을 기계적으로 반복한다는 것은 이미 똑같은 선동 구호를 기계적으로 되풀이하는 행위가 되고 말았다. 양자에게 모두 **효율성에 대한 요구는 기술을 심리 조종 기술로, 즉 인간을 조종하기 위한 방법으로** 만들어버렸다. 양자에게서 모두 통용되는 규범은 친숙하면서도 충격적이어야 한다는 것, 쉬우면서도 인상적이어야 한다는 것, 기교는 숙달되어 있지만 단순해야 한다는 것이다. 그 목적은 산만하지만 고분고분하지만은 않은 소비자를 지배하기 위한 것이다.

소비자는 자신이 말하는 언어를 통해 그 자신 문화의 선전적 성격에 일정한 기여를 한다. 언어가 단순한 전달 기능으로 완벽히 해소되어버리고, 말이 실체를 지닌 의미의 담지자이기보다는 질(質)을 상실한 기호가 되어버릴수록, 언어는 더욱더 순수하고 투명하게 자신의 의도를 전달하게 되지만, 언어는 그럴수록 더 이상 파고들 수 없는 것이 된다. 전체 계몽 과정의 한 요소로서 언어의 '탈신화화'는 주술로 돌아간다. 말과 말 속에 담긴 내용은 각각 해체 불가능한 것으로서 서로 구별될 때 비로소 서로 어우러질 수 있는 것이다. '울적한 기분'이나 '역사'와 같은 개념들, 심지어는 '삶'과 같은 개념들은 자신이 빠져나오면서 동시에 간직하고 있는 '말' 속에서 인식되는 것이다. 말이라는 형태는 개념들을 구성하면서 동시에 개념들을 반영하는 것이다. 양자를 단호히 분리시켜 말의 흐름이나 사물에 대한 말의 관계를 자의적이라고 선언하는 것은 말과 사물의 미신적 융합에 종말을 고하게 한다. 일련의 문자들을 배열함으로써 사건의 연관 관계를 추정하는 것은 불명확한 말의 형이상학이라는 비난을 받는다. 그러나 이로써 단순한 기호일 뿐 아무것도 의미해서는 안 되는 '말'이 사물에 완전히 밀착됨으로써 '말'은 상투어로 경직된다. 이러한 상황은 언어와 대상에도 비슷하게 해당된다. 정화된 '말'은 대상에 대한 경험을 전달하는 대신에 대상을 추상적 계기의 드러남으로 취급함으로써, 표현의 무자비한 명료성을 강요당하게 됨에 따라, '표현'——그러한 것이 더 이상 있지도 않지만——으로부터 잘려나간 모든 것들은 현실에서 완전히 위축하게 된다. 축구에서의 레프트윙, 검정 티셔츠, 히틀러의 청년단원 혹은 그 비슷한 것들은 그렇게 불리는 이름 자체 이외에는 아무것도 아니다. 합리화되기 이전에 말이란 동경과 함께 거짓을 불러일으켰다면 합리화된 말은 거짓보다는 오히려 동경을 위해 억지로 입어야 하는 외투가 되어버렸다. 실증주의가 세계를 눈도 귀도 없는 자료로 환원시키려 했다면 이러한 상황은 언어에도 그대로 적용되어 언어는 그러한 자료의 기록 행위로 제한된다. 이렇게 해서 **기호들은 더 이상 파고들 수 없는 것이 되었다.** 기호화된 언어 속에서 사람들은 무뚝뚝하게 마음에 든다 안 든다만을 말하는 일종의 폭력을 행사하게 됨으로써 그러한 언어는 그 반대 극단인 주술적 언어와 유사해진다. 기호화된 언어는——프리 마돈나라는 이름이 스튜디오에서 통계 수치로 들먹여지든, 복지 국가의 정책이 관료주의나 지성인과 같은 금기시된 언어로써 비난되든, 비열한 행동이 촌놈의 뚝심과 같은 이름으로 찬양되든——또다시 주술사의 책략과 같은 작용을 한다. '이름'은──주술은 무엇보다 이름으로서의 언어에 따라다닌다──오늘날 화학 변화를 겪게 된다. 이름은 그 효력을 계산할 수 있는 자의적이고 조종 가능한 기호로 변화했지만 바로 그 때문에 태고 상태의 이름과 비슷한 전제적인 힘을 갖는다. 태곳적인 이름의 잔재인 사람의 이름은 선전을 위한 고유 상표로 쓰이든지──영화 배우의 경우에는 성이 이름이 된다──표준화된 집합명사가 됨으로써 시대를 앞서가는 참신성을 얻기도 한다. 그에 비해 가문을 표시하는 성은 고유 상표가 되기보다는 그 성을 가진 사람과 그 가문의 역사를 연관지어 그 사람을 개별화시켜주기 때문에 낡아빠진 것처럼 들린다. 성은 미국인에게 이상한 당혹감을 안겨준다. 개인들 사이의 불편한 거리감을 숨기기 위해 미국인들은 집단 내의 교체 가능한 구성원으로서 서로를 '밥 Bob'이나 '해리 Harry'라고 부른다. 이러한 관행은 인간들간의 관계를 스포츠 동우회 회원들간의 우정으로 전락시키며 이러한 사교적 선린 관계는 진정한 인간 관계에 대항해서 스스로를 보호하려 든다. 의미론이 허용하는 말의 유일한 기능인 지시 기능은 기호 속에서 완성된다. 말의 지시 기능에 내재된 기호적 성격은 언어의 빠른 유통에 의해 더욱 강화된다. 민요가 상류층의 문화가 밑의 계층으로 흘러가서 침전된 것이라면──이것이 정당한가 부당한가의 문제는 떠나서──민요의 요소들은 어쨌든 오랜 세월에 걸친 경험의 다양한 매개 과정을 거쳐 그러한 민중적 형태를 획득했던 것이다. 이와 반대로 대중 가요의 확산은 번개처럼 빠르게 이루어진다. 전염병처럼 나타나는──보통은 최고의 독점 세력에 의해 불붙여지는──일시적 유행을 일컫는 미국 영어의 표현 '선풍적 인기 fad'는 전체주의적인 선전 매체의 총수들이 그때그때 문화가 나아갈 일반적인 지도선을 설정하기 훨씬 이전에 이미 그러한 현상을 지칭하는 말이었다. 어느 날 독일의 파시스트들이 '참을 수 없어'라는 말을 스피커로 내보내면 그 다음 날은 전체 국민이 '참을 수 없어'라고 말한다. 이와 똑같은 방식으로 독일 전격전Blitzkrieg의 철퇴를 맞은 다른 나라의 국민들은 '블리츠크리크'라는 단어를 받아들여 자신의 은어로 만들었다. 정부 조처에 붙여진 이름을 대다수의 사람들이 되풀이해서 떠드는 것은, 자유 시장 경제의 시대에 모든 사람의 입에 올려지는 상품 이름이 판매고를 증가시켰던 것처럼 그러한 조처를 아주 친숙하게 만든다. 어떤 지정된 언어가 빠르게 유포되어 앵무새처럼 되뇌어지는 행태에서 선전은 전체주의적인 구호와 흡사하게 된다. 말을, 그것을 사용하는 사람들의 말로 만들어주는 '경험의 층'은 파묻혀버리며, 너무나 빠르게 익혀진 언어에는 광고탑이나 신문의 광고란에서나 볼 수 있던 냉기가 감돈다. 수많은 사람들은 스스로 더 이상 이해하지 못하거나 조건 반사에 불과한 말이나 표현들을 사용한다. 이런 말들은 그 언어적 의미가 모호할수록 사물에 밀착되는 효과를 갖는 부적과 같은 것이다. 대중 계몽을 담당하는 공보부 장관은 별 생각 없이 '역동적인 힘'을 이야기하고 인기 가요는 끊임없이 환상곡과 광시곡을 찬양해대는데, 그들의 인기는 바로 좀더 나은 삶에 대한 짜릿한 전율을 은근히 풍기는 이해 불가능한 모호성과 결부되어 있다. 메모리 같은 다른 진부한 유형들은 어느 정도 이해될 만하기는 하지만, 그런 유형들도 채워넣을 수도 있었을 경험들을 애써 비켜나간다. 이런 것들은 구어 속의 조차지(租借地)와 같은 것들이다. 독일의 플레쉬Flesch나 히틀러 방송국에서 이런 것들은 아나운서가 국민에게 "안녕히 주무십시오, 여러분"이라고 말하거나 "여기에 히틀러의 청년이 있습니다." 또는 "총통 각하"를 발음할 때 사용하는 작위적인 표준 독일어에서 느낄 수 있다. 아나운서의 그런 억양은 수백만의 독일인에 의해 모방되었다. 그러한 상투적 표현 속에서, 침전된 경험과 언어 사이의 마지막 유대——이러한 유대가 19세기까지의 사투리 속에서만이라도 화해의 효과를 지니고 있었다면——가 잘려나간다. 상부의 눈치를 잘 봤기 때문에 전(全) 독일 편집자 대표로 임명되었던 한 편집인은 독일어의 단어들을 생경한 것으로 경직시켜버렸다. 모든 단어에서 그것들이 얼마나 파시즘의 민족 공동체에 의해 더럽혀졌나를 확인할 수 있다. 물론 그러한 언어는 그후 서서히 모든 것을 자신 안에 끌어넣으면서 전체주의적이 되었다. 단어에 가해진 폭력이 너무나 지독해서 이미 거기에 길들여진 사람들은 단어 속에 들어 있는 폭력을 더 이상 알아채지도 못한다. 라디오 아나운서는 일부러 허풍 떨면서 말할 필요조차 없게 되었다. 만약에 그의 억양이 자신이 대상으로 하는 청취자들의 억양과 다르다면 그는 그렇게 할 수 없을 것이다. 시청자들의 언어는 아직 설명이 불가능한 뉘앙스에 이르기까지 그 어느 때보다도 강렬하게 문화 산업에 의해 채색되고 있다. 오늘날 문화 산업은 개척 시대의 기업가민주주의를 문화적으로 상속하고 있지만 정신적인 섬세한 편차에 대한 감각은 전혀 발달시키지 않았다. 종교가 사회적으로 중화된 이래 모든 사람은 무수한 종파에 발을 들여놓을 자유를 가지게 된 것처럼, 모든 사람은 자유롭게 춤추고 즐길 수 있게 되었다. 그러나 항상 경제적 압박의 뒷면을 이루어왔던 이데올로기 선택에 있어서의 자유는 모든 분야에서 '항상 동일한 것'을 선택하는 자유임이 증명된다. 젊은 처녀가 의무적인 데이트를 수락하고 끝내는 방식, 전화를 받을 때나 가장 친밀한 상황에서 보여주는 억양, 대화에서의 단어 선택 등, 어느 정도 평가 절하는 되었지만 심층심리학에 따라 분류할 수 있는 내면 생활 전체는 자기 자신을 성공에 적합한 장치로 만들려고 노력하는데, 이러한 장치는 충동이 드러나는 방식에 이르기까지 깊숙이 문화 산업이 제시하는 모델을 따르고 있다. 인간의 가장 내밀한 반응들조차 스스로에게까지 철저히 물화되어 있기 때문에 고유한 개성이라는 이념조차 극도로 추상적인 것이 되고 말았다. 그들에게 있어서 개성이란 번쩍이는 흰 이빨이나 겨드랑이에서 냄새가 나지 않는 것 또는 감정이 없다는 것 이상을 의미하지 않는다. 이것은 문화 산업에서 선전이 승리했다는 것과, 소비자들은 문화 상품을 꿰뚫어보면서도 어쩔 수 없이 거기에 동화되지 않을 수 없다는 것을 의미한다.

반유대주의적 요소들: 계몽의 한계

1

　반유대주의는 혹자에게는 인류의 운명에 관계된 문제로 여겨지며 혹자에게는 단순한 핑계로 여겨지기도 한다. 파시즘에서 유대인은 단순한 소수파라기보다는 부정적 원리로서의 반(反)종족Gegenrasse을 의미한다. 세계의 행복이란 그들을 근절시킬 수 있는가의 여부에 달려 있다는 것이다. 이와 극단적으로 대립되는 명제는, 유대인이란 민족적 또는 인종적 특징과는 관계없이 오직 종교적 견해나 전통에 의해 형성된 집단이라는 것이다. 유대적인 특징이란 동구의 유대인에게만 해당되는 것이며 그나마도 완전히 동화되지 않은 유대인에게만 해당된다는 것이다. 두 입장은 진실이면서 동시에 허위다.

　첫번째 입장은 파시즘이 게르만 종족이나 보통의 종족과 대립되는 유대인의 종족적 특징을 일깨웠다는 점에서 진실성을 지닌다. 유대인은 오늘날 잘못된 사회 질서가 스스로 만들어낸 근절 욕구를 자신에게 끌어들인——실제에 있어서나 이론적으로나——집단이다. 그들은 '절대적인 악(惡)'에 의해 절대적인 악이라는 낙인이 찍혔다. 그런 점에서 그들은 실제로 '선택된 민족'이었다. 지배가 단순한 경제적 영역에서의 문제이기를 그치게 되었을 때 유대인들은, 앞으로의 논의에서 보게 되겠지만, **지배의 절대적 객체 상태에 떨어졌다.** 지배의 문제는 무엇보다 노동자에 관계된 문제이지만 누구도 노동자들에게 정면에서 지배의 문제를 들이대지는 않는다. 그것은 추측하기 어렵지 않은 충분한 이유가 있을 것이다. 흑인들에 대해서는 그들이 어디에 예속되어 있든 그들을 있는 그대로 내버려두려 했다면 유대인들은 지구상에서 쓸어내야 한다는 것이다. 모든 나라들의 전도양양한 파시스트들은 유대인들을 더러운 바퀴벌레인 양 제거해버려야 한다는 외침에 호응하는 갈채를 보냈다. 종족을 부르짖는 파시스트들이 세계에 내보이는 유대인의 초상은 사실 그들 자신의 본질을 드러내는 자화상이다. 그들이 열망하는 것은 무슨 대가를 치르더라도 획득해야 할 배타적 소유와 무제한한 권력이다. 그들은 유대인들을 지배자라고 조롱하면서 자신들의 죄까지 뒤집어씌워 십자가에 못 박는다. 그러한 행위는 끝을 알 수 없는 희생의 반복으로서 이러한 희생의 요구가 얼마나 큰지는 그들조차 알 수 없을 것이다.

또 다른 명제, 즉 자유주의적인 명제는 이념으로서는 옳다. 이 명제는 더 이상 분노가 재생산되지 않으며 한 사회를 작동시킬 수 있는 다양한 특성들을 추구하는 사회의 이미지를 담고 있다. 그러나 자유주의적인 명제가 인류의 통일성을 원칙적으로 이미 실현된 것으로 간주하는 한 그것은 기존 상태에 대한 변명일 뿐이다. 소수파를 다루는 정치적 방법과 민주적 전략에 의해 극단적인 위협을 피해보려는 시도는 마지막 남은 자유 시민들의 방어력만큼이나 의심스러운 것이다. 그들의 무기력은 무기력의 적을 끌어들인다. 기존 질서에의 순응이 불가능했던 유대인의 존재 자체가 기존의 보편성을 손상시킨다. 자신의 고유한 삶의 질서를 고수하려 했기 때문에 유대인들은 지배 질서와는 불안정한 관계에 빠지게 되었다. 유대인들은 그들이 지배자가 되지 않더라도 지배 질서에 의해 자신의 생존이 보장받을 수 있기를 바랐다. 지배 민족들에 대한 그들의 관계는 갈망과 두려움에 기초한 것이었다. 유대인이 지배적인 생활 양식과의 차이를 포기해야만 했을 때, 그들은 자신의 고유한 생활 양식을 포기하는 대가로, 사회가 오늘날까지 인간에게 강요하고 있는 냉정한 스토아적 성격을 지니게 되었다. **계몽과 지배의 변증법적 상호 침투, 해방과 함께 잔혹성을 지니는 진보의 이중적 성격**은 유대인들이 위대한 계몽가들이나 민주적인 민중 운동에서 느낄 수 있었던 것으로서 동화된 유대인들의 본질 속에 잘 구현되어 있다. 타민족에 의해 지배당한 고통스런 기억의 상흔——제2의 할례라고도 말할 수 있는——을 내적으로 극복하면서 순응하지 않을 수 없었던 동화된 유대인들이 그 과정 속에서 터득한 '계몽된 자기 지배'는 풍화되어 흔적만 남아 있는 본래의 유대인 공동체를 해체하고는 유대인들을 철저한 근대 시민으로 만들어주었다. 이러한 상황은 유대인들을 끊임없이 또 다른 완전한 억압에 떨어지도록 위협했으며, 실제로 일어난 억압속에서 그들을 100퍼센트 순수한 종족으로 재조직했던 것이다. 종족은, 파시스트들이 바라는 것과는 달리, 직접적이고 자연스러운 '특수자'가 아니다. 오히려 '종족'은 자연적인 것, 순전한 폭력, 냉혹한 분파성 Partikularität으로 돌아가는 것으로서 이러한 분파성이 현 상태에서는 곧 '보편자'가 되고 있다. **'종족'이란 오늘날 야만적 집단으로 결집한 시민적 개인의 자기 주장**이다. 자유주의적인 유대인들이 신조로 삼는 '조화로운 사회'는 조화로운 민족 공동체로 변질되어 유대인을 제물로 삼는다. 유대인들은 반유대주의가 바로 사회의 질서를 왜곡시켰다고 생각했지만 그러한 질서란 인간의 왜곡 없이는 존재할 수 없는 것이다. 유대인에 대한 박해는, 박해가 다 그러하듯이, 그러한 왜곡된 질서로부터 분리될 수 없는 것이다. 이러한 **질서의 본질**은——때에 따라 은폐되어 있기도 하겠지만——**폭력으로서** 오늘날 이 폭력은 적나라하게 드러난다.

2

민중 운동으로서의 반유대주의의 토대는 그 선동자들이 사
회민주주의자들을 향해 즐겨 퍼붓고 있는 비난인 바로 그 평등
주의다. 명령권이 없는 자는 민중과 똑같은 운명을 감수해야
한다는 것이다. 독일의 나치 관료들이건 할렘의 흑인들이건 탐
욕스럽게 쫓아다니는 무리들은 다른 사람도 자신들과 마찬가
지로 알거지가 되는 것을 보는 기쁨 이외에는 결국 아무것도
얻을 것이 없으리라는 것을 그들 스스로 잘 알고 있다. 지배자
들에게 이득이 되었던 유대인 재산의 아리안화는, 코사크인들
이 불타는 유대인 게토에서 끌어낸 약탈물이 별것이 아니었던
것처럼, 제3제국의 대중에게 별 이득을 가져다 주지 못했다.
진정한 이득을 본 것은 대중들이 막연하게밖에는 이해하지 못
했던 이데올로기 자체였다. 파시스트들의 처방법이 경제적으
로는 별 쓸모가 없었다는 것이 그러한 처방법의 매력을 감하기
보다는 오히려 증가시켰다는 사실에서 그러한 처방법이 지닌
진정한 본성이 드러난다. 그것은 사람들에게 어떤 도움을 주기
보다는 사람들의 파괴 욕구를 부채질하는 것이다. 제3제국의
국민이 노린 진정한 이득은 그들의 분노를 집합적으로 승인받
는 것이었다. 실질적인 소득이 적을수록 사람들은 현명한 반성
보다는 더욱 광적으로 '운동'을 지지했던 것이다. 반유대주의
는 아무런 소득 없는 갑론을박에 대해서는 이미 충분히 면역되
어 있음을 보여주었다. 민중에게 그것은 사치인 것이다.
반유대주의의 '지배를 위한 합목적성'은 명백하다. 반유대주

의는 기분 전환이나 값싼 타락이나 공갈협박의 수단으로 이용된다. 반유대주의는 고상한 상류 집단에 의해 지지되며, 하층민은 반유대주의를 직접적으로 실천하는 행동대원이 된다. '절망의 폭발'로서 반유대주의는 원(原)역사적 · 역사적 그물망에 포획되어 있는 것이지만 반유대주의에서 나타나는 정신의 형태가 사회적인 면이나 개인적인 면에서 어떠한 것인지는 아직 불분명하다. 문명 속에 깊이 뿌리내리고 있는 고통이 아직 객관적 인식을 얻고 있지 못하다면 개인은, 그가 희생자 자신처럼 아무리 고통에 대해 열려 있는 사람일지라도, 객관적 인식을 통해 고통을 완화시키기는 어렵다. 반유대주의에 대해 합리적 · 경제적 · 정치적 측면에서 이런저런 방식으로 명료하게 설명하는 것은 부분적으로는 옳을 수도 있겠지만 객관적 인식에 이를 수는 없다. 왜냐하면 그런 식으로 고통을 이해하는 근원에는 지배와 연루된 '합리성'이 자리잡고 있기 때문이다. 맹목적으로 공격하고 맹목적으로 방어하는 자로서 박해자나 희생자나 그들은 모두 동일한 악(惡)의 테두리 속에 속해 있는 것이다. 반유대주의의 행태는 주체성을 박탈당했던 눈먼 인간들이 다시 주체임을 자각하고 행동하게 된 상황 속에서 시작되었다. 행동주의 심리학이 지적하듯——지적만 할 뿐 아무런 해석을 덧붙이지는 않지만——그들의 행동은 의미 없는 반사 작용으로서의 살인 행위다. **반유대주의는 부지중에 빠져들게 된 문명의 의식(儀式)이며 유대인 학살은 진정한 의식으로서의 살인 행위인 것이다.** 이러한 의식은 그 의식에 제동을 가했을지도 모르는, 분별력이나 의미나 진리의 마비를 보여준다. 사람을 죽이면서 따분하게 시간을 때우는 행위는 사람들이 길들여져 있는 삶의 냉혹함을 재삼 확인시켜준다.

반유대주의의 맹목성이나 무의도성은 반유대주의가 하나의

'출구'라는 설명에 진실성을 부여해준다. 분노는 무방비 상태의 제물에 퍼부어진다. 제물은 상황에 따라 서로 뒤바뀔 수 있다. 집시도, 유대인도, 신교도도, 구교도도 제물이 될 수 있는 것이다. 그들 또한 자신의 명분을 밀고 나갈 힘이 있다면 피에 굶주린 눈먼 살인자가 될 수도 있을 것이다. 세상에는 순수한 반유대주의도 타고난 반유대주의자도 없다. 유대인의 피를 달라고 외치는 것이 제2의 천성이 된 성인들은, 피를 흘려야 하는 젊은이들이 왜 그래야 하는지를 모르듯, 왜 그렇게 외쳐야 하는지를 모른다. 그 이유를 알고 있는 명령자들은 유대인을 증오하지도 추종자들을 사랑하지도 않는다. 그렇지만 경제적으로나 성적으로나 만족할 줄 모르는 이 추종 세력들은 증오의 끝을 모른다. 그들은 실현을 모르기 때문에 어떠한 긴장 해소도 용인하려 들지 않는다. 조직화된 살인 집단에 혼을 불어넣는 것은 일종의 역동적 이상주의다. 그들은 약탈하러 나가면서 가족과 국가와 인류를 구원하기 위한 것이라는 등 거창한 이데올로기를 외쳐댄다. 그러나 그들은 농락당하고 있으며 그들도 자신들이 농락당하고 있다는 것을 속으로는 알고 있기 때문에, 약탈에 대한 가련하기 짝이 없는 명분은 아무리 합리화시켜보려 해도 결국은 땅에 떨어지게 되고 이 합리화의 노력만이 진실한 것으로 남게 된다. '어두운 충동' ——그들은 처음부터 이성보다는 이 충동과 가까웠는데——이 그들을 완전히 손아귀에 넣는다. '합리'의 섬은 범람한 충동의 바다에 의해 뒤덮이게 되고, 오직 절망한 자들이 지상(地上)의 마지막 땅 한 조각까지 개혁시켜야 한다는 진리의 마지막 수호자가 되어 지구의 청소부로 등장한다. 살아 있는 모든 것은, 어떤 무엇도 제동을 걸 수 없는 잔인한 과업을 수행하기 위한 재료가 된다. 행동은 자동적으로 그 자체가 목적이 됨으로써 자신의 무목적성을 감춘다. 반유대주의는 이제 전면적인 활동을 시작한다. 반유대주의와 '총체성' 사이에는 처음부터 긴밀한 연관 관계가 있다. 맹목성은 아무것도 파악하려 하지 않기 때문에 모든 것을 사로잡는다.

　자유주의는 유대인에게 소유는 허락했지만 명령할 수 있는 권력은 허락하지 않았다. '인간의 권리'라는 것에 담겨 있는 의미는 권력을 갖지 않은 자에게도 행복을 약속해주는 것이다. 기만당한 대중은 계급이 있는 한 행복의 약속이 적어도 보편적 약속으로서는 거짓말이라는 것을 어렴풋이나마 예감하기 때문에 분노를 터뜨린다. 그들은 조롱당했다고 느낀다. 행복의 관념이 절실할수록 그들은 행복의 가능성이나 행복의 이념을 더욱 거칠게 추방하고 부정해야만 한다. 대다수에게 행복이 거부당하고 있음에도 불구하고 어디에선가는 실현되고 있는 것처럼 보일 때 그들은 행복에 대한 그들 자신의 동경을 재차 억압해야만 한다. 그러한 억압을 되풀이시킬 수 있는 계기가 되었던 것—아하스바*나 미뇽**이나 '약속된 땅'을 상기시키는 낯선 것이나 섹스를 연상시키는 아름다움이나 잡혼을 상기시키는 저주받은 동물이건 간에—은, 그것이 그 자체로는 아무리 불행한 것이었을지라도, 고통스러운 문명의 과정을 결코 완성시킬 수 없었던 문명인의 파괴 욕구를 불러일으켰다. 발작을 일으키듯 자연을 지배한 자들은 유린당한 자연에서 '무기력한 행복'

---

　* Ahasver(Achasweresch): 전설적인 '영원한 유대인.' 예루살렘의 구두 수선공인 아하스바는 예수를 십자가에 못 박으라는 외침에 동참했으며 그리스도가 십자가를 메고 골고다 언덕으로 가는 도중 자신의 집에 몸을 기대려 하자 욕을 퍼부으면서 쫓아버렸다. 그러자 그리스도는 "나는 서서 휴식을 취하겠다. 그러나 너는 최후의 심판의 날까지 걸으리라"라고 대답하였다. 그후 아하스바는 휴식 없이 세계를 떠돌아다닌다고 한다.
　** 괴테의 『빌헬름 마이스터의 수업 시대』에 나오는 우아하고 수수께끼 같은 소년 복장을 한 이탈리아 소녀. 미뇽의 노래(「그대는 아는가 저 남쪽 나라를」)가 유명하다.

이라는 도발적 이미지를 발견한다. 힘이 없는 행복이라는 관념은 그것만이 비로소 행복일 것이기 때문에 견딜 수가 없다. 선한 삶이 행복의 표시라면, 호색적인 유대인 은행가가 공산주의자에게 자금을 대주는 음모 뒤에 숨어 있는 망상은 선천적인 무력감의 표시다. 지식인의 이미지도 이 범주에 속한다. 지식인은 다른 사람들이 감히 생각할 수 없는 것을 사유하지만 육체 노동으로 인한 땀을 흘리지는 않는다. 은행가와 지식인, 돌고도는 순환의 표본인 **돈과 정신은 지배에 의해 불구가 된 자들의 이룰 수 없는 소망상(像)**으로서 지배는 자신을 영원화하기 위해 이 소망상을 이용한다.

3

종교적인 원초 감정과 신흥 종교들을 수많은 혁명의 유물들과 함께 시장에 쌓아놓고 파는 사회, 사람들이 라디오를 들으면서 익숙하게 돈을 세는 동안 파시스트적인 지도자들이 문을 닫아 건 밀실에서 국민의 재산과 생명을 거래하는 사회, 사회에 대해 왈가왈부하는 말이 어떤 하나의 정파를 선택하라는 권유로서만 정당성을 인정받는 사회, 정치는 장사가 되고 장사는 순전히 정치가 되는 사회, 이러한 사회는 유대인들의 낡아빠진 장사 행태에 대해 분개하면서 유대인들을, 장사를 절대적인 것으로 부상시킨 불 같은 정신에 자리를 물려주어야 할 유물론자나 악한으로 규정한다.

시민적인 반유대주의는 '생산'에 내재해 있는 지배의 은폐라는 특수한 경제적 이유를 가지고 있다. 자본주의가 움트기 시작하던 초창기에 직접 억압의 힘을 휘두른 지배자들이 하층 계급에게만 배타적으로 노동을 떠맡겼을 뿐만 아니라 노동을 수치로 선언함으로써 노동을 지배 밑에 복속시켰다면 중상주의 시대의 절대군주는 가장 강력한 매뉴팩처의 사장으로 변신한다. 궁정 자체가 생산의 능력을 갖게 된다. 주인들은 시민이 되어 귀족의 법복을 벗어버리고는 평복을 걸친다. 그들은 다른 사람들을 좀더 합리적으로 지배하기 위해 노동은 천한 일이 아니라고 선언한다. 그들은 스스로 생산자임을 자처하지만 실제에 있어서는 옛날처럼 여전히 착취자다. 공장주는 무역상이나 은행가처럼 행세한다. 그는 계산하고 처분하며 사기도 하고 팔기도 한다. 시장에서 그는 자신의 자본에 합당한 이윤을 얻기 위해 은행가나 무역상들과 경쟁한다. 그는 시장에서만 아니라 공장 내부에서도 착취한다. 즉 그는 자기 계급의 대리인으로서 자신의 일꾼들이 기대에 못 미치지 않나 감시한다. 그의 일꾼들은 가능한 한 많은 재화를 공급해야 하는 것이다. 샤일록처럼 그는 가혹하게 요구한다. 기계와 자원을 소유한다는 이유로 그는 다른 사람들에게 생산을 강요한다. 그는 스스로를 생산자라고 부르지만 그 자신이나 다른 사람이나 속으로는 그 말에 감추어진 진실을 안다. 자본가의 노동이 생산적이라는 것은, 그가 자신의 이윤을 정당화하기 위해 자유주의 시대처럼 기업가의 소득이라고 말하건 오늘날처럼 사장의 월급이라고 말하건 상관없이, 노동 계약이나 경제 체계 일반의 착취적 본질을 은폐하는 이데올로기다.

　그 때문에 사람들은 도둑질을 그만두라고 외친다. 그리고는 유대인을 가리키는 것이다. 유대인은 실제로 희생양이다. 그 이유는 단순히 유대인의 개인적 음모나 책략 때문만이 아니라 전체 계급의 경제적 불의에 대한 책임이 그의 어깨에 지워졌다는 포괄적 의미에서다. 공장주는 자신의 채무자인 공장의 노동자들을 감시하며, 그들에게 돈을 지불하기 이전에 그들이 응분의 일을 했는지 확인한다. 노동자들은 이 돈으로 무엇을 살 수 있나를 생각하게 될 때 사태의 본질을 깨닫기 시작한다. 보잘 것없는 기업가도 과거의 어떤 지배자보다 많은 양의 재화와 서비스를 누릴 수 있다. 그렇지만 노동자에게는 최소한의 몫만이 돌아온다. 그들이 시장에서 살 수 있는 상품이 얼마나 적은가를 실제로 충분히 경험할 수는 없다. 판매 사원들은 그들 자신은 가질 수 없는 물건들의 장점을 끊임없이 선전해야 한다. 임금과 가격의 관계가 비로소 노동자들의 정당한 몫 중에 무엇이 그들에게 주어지지 못하고 자본가의 수중에 남아 있는가를 보여준다. 임금을 받음으로써 노동자들은 동시에 노동의 대가로 지불되는 정당한 보수라는 원리도 받아들인다. 상인은 노동자들에게 그들이 공장주에게 서명한 전표를 제시한다. 상인은 전체 체계를 위한 집달리로서 다른 사람에 대한 증오를 자신이 떠맡는다. 착취에 대한 책임을 유통 부문이 떠맡는 것은 사회가 만드는 필연적 가상이다.

유대인만이 유통 부문을 독점하고 있었던 것은 아니었다. 그렇지만 유대인은 너무나 오랫동안 그 분야에만 종사해왔기 때문에 노동자들이 예전부터 품어왔던 증오는 유대인의 존재 속에 투영되지 않을 수 없었던 것이다. 유대인에게는 비유대인들과는 달리 부가가치의 원천에 접근하는 것이 막혀 있었다. 생산 수단의 소유에 접근하는 것은 유대인에게는 아주 어렵게 그것도 나중에야 허용되었다. 유럽의 역사 속에서, 또한 빌헬름 황제 시대의 독일에서도 세례를 받은 유대인들은 관직이나 산업계에서 높은 위치를 차지할 수 있었다. 그러나 세례받은 유대인들은 보통 사람에 비해 두 배 정도의 헌신과 근면과 완고한 자기 부정에 의해 자신을 정당화하지 않으면 안 되었다. 그들은 자신의 처신을 통해 다른 유대인들에게 내려진 무언의 판결을 암묵적으로 받아들이고 재확인할 때만 자신의 지위를 유지할 수 있었다. 그것이 세례의 의미였다. 유대인이 이룬 어떤 위대한 업적도 유럽의 제(諸) 민족들에게 유대인이 받아들여지도록 작용하지는 못했다. **유대인은 뿌리를 내리는 것이 허용되지 않았으며 그 때문에 '뿌리 없는 존재'라는 비난을 받았다.** 기껏해야 유대인은 황제나 제후나 절대국가에 종속되어 그들의 보호를 받는 존재였다. 이들 지배자들은 모두, 뒤처져 있는 일반 대중에 비해 경제적으로는 훨씬 앞서 있었다. 지배자들은 유대인을 중개인으로 이용할 수 있는 한도 내에서, 진보의 비용을 지불해야만 하는 대중으로부터 유대인을 보호해주었다. 유대인은 진보의 선봉에 서서 악역을 담당해야 했던 것이다. 그들이 상인으로서 로마 문명을, 로마화되지 않은 여타의 유럽 지역에 전파하는 것을 도와주던 시절 이래로 유대인은 가부장적인 그들의 종교와 어긋나지 않는 범위 내에서 도시적 · 시민적 상황과 나중에는 산업에 바탕을 둔 제반 관계의 대변자가 되었다. 그들은 자본주의적인 생활 양식을 여러 지방에 전파시켰으며 그로 말미암아 고통을 겪게 된 많은 사람들의 증오를 자신에게 끌어들이게 되었다. 유대인은 처음부터 경제적 진보를 위해—그로 말미암아 오늘날 유대인은 자신의 무덤을 파게 되었지만—자본주의 때문에 영락한 수공업자나 농민들에게는 눈엣가시가 되었던 것이다. 자본주의의 배타적이고 분파적인 성격을 그들은 이제 스스로의 내부에서 경험하지 않을 수 없게 되었다. 항상 일등이 되려고 하는 자들은 오히려 훨씬 뒤처지게 된다. 미국 유흥 산업의 유대인 총수조차 그의 영광에도 불구하고 절망적인 자기 방어 속에서 살고 있다. 유령 같은 느낌을 주는 유대인의 웃옷 카프탄Kaftan은 고대 중류 계급 복장의 유물이다. 오늘날 그 옷을 입은 사람은 스스로는 완전히 계몽되어 있음에도 불구하고 사회의 언저리를 어슬렁거리며 해묵은 유령을 쫓아버리고 싶어하는 사람이다. 개인주의나 추상적 권리나 개인의 개념을 외치고 다니는 사람은 이제 유별난 족속으로 전락했다. 사람들은 인간적 품위에 바탕을 둔 시민의 권리를 만끽하는 것이 허락되지 않은 사람들을 무조건 '유대인'이라고 부른다. 19세기에서조차 유대인은 자신의 생존을 중앙권력과의 유대에 의존하고 있었다. 국가에 의해 보장된 보편적 권리가 유대인의 안전을 위한 담보라면 비상 조치법은 그들 앞을 어른거리는 무서운 망령이었다. 유대인은 객체로서, 그들이 권리를 주장할 때조차 타인의 은총에 내맡겨진 존재였다. 장사는 그의 직업이 아니라 그의 운명이었다. 유대인은 자신을 창조적 인간으로서 끝없이 펼쳐 보여야 하는 산업 기사(騎士)의 깊숙이 숨겨진 상흔이다. 그들의 은밀한 자기 경멸이 무엇 때문인지 유대인의 은어는 들려준다. 유대인의 반유대주의는 스스로에 대한 증오며 기생적 삶이 느끼는 양심의 가책이다.

4

파시즘의 민족주의적 반유대주의는 종교적 요소를 도외시하려 한다. 이러한 반유대주의는 종족과 국가의 순수성만이 문제라고 주장한다. 반유대주의자들은 인류가 오랫동안 '영원한 구원'을 체념할 수밖에 없었다는 것을 깨달았다. 오늘날은 보통의 신자도 예전의 추기경만큼이나 교활하다. 유대인을 씨도 먹혀들지 않는 이교도라고 비난하는 것은 더 이상 대중을 움직일 수 없다. 그렇지만 2천 년 동안 유대인을 박해하도록 부추겨온

종교적 적대감을 완전히 소멸시키는 것은 어렵다. 반유대주의
가 자신의 종교적 전통을 부인하는 열정을 보면, 예전의 광신
적 믿음 속에 세속적 이디오진크라지Idiosynkrasie*가 깊이 자
리잡고 있었던 것처럼 반유대주의 속에는 종교적 전통이 깊이
숨어 있음을 알 수 있다. 종교는 죽은 문화 유산이 되어버렸지
만 완전히 지양된 것은 아니다. 계몽과 지배가 결합됨으로써
종교적 진리의 계기를 의식하는 것은 불가능해졌지만 그러한
계기는 물화된 형태 속에서나마 그대로 남아 있는 것이다. 이
것은 파시즘이 창궐할 수 있는 유리한 여건을 조성해준다. 꺼
지지 않은 동경은 종족적인 반란으로 결집되며, 개신교적인 광
란은 바그너의 성배(聖杯) 기사처럼 피로 서약한 동포애와 전
위 부대로 옷을 바꿔 입고는 다시 등장한다. 제도로서의 종교
는 직접 '체계'와 뒤엉켜버리게 되거나, 일부는 화려한 대중 문
화와 군중 퍼레이드로 변형된다. 파시스트 지도자나 추종자들
의 광적인 믿음은 예전의 절망한 무리들이 광적으로 집착하고
있는 믿음과 다르지 않다. 예전의 내용은 없어졌지만 믿음에
동참하지 않는 자에 대한 증오는 여전히 살아 있다. 독일의 기
독교인들에게 있어서 '사랑의 종교'가 남긴 것은 오직 반유대
주의뿐이다.

기독교는 유대교 이전의 상태로 단순히 복귀하려는 것이 아
니다. 기독교의 신이 유대인을 위한 유일신의 모습으로부터 보
편적인 신의 모습으로 탈바꿈하는 과정에서 자연신의 경향들
이 완전히 없어진 것은 아니었다. 애니미즘 이전의 선사 시대
에서부터 유래하는 관념인 '공포'는 자연의 공포로부터 신이라
는 '절대적 자아'의 개념 속으로 유입되게 되며 이에 따라 이

계몽의 변증법

절대적 자아는 자연의 창조자이면서 동시에 지배자가 되어 자연을 완전히 굴복시킨다. 전지전능한 이 절대적 자아는 우리에게 낯선 느낌을 주지만, 지고한 것이나 초월적인 것에 관여하면서 보편적이 될 수 있는 '사유'에게는 접근 가능한 것이다. 정신으로서 신은 자연과 정반대되는 원리다. 이 신은 신화 속에 나오는 신들처럼 눈먼 자연이 만드는 윤회의 사슬을 대변할 뿐만 아니라 우리를 이 사슬로부터 해방시킬 수도 있는 것이다. 그러나 신은 너무나 먼 존재이고 추상적인 존재이기 때문에 '불가공약적인 것Inkommensurable'의 공포는 더욱 강화되고, 자신 이외에 아무것도 용납하지 않는 '나는 나다'*라는 말은 맹목적이지만 그 때문에 더욱 다의적인 자연이 요구하는 익명적 운명성보다 더 피할 수 없는 힘이 된다. 유대교의 신은 응분의 책임을 요구하며 그 책임을 태만히하는 자에게는 응징을 가한다. 그 신은 자신의 피조물을 상과 벌로 짜여진 그물 속에 가두어놓는다. 이에 비해 기독교의 신은 은총의 계기를 부각시킨다. 유대교에서도 물론 이 계기는 신과 인간의 계약이라는 관념 자체에, 그리고 메시아에 대한 약속 속에 들어 있기는 하다. 그렇지만 기독교의 신은 피조물이 자기 자신 속에서 신성을 재발견하는 것을 허락함으로써 절대성이 갖는 공포를 완화시켜 주고 있다. 신의 대변인은 인간의 이름으로 불렸으며 인간의 죽음을 가졌던 것이다. 그의 메시지는 '두려워하지 말라, 법은 믿음 앞에서는 아무것도 아니다, 사랑은 유일한 명령으로서 어떤 힘보다도 크다'는 것이다.

---

* 모세가 처음 하느님의 부름을 받은 「출애굽기」 3장 13~14절에서 하느님께서는 당신의 이름을 '나는 나다'라고 알려주신다. "모세가 하느님께 아뢰었다. '제가 이스라엘 백성에게 가서 너희 조상들의 하느님께서 나를 너희에게 보내셨다, 하고 말하면 그들이 그 하느님의 이름이 무엇이냐, 하고 물을 터인데 제가 어떻게 대답해야 하겠습니까?' 하느님께서는 모세에게 '나는 곧 나다'라고 대답하셨다."

　　그러나 기독교로 하여금 자연 종교 속에 들어 있는 속박의 틀을 깨고 나올 수 있도록 만들어준 바로 그 계기는 기독교에서 우상 숭배의 요소를 좀더 정신화된 형태 속에서 다시 한 번 강조하도록 만든다. 절대적인 것이 유한한 것에 가까이 다가오면 올수록 유한한 것은 절대화된다. 육화된 정신인 그리스도는 신격화된 주술사다. 인간이 스스로의 모습을 절대적인 것 속에 투영시키는 것과 그리스도를 통한 신의 인간화는 '제1의 거짓말'이다. 유대교를 넘어서는 진보는 인간 예수가 신이라는 주장에 의해 얻어진 것이다. 기독교의 성찰적 계기, 즉 '주술의 정신화'가 바로 불행의 씨앗이다. 정신 앞에 자연적 존재로서 나타난 무엇을 자연적 존재라고 하지 않고 정신적 존재라고 주장한다. 유한자가 요구하는 그러한 독단적인 주장이 자기 모순임을 들추어내는 것이 '정신'의 본질이다. 그러므로 기독교의 검은 마음은 예언자를 신의 상징이라고, 빵과 포도주를 그리스도의 피와 살이라고 말하는 주술 행위를 변용이라고 둘러대지 않을 수 없다. 이를 통해 기독교는 종교가 되며, 인간의 사유를 통해서는 도저히 믿을 수 없는 것, 의심스러운 것을 사유 속에 끌어들임으로써 독특한 문화권을 만들어낸 유일한 종교가 되는 것이다. 아시아의 대표적 종교 체계들과 마찬가지로 기독교 이전 시대의 유대교는 유대 민족의 삶이나 자기 유지라는 일반적 법칙으로부터 거의 분리되지 않은 믿음이었다. 이교적인 희생 의식이 아무런 이유 없이 유대교의 의식이나 심리 구조로 변형된 것은 아니다. 이러한 변형은 유대인에게 맞는 노동 과정의 형식을 결정하기 위한 것이다. 희생은 이러한 토대 위에서 합리화되었던 것이다. '터부'는 노동 과정의 합리적 규제로 변한다. 터부는 전쟁과 평화시의 행정 조직, 씨 뿌리기와 추수, 음식 장만과 가축 도살 등을 규제한다. 규칙이 합리적 고려에서 나온 것은 아닐지라도 규칙으로부터 합리성이 생겨나는 것이다. 원시인에게서 직접적인 공포로부터 해방되기 위한 노력이 의식(儀式)을 제도화하도록 만들었던 것처럼, 유대교에서도 그러한 노력으로부터 가족 생활이나 국가 생활의 신성한 리듬이 생겨났던 것이다. 성직자들은 관습이 지켜지는지를 감시하는 소임을 받았다. 신정 국가의 내부를 들여다보면 지배 질서 속에서 성직자들이 어떠한 기능을 갖고 있는가는 명확해진다. 기독교는 그러나 영적인 존재로만 머물고자 한다. 이것은 기독교가 지배를 추구할 경우에도 마찬가지다. 기독교는 마지막 희생을 통해, 즉 신이며 인간인 그리스도의 희생을 통해 '자기 유지'의 이데올로기와 결별하게 되지만, 이로써 평가 절하된 인간 존재를 세속적인 세계에게 떠넘겨버린다. 모세의 율법은 폐기되며 그 대신 황제의 것은 황제에게, 신의 것은 신에게 돌려진다. 세속적인 권위는 완전히 추인되거나 완전히 부인되어버리며, 기독교적인 믿음은 구원의 권리만을 획득한다. 자기 유지의 본능은 그리스도를 모방함으로써 극복되어야 하는 것이다. 이로써 순진성을 벗어버린 '희생적 사랑'은 자연적인 사랑으로부터 분리된 후 미덕으로 간주된다. 신성한 지식에 의해 매개된 사랑이 직접적인 사랑이라고 말해지는 것이다. 자연과 초자연은 그러한 사랑 속에서 화해한다고 한다. 여기에 그러한 사랑의 허위성이 있는 것이다. 이러한 허위성은 자기 망각에 긍정적 의미를 부여하는 기만 행위로부터 나온다.

이러한 의미 부여는 기만적이다. 왜냐하면 사람들이 교리를 충실히 따르면——가톨릭에서 요구하는 선행이든 개신교에서 요구하는 믿음이든——구원에 이를 수 있다고 교회는 가르치지만 그 목표는 보장되지 않기 때문이다. 영적인 구원에의 약속이 구속력을 갖지 않는다는 사실——이것은 기독교 안에 있는 유대적·부정적 요소로서 주술과 함께 궁극적으로는 교회를 상대화시킨다——을 순진한 신자들은 슬그머니 무시해버림으로써, 그러한 신자에게 기독교는 비이성적인 신적 계시를 믿는 초자연주의나, 주술적 의식이나 자연 종교가 되어버린다. 그러한 신자는 자신의 믿음을 망각함으로써만 믿음을 얻는다. 그는 점성가나 무당들처럼 어떤 지식이나 확신을 스스로 절대화한다. 이것보다 더 나쁜 것은 '정신화된 신학'이다. 소박한 믿음속에서 전쟁터에 나가 있는 손자를 위해 성(聖)야누아리오*에게 촛불을 봉헌하는 이탈리아의 노파는, 우상 숭배와는 거리가 먼 교황이나 주임 사제가 성(聖)야누아리오를 무력하게 만드는 전쟁 무기에 축복을 내리는 것보다 훨씬 진실에 가까울 것이다. 단순성으로 인해 종교 자체가 종교의 대용물이 된다. 이러한 사실은 초기 기독교 시절부터 어렴풋이 예감되기는 했지만, 오직 파스칼, 레싱, 키에르케고르와 바르트**에 이르는 역설에 가득 찬 기독교 신자들이나 비공식적인 철학자들만이 이러한 예감을 그들 신학의 중심으로 삼았을 뿐이다. 그러한 의식 속에서 이들 철학자들은 래디칼***할 뿐만 아니라 참을성이 있다. 그러나 다른 사람들은 종교의 역설적인 진리를 추방해버리

---

* Januarius. der heilige Gennaro, 304년 9월 19일 순교. 이탈리아 베네벤토의 주교로 있다가 디오클레시아누스 황제의 박해를 받아 참수되었다. 그를 수호 성인으로 모시는 나폴리 주교좌성당에는 그의 유해와 성혈(聖血)이 보존되어 있다. 성혈병을 유해의 머리 부분으로 옮기면 굳어 있던 성혈이 유동체가 된다고 한다. 이 성혈의 기적은 매년 두 번씩 공개된다.
** Karl Barth(1886~1968): 독일의 신전통주의 신학자.
*** '래디칼radikal'은 통상적으로는 '급진적'으로 번역되지만 이 역서에서는 '철저한' '극단적인' '래디칼' 등으로 번역했다. '래디칼'의 어원은 '뿌리'로서 '래디칼'은 인식에서의 '근본적인' 것과 실천에 있어서의 '급진적인' 것을 함께 내포한다. 진보적인 역사 의식이 곧 급진적인 행동과 실천을 의미하는 근대 세계에서 '래디칼'이 '급진적'으로 번역되어 정착된 데는 무리가 없었을 것이다. 그러나 이 책에서처럼 근대적인 '실천'과 '진보'의 관념 또한 '래디칼'하게 반성하는 입장에서는 '래디칼'을 '급진적'으로 번역하는 것은 '래디칼'한 오해의 소지가 있을 것이다.

고는 뻔뻔스럽게 기독교를 확실한 소유로 만들어버렸으며, 이성을 제물로 바치지 않는 사람들의 불행을 보면서 자신들의 영원한 축복을 확인한다. 이것이 반유대주의의 종교적 뿌리다. 아버지 종교의 신봉자들은 더 잘 알고 있다는 이유로 아들 종교의 신봉자로부터 미움을 받는 것이다. 그것은 구원의 확신으로 굳어진 정신이 정신에 대해 드러내는 증오감이다. 유대인을 미워하는 기독교인에게 있어서, 진실된 마음으로 불행을 합리화하지 않고 견뎌내며, 그들이 영향을 미치고 싶어하는 세계사의 흐름이나 신성한 질서에 반하는 '거저 주어지는 구원'의 이념을 받아들이는 것은 짜증스러운 일이다. 반유대주의는 자신들의 역사나 믿음의 의식(儀式)을 그러한 권리를 부인하는 사람에게까지 강요하고 집행하려 함으로써 자신들이 믿는 역사나 의식이 옳다는 것을 증명하려 한다.

5

"나는 너를 참을 수 없어. 이 사실을 잊지 마라"고 지그프리트*는 자신의 사랑을 구하려 하는 미메에게 말한다. 모든 반유대주의자들의 해묵은 대답은 '이디오진크라지'에 호소하는 것이다. 사회가 반유대주의로부터 해방될 수 있는가의 문제는 이디오진크라지의 내용을 개념으로 끌어올려 그 무의미성을 자각시킬 수 있는가 없는가에 달려 있다. 그러나 이디오진크라지는 '특수자'에 달라붙어 있는 것이다. 사회의 목적 연관 속에 끼워넣어질 수 있는 보편자는 자연스러운 것으로 간주된다. 개념

---

* Siegfried: 바그너의 악극 「니벨룽겐의 반지」에 나오는 주인공.

적 질서 속에 집어넣음으로써 합목적적인 것으로 정화될 수 없는 자연, 예를 들어 석판 위에서 조각칼이 내는 날카로운 소리, 똥이나 부식물을 연상시키는 퇴폐 취미, 근면한 일꾼의 이마에 돋아 있는 땀방울 같은 것, 즉 시대의 흐름에서 뒤처진 것이나 수세기 동안의 진보가 축적한 명령들에 해를 입히는 것들은 인간의 깊은 곳으로 파고들면서 작용을 하기 때문에 어쩔 수 없는 혐오감을 불러일으킨다.

이디오진크라지가 불러일으키는 모티프들은 궁극적인 근원을 회상하도록 만든다. 그 모티프들은 생물이 탄생하던 저 원시 상태의 순간들을 다시 만들어낸다. 그것은 소리만 들어도 머리가 곤두서고 심장의 고동이 멈추는 위험의 표지다. 이디오진크라지에서는 개별 기관들이 주체의 지배로부터 다시 빠져나가 생물학적인 근본 자극들에 자율적으로 순응한다. 그러한 반응 속에서 피부나 근육이나 사지가 경직되는 것을 경험하는 자아는 스스로에 대한 통제력을 상실한다. 몇 순간 동안이나마 신체의 부분들은 움직이지 않는 주변 자연에 동화되는 것이다. 그러나 움직이는 것이 움직이지 않는 것에, 고도로 발달된 생명이 단순한 자연에 접근함으로써 생명체는 스스로로부터 소외된다. 왜냐하면 다프네*처럼 최고의 흥분 상태에 있는 생명체가 되고 싶어하는 것인 움직이지 않는 자연만이 오직 외연적·공간적 관계를 만들 수 있기 때문이다. 공간은 절대적인 소외다. 인간이 자연처럼 되려고 노력할 때 인간은 자연에 반해 스스로를 경직시키게 된다. 공포로서의 방어는 '보호색 Mimikry'의 한 형태다. 인간의 경직 반응은 태곳적인 '자기 유지'의 방식이다. 생명은 죽음에 동화됨으로써 존속을 위한 공물을

---

* Daphne: 그리스 신화에 나오는, 아폴로의 구애를 피해 월계수로 변신한 요정.

지불한다.

　문명은 '타자'에의 유기적인 순응인 본래의 미메시스적 행태 대신 주술의 단계에서는 우선 미메시스를 조직적으로 숙달하게 되며, 마지막 역사의 단계에서는 미메시스를 합리적인 실천인 노동으로 대체시킨다. 제어되지 않은 미메시스는 추방된다. 불칼로써 인간을 낙원으로부터 기술적인 진보의 궤도로 몰아낸 천사는 그 자체가 이러한 진보의 상징이다. 종교적인 '우상금지'에서 시작하여 광대나 집시를 사회로부터 추방하는 것을 거쳐 아이들에게 어른스러워지라고 가르치는 교육에 이르기까지, 수천 년 동안 지배자들이 그의 후예나 지배받는 대중에게 미메시스적인 존재 방식으로 돌아가는 것을 엄격히 금지하는 것은 문명의 조건이다. 사회 또는 개인의 교육은 인간에게 노동이라는 객관적 행동 방식을 강화하며, 인간이 긴장을 풀고는 자연의 다양성 속으로 용해되어버리는 것을 막아준다. 모든 긴장 이완이나 헌신은 보호색의 경향을 띤다. 이것과 반대되는 딱딱한 경직화 속에서 자아는 비로소 형성되는 것이다. 자아가 **구성됨으로써 반성적인 미메시스로부터 통제된 반성으로 넘어가는 과정은 완성된다.** 몸으로 자연에 동화되는 대신에 '개념을 통한 확인,' 다시 말해 다양한 것을 동일한 것 속에 집어넣는 행태가 등장한다. 그러나 유사성 Gleichheit 아래서 생겨나는 '구도(構圖) Konstellation'는, 직접적인 미메시스건 매개된 종합이건 맹목적인 삶 속에서 이루어지는 사물에의 동화건 과학적인 개념 형성에 의해 이루어지는 물화된 사물의 비교건 간에, 여전히 공포의 '구도'다. 조직화된 지속적 강압으로서 사회는 위협적인 자연을 되풀이하는 것이다. 그러한 사회 속에서 개인은 일관성 있는 자기 유지를 통해 스스로를 재생산하지 않을 수 없으며 사회는 자연에 대한 사회의 지배라는 형태가 되어 자연으로 되돌아간다. 과학은 반복으로서, 관찰된 사실을 규칙성으로 세련화시켜 진부한 틀 속에 보존하는 것이다. 수학 공식은 예전의 주술적 의식(儀式)처럼 의식적으로 숙달한 '퇴행'이다. 그것은 가장 승화된 형태로 보호색을 실행하는 것이다. 자기 유지에 봉사하기 위한 '죽음에의 동화'를 기술은 주술처럼 외적 자연에 대한 육체적 모방을 통해 수행하는 것이 아니라 정신적인 과정의 자동화, 즉 정신적 과정을 맹목적으로 흘러가는 것으로 만듦으로써 수행한다. 기술의 승리와 함께 인간의 외적 활동은 통제 가능하면서도 강압적인 것이 된다. 자연에의 동화에서 오직 남아 있는 것은 자연에 대항해 경직되는 것뿐이다. 현대 문명의 공포에 찬 방어적 색조는 선견지명 있는 합목적성이라는 이름 아래 추진되었지만 사실은 맹목적 자연 지배로부터 연유한 것이다.

시민적인 생산 양식에서 모든 실천에 내재해 있는 지울 수 없는 '미메시스의 잔재'는 망각을 강요당한다. 예전의 상태로 돌아가는 것을 가차없이 금지시키는 것 자체가 어쩔 수 없는 운명이 되었으며 이러한 금지는 너무나 완벽하기 때문에 더 이상 의식조차 되지 않는다. 문명에 의해 눈이 먼 인간은 다른 사람과의 접촉 속에서 터부시된 미메시스적 경향을 띤 많은 제스처나 행동 방식을 경험하게 되지만, 합리화된 주변 세계와 자연스럽게 어우러지지 못하는 이러한 제스처나 행동 방식은 퇴화된 미메시스적 경향의 잔재로서 사람들을 당황시킨다. 혐오감을 주는 낯선 무엇은 사실은 가장 친근한 것이다.[1] 그것은 접촉이나 애무, 달램, 포옹과 같이 문명에 의해 억압된 '직접성'을 표출하는 전염성 있는 제스처다. 오늘날 우리는 이러한 해

---

1 Vgl. Freud, *Das Unheimliche*, Gesammelte Werke, Band XII, London, 1947, S. 254, 259 u. a.

묵은 충동들을 제거해버린다. 이러한 충동들은 구매자에게 아첨하든, 채무자를 위협하든 타인의 믿음을 애원을 통해 누그러뜨리는 행태에서 보듯, 오랫동안 물화된 인간 관계를 개인간의 권력 관계로 전환시킨다. 감정의 움직임은 어떤 것이든 고통을 안겨준다. 흥분은 저급한 것이다. 영화나 폭력의 정의나 총통의 연설에서 보듯 조작된 표현이 항상 불쾌감을 자아낸다면, 조작되지 않은 표현들도 얼굴을 찡그리게 만든다. 훈련에 의하지 않은 흉내Mimik는 그러나 옛 지배의 징표로서 이러한 지배는, 고물상을 하는 유대인으로부터 은행가에 이르기까지, 유년 시절의 무의식적인 모방 과정을 통해 여러 세대 동안 면면히 상속되어 피지배자의 마음 속에 깊숙이 새겨져 있다. 그러한 흉내는 분노를 일으킨다. 왜냐하면 그러한 흉내가, 새로운 생산 관계 속에서 살아남기 위해서는 잊어야만 하는 옛 두려움을 드러내기 때문이다. 괴롭히는 자나 괴롭힘을 당하는 자나 구별 없이 똑같이 찡그린 얼굴을 하는 어쩔 수 없는 분노의 순간에 문명인 특유의 분노가 드러난다. 무기력한 가상에 대한 답은 냉혹한 현실이며 '유희'에 대한 답은 진지함이다.

찡그림Grimasse은 진지하게 일하는 대신 일에 흥미가 없음을 보여주는 것이기 때문에 꾀병처럼 보인다. 찡그림은 진지함을 인정하기는 하지만 거기에 속박되려고는 하지 않음으로써 삶에 대한 진지한 태도로부터 도망가려 한다. 그 때문에 찡그림은 정직하지 못한 태도다. 그러나 '표현'은 막강한 힘이나 폭력의 고통스런 울림으로서 그러한 힘이 탄식을 통해 스며나오는 것이다. 표현은 아무리 솔직하려 해도 과장되게 마련이다. 왜냐하면 어떤 예술 작품에서건 아니면 어떤 탄식에서건 그 안에 전 세계를 담고 있는 것처럼 가장하기 때문이다. '성과'만이 오직 적절한 것이다. 미메시스가 아닌 '활동과 성과'만이 고통을 멈추게 할 수 있다. 그 결과는 무엇에 의해서도 흔들리지 않는 강인한 표정을 만들어낸다. 그 표정은 우리 시대에 만날 수 있는 정치가나 목사나 사장이나 강도와 같은 실천적 인간이 지닌 '아기 얼굴'이 되기도 한다. 파시스트 선동가나 야전 지휘관의 포효하는 음성은 동일한 사회 관계의 이면을 보여준다. 포효 속에는 사업처럼 냉기가 감돈다. 포효하는 선동가들은 자연스러운 탄성 소리를 차용해서는 자신의 기술로 만든다. 그러한 포효는 독일 장거리 미사일에 달린 소음기(騷音器)처럼 대학살의 상징이다. 그것은 즉 공포감을 불러일으키기 위해 공포스러운 외침을 가동시키는 것이다. 희생자의 고통에 찬 울부짖음, 즉 폭력의 이름을 부르고, 프랑스인, 흑인, 유대인 하는 식으로 희생자를 지칭하는 이름을 부르는 것을 보면서 선동가들은 의도적으로 박해받는 사람들의 절망적인 몸부림 속으로 들어가본다. 그들의 행동은 허위에 찬 '공포에의 미메시스'다. 포만을 모르는 아귀처럼 그들은 스스로의 내부에서 그들이 두려워하는 힘을 재생산하는 것이다. 모든 것은 철저히 이용되어야 하며, 모든 사람은 그들에게 철저히 복종해야 한다는 것이다. 타인이 존재한다는 것 자체가 마음을 불편하게 하는 것이다. 다른 모든 사람들은 자신을 알아보고는 자신의 울타리, 즉 무제한한 공포의 울타리 안으로 들어와야 한다는 것이다. 은신처를 찾는 자에게 그런 은신처를 발견하도록 놔둬서는 안 된다. 유목민이나 곡예사처럼 모든 사람이 그리워하는 평화나 고향이나 자유를 외치는 자는 옛날부터 고향에 대한 권리를 거부당했다. 사람들은 자신이 두려워하는 것을 겪어야만 한다. 마지막 휴식처마저 평화가 있는 곳은 아니다. 공동묘지의 파괴는 반유대주의가 우연히 저지른 과도한 행동이 아니라 반유대주의의 본질로부터 나온 행동이다. 추방된 자들은 자연히 다른 사람들을 추방하고 싶은 욕망을 갖게 된다. 추방된 자에게 남겨진 폭력의 징표는 영원히 폭력에 불을 붙인다. 식물처럼 살려고 하는 자는 근절시켜야 한다. 하등 동물의 카오스적이면서도 규칙적인 도주 행태에서든, 나선형을 만드는 벌떼의 모습에서든, 고문당하는 사람의 발작적인 제스처에서든, 결코 완전히 지배할 수 없는 무엇인 미메시스적 충동이 나타난다. 자유와는 반대 극단에 있는 피조물의 사투 속에서도 재료에 대한 통제의 실패로서 어쩔 수 없이 자유의 빛이 새어나오는 것이다. 반유대주의가 모티프로 삼는 이디오진크라지는 이러한 이치에 저항하려 한다.

정치적인 반유대주의가 가동시키고 있는 영혼의 에너지는 이와 같은 '합리화된 이디오진크라지'다. 총통이나 추종자들이 스스로 이해하고 있는 변명은 모두, 현실 원칙을 위반하지 않고 명예롭게 미메시스적인 유혹에 굴복하는 것을 의미한다. 그들은 유대인을 용납할 수 없지만 유대인을 끊임없이 모방한다. 자신들이 유대인이라고 부른 것을 다시 모방하려는 충동을 자신의 피 속에 지니지 않고 있는 반유대주의자는 없다. 이러한 정황은——설득하려는 욕구에서 나오는 무의식적인 손동작이나, 내용과는 독립적으로 대상이나 감정에 대해 생생한 그림을 그려내는 노래하는 듯한 억양이나, 인상학적인 '개별화의 원리'로서 상형 문자같이 얼굴에 씌어진 개인의 독특한 성격인 코처럼——그 자체가 미메시스의 암호다. 후각의 즐거움을 좇는 충동은 뭐라고 꼭 집어 말할 수는 없는 것이지만 하등 생물에 대한 해묵은 동경으로서 주변 자연이나 대지나 진흙과 직접적으로 하나가 되려는 충동일 것이다. 모든 감각 중에서 냄새 맡는 행위는 대상화가 필요 없는 이끌림으로서 다른 무엇보다 분명하게 '타자'에 유사해지고 타자 속에서 자신을 잃어버리고 싶은 충동을 증언해준다. 그 때문에 냄새는 지각하는 것과 지각되는 것이 지각 작용 속에서 하나가 되는 것으로서, 다른 어떤 감각보다도 표현적이다. 눈으로 보는 행위 속에서 우리는 우리 자신으로 남아 있지만, 냄새 맡는 행위 속에서 우리는 증발해버린다. 그 때문에 문명 사회에서 후각은 점잖지 못한 것이나, 저급한 사회 계층, 저열한 종족, 고상하지 못한 동물의 징표로 여겨진다. 문명인에게 있어서 그러한 충동에 탐닉하는 것은 실제적 목적을 위해 그에 대한 금지가 합리적으로 유보될 때에만 허용된다. 금지된 충동은, 그 충동을 발산하는 것이 그것을 없애기 위한 것임이 의심의 여지가 없을 경우에만 마지못해 용인된다. 이러한 상황은 농담이나 익살에도 해당된다. 농담이나 익살은 '실현'에 대한 서글픈 패러디인 것이다. 경멸받는 것이며 스스로도 경멸하는 것으로서 미메시스적인 기능은 음흉하게 향유된다. 나쁜 냄새를 없애기 위해 그것을 탐지하고 다니는 자는 저 깊은 심장 속에 있는 자신의 합리화되지 않은 기쁨을 좇아, 쿵쿵거리는 동물의 냄새 맡는 행위를 모방하고 있는 것이다. 문명인은 금지된 충동을, 그것을 금지시킨 권위와 자신을 무조건 동일화시키는 방식에 의해 소독한 후 허용한다. 문명인이 허용된 한도를 넘어서게 되면 그는 웃음거리가 된다. 이러한 틀이 반유대주의의 반응 방식에도 적용된다. 금지된 것이 권위를 가진 당국에 의해 허용된 순간을 기리기 위해 반유대주의자들은 한 장소에 모이게 되고 나아가 집단을 이루게 되는 것이다. 이로써 그들은 공동 목적을 가진 공동체가 되는 것이다. 그들의 외침은 조직된 웃음이다. 그들의 비난이 위협적이고 그들의 분노가 클수록 그들의 조롱 또한 강제력을 지니게 된다. 분노와 조롱과 독기 서린 모방은 본래 하나다. 파시스트들의 구호나 의식(儀式), 훈련, 제복 등 언뜻 보기에는 비합리적으로 보이는 파시즘의 모든 장치들은 미메시스적인 행태를 가능케 하기 위한 것이다. 정교하게 짜여진 상징들——모든 반혁명적인 운동이 갖고 있는 것이지만——, 해골과 복면, 야만적인 북소리, 어떤 말이나 제스처를 단조롭게 반복하는 것 등도 주술 행위에 대한 조직적 모방으로서 '미메시스의 미메시스'다. 머리에 기름을 바르고 언제 히스테리가 터질지 모르는 카리스마를 지닌 총통이 선두에 서서 대열을 지휘한다. 총통의 생각이나 행동은 대표성을 지니는 것으로서 그는 다른 모든 사람들에게 현실 속에서는 금지되어 있는 것을 그 자신이 직접 실행해서 보여준다. 히틀러는 어릿광대처럼 제스처를 취할 수 있으며, 무솔리니는 삼류 테너 가수처럼 틀린 음정을 서슴없이 불러대며, 괴벨스는 그가 살해 명령을 내린 유대인 중개업자처럼 유창하게 연설을 하며, 커플린Coughlin*은 계속 피를 흘리도록 하기 위해, 그 자신 십자가에 못 박힌 모습을 그렸던 구세주처럼 사랑을 설교한다. 파시즘은 지배에 대항한 억압된 자연의 반란을 직접 지배에 동원한다는 점에서도 전체주의적이다.

　이러한 메커니즘은 유대인을 필요로 한다. 인위적으로 드높여진 유대인의 명성은, 자장권에 미치는 자석의 작용처럼, 고상한 문명의 적자(嫡子)에 영향력을 발휘한다. 뿌리 없는 유대인과는 달리 든든한 뿌리를 내리고 있는 이 고상한 인간들은 자신들이 평등하고 인간적이라는 점에서 유대인과는 다르다는 점을 알고 있지만 유대인이 갖고 있는 '대립과 낯섦'의 감정에 유혹을 느낀다. 그리하여 터부시된 충동들, 즉 지배 질서를 유지시켜주고 있는 '노동'과는 다른 반대 방향으로 치닫는 충동

* Charles E. Coughlin(1891~1979) : 1938년부터 미국이 제2차 세계대전에 참전시까지 뉴욕을 중심으로 유대인 상인 보이코트 운동을 열렬히 전개하던 반유대주의적이고 친나치스적 단체인 기독교 전선과 연계된 가톨릭 신부로서 『사회 정의 Social Justice』를 썼으며 정규적으로 뉴욕 라디오 방송에서 반유대주의적인 설교를 했다.

들을 체제 순응적 이디오진크라지로 전환시킨다. 자유주의적 이데올로기에 기만당한 마지막 희생자인 유대인이 차지하고 있는 경제적 지위는 그러한 상황에 대항할 수 있는 믿을 만한 보호 장치가 되지 못한다. 유대인은 터부시된 충동을 체제 순응적 이디오진크라지로 전환시키는 데 매우 적합한 존재였으므로 유대인은 자기 의지와는 무관하게 그러한 기능을 떠맡게 되었던 것이다. 유대인은 파시즘이 유도하는 대로 '반항하는 자연'의 운명을 함께 감당할 수밖에 없게 된다. 유대인은 맹목적이면서도 예리한 통찰력을 지닌 파시스트들에게 고용당하는 것이다. 유대인들 개개인이 고약한 전염성을 지닌 그러한 미메시스적 경향을 갖고 있었는지, 아니면 그러한 유대인의 모습이 날조된 것인지는 중요한 문제가 아니다. 재계의 실력가들이 파시즘 정권에 대한 두려움을 극복하게 되자, 유대인은 자동적으로 민족 공동체의 조화를 해치는 요인으로 부각하게 되었다. 지배가 점점 더 자연으로부터 소외되어 마침내 단순한 자연으로 돌아가게 되었을 때 유대인은 지배의 제물이 되었다. 유대인 전체는 금지된 주술과 피의 제전에 참여한다는 비난을 받는다. 그러한 비난 속에 감추어져 있는 것은 미메시스적 희생 제의로 돌아가고 싶은 주민들의 무의식적 욕구로서, 비난을 통해 그들은 이러한 욕구를 의식 밖으로 끌어올려 마음껏 해소하는 것이다. 해묵은 선사 시대의 모든 공포가 유대인에게 투사되어 합리적 관심으로서 다시 복권되는 과정은 끝을 모르는 길이다. 공포는 실제로 실행될 수 있는 것일 뿐만 아니라, 실제로 실천된 악(惡)은 투사된 내용의 사악성을 오히려 능가한다. 파시즘이 상상한 유대인의 범죄, 즉 유아 살해나 사디즘적인 방탕, 민중 독살, 국제적인 음모 등은 실제와는 거리가 먼, 반유대주의가 꿈꾸는 소망상 자체다. 그렇지만 사정이 이 정도에 이르면 유대인이라는 말 자체가 피에 얼룩진 찡그림을 연상시키며, 이러한 찡그림을 본떠 만든 상징이 해골과 육시당한 십자가를 결합시킨 나치의 갈고리 모양을 한 십자 깃발이다. 누군가를 유대인이라고 부르는 것은 그러한 유대인의 이미지를 그에게 뒤집어씌우라고 다른 사람들에게 권유하는 것이다.

문명은 자연에 대한 사회의 승리로서 이러한 승리는 모든 것을 자연으로 변화시킨다. 유대인 자신이——한편으로는 계몽적인 태도를 가지고, 다른 한편으로는 냉소적인 태도로서——수천 년 동안 그러한 문명의 과정에 참여해왔다. 일신교를 실제 생활 속에 구현한 것인, 가장 오랫동안 살아남은 가부장 제도는 다른 종족들이 아직 주술에 매달리고 있을 동안 터부를 문명 사회의 금언으로 바꾸었다. 기독교가 헛된 수고만 들이고 실패한 것, 즉 신을 섬기는 의식을 통해 주술적인 힘이 스스로를 거역하게 만드는 것이나 주술의 고유한 힘을 이용해 주술을 무력화시키는 것이 유대인에게는 성공적이었던 것처럼 보인다. 그들은 '자연에의 동화'를 없애버린 것이 아니라 순수한 의식(儀式)의 의무로 지양시켰던 것이다. 이로써 그들은 상징을 통해 신화의 상태에 다시 떨어짐이 없이 화해시키는 기능을 하는 '기억 Gedächtnis'을 보존시킬 수 있었던 것이다. 그 때문에 그들은 진보된 문명보다 뒤처진 것으로 보이기도 하고 훨씬 앞선 것으로 보이기도 하며, 진보된 문명과 비슷한 것 같기도 하고 다른 것 같기도 하며, 영리한 것처럼 보이기도 하고 멍청한 것 같이 보이기도 하는 것이다. 유대인은 자신들이 최초의 시민으로서 스스로 저지른 것, 예를 들어 저급한 충동에 유혹당하는 것이나, 동물이나 대지로 내려가고 싶은 충동을 느낀 것이나, 우상 숭배에 빠진 것에 대해 책임이 있다고 말해진다. 그들은 부정타지 않은 고기라는 개념을 착안했기 때문에 돼지라는 박해를 당한다. 반유대주의자들은 그들 스스로를 구약의 집행자로 만든다. 그들은 선악과를 따먹은 유대인들이 흙으로 돌아가도록 배려해주는 것이다.

6

반유대주의는 '잘못된 투사' 위에 기초하고 있다. 이러한 잘못된 투사는 진정한 미메시스의 반대편에 있는 것으로서 억압된 미메시스와 매우 유사하다. 잘못된 투사는 억압된 미메시스의 병적 표현이라고 할 수 있을 것이다. **미메시스가 주변 세계와 유사해지려고 한다면 잘못된 투사는 주변 세계를 자기와 유사하게 만들려고 한다.** 미메시스가 외부 세계를 내면 세계가 순응해야 할 모델로 만듦으로써 낯선 것과 친해지려 한다면, 잘못된 투사는 분출할 태세가 갖추어져 있는 내면 세계와 외부 세계를 혼동함으로써 외부로부터 얻은 가장 친근한 경험들도 적대시한다. 잘못된 투사는 자신의 것이면서 자신의 것이라고 인정하고 싶지 않은 주체의 충동들을 객체의 탓으로 돌린다. 즉 주체는 그럴듯한 제물을 외부에 만드는 것이다. 편집증 환자에게는 자기 병의 법칙에 순종하는 이외에는 다른 선택의 여지가 없다. 파시즘에서는 정치가 이러한 행동 양식을 취하게 된다. 여기서는 병적인 외부 세계가 현실에 올바른 것으로, 광기의 체계가 이성적 규범으로 규정되며, 그러한 체계로부터 일탈하는 것은 노이로제로 취급된다. 전체주의적인 질서가 가동시키고 있는 메커니즘은 문명만큼이나 오래된 것이다. 인류를 억압해왔던 동일한 성적 충동들은, 개인 의식 속에서나 민족 의식 속에서나, 주변 환경을 악마의 체계로 바꿈으로써 스스로를 유지하고 확장시킬 수 있었다. 눈먼 살인자는 항상 자신의 제물을 오히려 자신을 방어할 수밖에 없는 절망적 상황으로 몰아붙이는 박해자로 간주하며, 힘센 부자들은 나약한 이웃들을 덮치기 전에 그들을 참을 수 없는 위협으로 느낀다. 합리화는 핑계이기도 하지만 동시에 어쩔 수 없는 것이기도 하다. 적으로 선택된 자는 이미 적으로 느껴진다. 혼란은, 투사된 대상에서 주체가 책임져야 할 부분과 낯선 외부 세계가 책임져야 할 부분을 구분할 수 없는 주체의 능력 부족에서 초래된다.

어떤 의미에서는 모든 지각 작용이 투사다. 감각된 인상들을 투사하는 것은 동물적인 선사 시대의 유물로서 자기 방어와 먹이를 획득하기 위한 메커니즘이며 전투 태세를 갖추는 것이다. 이러한 전투 태세 위에서 고등 동물들은 기쁨과 고통을 동시에 느끼면서 객체의 의도와는 무관하게 행동을 개시한다. 인간에게서 투사는 다른 공격 행위나 방어 행위가 반사적으로 이루어지는 것처럼 자동화된다. 그 때문에 인간의 대상 세계는 "그 진정한 조종법을 완전히 터득해서 눈앞에 펼쳐 보일 수 없는 인간의 영혼 깊숙이 숨겨진 예술"[2]로 구성된다. 사물의 체계, 즉 고정된 우주의 질서란——학문이란 단지 이에 대한 추상적 표현이라고 할 수 있는데——, 칸트의 인식 비판을 인류학적으로 원용한다면, 생존을 위한 투쟁 속에서 동물적 도구인 저 자동적인 투사가 무의식적으로 만들어낸 산물이다. 그러나 개인의 형성과 함께 감성적 삶과 지성적 삶이 분화된 인간 사회에서 개인은 투사에 대한 통제를 강화하지 않을 수 없다. 그는 투사를 정교하게 만들고 억제하는 법을 동시에 배워야 하는 것이다. 경제적 압박 때문에 인간이 사고나 감정 중 어떤 것이 자기

---

2 Kant, *Kritik der reinen Vernunft*, 2. Auflage. Werke, Akademie-Ausgabe, Band III, Berlin, 1911, S. 180f.

것이고 어떤 것이 낯선 것인지를 구별할 줄 알게 됨에 따라 내면 세계와 외부 세계의 구별, 거리 유지와 동일화의 가능성, 자의식과 양심의 구별이 생겨난다. 통제 속에 들어온 투사를 이해하기 위해서, 또한 반유대주의의 본질을 이루는 잘못된 투사로의 변질을 이해하기 위해서는 좀더 자세한 고찰이 필요하다.

생리학적인 지각 이론——칸트 이래 철학자들은 이러한 지각 이론이 순진하게 외적 사실에만 매달리고 있으며 순환 논리 속에 갇혀 있다고 경멸하고 있는데——은 지각된 세계란 실제의 대상으로부터 두뇌가 입수한 자료들을 거울처럼 반영하는 것——지능이 이 반영을 조종하기는 하지만——이라고 설명한다. 이러한 견해에 따르면 입수된 인상들은 오성에 의해 배열되고 정돈되는 것이다. 형태심리학자들이 생리 기관은 단순히 고립된 요소들만이 아닌 구조도 받아들인다고 주장한다면, 쇼펜하우어나 헬름홀츠*는——순환 고리에도 불구하고, 또한 바로 그 순환 고리 때문에——신심리학파나 신칸트주의자들이 생각했던 것보다는 주체와 객체가 더 긴밀히 연관되어 있다는 것을 알고 있었다. 지각된 형상은 실제로 개념과 판단들을 내포하고 있다. 실제의 대상과 의심의 여지가 없어 보이는 감각된 자료 사이에는, 즉 외부 세계와 내면 세계 사이에는 주체가 어떤 위험을 무릅쓰더라도 다리를 놓아야만 하는 심연이 놓여 있다. 있는 그대로의 사물을 반영하기 위해 주체는 사물로부터 받은 것보다 더 많은 것을 사물에게 돌려주어야 한다. 주체는 세계가 감각 속에 남겨놓은 자취에 의해 다시 한 번 외부 세계, 즉 다양한 속성과 상태를 지닌 사물의 통일성을 만들어내는 것이다. 주체는 또한 외부의 인상뿐 아니라 이로부터 서서히 분리되는

* Helmholz(1821~1894): 독일의 물리학자이며 생리학자.

내부 인상들에 종합과 통일을 부여하는 법을 배우게 됨으로서 '자아'라는 것을 구성하게 된다. '동일적 자아'라는 것은 투사가 만들어내어 고정시킨 최후의 산물이다. 자아를 구성하는 인간의 생리적 능력이 점점 커져가는 역사적 전개 과정 속에서 '동일적 자아'는 통일적이기는 하지만 동시에 괴팍한 기능을 하게 된다. 자율적 독립체로 객관화된 것으로서 자아란 의식 속에 투영된 객관 세계와 같은 것이다. 주체의 내면적 깊이란 자아에 의해 지각된 외부 세계가 유연하고 풍성하다는 것 외에 다른 무엇을 의미하는 것이 아니다. 주체와 객체의 연결 고리가 끊어지면 자아는 경직된다. 실증주의적인 태도에서 보듯 자아가 스스로 주지는 않고 주어진 것을 기록만 하려 든다면 자아는 하나의 점으로 위축될 것이며, 반면 관념론에서 보듯 자아가 자기 자신이라는 토대 없는 원천으로부터 세계를 만들어내려 한다면 자아는 무미건조한 반복 속에서 스스로 고갈되어버릴 것이다. 두 경우 모두 자아는 '정신'을 포기한다. 그 자체로는 아무 의미도 지니지 않는 감각의 자료들이 사유에 완전한 생산성을 가져다 주며——사유는 그렇게 할 수 있는 능력이 있다——, 다른 한편 사유는 폭포처럼 쏟아지는 인상에 자신을 전폭적으로 내맡기는 매개가 이루어질 때, 자연 전체가 사로잡혀 있는 병적인 고독은 극복된다. 사유에 의해 침훼당하지 않은 확신이나, 지각과 대상의 개념 없는 통일 속에서가 아니라 지각과 대상의 반성된 대립 속에서 화해의 가능성을 예감할 수 있을 것이다. 지각과 대상의 구별은 외부 세계를 자신의 의식 안에 갖고 있으면서도 자신과는 다른 무엇으로 인식하고 있는 주체 내부에서 일어난다. 그 때문에 '이성'의 활동인 반성 작용은 '의식적인 투사'가 되는 것이다.

지금까지 본 투사 행위 일반과는 달리 반유대주의의 투사에는 반성이 결여되어 있다는 점이 반유대주의 속에 들어 있는 병적 요소다. 주체가 객체로부터 받은 것을 객체에게 되돌려 줄 능력을 잃어버리게 됨으로써 주체 자신은 더 풍성해지는 것이 아니라 더 가난해진다. 주체는 외부와 내부로 향하는 두 방향 모두에서 반성하는 힘을 잃어버린다. 그 이유는 주체가 더 이상 대상을 반성하지 않음으로써 주체는 자기 스스로에 대해서도 반성하지 않게 되며 그에 따라 분별하는 힘을 잃어버리게 되기 때문이다. 주체는 양심의 소리 대신에 목소리들만을 듣는다. 자신의 권력욕을 판독하기 위해 내부로 침잠하는 것이 아니라 '시온 현자의 의정서'*를 다른 사람 탓으로 돌린다. 자아는 넘쳐흐르면서 동시에 위축된다. 주체는 무한정으로 외부 세계를 식민화하여 자신의 내부에 있는 세계와 동일시한다. 그러나 그가 식민화하고 있는 외부 세계는 철저히 아무것도 아닌 것으로서, 아무리 부풀리더라도 외부 세계는 자아를 위한 단순한 수단으로 전락하며 자아가 만들어 가질 수 있는 무엇이 된다. 외부 세계는 사유에 의한 조망력을 상실한 눈먼 실천의 대상이 되는 것이다. 아무리 절대적인 것일지라도 본래는 단순한 수단에 지나지 않는 '지배'가 주체에게는 낯선 고유한 목적이 된다. 지배는 수단이 아니라 그 자체가 목적이 되는 것이다. 병을 앓고 있는 '개인' 속에서 날카롭게 날이 선 인간의 지능 장치는 타인들에 대해 동물적인 선사 시대의 눈먼 무기——인류는 인간 이외의 자연에 대해 끊임없이 이러한 무기를 휘둘러왔

---

* Protokolle der Weisen Zion: 기존 국가들을 무너뜨리고 시온 가문 출신의 왕이 통치하는 유대인의 세계 지배를 가능케 하기 위한 계획을 담고 있다고 주장되는 유대인 집회의 기록 문서. 이 문서는 나폴레옹 3세에 반대하는 내용을 담고 있는 졸리 M. Joly가 쓴 팸플릿에 근거하고 있는데 이 팸플릿은 유대인이나 유대 정신과는 아무런 관계가 없는 것이었다. 그 내용이 거짓이라는 것을 입증하기 위해 1924년(베를린), 1934년(요하네스버그), 1935년(베른), 1936년(바젤) 등에서 수차례 재판이 열렸음에도 불구하고 이 문서는 거듭해서 유대인 박해를 위한 근거로 제시되었다.

지만——로서 작용한다. 인류가 다른 동물 위로 우뚝 솟은 이래로 인간이라는 종(種)이 다른 종을 점점 더 무자비하게 박멸하려 했던 것처럼, 또한 인류 내부를 살필 경우 한 발 먼저 진보한 종족이 좀더 순박한 종족에 대해서나 기술적으로 더 잘 무장한 종족들이 기술 발달이 덜 된 종족에 대해 폭력을 휘둘렀던 것처럼, '큰 것'에 대한 광적인 욕망이나 남을 누르고 싶은 욕망 때문에 광기 서린 개인은 다른 개인을 쳐부수고 박멸하려 든다. 두 경우 모두 **주체가 '중심'에 놓여 있으며 세계는 주체의 광기를 위한 단순한 기회로 전락한다.** 세계는 세계 위에 투사된 것의——무기력하거나 전능한——총합이 되는 것이다. 편집증 환자가 어디를 가든 발에 걸린다고 불평하고 있는 '저항'은 눈이 가려진 자가 자기 주변에 만들어놓은 진공 상태나 그로 인한 저항력 상실의 결과다. 그는 멈출 수가 없다. 현실에서 확실하게 기댈 만한 어떤 지지물도 발견하지 못하는 이념은 스스로를 주장하고 나서면서 '고정관념'이 된다.

　　편집증 환자는 외부 세계를 자신의 눈먼 목적에 일치하게끔만 지각함으로써 추상적 집착에 지나지 않는 자아를 항상 되풀이할 수밖에 없다. 무너져내리고 있는 자신의 자아나 주변에 있는 다른 사람에 대해 압도적 지배력을 행사하는 그러한 노골화된 권력은 자신에게 주어지는 모든 것을 손아귀에 넣으려 함으로써 주어진 대상들을, 그들의 고유한 속성을 무시한 채, 신화적인 그물 속에 집어넣는다. '항상 동일한 것'이 지니는 폐쇄성은 전능한 힘에 대한 대용물이 된다. '너희들은 신처럼 될 것이다'라는 최초의 인간에게 해준 뱀의 약속은 편집증 환자에게서 실현된다. 편집증 환자는 모든 것을 자신의 형상에 따라 만든다. 그는 살아 움직이는 어떤 무엇도 필요로 하지 않으며, 다만 모든 사람은 자신에게 봉사해야 한다고 요구한다. 그의 의지는 모든 것 속으로 스며들며 어떤 것도 그 자신에 대한 관계로부터 빠져나가서는 안 된다. 그의 체계는 빈틈이 없다. 점성가로서 그는——자신의 자아에 대한 치료책으로서든 아니면 치료의 전(前)단계로서 타인을 대하는 태도에 있어서든——자신에게 무관심한 자를 파멸로 이끌 수 있는 힘을 별들에게 부여한다. 철학자로서 그는 세계사를 피할 수 없는 몰락과 파멸의 집행자로 만든다. 완전히 미친 사람으로서 또는 철저히 합리적인 개인으로서 그는 자신의 적을 개별적인 테러 행위나 정교하게 고안한 박멸 전략에 의해 파괴한다. 그런 식으로 그는 승리를 거두는 것이다. 여자들이 흔들림 없는 편집광을 숭배하듯 제 민족은 전체주의적인 파시즘 앞에 무릎을 꿇는다. 신봉자들은 악마에게 영혼을 팔아 넘기듯 자신의 편집증을 편집광에게 위탁하며, 양심에 대한 두려움은 양심을 더 이상 갖고 있지 않은 편집광에게 감사하는 마음으로 맡겨버린다. 신봉자들은 자신들을 주체로서 진지하게 대접해주는 것이 아니라 목적 달성을 위한 수단으로 취급하는 사람에게 복종한다. 이 수동적인 부인네들은 온 세상과 함께 자신들이 점유한 크고 작은 권력과 지위를 자신의 종교로 삼으며 자기 자신들은 사회에 의해 확인 도장을 받은 사악한 객체로 만든다. 자유에 대한 기억을 일깨우는 시선은 순진한 유혹자의 시선이 되어 그들을 사로잡는다. 그들의 세계는 '전도된 세계'다. 그러나 그들은 동시에, 신자들의 시선을 두려워하는 옛 신들처럼, 베일 뒤에는 죽음이 살고 있다는 것을 안다. 그러나 그들은 밖에서 자기 유지를 위한 차가운 수단들만을 만나기 때문에 자신들에게서는 이미 사멸해버린 저 '정신'을, 편집적이지 않은 친근한 사랑의 눈길 속에서 기억해내게 된다. 그러한 시선과의 접촉은 그들 내부에 수치심과 분노를 일으킨다. 광기에 눈이 먼 자나 그들의 지도자는 인자한 얼굴을 직접 마주 대할 경우에서조차 그 시선을 제대로 느끼지 못하는 것이다. 눈먼 자는 다만 그러한 시선에 불을 붙일 뿐이다. 눈먼 자들에게 경종을 울리는 시선은 자유의 시선처럼 그들의 독자적인 개성을 유지시켜줄 수 있는 힘을 더 이상 가지고 있지 않다. 그 시선은 응고해버리고 만다. 그러한 시선은 다른 사람들에게 자신의 인격이라는 창문 없는 단자Monade 속에 머무르도록 지시함으로써 일방적 충성을 요구하는 것이 된다. 그러한 시선은 양심을 일깨우기보다는 미리부터 책임을 요구하는 것이 되는 것이다. 타인의 마음을 꿰뚫기는 하지만 타인에 대해 무관심한 시선, 또는 타인에게 최면을 걸지만 그를 존중하지는 않는 시선은 서로 배치되는 것 같지만 사실은 동일한 속성에서 나오는 것이다. 이러한 시선 속에서 주체는 소멸해버린다. 그러한 시선에는 반성이 결여되어 있기 때문에 반성 없는 자들은 그러한 시선에 매료당한다. 그러나 그들은 배반당한다. 말 잘 듣는 부인네들은 버림을 받으며 국가는 불바다가 된다. 자기 속에 갇혀 있는 광인은 신적인 힘을 조롱함으로써 그 힘을 구현한다. 그의 지고한 제스처가 어떤 현실적 창조력도 지니고 있지 못한 것처럼, 회상적인 사랑이나 스스로의 내부에서 휴식하고 있는 자유 같은 것들, 즉 그가 빼앗으려 했던 것들을 그 자신은, 악마가 그러하듯, 하나도 갖고 있지 못하다. 그는 그 어떤 강박관념에 끌려다니는 악마로서 그의 강함만큼이나 약한 존재다. 신적인 전능함이 피조물을 자신에게 끌어들인다고 말해지듯이 악마적인 전능함은 모든 것을 자신의 무기력 속으로 끌어들인다. 이것이 그러한 지배의 비밀이다. 강박관념에 쫓겨 투사하는 자아는 자신의 불행밖에는 투사할 수 없지만, 그 자신은 반성력의 결여로 말미암아 이러한 사정을 인식할 수 없다. 사유에 있어서나 현실에 있어서나 잘못된 투사의 산물인 획일적인 틀은 그러한 악마의 작품이다. 자기 자신의 의미 없는 심연 속으로 침몰한 자아에게 대상은 침몰한 자아의 의미를 담고 있는 몰락의 알레고리가 된다.

정신분석학은 '병적인 투사'의 본질이 사회적으로 터부시된 충동들을 주체로부터 객체로 전이시키는 데 있다고 본다. 초자아의 압박 밑에서 자아는, '이드'로부터 나오며 너무나 강해서 이드 자신에게조차 위험스러운 공격욕을 '사악한 의도'라고 규정한 다음 외부 세계에 투사하고는, 공격욕을——상상 속에서 그렇게 설정한 악과 자신의 공격욕을 동일시하든 아니면 실제에서 어쩔 수 없는 정당방위라는 이름 아래 공격을 행사하든——사악한 외부 세계에 대한 어쩔 수 없는 반응이라고 변명한다. 공격성으로 전환한 금지된 행동의 일반적 속성은 그것이 동성애적이라는 것이다. 거세에 대한 두려움 때문에 아버지에 대한 복종은 어린 소녀의 감정 상태에 의식적으로 유사해지려고 함으로써 거세를 미리 선취하는 데까지 나아가게 되며, 억압당한 아버지에 대한 실제적 증오는 겉으로는 표출되지 못한 채 영원한 원한 감정이 되어 마음 깊숙이에 도사리고 있게 된다. 편집증에서 이러한 증오는 일반적인 파괴 욕구인 거세 욕구로 나아가게 된다. 병든 개인은 사랑과 지배를 구별 못 하는 태고 상태로 퇴화한다. 그는 육체적 접촉이나 소유, 관계에 병적으로 집착한다. 그는 자신의 본능을 따르는 즐거움을 스스로에게 허락할 수 없으므로, 수간(獸姦)자가 동물을 학대하듯, 타인의 육체를 질투하고 공격하고 박해한다. 공격에의 유혹은 가장 가까운 유대 관계로부터 나올 수도 있고, 첫눈에 본 불특정한 인물로부터 나올 수도 있다. 그러한 유혹은 대통령 살해범 같은 거물에서도 볼 수 있고 제정 러시아의 유대인 학살에서 보듯 가장 치졸한 자에게도 나타난다. 노리는 대상은 유년기의 아버지 형상들처럼 대체 가능하다. 눈길이 닿는 곳에 목표물이 있는 것이다. 관계에 대한 광적인 열망은 아무 관계도 얻지 못한 채 스스로의 주변을 맴돈다. 병적인 투사는 절망적인 자아의 자구책인데, 병적인 투사의 자극에 대한 방어력은 프로이트에 따르면 외부보다는 내부적으로 훨씬 취약하다. 동성애적인 공격성의 팽팽한 압박 때문에 영혼의 메커니즘은, 발생론적으로 가장 늦게 나타나는 것인 스스로에 대한 지각을 잊어버리고는 그러한 공격성을 세계 속에 있는 적이라고 생각하며 거기에 최선을 다해 맞서려고 한다.

이러한 압박은 또한 아무런 반성 없이 폭력으로 치닫는 순진성의 계기로서 건강한 인식 과정을 짓누른다. 지적인 에너지가 외부 세계에 온 관심을 집중할 때나, 동물적 본능에 대한 초보적 통제로부터 과학적 방법에 의한 자연 지배로까지 정신화된 기능인 박해와 고정화와 장악이 문제될 때마다, 사람들은 그러한 틀짜기에서 주체가 행한 역할을 가볍게 간과하고는 체계를 사실 자체인 양 취급한다. 병적인 사유뿐 아니라 대상화하는 사유도 사물과는 낯선 주관적 목적이라는 자의성을 포함한다. 그러한 사유는 사물을 망각하며 그에 따라 사물에 이미 폭력을 가하는 것으로서 이러한 폭력은 사유의 다음에 오는 실천 속에서 구체화된다. 파시즘에서 정점에 이르는 문명화된 인류의 무자비한 현실주의는 이미 편집증적인 광기의 한 예로서 자연을 탈자연화시키고 마침내는 종족들 자체를 탈종족화시킨다. 객관화하는 행위가 넘지 않을 수 없는 저 불확실성의 심연 속에는 편집증이 도사리고 있다. 어떤 판단이 사실에 어긋난다고 결정적으로 확신시킬 수 있는 논박은 존재하지 않기 때문에 그러한 판단을 나오게 만든 왜곡된 지각 작용을 치유할 수는 없다. 모든 판단이 자기도 모르게 현상학적 요소를 지니듯, 모든 지각 작용은 무의식적으로 개념적인 것을 내포하고 있다. 상상력도 진리에 속하기 때문에 상상력이 왜곡된 자에게는 진리가 환상으로 보일 수도 있고 환상이 진리로 보일 수도 있는 것이다. 왜곡된 상상을 하는 사람은 진리 속에 들어 있는 상상의 요소를 끄집어내서는 끊임없이 그것을 노출시킨다. 민주적이게도 그는 자신의 망상도 동등한 권리가 있다고 주장한다. 진리 자체도 사실은 그렇게 엄격한 것은 아니기 때문에 그러한 주장은 그럴듯하게 보인다. 시민들이 반유대주의자는 부당하다는 것을 용인할 때조차도 그들은 최소한 제물이 된 유대인도 책임이 있다고 주장한다. 그와 비슷하게 히틀러는 주권에 대한 민족의 권리라는 이름으로 대량 학살의 정당성을 요구하는데, 실제로 이러한 주권의 원리는 다른 나라에서 일어나는 어떤 폭력 행위도 용인하는 근거가 된다. 그는 편집증 환자처럼 진리와 궤변의 위선적인 동일성을 이용한다. 그 둘의 구별은 진실에 있어서는 매우 엄격할지 몰라도 현실에서는 간과되기 쉬운 성질의 것이다. 지각이란 사물이, 확정되어 있는 무엇, 즉 일반적인 법칙의 한 사례로 지각될 수 있는 경우에만 가능한 것이다. 지각이란 '매개된 직접성,' 즉 감각성이라는 유혹적인 힘 속에 있는 사유인 것이다. 지각에 의해 주관적인 것이, 적어도 겉보기에는 스스로 주어진 객관적 사물로 바뀌는 것이다. 스스로를 의식하고 있는 사유의 활동만이 오직 환각 상태에서 빠져나와 라이프니츠나 헤겔의 관념론이 말하는 '철학'이 될 수 있는 것이다. 사유가 인식 과정 속에서 지각 작용에 의해 직접적으로 설정된 것, 그 때문에 강제적인 것으로 다가오는 계기들을 개념을 통해 동일화할 때, 사유는 지각된 계기들을 단계적으로 주체 속에 다시 끌어들이며 눈으로 본 그대로라는 식의 직접성의 폭력을 벗겨낼 수 있게 된다. 그러한 과정 속에서 이전의 단계들은 모두, 학문의 단계까지도, 철학의 눈에는 여전히 지각의 상태에 머물러 있는 것으로만, 즉 승인되지 않은 지적 요소들을 섞어놓은 소외된 현상으로만 보이는 것이다. 도달한 결론에 대한 계속적인 '부정'이 없이 어중간한 단계에 멈추어 경직되는 것, 그것이 인식이 지니는 병적 성격이다. 어떤 무엇을 순진하게 절대화하는 자는, 그의 활동이 아무리 보편적이라 할지라도, 고통받는 자로서 '잘못된 직접성'에 현혹당하고 있는 것이다.

그렇지만 이러한 현혹은 모든 '판단'의 구성적 요소로서 필수불가결한 가상이다. 모든 판단은, 부정적인 판단까지도, 무엇인가를 확언한다. 어떤 하나의 판단이 자기 교정을 위해 고립성이나 상대성을 공공연히 드러낸다 할지라도 판단은 자신의 주장이——그것이 아무리 조심스럽게 표현된 내용이라 할지라도——단순히 고립되고 상대적인 것만은 아니라고 주장하지 않을 수 없다. 여기에 단순한 요구와는 다른 '판단'의 본질이 있는 것이다. 개연성에서와는 달리 진리에는 등급이 없다. 부정을 통해 한 발자국 한 발자국 개별적인 판단들을 넘어서는 과정은 진리를 구할 수는 있겠지만, 그러한 과정은 자신의 진술을 스스로 진리로서 받아들일 때, 즉 소위 말하는 편집증적 성격을 지닐 때만 가능한 것이다. 정말로 미친 상태는 자신은 절대로 미칠 리가 없다고 주장하는 데에 있을 것이다. 다시 말해 진정한 광기는 사유가 그러한 '부정성'을 가질 수 없는 무능에 빠질 때 초래되는 것으로, 확고부동한 판단과는 질적으로 구별되는 사유란 그러한 부정성 속에서 비로소 성립되는 것이다. 편집증적인 초(超)일관성 Überkonsequenz, 즉 항상 동일한 판단이 갖는 '악(惡)무한 schlechte Unendlichkeit'은 사유의 일관성이 결여된 사유다. 다시 말해 악무한에 빠진 사유는 절대적인 요구의 좌절을 끝까지 사유하고 이를 통해 판단을 계속 높여나가는 대신 자신이 좌절한 지점만을 끝없이 맴돌고 있는 것이다. 사물 속으로 파고듦으로써 계속 진전하는 대신 사유는 전적으로 파편적인 판단에만 아무 희망 없이 봉사하고 있는 것이다. 어떤 저항도 불가능하게 만드는 이러한 사유의 성격은 이러한 사유가 지닌 조금도 굽힐 줄 모르는 실증성과 동일한 것으로서, 편집광의 약점은 사유 자체의 약점이다. '분별력'은 건강한 사람에게 있어서 직접성의 힘을 분쇄하지만 자신이 지양시키는 가상만큼 강제적인 것은 아니다. 그렇지만 부정적이고 반성적이며 직선적이지 않은 운동으로서 그러한 분별력은 긍정적 사유에 내재하는 조야성을 면제받을 수 있다. 편집증의 심리적 에너지는 정신분석학이 폭로하는 저 역동적 리비도로부터 나온다면, 쉽사리 공격할 수 없는 편집증의 객관적 성격은 '대상화하는 행위'와 결코 분리시킬 수 없는 편집증의 다의성에서 비롯된다. 대상화하는 행위가 환각을 만들어내는 힘을 갖는다는 것은 본래부터 가장 결정적인 문제였다. 적자 생존의 이론은, 인간의 감각 장치가 생성되던 시기에, 투사 메커니즘의 작용력이 기초적인 논리 능력에까지 이르거나, 최소한 반성—미약한 싹에 지나지 않겠지만—에 의해 투사 메커니즘의 작용력을 완화시킬 수 있었던 개인들만이 살아남을 수 있었다는 사실을 분명히 확인시켜준다. 오늘날 실용적인 학문들이 한계를 분명히 긋는 정의 내리기에는 많은 능력—사회적인 필요에 의해 지정된 장소에 사유를 묶어두는 능력, 한 분야의 경계선을 확정지어 그 안에서는 미세한 부분까지 파고들어도 좋으나 그 경계선을 넘어서는 것은 금지하는 능력—을 필요로 하듯이, 편집증 환자는 자신의 심리적 운명에 의해 지정된 이해 범위를 넘어갈 수 없는 것이다. 편집증 환자의 머리가 제아무리 영리하다 할지라도, 인간의 재능이 기술 문명의 속박에 갇혀 소진되듯, 그의 영리함은 고정관념이 그려놓은 원 안에서 닳아 없어지게 되는 것이다. **편집증은 인식의 어두운 그늘이다.**

'정신'에는 운명적으로 언제든지 잘못된 투사를 할 가능성이 내재하고 있기 때문에 고립된 자기 유지의 틀인 잘못된 투사에는 자신을 넘어서는 모든 것, 즉 모든 문화를 지배하려 드는 위험성이 존재한다. 잘못된 투사는 자유나 교양의 왕국에 대한 약탈자다. 편집증은 설익은 교양인의 징후인 것이다. 그에게서 모든 말은 광기의 체계가 되고, 자신의 경험이 미치지 못하는 것을 정신에 의해 점령하려는 시도가 된다. **어설픈 교양인은 폭력적으로 세계에 의미를 부여함으로써 의미라는 것을 무의미하게 만들며 동시에 '정신'과 '경험'을 더럽힌다.** 그는 정신과 경험의 왕국에 발을 들여놓지도 못한 사람인데 그를 그렇게 배제시킨 사회가 감당해야 할 책임을 정신과 경험에 뒤집어씌운다. 단순한 무(無)교양과는 달리 제한된 지식을 진리라고 강변하는 어설픈 교양은 참을 수 없는 지경에 이른 내면 세계와 외부 세계의 분열, 개인적 운명과 사회 법칙의 분열, 현상과 본질의 분열을 견디지 못한다. 이러한 고통 속에는 좀더 이성적인 사람들이 기존의 현 상태를 수동적으로 받아들이고 그에 대한 충성을 맹세하는 것에 비해 일말의 진실성이 들어 있기는 하다. 그렇지만 어설픈 교양은 이미 발생한 불행을 해석하거나 다가올 재앙——종종 새 출발이라는 이름으로 위장되기도 하는——을 예견하는 데 있어서 자신의 불안을 이기지 못하고는 틀에 박힌 상투어를 늘어놓는다. 그들 자신의 소망을 객관적인 힘으로 표출시키는 그러한 해명들은 피상적이고 공허할 뿐만 아니라, 전체적인 조망 없이 고립적으로 관찰된 사건 자체만큼이나 어리석고 불길하다. 오늘날의 몽매한 체계는 중세에 공적인 종교의 악마 신화가 사람들에게 가능하게 만들어주었던 것, 즉 남들로부터 고립되어 있는 편집증 환자가 스스로의 내부에서 외부 세계에 대한 온갖 몽상적 의미 부여 끝에 정말로 미쳐버리는 것을 오늘날에도 가능케 한다. 사유를 추방하면서도 과학적이라고 스스로 주장하는 온갖 밀교적인 비밀 집회와 만병통치약이 횡행한다. 접신(接神)론, 숫자로 운명을 점치는 법Numerologie, 자연 요법, 율동적인 무용 체조Eurhythmie, 단식과 채식 등을 통한 금욕 요법, 요가 등 서로 비슷비슷한 수많은 파벌들이 각자 고유한 아카데미와 위계 질서와 은어 체계와 물화된 종교 형식·과학 형식을 유지하면서 자기들끼리 경쟁하고 있다. 교양의 입장에서 보면 이들은 주목할 가치가 별로 없는 수상쩍은 것들이다. 그러나 경제적 이유에서 교양이라는 것이 빈사 상태에 빠져버린 오늘날 대중이 편집증에 걸릴 엄청난 새로운 여건이 조성되고 있다. 폐쇄적인 편집증 형식으로서 민중들을 사로잡았던 예전의 종교 체계들은 더 큰 올가미를 소유하게 되었다. 그들의 교리나 조직을 더욱 합리적으로 정비하고 정교하게 만듦으로써 교양과 정신의 영역에까지 손을 뻗치게 된 것이다. 물론 정신이나 교양은 그러한 종교 체계들이 가지고 있는 고유한 매체이기는 하다. 그들은 어느 정도는 편집증을 막아주기도 한다. 이런 면에서 프로이트가 노이로제를 '비사회적인 교양'이라고 일컬은 것은 타당한 말이다. "그들은 사회 속에서 집합적인 노동을 통해 발달한 무엇을 사적인 수단으로써 달성하려고 시도하는 것이다."[3] 믿음의 체계들은 개인을 질병으로부터 보호해주는 저 '집합성'의 무언가를 유지하고 있다. 질병은 사회화되었다. 다시 말해 믿음의 공동체 속에서 이루어지는 집단

---

3 Freud, *Totem und Tabu*, Gesammelte Werke, Band IX, London, 1944, S. 91.

적 엑스터시를 통해 사람들은 막막한 고립에서 벗어나 '관계'를 얻게 되고, 불안과 공포의 가능성이 완전히 제거되지는 않을지라도, 편집증적인 메커니즘을 통제할 수 있게 된다. 아마 이것은 그런 종류의 자기 유지를 위해 종교가 행하는 가장 큰 기여 중의 하나일 것이다. 편집증적인 의식은 집단이나 파벌이나 동맹을 형성하려고 노력한다. 사람들은 자신의 생각이 혼자서만 믿고 있는 광기가 아닌가 하는 불안 때문에 집단에 가담한다. 투사를 통해 그는 어디서나 뜻을 같이하고 펼치는 동참자들과 선교자들을 본다. 집단을 만든 사람들은 집단 밖에 있는 사람에 대해서는 계속 편집증적인 태도를 취한다. 이런 점에서 조직된 전체 인류로 이루어진 거대한 제국은 식인종들의 사람 사냥보다 더 나을 것이 없다. 자신의 의지와는 관계없이 다른 사람들로부터 배척당한 사람이나 진정한 인류에 대한 열망 때문에 자발적으로 다른 사람들로부터 자신을 고립시킨 사람들은 자신들에 대한 박해를 통해 병적인 결사가 점점 강화된다는 사실을 안다. 통상적인 회원은 집단에 가담함으로써 자신의 편집증을 해소하고는 집단에 의해 객관적으로 보증된 광기에 소속 의식을 가지고 열성적으로 매달린다. 그들을 집단 속에 위탁하도록 만든 '진공의 공포'는 그들을 하나로 결속시키며 거의 저항 불가능한 힘을 그들에게 부여한다.

시민적인 소유와 함께 교양 또한 확산되었던 것이다. 교양은 편집증을 사회와 영혼의 어두운 구석으로 밀어넣었다. 그러나 정신의 계몽과 함께 인간의 실질적 해방이 이루어지지 않자 교양 자체도 병을 앓게 된다. 사회 현실이 교양 있는 의식을 따라가지 못하게 되자 교양과 의식 자체도 물화 과정에 굴복하고 만다. 문화는 완전히 상품이 되어 정보로서 유통되지만 사람들의 마음 속에 완전히 뿌리내리지는 못하는 것이다. **사유의 호흡**

부르주아적 요소들: 계몽의 한계

은 짧아져 고립된 사실의 획득에만 머물게 된다. 사유를 통해 이리저리 연관 관계를 만들어보는 것은 아무 쓸모 없고 불편한 수고로만 여겨진다. 사유 속에 있는 발전의 계기나 생성의 계기나 함축의 계기는 망각되어 직접 눈앞에 보이는 것이나 외연적인 것으로 평준화되어버린다. 오늘날 삶의 질서는 정신의 일관성 같은 것을 위해서는 어떠한 여지도 남겨놓지 않는다. 지식으로 전락한 사유는 중화되거나, 특수한 노동 시장에 쓰이는 단순한 전문 지식이 되거나, 개인의 상품 가치를 높이기 위한 수단으로 전락한다. 이리하여 편집증에 대한 예방책이나 해독제로서 기능할 수 있는 정신의 자기 분별력은 해체되어버린다. 후기자본주의에 이르게 되면서 결국에는 '어설픈 교양'이 객관 정신으로 된다. 지배가 총체화되는 국면에 오면 이러한 어설픈 교양은 편협한 정치 협잡꾼들과 함께 최후의 비상 수단으로서 '광기의 체계'를 불러들이며, 문화 산업에 의해 이미 시들시들해진 관리되는 다수에게 그러한 비상 조치를 강요한다. 지배의 모순은 오늘날 건강한 의식에게는 너무나 쉽게 간파되기 때문에 지배가 생명을 유지하기 위해서는 병든 의식을 필요로 한다. 이미 박해에의 광적인 욕구를 지닌 사람들은 타인에 대한 박해를 허용받을 수 있는 상황이 도래하는 것, 즉 지배가 박해로 넘어가는 것을 기꺼이 환영한다.

　시민 문화가 부인과 아이들을 조심스럽게 돌보고 규제했다면 이것이 한 단계 더 진전되어 모든 개인을 규율과 통제 속에 집어넣어 개인이라는 것을 사라지게 만든 파시즘에서는 양심이라는 것도 해체되어버린다. 인간의 내면 세계를 천착한 도스토예프스키나 독일 작가들이 상상했던 것과는 다르게, 양심이란 바깥에 있는 실체를 위해 자아가 헌신하며 타인의 진정한 속성을 이해하는 데에 있는 것이다. 이러한 능력은 곧, 받아들이는 마음의 자세와 내적인 상상력이 서로 속으로 침투해 들어가는 과정인 '반성'의 능력이다. 거대화된 산업이 독립적인 경제 주체를 제거함으로써——한편으로는 자영업을 빈사 상태에 빠뜨리고, 다른 한편으로는 노동자들을 노동조합의 객체로 만들어버림으로써——끊임없이 도덕적 결정을 위한 경제적 토대를 제거해버리게 되자 반성 또한 위축될 수밖에 없게 된다. 죄의식을 스스로에게 열어놓을 수 있는 가능성인 '영혼'은 소멸한다. 양심은 대상을 상실한다. 왜냐하면 자기 자신이나 자신의 가족에 대한 개인의 책임 대신에, 예전의 도덕은 명목적으로는 유지된다 할지라도, 오직 직장에 대한 개인의 기여가 중요한 문제로 등장하기 때문이다. 양심의 법정이 형성되도록 내적 충동들이 일으키는 갈등을 조정하는 것은 더 이상 문제되지 않는다. 사회적 명령을 좀더 구속력 있고 개방적인 것으로 만들면서 동시에 개인이 사회로부터 해방되고 심지어는 사회에 대해 맞설 수조차 있도록 만드는 '사회적 명령의 내면화' 대신에 획일화된 가치의 서열을 즉각적이고 직접적으로 동일화하는 사태가 발생한다. 여성적인 것을 특허 낸 표본적인 독일 여성이나 전형적인 남성을 구현하는 진짜 독일 남자는——다른 나라에도 비슷한 예가 있겠지만——비사회적이면서 순응적인 인간의 전형을 보여준다. 지배가 지니는 명백한 악마적 성격에도 불구하고 또한 그러한 악마적 성격 때문에 지배는 전능한 무엇이 되어버렸으며 그 때문에 모든 개인은 무기력하게도 맹목적인 순종을 통해서만 자신의 운명을 구걸할 수 있게 되었다.

이러한 권력 속에서 개인의 운명은 당에 의해 조종되는 우연에 내맡겨져 있으며 절망에 빠진 자기 유지는 공포를 느낀 죄를 그러한 우연 속에 투사한다. 유대인은 이러한 조종을 위해 미리 준비된 메뉴다. 유대인이 경제력을 쥐고 있는 유통업계가 흔들리기 시작한다. 자유주의적인 기업 형태는 여기저기 분산되어 있는 재계의 실력자들이 어느 정도 정치적 영향력을 행사하는 것을 허용해주었었다. 오늘날은 그러나 이제 막 해방된 경제 세력들이, 경쟁 상대가 없을 정도로 비대해졌으며 국가기구와도 융합되어버린 거대한 자본 집중에 먹혀버린다. 유대인들의 진정한 모습이 어떠한가와는 무관하게, 그들의 이미지는 패배자의 이미지로서 총체적이 되어버린 지배가 가장 미워할 수밖에 없는 모습을 담고 있다. 이 모습은 권력을 갖지 않은 행복, 노동 없는 보수, 경계석이 없는 고향, 신화 없는 종교의 모습이다. 이러한 모습들은 지배자들에 의해 경멸을 받는다. 왜냐하면 지배받는 자들은 그러한 행복을 은밀하게 동경하기 때문이다. 지배란 지배받는 사람들 스스로가 자신이 동경하는 것을 증오의 대상으로 만들 경우에만 성립할 수 있는 것이다. 이런 것은 병적인 투사를 수단으로 이루어질 수 있다. 왜냐하면 증오도 또한——파괴 속에서나마——객체와 하나가 되는 상황으로 이끌 수 있기 때문이다. 증오는 '화해'의 부정적 측면이다. 유대교에서 화해는 최상의 개념으로서 화해의 의미는 전적으로 기다림Erwartung이다. 편집증적인 행태는 기다리는 능력이 결여된 데서 나온다. 반유대주의자들은 자신의 힘으로 부정적인 절대성을 실현시키려 하며, 세계를 지옥——그들은 이미 항상 세계를 지옥으로 보고 있지만——으로 만들려고 한다. 이러한 상황이 바뀌려면 지배당하는 사람들이 절대적 광기에 직면하여 거기에 당당히 맞서면서 정지를 요구할 수 있을 때 가능할 것이다. 사유가 지배로부터 해방되고 폭력이 폐기될 때 비로소 유대인도 또한 인간이라는 이념, 지금까지는 아무도 믿지 않던 이념이 실현될 수 있을 것이다. 그것은 유대인이나 다른 사람들을 병들게 했던 반유대주의적인 사회로부터 빠져나와 인간적인 사회로 나아가는 발걸음이 될 것이다. 그러한 발걸음은 '유대인의 문제는 진정으로 역사의 전환점이다'라는 파시즘의 거짓말을 참말로서 실현시킬 것이다. 반성되지 않은 자기 유지라는 비옥한 토양 위에서 무성히 자란 정신의 병이 극복될 때 인류는 모든 종족이 반(反)종족이 되었던 상황을 벗어나, 자신의 고유한 형상을 자각하는, 단순한 자연 이상의 자연으로서의 인류가 될 수 있을 것이다. 지배로부터 개인이나 사회가 해방되는 것은 '잘못된 투사'에 대한 대항 운동으로서, 그렇게 되면 어떤 유대인——그는 잘못된 투사를 그때그때 내부에서 완화시키는 방법을 알고 있는데——도 그에게, 또한 박해받은 모든 동물이나 인간들에게 덮쳤던 어처구니없는 불행의 제물이 더 이상 되지 않을 수도 있을 것이다.

반유대주의적 요소들: 계몽의 한계

7

그러나 반유대주의는 더 이상 없다. 그들은 다만 반자유주의적인 견해를 말하고자 했던 자유주의자일 뿐이었다. 귀족이나 장교 집단과 같은 고전적인 보수주의자가 유대인에 대해 지니고 있던 거리감이 19세기말에 단지 반동적이 되었던 것뿐이다. 알바르트Ahlwardt나 크뉘펠쿤체스Knüppelkunzes는 시대에 걸맞은 인물들이었다. 그들은 후에 히틀러의 편에 섰던 유형의 인간들을 자신의 추종자로 가지고 있었으며 온 나라에 걸쳐 사악하고 도착된 마음을 가진 사람들의 지지를 얻고 있었던 것이다. 반유대주의적인 목소리가 울릴 때 그들은 스스로를 시민적이면서 동시에 혁명적이라고 느꼈다. 종족주의적인 편견에서 나온 욕은 아직은 시민적인 자유에 대한 왜곡으로 여겨졌다.

반유대주의자들의 맥주 은행 정책Bierbankpolitik에서 독일 자유주의—독일인들이 자신들의 번영을 위한 기반으로 삼았지만 결국에는 종말을 고하게 했던 자유주의—에 뿌리를 둔 거짓말이 백일하에 폭로된다. 그들은 자신들이 뛰어나지 못하다는 것을 대량 학살의 전조가 되는 유대인 공격의 면죄부로 삼기는 했지만, 제3제국의 위험 부담과 자신의 분을 참고 있는 것의 이점을 아직 저울질할 수 있을 정도로, 경제적으로는 적어도 충분히 현실적이었다. 반유대주의는 아직은 주관적 선택의 문제였다. 반유대주의는 개인적 결정 사항이었던 것이다. '종족 이론'을 받아들인다는 것은 이미 국수주의라는 단어에 속하는 모든 내용을 함께 받아들이는 것을 의미한다. 반유대주의적인 판단은 항상 '틀에 박힌 사유'에 대한 증거물이었다. 오늘날에는 이러한 틀에 박힌 사유만이 남았다. 선택은 여전히 가능하나 더 이상 개인들의 자신에 고유한 선택이 아니라 획일적인 전체들 중에서 하나를 골라잡는 것이다. 개인들이 가지고 있던 반유대주의적인 심리는 파시즘 전체를 하나의 '티켓'으로 묶은 입장표를 사는 것, 호전적인 대기업의 슬로건에 동의하는 것으로 대치된다. 대중 정당의 투표 용지에는 유권자들이 잘 알지도 못한 채 블록 단위로만 선택해야 하는 후보들의 이름이 적혀 있듯이 이데올로기적인 핵심 사항들은 몇 개의 리스트로 코드화된다. 사람들은 그들 중에 하나를 묶음 단위로 선택해야만 한다. 그렇게 하지 않을 경우 각자의 개인적 견해는, 투표일에 사람들을 압도하는 다수당의 득표 숫자에 비교할 때 대세에 가담하지 않은 분산된 목소리들이 초라해 보이듯이, 스스로에게조차 무용지물로 보이게 된다. 반유대주의는 개인들의 자발적인 충동에 머무르는 것이 아니라 광장에 내걸린 현수막이 된다. 어떤 이유에서 파시즘에 표를 던졌건 파시즘에 기회를 제공한 자는 노동조합의 분쇄, 공산주의자들에 대한 성전(聖戰)의 전개, 유대인의 몰살에 자동적으로 서명하는 것이 된다. 반유대주의자들의 확신은——그 확신이 아무리 허위적일지라도 문제되지 않는다——이미 결정되어 있고 주체를 제거해버린 정당의 자동 반사 장치 속으로 흡수되어버린다. 대중이 반유대주의를 목록 속에 포함하고 있는 반동적인 정당의 티켓을 받아들이는 경우 유대인과의 개인적 접촉에서 얻은 경험은 더 이상 아무런 역할도 하지 못하는 사회 메커니즘에 순종하게 된다. 실제로 반유대주의는, 할리우드 못지않게——유대인이 전혀 살지 않는 지역에서도 비슷한 영향력을 행사한 것으로 나타났다. 경험은 상투어로 대치되며 경험 속에서 활동하고 있는 상상력 대신에 부지런한 수용만이 문제된다. 급작스런 몰락을 면하려면 모든 계층의 사회 구성원은 지시된 방향에 따라 자신들에게 할당된 과업을 잘 수행해야 한다. 새로 나온 비행기에 대한 정보를 숙지하거나 권력 장치 중의 하나를 선택해 거기에 가담하듯 그들은 스스로 알아서 자신이 나아갈 방향을 선택해야 하는 것이다.

대량 생산의 시대에서는 천편일률적이고 범주화된 노동이 개인적 노동을 대치한다. 판단은 더 이상 변증법을 구체적으로 수행하면서 얻어진 '종합' 위에 기초하는 것이 아니라 개별적인 것들을 무지막지하게 보편적 개념 밑에 밀어넣는 '포섭Subsumtion' 위에서 이루어진다. 역사의 초기 단계에서 '판단'들은 곧장 행동으로 이어지는 성급한 구별이었다면, 역사가 진행되면서는 교환이나 법과 관습에 대한 배려가 판단을 내리는 데 어느 정도 역할을 했다. 다시 말해 판단은 이것저것을 조심스럽게 저울질해보는 단계를 거치고 나서야 이루어졌으며 그 덕분에 판단의 주체가 판단된 내용과 자신을 유치하게 동일화하는 잘못을 미연에 방지할 수 있었다. 후기 산업 사회에서는 판단 없는 판단으로의 퇴화가 일어난다. 파시즘에서 소송 속도의 가속화가 처벌 과정에서의 거추장스러운 법률 절차를 해체시켜버렸다면 현대인에게는 경제적 영역에서 비슷한 상황이 일어난다. 현대인은 사물을 곰곰이 생각해보지 않고도 몇 개의 사유 모델에 의해, 또는 언어가 붕괴된 후 그때그때 꺼내 먹을 수 있는 비상 휴대 식량이 된 기술적 용어를 통해 사물을 파악하는 법을 배웠다. 지각 작용 속에는 지각을 하는 주체가 더 이상 살아 있지 않다. 현대인의 지각에서는 '능동적인 수동성'——관습에 의해 이미 주어져 있는 범주의 계기들이 새로운 사물을 만날 때 선입견 없이 수동적으로 자신을 새로운 사물에 내맡기면서 스스로를 기민하게 활동시켜 새로운 사물에 적합한 형태로 자신을 재구성함으로써 지각된 사물에 불의를 가하지 않는 것——이 더 이상 문제되지 않는다. 사회과학 분야에서나 개인의 체험 세계에서나 눈먼 직관과 공허한 개념은 아무런 매개 없이 경직된 채 결합된다. 기초어 Grundwort가 300개나 되는 시대에는 판단하는 수고를 할 수 있는 능력과 함께 참과 거짓간의 구별도 사라진다. 사유는, 분업화된 여러 분야의 고도로 전문화된 용어로 무장하지 않을 경우 '안락의자에 앉아 생각해낸' 복고 취향의 사치라는 의혹을 받는다. 사람들은 무언가를 내놔야 한다는 것이다. 기술 발달에 의해 육체 노동이 쓸모 없는 사족처럼 취급받게 되면 될수록 육체 노동은 더욱 열광적으로 정신 노동의 모범으로 여겨지게 되었지만, 정신 노동은 바로 이러한 상황으로부터 어떤 결론을 이끌어내고 싶은 유혹에 넘어가서는 안 될 것이다. 이러한 상황이 반유대주의가 활개칠 수 있는 여건을 조성해준 '우민화' 속에 숨어 있는 비밀이다. 논리 안에서조차 개념이 '특수자'를 단순히 피상적인 것으로만 취급해버린다면 사회에서 '차이'를 대변하는 것들은 그야말로 설 자리가 없어질 것이다. 운동회에서 청군과 백군을 나누듯 모든 사람에게는 어느 한편에 속하고 있다는 딱지가 붙여져, 서로서로는 아군이 아니면 적이 된다. 주체에 대한 고려를 하지 않아도 된다는 것은 통치를 쉽게 만든다. 사람들은 자신이 속한 종족에 따라 분류되어 유대인이라는 도장이 찍힌 개인들은 가스실로 보내진다.

논리 속에서 표현되는 인간에 대한 무관심은 경제 과정으로부터 어쩔 수 없이 초래된 결과다. 개인은 생산의 장애물이 되는 것이다. 기술 발달과 인간적 진보의 비동시성, 소위 사회학자들이 주목하고 있는 '문화 정체'는 사라지기 시작한다. 경제적인 합리성, 즉 사람들이 열광하는 '최소한의 수단으로 최대한의 목표를 달성하는 것'이라는 원칙은 기업이건 사람이건 경제의 마지막 단위를 끊임없이 변화시킨다. 그때그때 가장 진보된 형식이 주도적 형식이 된다. 이제 백화점은 구식의 전문점들을 밀어내버렸다. 중상주의의 통제를 벗어나 주도권을 잡게된 전문점은 독자적으로 처분하고 조직할 수 있는 능력을 갖추게 되어 예전의 방앗간이나 대장간처럼 소규모 공장이나 심지어는 자유 기업이 되기도 했었다. 그러나 전문점에는 비용 문제, 경쟁에서 오는 위험 부담 등 많은 번거로움이 따랐다. 그 때문에 이 전문점은 좀더 유능한 중앙 집중 형식인 백화점과의 경쟁에서 밀리게 된다. 경제의 문제로부터 심리의 문제로 범주는 바뀌지만 구멍가게에 지나지 않는 개인도 비슷한 운명을 겪게 된다. **개인은 경제 활동의 역동적인 기본 주체로서 발생했었다.** 개인은 초기 경제 단계의 후견 체제로부터 벗어난 이후——노동 시장에서 물건 취급을 당하고 또한 새로운 기술 조건에 지속적으로 적응해나가야 하는 프롤레타리아로서든, 지칠 줄 모르고 이상적인 '경제인homo oeconomicus'인 되기 위해 노력하는 기업가든——홀로 자신을 돌봐야 하는 주체였다. 정신분석학은 이렇게 해서 생겨난 인간 내부에 있는 소기업을 무의식과 의식 사이의, 그리고 이드와 자아와 초자아 사이의 복잡한 경합장으로 규정했다. 개인의 내부에 있는 사회적 감독 기관인 초자아와 싸우면서 자아는 충동을 자기 유지의 경계선 내부에 붙잡아둔다. 마찰 면적은 매우 넓은 것으로서 이러한 충동 조절 메커니즘의 부대 비용인 노이로제는 피할 수 없는 것이 된다. 그렇지만 복잡한 심리 장치는 어느 정도 주체들 사이의 자유로운 교류를 가능케 하며 이러한 교류를 바탕으로 시장이라는 것도 가능하게 되는 것이다. 그러나 대기업 사이의 담합이 이루어지고 세계 전쟁이 터지는 시기에 무수한 단자 Monade들을 통한 사회 과정의 매개는 시대에 뒤떨어진 것임이 증명되었다. 충동 조절 메커니즘의 주체인 개인은 심리학적으로 교묘히 이용당해 스스로 충동을 조절할 수 있는 권리를 박탈당하며 그 대신 사회 자체가 좀더 합리적으로 그러한 메커니즘을 운영한다. 개인이 그때그때 무엇을 할지에 대해 그는 더 이상 양심과 자기 유지와 충동 사이의 고통스러운 내적 변증법을 수행하는 자기와의 싸움을 할 필요가 없다. 개개의 회사로부터 국가의 행정 조직에 이르는 위계 질서가 직업 활동을 하는 인간들을 위해 대신 결정해주며, 사적인 영역에서는 그들에게 제공되는 것을 억지로 소비해야 하는 개인들의 마지막 내적 충동들까지 압류해버린 문화 산업이 그러한 결정권을 떠맡는다. 위원회나 배우들이 자아나 초자아로서 기능하며, 개성이라는 가상마저 박탈당한 대중은 내적 검열의 메커니즘에 의할 때보다 훨씬 힘 안 들이고 그들이 제시한 표어와 모델에 따라 자신을 만들어간다. 자유주의 시대에 일부 계층의 사람들에게 있어서 '개별화'란 그때그때의 기술 수준에 상응하는 전체 사회의 상태에 적응하는 과정을 의미했다면, 오늘날 기능화된 경제 장치

계몽의 변증법

는 개별화에 의한 간섭을 받지 않는 직접적인 대중 조종을 요구한다. 경제에 의해 결정되는 전체 사회의 방향——이것은 옛날부터 정신적인 면에서나 육체적인 면에서나 인간이 형성되는 데 결정적인 역할을 해오기는 했지만——은 개인을 자율적인 존재로서 유지시켜주는 인간 내부의 여러 장치들을 위축시킨다. 사유가 노동 분업에 따른 한 분야로 전락한 이래 해당 분야의 전문가나 책임자들이 만들어낸 계획은 개인이 자신의 고유한 행복을 만들어가는 것을 불필요하게 만들었다. 아무 저항 없이 현실에 부지런히 적응해나간다는 비합리성이 개인들에게는 이성보다도 더 이성적으로 보인다. 예전에 시민들은 외적인 강압을 내적인 의무로서 자기 스스로에게나 노동자들에게 주입시켰다면, 이제는 인간 전체가 억압의 주체나 객체로 되었다. 산업 사회가 진보하고 산업 사회에 고유한 '궁핍화의 법칙'을 극복했다는 환상을 이 사회가 갖게 되면서, 이제 인간 사회 전체를 정당화해주던 개념, 즉 인격체로서의 인간, 이성의 담지자로서의 인간이라는 개념이 해체된다. 계몽의 변증법은 객관적으로도 광기로 넘어간다.

광기는 동시에 정치적 현실이 지니고 있는 광기다. 현대적 통신 수단이 빽빽한 그물망을 이루고 있는 세계는 그야말로 하나가 되었다. 하나로 통일된 이 세계 속에서 민족적인 차이란 외교관이 먹는 덤버튼 옥스*에서의 아침 식사와 페르시아에서의 아침 식사의 차이에서 한참 생각해본 다음에야 느낄 수 있는 무엇이거나, 하나가 된 세계의 촘촘한 그물코를 빠져나간 수백만의 사람들이 쌀이 부족해 굶어죽었다는 소리를 들을 때 새삼 느끼게 된다. 모든 곳에서 동시에 생산될 수 있을지도 모

---

* Dumbarton Oaks: 워싱턴 D. C.에 있는 지명으로 이곳에 하버드 대학 연구소가 있으며, 1944년 미국, 영국, 소련, 중국의 대표가 회담을 한 곳으로도 유명하다.

르는 넘쳐흐르는 재화가, 원료나 판매 시장을 둘러싼 투쟁을 시대착오적인 것으로 만드는 것같이 보이는데도 불구하고 인류는 소수의 무장된 블록으로 나누어졌다. 이들 블록은 무정부적으로 상품을 생산해내는 기업들 사이보다도 더욱 비정하게 경쟁하며 서로를 무너뜨리려고 안간힘을 쓰고 있다. 그러한 상호 적대가 어리석어 보일수록 블록들은 더욱 견고해진다. 블록 안에 사는 주민들이 거대한 공룡 같은 권력과 자신을 완전히 동일화하여 자신들의 제2의 천성으로 만들고 그들 의식의 모든 미세한 구멍들은 솜으로 틀어막는다면, 대중은 완전한 무감각과 무감동의 상태에 빠질 것이며 지배자들은 이들로 하여금 무엇이든 할 수 있게 만들 수 있을 것이다. 아직 개인들에게 무언가 결정할 것이 남겨져 있는 것처럼 보일지라도, 사실에 있어서 그러한 결정 사항들은 이미 사전 조율이 끝난 것들이다. 상이한 진영의 정치인들이 화해 불가능한 이데올로기를 외쳐대는 것처럼 보이지만 그 자체가 눈먼 권력 구조의 이데올로기에 지나지 않을 뿐이다. 티켓을 놓치지 않을까, 혼자 낙오되지 않을까라는 생각은 산업화나 그 선전의 산물로서 국제적인 관계에까지 확장되고 있다. 어떤 시민이 공산주의의 티켓을 선택하는가 파시즘의 티켓을 선택하는가 하는 것은 붉은 군대나 서구의 실험실이 그들에게 가한 영향에 의해 결정된다. 권력 구조란 오직 수동적 대중에 의해 가능한 것이기는 하지만, 이러한 권력 구조가 대중에게 냉엄한 현실로 나타나도록 만드는 '물화'는 너무나 완벽해서, 그 어떤 자발성이나 또는 사실의 진정한 모습을 단순히 상상하는 것마저 지나친 유토피아나 일탈적인 분파주의가 되어버린다. 가상은 너무나 치밀해서 그것을 꿰뚫어본다는 것 자체가 사회에서는 환각으로 여겨진다. 그에 반해 어떤 정당의 티켓을 선택한다는 것은 현실로 응고되어버린 가

계몽의 변증법

상에의 순응을 분명히하는 것을 의미하며 이러한 순응을 통해 가상은 무한히 재생산되는 것이다. 바로 그 때문에 망설이는 것만으로도 이미 탈영병 취급을 받으면서 배척당한다. 햄릿 이후 '망설임'은 현대 사상에서 사색과 인간적인 것의 징표였다. 경제 영역에서 상업이 소비와 생산 사이의 간격을 표시해주고 매개해주는 것처럼 망설임 속에서 허비한 시간은 개별적인 것과 보편적인 것 사이에 있는 심연을 보여주는 것이며 그 심연을 매개시켜주는 역할을 한다. 소비자들이 자동차를 제조 회사의 대리점에서 사는 것처럼 개인들은 그들의 완성된 티켓을 권력자로부터 구입한다. 현실 적응이나 권력에 순응하는 것은 더 이상 주체와 객체 사이에 이루어지는 변증법적 과정의 결과가 아니라 직접 공장의 생산 라인에서 제조된다. 이 과정은 지양의 과정이 아니라 해체의 과정이며 '특정한 부정'이 아니라 형식적 부정이다. 고삐에서 풀려난 생산의 괴물은 개인에게 완전한 만족을 허용함으로써가 아니라 주체임을 포기시킴으로써 개인을 극복한다. 여기에 괴물이 지닌 광기와 꼭 부합되는 그의 완전한 합리성이 있는 것이다. 집합적인 것과 개별적인 것의 극에 달한 불화 관계는 긴장마저 없애지만 전능과 무기력의 순수한 조화는 그 자체가 매개되지 않은 모순이며 화해와는 절대적 대립 상태에 있는 것이다.

옛날부터 잘못된 사회에 대한 인간 내면의 대변자 노릇을 해왔던 개인의 심리적 유전 인자들마저 개인과 함께 사라지는 것은 아니다. 성격 유형들은 이제 권력의 작동 메커니즘 속에서 자신의 정확한 위치를 갖게 된다. 그들이 하는 행동의 효과나 그들 사이에 빚어지는 마찰 계수는 사전에 계산된다. 티켓 자체가 톱니바퀴다. 심리적 메커니즘에서 부자연스럽고 강압적이고 비합리적인 요인들이 정확히 계산되어 동원된다. 반유대주의를 하나의 요소로 포함하고 있는 반동 티켓은 파괴적이고 인습적인 증후군에 맞추어진 것이다. 유대인에 대한 거부 반응은 본래부터 존재했었다기보다는 사람들이 가지고 있는 파괴적·인습적 충동 요소가 정치 티켓에 의해 정확한 목표물을 발견한 것이라고 할 수 있다. 이 글 '반유대주의적인 요소들'은 경험에 기반을 두고 있는 것이지만 티켓적 사고에서 보여지는 경험의 상실에 의해 아무 힘도 쓸 수 없는 상황이 되면 이러한 테마도 다시 한 번 티켓에 의해 동원될 수 있다. '반유대주의적인 요소들'은 이미 해체된 요소들이지만 새로운 반유대주의자들의 비틀린 양심을 건드려 그들을 굶주린 이리떼로 돌변하게 할지도 모른다. 개인의 심리학 자체나 그 내용은 사회적으로 이루어지는 종합적 유형화를 통해 들추어낼 수밖에 없기 때문에 현재의 반유대주의는 존재를 확인할 수도 투시할 수도 없는 안개 같은 존재다. 유대인 중개인은 경제적으로는 도대체 더 이상 존재하지도 않게 되었을 때에야 비로소 완전한 악마의 상(像)이 된다. 이것이 승리를 쉽게 만들며 반유대주의적인 가장(家長)을 멈출 수 없는 역사의 진행 과정에 대한 목격자로 만든다. 그는 아무런 책임도 질 필요나 느낄 필요가 없는 사람으로서 다만 요구받은 대로 당 관료나 가스실에 쓸 가스 결정체를 만드는 공장에서 일했을 뿐인 것이다. 시대에 적합치 않은 부류를 근절시키려 드는 전체주의적 행정은 경제적인 측면에서는 이미 오래 전에 떨어진 판결을 집행하는 것뿐이다. 분업 체계의 다른 부분에 소속된 노동자는, 무표정한 표정으로 어제의 재앙 현장에 대한 청소 소식을 읽는 신문 독자처럼 덤덤하게 그러한 정화 작업을 지켜볼 것이다. 희생자를 죽게 만든 특별한 성격이라는 것은 이미 오래 전에 사라져버렸다. 유대인이라는 이름으로 공포스러운 법의 처분에 속절없이 내맡겨진 인간은 우선 꼬리를 무는 의문 부호 속을 헤매고 다니지 않을 수 없다. 왜냐하면 후기 산업 사회가 요구하는 평준화의 압박 밑에서 적대적인 종교란 예전에 언젠가는 차별성을 지녔을지 모르지만 성공적인 동화를 통해 이미 죽은 문화 유산으로 변해버렸기 때문이다. 유대인 대중들 자신도 적대적인 청년 단체들만큼이나 티켓적인 사유에서 빠져나갈 수 없었다. 파시즘의 반유대주의도 처음에는 자신의 제물이 될 객체를 어느 정도는 새삼스럽게 머리에서 짜내야 했다. 편집증은 더 이상 단순하게 박해자의 개인적 병력에 근거해서 목표를 좇는 것이 아니다. 사회적 실존이 된 편집증은 전쟁이나 경기 흐름 자체가 만드는 '현혹 연관' 안에서 목표를 설정해야 한다. 이렇게 먼저 공세를 취하지 않을 경우 심리적으로 비슷한 소질을 지닌 '우리라는 집단Volksgenosse'은 환자의 처지에 떨어져 내적으로나 외적으로나 곤두박질칠 수밖에 없게 되는 것이기 때문이다.

반유대주의는 대체 가능한 티켓의 한 부분을 차지하고 있는 현상으로서 이 티켓은 다른 티켓으로 바뀔 수도 있다는 사실이 반유대주의의 종말에 대한 명백한 희망의 근거가 되고 있다. 인적 자원을 철저히 합리화된 제조 공장으로부터 다른 공장으로 이동시킬 수 있는 것처럼 지도자들이 반유대주의의 구호를 가볍게 다른 구호로 대치할 수 있을 때 유대인들은 자신들이 맡은 제물로서의 역할을 끝내고 살육당한다. 사람들을 티켓적인 사고로 이끄는 발전의 토대는 전쟁터로부터 스튜디오에 이르기까지 모든 특수한 에너지를 하나의 동일한 추상적 노동 형식으로 환원시키는 보편적 경향이다. 이러한 여건이 개선되어 좀더 인간적인 상태로 나아갈 조짐은 보이지 않는다. 왜냐하면 선한 사람들도 악인들과 동일한 운명을 겪기 때문이다. 진보적인 티켓은 자유를 보장해주는 것 같지만 그러한 자유는, 유대인에 대한 적대감이 화학 산업 카르텔에게는 액세서리에 불과하듯, 진보적인 결단들이 어쩔 수 없이 기댈 수밖에 없는 권력 정치의 구조에서는 피상적 명분으로 변질된다. 좀더 인간적인 마음을 지닌 사람들은 진보적인 티켓에 매력을 느낄지 모르지만 점점 확산되어가고 있는 '경험의 상실'은 진보적인 정책의 신봉자들마저 결국에는 '차이Differenz'에 대한 적으로 변하게 할 것이다. 반유대주의적인 티켓이 반유대주의를 초래한 것이 아니라 티켓적인 사고를 하는 심성 자체가 반유대주의적인 것이다. 그러한 심성에 목적론적으로 내재하는 '차이'에 대한 분노는 자연 지배에 의해 '지배당한 주체'들의 원한 감정Ressentiment으로서 아직 자연 상태 속에서 살고 있는 소수——사회적인 소수파를 먼저 위협하겠지만——를 공격할 준비가 되어 있다. 사회적 책임이 있는 엘리트 세력은 어떤 경우에든 다른 소수 세력보다는 훨씬 규정하기가 어렵다. 그들은 소유, 관리, 경영의 관계가 거미줄처럼 엉켜 있는 안개 속에 있기 때문에 그들을 쉽게 이론적으로 규정할 수 없다. 종족 이데올로기나 계급 이데올로기에서는 다수의 논리에 대한 추상적 '차이'만이 나타나고 있을 뿐이다. 그러나 진보적인 티켓이 진보의 진정한 내용보다 나쁜 무엇을 추구한다면 파시즘의 내용이란 그야말로 아무런 내용도 없는 것이기 때문에 그 내용은 더 나은 무엇에 대한 대체물로서 오직 기만당한 사람들의 절망에 의해 근근이 유지될 수 있었던 것이다. 파시즘의 공포는 공공연한 것임에도 불구하고 끈덕지게 살아남는 거짓말이 만들어내는 공포다. 그러나 이러한 공포는 그러한 공포를 측정할 수 있는 어떠한 진리도 허용하지 않기 때문에 진리는 그러한 공포에 내재하고 있는 모순——이 모순은 진리를 적극적으로 세울 수는 없는, 즉 진정한 척도가 될 수 없는 척도라고 할 수 있을 것이다——속에서 부정적으로만 나타날 수 있을 뿐이다. 여기에 대해 아무런 판단도 내릴 수 없는 사람들은 오직 사유할 수 있는 힘을 완전히 잃어버림으로써만 이러한 가증스러운 진리로부터 벗어나 있을 수 있을지 모른다. 스스로를 완전히 자각하고 힘을 가지게 된 계몽만이 계몽의 한계를 분쇄할 수 있을 것이다.

스케치와 구상들

'사실에 정통함Bescheidwissen'에 반대하며

히틀러가 가르친 교훈 중의 하나는 너무 잘 아는 것은 곧 아무것도 모른다는 것이다. 히틀러가 권좌에 오를 것이 분명해지고 있을 때 유대인들은 해박한 정보를 토대로 한 온갖 이유를 들먹이면서 그가 권력을 쥐게 될 가능성은 없다고 주장했었다. 한 정치경제학자와 나눈 대화에서 그가, 히틀러가 독일을 완전히 획일화시키는 것이 불가능함을 바이에른 양조업자의 이해관계를 토대로 하여 증명하려 했던 것을 필자는 기억한다. 그 당시 정통한 정보에 따르면 서구에서 파시즘은 불가능하다는 것이다. 확실한 정보와 자신만만한 판단에도 불구하고 그들은 사태를 너무나 몰랐기 때문에 바이에른 지방에서 파시즘이 쉽게 승리할 수 있었다. 전체를 잘 조망하고 있으며 어떤 길을 잡아나가야 할지를 익히 알고 있다고 생각하는 판단들, 보통 "이것은 내가 잘 알고 있는 주제인데"라는 서두와 함께 시작하는 통계와 경험에 근거한 진단들, 확고한 결론을 내리는 주장들, 이런 것들은 모두 거짓이다.

히틀러는 '정신'이나 '인간'의 상궤를 완전히 벗어난 인물이다. 그렇지만 그러한 반인간적인 정신도 또한 있는 것이다. 그러한 정신의 특징은 탁월한 방향 감각이다.

덧붙이는 글

　사실에 정통하다는 것은 곧 우둔함이라는 사실이 시대의 역사적 경향에서 드러난다. 챔벌린Chamberlain이 고데스베르크에서의 히틀러의 요구*에 대해 "비이성적이다"라고 한 말의 의미에서 '이성'이란 '주는 것과 받는 것give and take'의 균형이 존중된다는 것을 말한다. 그러한 '이성'이란 '교환의 원리'에 바탕을 둔 이성이다. 사람들이 추구하는 특정한 목표들은 시장을 매개로, 즉 게임 규칙을 준수하며 서로 양보를 주고받는 과정 속에서 얻게 되는 작은 이득들을 통해 달성되는 것이다. 영리하다는 것은 이런 사정에 정통함으로써 능숙하게 행동하는 능력을 말하는데, 그러한 영리함은 권력이 더 이상 게임 규칙을 준수하지 않고 자신이 얻고자 하는 바를 직접 강탈하려 들 때에는 아무 쓸모가 없는 것이 되어버린다. 이렇게 되면 시민적 지성의 전통적 수단인 토론은 붕괴된다. 개인들은 이제 더 이상 서로간에 대화를 나눌 수가 없게 되며 그들 또한 대화를 나눌 수 없게 된 상황을 잘 자각하고 있다. 그 때문에 그들은 '게임'을 전권이 부여된 진지하고 구속력 있는 기구로 만들었지만 더 이상 대화가 이루어지지도 않으며 침묵을 경험할 수도 없게 된다. 전체적으로 모두가 같아져야 하며 다른 견해는 용납되지 않는다. 파시스트와 대화하는 것은 불가능하다. 다른 사람이 말을 하려 들면 그는 그것을 염치 없는 끼어듦이라고 느낀다. 그는 이성과는 거리가 멀다. 왜냐하면 그에게서 이성이란 다른 사람이 자신의 말에 굴복하는 것 이상은 아니기 때문이다.

---

* 1938년 9월 22~23일 주데텐 귀속 문제를 놓고 고데스베르크Godesberg에서 행해진 영국 수상 챔벌린과 히틀러의 회담.

영리함이 우둔함이라는 모순은 필연적이다. 왜냐하면 시민적인 '합리적 이성Ratio'은 보편성을 요구하면서 동시에 그 보편성에 제한을 가해야 하기 때문이다. 교환 행위 속에서 모든 사람은 자신의 몫을 받지만 그럼에도 불구하고 그 과정 속에서 사회적 불의가 발생하는 것처럼, 지배적 이성인 교환 경제의 반성 형식은 정의롭고 보편적이지만 그럼에도 불구하고 동시에 분파적인 것으로서 평등 속에 있는 특권의 도구가 되는 것이다. 파시스트들은 이러한 이성의 본색을 드러낸다. 그들은 공공연히 파편적인 것을 지지함으로써 부당하게 보편성을 주장하는 '합리적 이성' 자체의 제한성을 폭로한다. 영리함은 일순간에 우둔함이 되어버린다는 사실이 이성으로 하여금 그 본래의 비이성으로 넘어가도록 만든다.

그러나 파시스트 또한 모순 때문에 곤혹스러워한다. 왜냐하면 시민적인 이성은 사실 단순히 파편적일 뿐만 아니라 보편적이며, 파시즘이 그 보편성을 부정함에 따라 시민적 이성의 보편성이 파시즘의 수명을 재촉하기 때문이다. 독일에서 권력을 손아귀에 넣은 파시스트들은 자유주의자들보다 더 영리하면서도 더 우둔하다. 신질서로의 진보는 상당한 정도, 진보에 별 관심이 없는 파산자, 분파주의자, 바보 들에 의해 지지되었다. 그들이 가지고 있는 권력이 어떤 경쟁도 금지하고 있는 한에서 그들은 실책을 문책당할 염려가 없기 때문에 실수를 저지르지 않는다. 그러나 국가간의 경쟁에서는 파시스트들도 실수를 저지를 수 있을 뿐만 아니라 그들이 지닌 근시안적 성격, 옹고집, 경제적 세력에 대한 무지 때문에, 그리고 무엇보다 부정적 측면을 보는 데 있어서나 전체적 상황을 평가하는 데 있어서의 무지 때문에 그들의 마음 깊숙이에서 항상 고대하고 있던 재앙을 재촉하게 된다.

두 개의 세계

여기 미국에서는 인간과, 인간이 갖게 된 경제적 운명 사이에 구별이 없다. 누구도 그가 가진 재산이나 수입이나 지위나 기회 이외에는 아무것도 아니다. 자신이 처한 경제적 처지에 따라 쓰게 된 가면과 그 밑에 감추어진 성격은 고통을 당하는 사람까지 포함한 모든 사람의 의식 속에서 세세한 부분에 이르기까지 완전히 부합된다. 모든 사람은 그가 버는 만큼의 값어치를 지니며 그가 지닌 가치만큼 번다. 그가 누구인가 하는 것은 경제적인 영고성쇠를 통해 그가 무엇을 경험했는가다. 그는 그 이외에, 있을지도 모르는 또 다른 자기에 대해서는 알지 못한다. 예전에 관념론에 대한 유물론의 사회 비판은 '의식이 존재를 결정하는 것이 아니라 존재가 의식을 결정한다'는 것, 사회에 대한 진리는 관념론자들이 머릿속에서 짜낸 생각 속에 있는 것이 아니라 사회의 경제 속에서 찾아질 수 있다는 것이라면 현대인은 관념론을 저버리고 진정한 유물론자가 되었다. 그들은 자신을 시장 가치에 의해 평가하며, 자신이 누구인가 하는 것은 그들이 자본주의 경제 속에서 무엇을 겪었는가로부터 알게 된다. 경제에 근거한 운명은——이것이 가장 슬픈 일이겠지만——그들에게서 단순히 외적인 무엇이 아니다. 그들은 이러한 사실을 받아들인다. 임종의 자리에서 중국인은 나직한 목소리로 이렇게 말할지 모른다.

친구여, 행운은 이 세상에서 나에게 미소짓지 않았다.
나는 어디로 가는가? 산속으로 들어간다.
나는 나의 외로운 마음을 위한 평화를 찾아나서련다.

미국인은 말한다. "나는 실패자다. 그렇지만 그게 그거다."

지배로 변하는 이념

가장 최근에 일어났으며 우리에게 가장 친숙한 경향들을 동양의 먼 고대사 속에서 찾아볼 수 있으며 그 유사성은 멀리 떨어져 있기 때문에 더욱 두드러져 보인다.

『이사 우파니샤드 *Içâ-Upanishad*』*에 대한 설명에서 도이센[1]은 그 전(前)단계에 비해 인도인의 사유가 이룬 진보는 「마태복음」[2]에 나타난 세례자 요한 이전 시대를 넘어서는 예수 그리스도의 진보나 견유주의자**를 넘어서는 스토아 학파의 진보와 매우 흡사하다고 지적한다. 이러한 지적은 물론 역사적으로 볼 때는 일면적인 지적이다. 왜냐하면 세례자 요한이나 견유주의자들의 비타협적인 이념들은, 『이사 우파니샤드』의 처음 몇 구절이 진보를 대변하고 있다는 주장[3]에 반대하는 견해처럼, 유럽 철학이나 기독교나 현재 살아 있는 베다 종교가 가지쳐 나온 역사의 주된 흐름보다는 강력한 도당과 분파들로 사분오열된 좌파적 흐름으로 보이기 때문이다. 도이센 자신이 지적하

---

* 고대 인도의 철학서. 바라문교의 성전(聖典) 베다 중의 하나. 시기적으로 가장 늦게 나왔으면서도 내용적으로는 가장 훌륭하기 때문에 베단타(베다의 극치)라고도 한다.

1 Paul Deussen, *Sechzig Upanishad's des Veda*, Leipzig, 1905, S. 524.

2 II. Kapitel, Vers 17~19.

** Kyniker: 소크라테스의 제자인 안티스테네스(기원전 445?~기원전 365?)에 의해 아테네에 세워진 학파로 디오니소스가 유명하다. 그들은 욕구로부터 해방된 삶의 이상(理想)을 실현시키기 위해 고상함이나 품위를 경멸했다.

3 "Vor allem Brihadâranyaka-Upanishad" 3, 5, 1 und 4, 4, 22. Deussen, a. a. O., S. 436f. und 479f.

듯, 인도에서 『이사 우파니샤드』는 다른 여러 경전들을 극복하고서 나온 것이 아니라 최초의 경전으로 보아야 할 것 같다. 그럼에도 불구하고 이 최초의 경전은 지배적인 현실에 저항하는 청년들의 급진주의나 혁명론을 배반한 흔적을 보여준다.

조직력을 갖춘 베다 종교나 스토아주의나 기독교로 나아가는 발걸음은 사회 활동에의 참여나 통일된 이론 체계를 수립함으로써 가능했다. 이러한 것은 삶 속에서의 능동적 역할이, 올바른 생각만 갖는다면, 영혼의 구원에 해가 되지 않는다는 교리로 구현된다. 기독교는 초기 교회를 조직한 사도 바울에 와서야 이 단계에 이른다. 기존 세계와 거리를 유지하는 이념들이 종교로 넘어가는 것이다. 비타협적인 사람들은 비난을 받는다. 이들은 "아이를 낳고 싶은 욕망, 자신의 소유를 갖고 싶은 욕망, 세계를 갖고 싶은 욕망을 거부하고 거지가 되어 여기저기를 떠돌아다닌다. 왜냐하면 아이에 대한 욕망은 소유에 대한 욕망이고 소유에 대한 욕망은 세계에 대한 욕망으로서, 이것이든 저것이든 모두 헛된 욕망이기 때문이다."[4] 문명인의 눈에도 그렇게 말하는 사람이 진실을 말하는 것처럼 보일지는 모르지만 그러한 사람은 사회 생활의 흐름에 보조를 맞출 수가 없다. 그 때문에 그들은 미치게 되며 정말로 세례자 요한을 닮게 된다. 세례자 요한은 "낙타 머리털로 옷을 만들어 입고 허리에 가죽띠를 두르고 메뚜기와 야생 꿀을 먹고 살았다."[5] 헤겔은 "견유주의자들이 철학적인 훈련도 별로 받지 않았으며 어떤 체계나 학문도 발전시키지 않았다. 그들은 후에 스토아 학파에 의해 철학의 한 분과가 되었다"[6]고 한다. 헤겔은 견유주의자들의

---

4 A. a. O., S. 436.

5 Evang. Marci, Kapitel 1, Vers 6.

6 Hegel, *Vorlesungen über die Geschichte der Philosophie*, 2. Band, Werke, Band XIV,

후예들을 "부끄러움을 모르는 돼지 같은 거지"[7]라고 불렀다.

어쨌든 역사 속에 기록된 사람들은 아무리 비타협적으로 보일지라도 어떤 형태든 조직적인 사회를 만들지 않았던 것은 아니다. 그렇지 않다면 오늘날까지 그 이름이 전해지지도 않았을 것이다. 그들도 최소한의 체계적인 교리나 행동 지침은 세웠었다. 좀더 급진적인 우파니샤드들조차 성직자 집단의 시구들이나 희생 제의를 위한 주문(呪文)들이었으며,[8] 세례자 요한도 종교를 세우지는 않았지만 교단 같은 것은 만들었다.[9] 견유주의자들은 철학 학파를 세웠으며 그 창시자인 안티스테네스는 국가 이론의 윤곽을 그리고 있었을 정도다.[10] 이들 역사의 언저리에 있는 국외자들의 체계는 이론적으로나 실제에 있어서나 그렇게 엄격하고 중앙 집중적이지는 않았기 때문에 무정부주의적인 요소를 지니고 있었으며, 이러한 요소에 의해 성공한 체계들과는 차이가 난다. 그들에게는 관리나 집단보다는 이념과 개인이 더 중요했다. 그 때문에 그들은 다른 사람들의 분노를 일으켰다. 플라톤이 왕의 기구를 평범한 양치기의 그것과 동일시하려는 경향을 비난하거나 민족적 경계가 없는 느슨하게 조직된 인류를 돼지 국가라고 매도했을 때, 지배자로서의 심성을 지닌 그가 염두에 둔 것은 견유주의자들이었다.[11] 비타협주의자들도 자기들끼리 결속하거나 협력을 할 준비는 기꺼이 되어 있었지만 견고한 폐쇄적 위계 질서를 만드는 데는 별 재주가

Berlin, 1833, S. 159f.

7 *A. a. O.*, S. 168.

8 Vgl. Deussen, *a. a. O.*, S. 373.

9 Vgl. Eduard Meyer, *Ursprung und Anfänge des Christentums*, Stuttgart und Berlin, 1921, Band I, S. 90.

10 *Diogenes Laertius*, IV, 15.

11 Vgl. *Politeia*, 372; *Politikos*, 267ff. und Eduard Zeller, *Die Philosophie der Griechen*, Leipzig, 1922, 2. Teil, 1. Abt., S. 325f., Anm.

없었다. 통일성이나 논리를 결여한 그들의 이론에 있어서나 응집력 있는 결속과는 거리가 먼 그들의 실천에 있어서나 그들의 존재 자체가 있는 그대로의 세계를 반영하고 있는 것이다.

이것이 래디칼한 운동과 타협적인 종교 · 철학 운동이 보여주는 형태상의 차이다. 차이는 고립된 내용 속에 있는 것이 아니다. 그들은 결코 금욕적인 이념 때문에 차이가 나는 것이 아니다. 금욕주의적인 고타마* 분파가 아시아 세계를 정복했다. 자신이 살아 있을 동안에 그는 이미 조직에 대한 대단한 재능을 보여주었다. 샹카라**처럼 그는 사회의 하층민도 칙령을 내리는 대상으로부터 배제시키지는 않았지만[12] 인간에 대한 인간의 소유를 공공연히 인정했을 뿐만 아니라 승단에 입문한 자들을 '고귀한 가문의 아들들'이라고 치켜세우면서 자랑스러워했는데 이 승단에 빠리아***들이 "들어오는 경우가 있다면 그것은 지극히 드문 예외로 보였다."[13] 입문한 젊은이들은 처음부터 브라만을 모범으로 하여 분류되었다.[14] 병신이나 병자, 범죄자 등은 입문이 거부되었다.[15] 입문을 할 때는 "너는 나병이나 폐병이나 빈혈이나 간질을 앓고 있지는 않은가? 너는 사람이냐? 너는 남자냐? 너는 너 자신의 주인이냐? 너는 빚이 없느냐? 너는 왕을 위한 근무 중에 있지는 않은가?" 등등의 질문을 했다. 인도의 엄격한 가부장 제도에 부합되게 초기 불교 승단에서 여자들은 예외적으로 마지못해 입문이 허락될 뿐이었다. 여자들

* 석가모니가 출가하기 이전, 정반왕 태자 때의 이름.

** Cankara : 8세기의 베단타 학자.

12 Vgl. Deussen, *Das System des Vedanta*, 2. Aufl., Leipzig, 1906, S. 63ff.

*** Pariah : 카스트에 속하지 않는 인도인으로서 힌두 사회에서 소외된 집단. 불가촉(不可觸) 천민.

13 Hermann Oldenberg, *Buddha*, Stuttgart und Berlin, 1914, S. 174f.

14 Vgl. *a. a. O.*, S. 386.

15 *A. a. O.*, S. 393f.

은 남자들에 비해 종속적인 위치에 있어야 하며 실제로 '성숙' 되지 못한 상태로 남아 있어야만 했다.[16] 승단의 모든 사람들은 지배자의 호의를 기꺼워했으며 인도적인 생활 양식과 완벽하게 조화를 이루어나갔다.

금욕주의와 유물론은 서로 대립된 것이기는 하지만 둘 다 비슷한 방식으로 이중성을 지닌다. 잘못된 기존 질서에 동참하기를 거부한다는 점에서 금욕주의는 지배자의 눈으로 볼 때는 대중의 물질적 요구와 별로 다를 것이 없지만, 금욕주의가 훈련의 수단으로서 세력 집단에 의해 부과될 경우에는 불의에 순응시키는 목적에 이용될 수도 있다. 현 상태를 고분고분 받아들이는 유물론적 태도나 사적인 이기주의는 옛날부터 '체념'과 결부되어 있었다. 반면 비시민적 정신이 가지고 있는, 기존 질서 저편에 있는 환상의 세계를 향한 충혈된 시선은 유물론적인 태도로서 '젖과 꿀이 흐르는 땅'으로 여행을 떠난다. 진정한 유물론 속에서 금욕주의는 지양되며 진정한 금욕주의 속에서 유물론은 지양된다. 옛날 종교나 학파의 역사는 현대의 정당이나 혁명의 역사처럼 생존을 위해 지불해야 하는 대가는 실천적인 동참이며 이념을 지배로 변화시키는 것이라는 사실을 우리에게 가르쳐준다.

유령에 관한 이론

유령의 존재에 대한 믿음은 죽은 자에 대한 산 자의 나쁜 생각이나 오래된 '죽음에의 소망'에 대한 회상으로부터 연유한다

---

16 Vgl. *a. a. O.*, S. 184ff. und S. 424ff.

는 프로이트의 이론은 너무 제한적이다. 죽은 자에 대한 증오는 죄의식뿐만 아니라 질투에 의해서도 만들어진다. 뒤에 남은 자는 버림받았다는 느낌을 받는다. 그 때문에 그는 그러한 고통을 야기시킨 죽은 자에게 자신의 고통을 전가시킨다. 죽음이 삶의 직접적 연속으로 여겨지던 인류의 단계에서는 죽음을 통해 떠나버린다는 것은 어쩔 수 없이 배반처럼 느껴졌었다면 계몽된 단계에서조차 옛 믿음이 완전히 없어져버린 것은 아니다. 인간의 의식이 죽음을 완전한 무(無)로서 생각하는 것은 불가능하다. 왜냐하면 '절대적인 무(無)'란 생각할 수 없는 것이기 때문이다. 삶의 짐이 다시 산 자의 어깨를 짓누를 때 죽은 자의 처지는 쉽사리 더 나은 상태로 보일 수 있다. 가까운 사람이 죽은 후 뒤에 남은 사람이 삶을 새롭게 조직하는 방식——죽은 자에 대한 열렬한 숭배든 또는 그와 반대로 합리화된 망각이든——은 현대판 '유령의 믿음'으로서 유령에 관한 믿음은 심령주의처럼 승화되지 않은 상태에서 계속 번창하게 되는 것이다. 완전한 의식 속에 떠올려진 '절멸에의 공포'가 죽은 자들에 대한 올바른 관계를 정립시켜준다. 올바른 관계란 그들과 하나임을 느끼는 것으로서 그것이 가능한 이유는 우리 또한 그들과 똑같이 동일한 관계나 '실망한 희망'의 희생자이기 때문이다.

덧붙이는 글

죽음에 대한 관계가 왜곡되어 죽음이 잊혀지거나 방부 처리되는 사태는 오늘날 '경험'이 병들었다는 징후 중의 하나다. 이러한 사태는 곧 한 인간의 통일된 역사인 인간의 삶 자체에 대한 파악이 극도로 취약해졌다고 해석될 수도 있을 것이다. 개인의 삶이란 오직 그 반대인 파괴에 의해 정의될 수 있는데, 죽음에 대한 관계의 왜곡으로 인해 의식적인 '회상'이나 무의지적인 '기억'들이 서로 조응하고 연속성을 지닌다는 관념이 의미를 상실하게 된다. 개인들은 아무런 자취도 남겨놓지 않는——차라리 그들은 이러한 자취들을 글자 그대로 비합리적이고, 번거로운 군더더기고, 낡아빠진 것이라고 증오한다고 말하는 것이 나을 것이다——점과 점들로 이루어진 현재의 연속으로 환원된다. 오래 전에 출간된 책들은 신뢰할 만한 것이 못 되는 것으로 제쳐놓아지고, 역사학의 한 분과가 될 수 없는 '역사'라는 관념이 현대인들을 짜증스럽게 만들 듯이, 인간의 '과거'라는 것은 화를 돋우는 무엇이 된다. 한 인간이 예전에 무엇이었고 무엇을 경험했는가 하는 것은, 그가 현재 무엇이고 무엇을 가지고 있고 앞으로 어떤 쓸모가 있을 것인가라는 관념 앞에서 아무것도 아닌 것이 되어버린다. 종종 이민 온 사람에게 주어지는, 선의에서 나온 것처럼 들리기도 하고 위협으로도 들리는 충고, 즉 과거는 날라올 수가 없는 것이니까 과거를 잊어버려라, 과거를 떨쳐버리고 완전히 새로운 삶을 시작해라 하는 충고는 신참자 자신이 오랫동안 아프게 체득한 무엇을 강압적으로 상기시키는 것이다. 사람들은 역사가 자신의 존재가 붕괴되어가고 있다는 사실——붕괴 자체가 역사의 추방 속에서 생겨나겠지만——을 상기시킬지 모른다는 불안 때문에 자신에게서나 타인에게서나 역사를 추방하려 든다. 일할 마음조차 생기지 않을 정도로 슬픔에 잠긴 사람은 보통의 감정과는 반대되게 아무런 시장 가치도 갖지 않은 것에 마음이 끌린다. 슬픔은 문명이 지닌 상처며 비사회적인 감상(感傷)으로서 인간을 '목적의 왕국'에 선서시키는 것이 완전히 성공할 수는 없음을 보여준다. 그 때문에 사람들은 다른 어떤 것보다도 슬픔이나 애도를 있는 그대로 놔두지 않고 온갖 방식으로 치장하고 변질시켜 사회적 형식으로 만든다. 사실 아름다운 시체는 바늘 하나 들어갈 구멍이 없는 산 자들에게는 이미 항상 사회적 형식이기는 했다. 죽은 사람이 이동 가능한 한줌의 재로, 즉 불유쾌한 소유물로 처리되는 영안실이나 화장터에서 감정을 내보이는 것은 시대 감각에 어울리지 않는 행동으로 보인다. 할머니가 일등석에 매장되는 것을 자랑스럽게 묘사한 어떤 소녀가 아버지의 눈물 몇 방울을 보고 '아버지는 애처로워서 정신을 잃었다'라고 덧붙인 것은 이러한 상황을 정확하게 표현해주고 있다. 옛날 유대인들에게 가장 지독한 저주로 여겨지던 것, '너를 기억에서 추방해버리겠다'는 불의가 실제로 죽은 자에게 가해진다. 사람들은 이제는 자기 자신에 대해서조차 회상에 잠기지 못하는 절망을 죽은 사람들에게 쏟아놓는 것이다.

어쨌든 마찬가지다 QUAND MÊME

주위 환경의 압박 때문에 사람들은 자신의 어려움을 극복하거나 물질적·정신적 업적들을 생산하는 데 나서게 된다. 이런 점에서 데모크리토스로부터 프로이트에 이르는 사상가들의 말은 틀리지 않았다. 압박의 원인을 소급해볼 경우 궁극적으로 닿게 되는 근원은 고분고분하지 않은 '외적 자연'으로서 이것은 사회 내부로 들어오면 계급의 문제가 되며 개인에게 있어서는 어릴 적부터 겪을 수밖에 없는 쉽지 않은 타인과의 관계다. 사람들은 강자로부터 무엇인가를 얻어내려 할 경우 부드럽다. 그렇지만 자기보다 약한 사람들이 자신으로부터 무엇인가를 빼앗아가려고 하면 굳어진다. 이것이 오늘날까지의 사회 생활을 영위하는 인간의 핵심적 본성이다.

공포와 문명은 분리된 것이 아니라는 보수주의자들의 결론은 충분한 근거가 있다. 외적인 저항 속에서 촉발될 수밖에 없었던 힘겨운 자아 발전이 아니라면 무엇이 사람들로 하여금 복잡한 자극을 긍정적으로 제어할 수 있는 능력을 키워나가도록 만들 수 있겠는가? 힘겨운 저항은 처음에는 아버지의 모습으로 구체화되어 나타나나 뒤에 가면 그 모습으로부터 선생님, 상사, 고객, 경쟁자, 사회적 또는 국가적 권력의 대변자 등 수천 개의 모습으로 증폭되어 나타난다. 그들의 포악성은 개인적 자발성을 자극한다.

미래에는 가혹한 시련에 적절한 처방이 내려질 수 있으리라는 기대, 또는 수천 년 동안 인류를 순치시켜온 피의 형벌이 위생적인 요양소로 대치될 수 있으리라는 기대는 꿈에 불과한 것처럼 보인다. 일부러 꾸민 강압은 무기력한 것이다. 문화의 발달은 사형 집행관의 면면을 보이면서 이루어져왔다. 실낙원에 대해 얘기해주는 창세기나 『성 페테스부르크의 저녁』*은 이 점에서 일치한다. 노동과 향유도 사형 집행관의 모습을 하고 있다. 이것을 반박하는 것은 곧 모든 학문이나 모든 논리를 정면에서 부정하는 것이다. **공포는 없애고 문명만 남겨놓는 것은 불가능하다.** 공포를 느슨하게 하는 것조차 이미 '해체'의 시작을 의미한다. 파시즘적인 야만 상태를 숭배하는 것으로부터 지옥의 세계로의 도피에 이르기까지 아주 상이한 결론들이 이로부터 도출될 수 있다. 또 하나 가능한 결론은 '논리'가 인류의 편이 아닐 경우 논리를 비웃으면서 무시해버리는 것이다.

---

* 프랑스의 사상가 요셉 드 메스트르의 대표작(1825). 프랑스 혁명을 피해 망명한 프랑스 귀족이 여름밤에 페테스부르크 교외 호반의 집에서 교환한 11편의 대화로 이루어져 있다.

동물심리학

큰 개 한 마리가 고속도로 위에 서 있다. 세상을 신뢰하는 그 개는 태평스럽게 걸어가다 차에 치이게 되었다. 그 개의 평화로운 표정은 그 개가 평소에 잘 돌봐졌다는 것을 말해준다. 집에서 기르는 가축에게 사람들은 아무런 해도 가하지 않는다. 어떤 해도 경험해보지 못한 부유한 부르주아 가정의 아이들도 평화로운 표정을 갖고 있지 않을까? 이 아이들도 지금 막 차에 치인 개만큼이나 온실 속에서 잘 보호를 받았다.

볼테르를 위하여

일면적인 이성이 속삭인다. "당신의 이성은 일면적이며 당신은 권력에 불의를 가했다. 당신은 몰염치한 폭군에 항거하여 격정적으로, 눈물겹게, 빈정대면서 시끄럽게 떠들어댄다. 그러나 당신은 권력이 마련해준 '선'에 대해서는 잊어버리고 있다. 권력만이 마련해줄 수 있는 '안전'이 없다면 '선(善)'도 존재할 수 없었을지 모른다. 권력의 보호 밑에서 삶과 사랑은 나래를 펼 수 있으며 적대적인 자연으로부터 작은 행복을 얻어낼 수도 있었던 것이다."

권력에 대한 이러한 변명은 진실이면서 동시에 거짓이다. 권력이 행한 많은 위대한 업적에도 불구하고 권력만이 불의를 범할 수 있다. 왜냐하면 이행되지 않은 변론이 아니라, 실행이 뒤따른 판단만이 부당하기 때문이다. 말은 오직 말 자체가 억압을 목표로 하며 무기력이 아닌 권력을 옹호하고 들 때만 일반적인 불의에 가담한다.

그러나 일면적인 이성은 계속 속삭인다. "권력은 인간에 의해 대변된다. 당신은 권력을 폭로함으로써 인간들을 표적으로 삼는다. 그들 권력자들 뒤에는 아마 더 몹쓸 권력자가 올지도 모른다."

거짓말은 진실을 말한다. 파시스트 살인자들이 기다리고 있는 것을 알았다면 사람들은 약한 정부를 그렇게 내몰지는 않았을 것이다. 그러나 덜 잔인한 권력과 제휴를 맺는다고 해서 필연적으로 파렴치한들이 침묵하고 있는 것은 아니다. 개인을 악마로부터 보호해주는 불의를 비난할 경우 '선'이 겪는 고통은 사람들이 악마에게 불의에 대한 고발을 맡김으로써 악마가 얻는 이득보다는 항상 적다. 오직 악당들만이 진리를 얘기하고 괴벨스가 즐거운 고문에 대한 기억을 생생하게 재현하고 있는 이 사회는 도대체 어디까지 가야 하는가? 이론의 대상은 선이 아니라 악이다. 이론은 그때그때 확정된 형식 속에서 재생산되는 삶을 이미 전제한다. 이론의 요소는 자유며 그 주제는 억압이다. 언어가 변명적이 될 경우 그 언어는 이미 오염된 언어다. 언어는 그 본질상 중립적일 수도 실천적일 수도 없다. "당신은 그 끝 모르는 악담 대신에 사물의 좋은 면을 드러내고 사랑의 원리를 천명할 수는 없는가?"라고 말할 수도 있을 것이다. 그러나 진리를 위해서는 하나의 표현밖에 없다. 즉 불의를 부정하는 사유가 그것이다. 좋은 면에만 매달리는 것이 부정적인 전체 속에서 지양되지 않을 경우 그러한 행위는 자신의 반대편에 있는 폭력을 정화시켜주고 있는 것이다. '나는 말로써 추정하고 음모를 꾸미고 선동할 수 있다.' 이것은 현실의 모든 행동처럼 말들이 엉켜 들어간 요지경으로서 거짓말이 오직 이해하고 있는 것은 이러한 요지경이다. 거짓말이 넌지시 우리에게 암시해주고 있는 것은 기존 질서에 모순되는 것 또한 폭력이 싹트는 데에 기여할 수도, 서로 경쟁하는 관료주의나 권력자에 의해 이용당할 수도 있다는 것이다. 무어라 이름 붙일 수 없는 불안 속에서 거짓말은 자기 자신만을 볼 수 있으며 보고자 할 뿐이다. 거짓말의 수단인, 단순한 도구로 전락한 언어 속에서 사용되는 요소들은, 어둠 속에서 사물들이 서로 같게 보이듯이, 거짓말과 동일한 것이 되어버린다. 거짓말은 결국에 가서는 어떠한 말도 자신을 위해 이용할 수 있다는 것이 사실이라면, '선'은 거짓말을 통해서가 아니라 권력에 굴복하지 않는 완고한 사유 속에서만 언뜻 비칠 수 있는 것이다. 마지막 피조물에 가해진 테러에 대한 타협 없는 증오만이 운 좋게 화를 면한 자가 느낄 수 있는 감사하는 마음에 정당성을 부여해줄 것이다. **양지바른 곳을 외쳐대는 것은 우상 숭배다.** 불타버린 나무의 추한 모습 속에서 비로소 우리는 세계를 불바다로 만들지는 않고 세계를 환히 비추는 영광스러운 날을 마음속에 그려볼 수 있는 것이다.

분류

개별 학문들의 추상화를 위한 근거 또는 공리(公理)로서 작용하는 보편 개념들은 개별자들을 위한 이름들처럼 기술(記述)을 위한 재료가 된다. 보편 개념에 맞서 싸운다는 것은 의미 없는 일이다. 그렇다고 해서 이러한 상황이 보편 개념에 진리로서의 품위를 부여하는 것은 아니다. 많은 개별자들에 공통적이거나 개별자들에게서 항상 되풀이된다고 해서 보편적인 것이 '특수한 것'보다 안정적이고 영원하며 깊이가 있는 것은 아니다. 유형들의 분류표가 곧 중요성에 따른 분류표는 아니다. 이 것이 바로 엘레아 학파*나 이 학파를 추종한 모든 사람들, 특히 플라톤이나 아리스토텔레스의 오류였다.

세계는 일회적인 것이다. 항상 똑같은 방식으로 되풀이되는 계기들을 단순히 되뇌는 것은 구원의 말이 아니라, 어쩔 수 없는 것이기는 하지만 헛된 연도(連禱) Litanei에 지나지 않는다. 분류는 인식의 조건이기는 하지만 인식 자체는 아니다. 인식은 다시 한 번 분류를 해체시킨다.

눈사태

현대에는 더 이상 변화가 일어나지 않는다. 사물에의 변화란 항상 더 나은 상태로의 변화를 의미한다. 그러나 오늘날처럼 괴로움이 극에 달한 시대라면 하늘이 열려 이미 파멸한 자들을 불로써 내리칠 것이다.

사람들이 보통 사회적·정치적 사건이라고 부르는 것이 우선 이러한 인상을 만들어낸다. 행복한 부녀자와 아이들에게는 낯설고 통속적인 것으로만 보였던 신문의 머리기사──신문은 술집의 떠들썩한 호언장담을 연상시켰었다──가 이제는 진정한 위협이 되어 집으로 배달된다. 제1차 세계대전이 일어나기 전 군비 경쟁, 해외의 큰 사건, 지중해의 긴장 고조 등 굵직한 뉴스들이 사람들을 실질적인 불안 속에 몰아넣었다. 그러자 현

---

* 기원전 5세기경에 남부 이탈리아 엘레아에서 일어난 고대 그리스 철학의 한 학파. 이 학파의 특징은 날카로운 논리적 사고에 있다. 그들은 진실한 의미에서 있는 것은 불생불멸의 에온[有]뿐이라고 하는 일원론의 입장에서 많은 것의 존재나 운동 변화하는 존재를 부정하였고 현상계의 다양한 모습과 그 운동 변화를 지각하는 우리의 감각을 미망(迷妄)이라 하였다.

기증 나는 숫자들이 오르내리는 인플레이션이 찾아왔다. 인플레이션이 어느 정도 진정되었을 때 그것은 전환점이 아니라 더 큰 불행, 즉 '합리화와 해체'였다. 히틀러의 득표율이 올라갔을 때──처음에는 별것 아니었지만 지속적으로 상승 곡선을 그리면서──눈사태가 움직이기 시작하는구나 하는 것을 직감적으로 분명히 느낄 수 있었다. 사태의 진행은 득표율에서 잘 드러난다. 파시즘이 직권하기 직전의 선거일 저녁 몇몇 지역의 개표 결과가 알려졌을 때, 처음 뚜껑이 열려진 16분의 1이나 8분의 1의 표가 이미 전체 대세의 향방을 보여주었다. 10개나 20개의 선거구가 전체적으로 한 방향을 잡으면 나머지 100개 지역도 별 이변 없이 그 방향을 따라갔다. 그것은 이미 천편일률적인 정신이다. 세계의 내적 본질은 통계의 법칙과 일치하며 이러한 법칙에 의해 세계의 표면은 분류된다.

독일에서는 극렬한 외국인 증오와 문화적 적대성과 집합주의적 이데올로기를 가진 파시즘이 승리했다. 이제 파시즘이 세계를 초토화하게 됨에 따라 다른 여러 민족은 그에 맞서 싸울 뿐 다른 출구는 없다. 그러나 모든 것이 끝났을 때 자유를 지지하는 마음이 유럽에 다시 퍼져나가지는 않았다. 유럽의 민족들은 그들이 대항해 싸웠던 파시즘이 그러했던 것처럼 외국인과 문화에 대해 적대적이었으며 집합주의적 색채를 띠었다. 파시즘의 붕괴가 움직이기 시작한 눈사태를 정지시키지는 못했다.

자유주의 철학의 기본 명제는 '이것과 저것 둘 다'였다. 현재는 '이것이냐 저것이냐'가 통용되는 것처럼 보일 뿐만 아니라 그나마도 나쁜 쪽으로 결정지어진 것 같다.

교통에 의한 고립

교통 수단이 고립을 가져온다는 것은 정신적 영역에만 해당되는 것은 아니다. 라디오 아나운서의 기만적 언어가 두뇌 속에 확고히 새겨져서 사람들이 서로 이야기하는 것을 방해한다. 또한 펩시 콜라의 선전은 여러 대륙이 무너졌다는 소리를 압도하며, 영화 배우의 사생활은 청소년의 불장난을 부추겨서 결국엔 결혼 생활의 파탄을 초래한다. 진보는 인간을 글자 그대로 갈기갈기 찢어발긴다. 정거장이나 은행의 작은 창구는 종업원들로 하여금 동료들과 자질구레한 잡담을 나누면서 히히덕거리는 것을 가능케 했었다. 수많은 종업원들이 한자리에 모여 있으며 손님이나 경영자에 의해 쉽게 감시당하는 유리로 된 현대적 사무실이나 큰 홀은 더 이상 사적인 잡담이 오갈 수 있는 느긋한 분위기를 허용하지 않는다. 관공서에서도 직원들에 의해 허비되는 시간이 없게 세금 내러 온 사람들을 보호하는 장치가 마련되어 있다. 그들은 집단 속에서 고립되어 있는 것이다. 교통 수단은 인간을 육체적으로도 분리시킨다. 기차는 자동차라는 사적 공간에 자리를 양보한다. 자동차 여행에서 타인과의 교류는 히치하이커와의 접촉으로 축소되며 그나마 이러한 접촉에는 위험 부담도 따른다. 사람들은 고무 바퀴 위에서 철저히 고립된 채 여행하는 것이다. 차 속에서 가족 구성원끼리 나누는 대화는 어디서나 비슷할 뿐만 아니라 실용적 관심에 의해 규제된다. 비슷한 소득층의 가정은 통계표에 예시된 대로 비슷한 비율로 주거(住居)나 영화관이나 담배에 지출하는 것처럼 어느 수준의 자동차를 모느냐에 따라 대화의 주제도 틀지어진다. 사람들이 일요일이나 여행 중 숙식을 할 경우 소득 수준에 따라 동일한 메뉴나 방을 선택한다. 그들은 서로 고립될수록 점점 더 서로 비슷해지는 것이다. 커뮤니케이션은 사람들을 고립시킴으로써 그들의 획일화를 유도한다.

역사철학 비판

인류는 사람들이 이야기하는 것처럼 뇌기관의 비대로 인해 기형이 된 자연사의 돌연변이가 아니다. 이것은 단지 특정한 개인들이나, 또는 경제가 그러한 개인들에게 활동 공간을 만들어준 짧은 시기의 몇몇 나라에서만 가능했던 '이성'에 대해서만 타당하다. 뇌의 기관, 즉 인간의 지능이란 지구 역사 속에 어엿한 한 시대를 형성할 만큼 충분히 강하다. 기계와 화학 약품과 조직력을 갖춘 인류——이빨이 곰에게 속하듯이 이런 것들은 인류에 속한다고 간주할 수 있을 것이다. 왜냐하면 이런 것들은 동일한 목적에 쓰일 뿐만 아니라 더 잘 작동하기 때문이다——는 이 시대에서 인류가 적응하기 위한 최신 발명품이다. 인류는 자신의 바로 앞서간 선조를 능가할 뿐 아니라 그들을 철저히 근절시켜버렸다. 이런 예는 인간 이외의 다른 종(種)에서는 찾아볼 수 없다. 육식 공룡도 그렇게 하지는 못했던 것이다.

이에 비하면 헤겔처럼 세계사를 '자유나 정의'와 같은 범주에 의해 구성해보려는 시도는 기발한 착상으로 보인다. 이러한 착상은 '개인'으로부터 출발하는데, 개인은 다른 종을 예속시킴으로써 인류를 강화하기 위한 다량의 기계와 화학 제품을 생산하는 사회 조건을 잠정적으로나마 만드는 데 기여하기는 하지만, 체계 전체와 비교한다면 별로 중요하지 않은 계기에 불과한 것이다. 진지한 의미가 부여된 이러한 역사에서 모든 이념, 금기, 종교, 정치적 신조——이것들은 다양한 상황 속에서 생겨나겠지만——는 인간이라는 종(種)이 지구상에서나 우주 속에서 생존의 기회를 증진시키는가 감퇴시키는가에 따라서만 관심의 대상이 된다. 자유주의에 의해 봉건 시대나 절대주의 시대의 불의로부터 시민이 해방된 것은, 여성 해방이 여성들을 단련시켜 호전적 종족으로 만들었듯이, 현대적인 메커니즘을 가동시키는 데 기여했다. 모든 '정신'이나 선(善)은, 그것이 어디서 유래하고 어떤 속성을 지니든 상관없이, 이러한 공포의 메커니즘에 속수무책으로 얽혀들어간다. 의사가 앓고 있는 아이에게 주사하는 혈청은 아무런 방어력이 없는 동물들을 공격함으로써 얻어진 것이다. 사랑하는 연인들의 달콤한 속삭임이나 기독교의 가장 신성한 상징들에서는 새끼 염소 고기에 탐닉하는 기쁨——이 기쁨 속에는 토템 동물에 대한 이중적 존중이 담겨 있다——이 배어 있다. 요리나 교회나 연극에 대한 이해가 분화된 것은 인간 사회의 내부나 외부에 있는 '자연'을 희생시킴으로써 얻어진 세련화된 노동 분업의 결과다. 역사 속에서 문화가 갖는 기능은 전수되어온 이러한 조직들을 강화시키는 것이다. 그 때문에 이러한 조직들로부터 스스로를 분리시키는 '진정한 사유,' 즉 순수한 형태의 이성은 광기의 경향을 띠게 되는데 대지에 뿌리를 박고 있는 자들도 이러한 사실을 예로부터 감지했다. 이러한 사유가 인류 속에서 결정적 승리를 얻게 된다면 인간이라는 종(種)이 갖는 지배적 위치는 흔들리게 될 것이다. 돌연변이의 이론은 궁극적으로는 여전히 맞는 말일지도 모른다. 그러나 이 이론은 인류 중심적인 역사철학을 냉소적으로 비판하는 데 기여하지만 그 이론을 계속 견지할 수 있기에는 그 자체도 너무나 인류 중심적이다. 이성은 진정제——

계몽의 변증법

개인은 가끔씩 이성을 진정제로 사용하기 때문에 이성은 진정
제로 보이기도 하지만──로서보다는 적응을 위한 도구로서 기
능한다. '이성의 책략List der Vernunft'*은 인간을 점점 더
유능한 야수로 만드는 데 있는 것이지 '주객 동일성'을 수립하는
데 있는 것이 아니다.

　세계사에 대한 철학적 해석은, 온갖 우회로와 저항에도 불구
하고 수미일관한 자연 지배가 점점 더 결정적인 승리를 얻게
되고 인류 내부의 모든 요소들을 통합하게 되는 과정을 보여줄
수 있을지 모른다. 이러한 시각으로부터 경제나 지배나 문화의
형식들이 도출될 수 있을 것이다. 양(量)이 질(質)로 바뀐다는
의미에서만 '초인'의 관념은 쓸모 있는 것이 될 것이다. 독가스
를 신고 몇 번의 비행으로 마지막 자유로운 동물들이 사는 마
지막 대륙들을 청소할 수 있는 비행사를 혈거(穴居)인과 반대
되는 '초인'이라고 부를 수 있다면, 미래에는 수륙 양용 비행기
──그에 비하면 오늘날의 비행사는 해(害)가 없는 제비처럼
보인다──가 출현할지도 모른다. 자연사적으로 볼 때 정말로
인간보다 더 발달된 종(種)이 도대체 나타날 수 있을까 하는
문제는 의심스럽다. 자연사는 인류가 벌인 행복하고도 성공적
이었던 한판 승부를 미처 계산하지 못했을 것이라는 점에서 본
다면 사실 '인류중심주의'는 옳은 측면이 있다. 인류의 파괴 능

---

*이성의 책략은 보편자의 편을 듦으로써 보편과 특수를 화해시키는 헤겔 철학의 주요
개념으로서 헤겔의『역사철학 강의』에는 다음과 같은 구절이 나온다. "서로 싸우면
서 그 중의 한 부분은 몰락하도록 운명지어진 것이 특수성이다. 대립과 투쟁 속에서
위험에 처하는 것은 보편성이 아니다. 보편성은 배후에서 공격받지 않고 상처받지
않은 채 스스로를 유지한다. 이것을 이성의 책략이라고 부를 수 있다. 이성의 책략
은 온갖 정열들을 스스로 열광토록 하는데 이때 존재하게 되는 것들은 몰락하거나
손해를 입는다. 〔……〕부분적인 것은 대개 보편적인 것에 비해 열악하다. 개인들은
제물이 되거나 포기된다. 이념은 현존과 무상(無常)함이라는 공물을 스스로 지불하
는 것이 아니라 개인들의 정열로 지불한다."

력은——인간이라는 종이 언젠가 멸종된다고 가정한다면——지
구를 백지 상태로 만들어버릴 수 있을 정도로 크다. 인류가 스
스로를 파멸시키거나 지구상의 전체 생태계를 파괴시켜버릴 때 그
래도 지구가 아직 충분히 젊다면——유명한 말을 약간 변주시켜
표현한다면——모든 것은 훨씬 낮은 단계에서 다시 한 번 시작될
것이다.

계몽의 변증법

   역사철학이 '인간적인 사고'들을 실제로 작용할 수 있는 힘
으로 만들어 역사 속에 유입시키고 그리하여 이러한 사고가 승
리함으로써 역사를 끝맺음하려고 함에 따라 인간적인 사고는
자신의 내용을 구성하는 한 요소인 순진무구성을 상실했다. 경
제, 즉 힘이 자기와 함께 있지 않을 때면 언제나 터져나오는 조
롱은——이 안에서 우리 두 사람은 우리의 의지와는 반대로 우
리가 폐지하고 싶은 억압과 우리 스스로를 동일화시켜왔다——
모든 약자에 대한 조롱이다. 기독교에서 일어났던 것——바꾸
어 말하면 현실에서는 고통에 무방비 상태로 노출되어 있는 선
(善)이 역사의 진행을 결정하고 궁극적 승리를 가져오는 숨겨
진 힘이라는 것——이 역사철학에서 다시 되풀이된다. '세계정
신'으로서든 '내재적 법칙'으로서든 신격화가 일어나는 것이
다. 이런 식으로 역사는 직접 그 반대되는 것으로 바뀔 뿐만 아
니라, 사건의 논리적 흐름인 필연성을 끊고 싶어하는 '이념' 자
체도 왜곡된다. 돌연변이의 위험은 제거된다. 힘으로 오인된
무기력은 이러한 승격을 통해 다시 한 번 부인되며 '회상'으로
부터 빠져나가버린다. 이렇게 해서 기독교나 관념론이나 유물
론은——그 자체로는 진리를 포함하고 있지만——자신들이 비
난한 야만적 행동에 다시 연루되는 것이다. 힘의 대변자로서
——선(善)을 위한 힘일지라도——그들 자체가 조직력 있는 역
사의 힘으로 등장하며, 인류의 현실 역사 속에서 조직이라는

도구를 사용하여 피로 물든 역할을 떠맡게 되는 것이다.

역사를 통일된 이론으로 만들 경우 역사는 선한 것으로서보다는 '공포의 역사'로서 구상될 수 있는 것이기 때문에 사유는 사실 '부정적인 것'이다. 좀더 나은 상태에 대한 희망은, 이러한 희망이 단순한 환상을 그리고 있는 경우가 아니라면, 더 나은 상태가 확실하고 단단하며 궁극적인 무엇이라는 보증으로부터 나온다기보다는, 만연해 있는 고통에 대해 눈을 감아버리는 태도로부터 나오는 것이다. 무한한 참을성, 또는 창조사의 폭력을 자신의 내부에서 완화시키고 진정시키는 데 기여하는 '표현'과 '빛'에 대한 피조물의 꺼지지 않는 부드러운 충동은, 어떤 특정한 '실천'——무저항의 실천도 포함하여——이 치료 역할을 할 수 있으리라고——합리적인 역사철학은 이러한 치료 역할을 기대하고 있을지 모르지만——생각하지는 않는다. 그러한 충동 속에서나 사람들이 회상에 잠길 때 언뜻 예감할 수 있는 것인 '이성'은 '가장 행복한 날'에서조차 자신의 지양할 수 없는 모순, 즉 이성만은 결코 망각 속에 파묻어버릴 수 없는 재앙을 만난다.

휴머니티의 기념비

휴머니티는 다른 어느 곳보다도 프랑스를 본고장으로 한다. 그러나 프랑스인 자신은 그러한 사실을 더 이상 자각하지 못하고 있다. 그들의 책에 씌어 있는 것은 이미 누구나 알고 있는 이데올로기다. 더 나은 것은, 매력적인 음성의 울림이나 말투 속에서, 섬세한 미식(美食)이나 유곽에서, 철제로 된 소변기에서, 아직 자신의 분리된 생존을 영위하고 있다. 그러나 블룸 정부*는 이미 이러한 개별적인 것을 존중하는 태도에 대해 싸울 것을 선언했다. 보수주의자들조차 자신의 기념비를 보호하기 위해 별로 움직이지 않았다.

범죄자의 이론

범죄자와 마찬가지로 금고형은 매우 시민적이었다. 중세에는 제후들의 아이들이 부당한 상속권을 요구할 경우 구금되었다. 이에 비해 범죄자는 대중으로 하여금 법과 질서에 대한 존중을 가슴 깊이 새기게 하기 위해 고문을 가한 후 죽였다. 그것은 엄격함과 잔혹함을 통해 사랑의 엄격함과 잔혹함을 교육시키기 위한 것이었다. 금고형이 정식으로 도입되게 된 이유는 노동력에 대한 필요가 증가했다는 상황을 전제한다. 금고형은 '고통'이라는 시민적 존재 방식을 반영한다. 현대적인 교도소의 길게 이어진 감방은 진정한 의미에서의 라이프니츠의 단자Monade가 되고 있다. "단자는 안을 들여다보거나 밖을 내다볼 수 있도록 해주는 창문을 갖고 있지 않다. 우연성은, 예전의 스콜라 학파의 지각 가능한 형식들과는 달리, 해소되거나 실체의 외곽을 배회할 수가 없다. 실체도 우연성도 외부로부터 단자 속으로 들어올 수 없는 것이다."[17] 단자들은 서로에 대해 어떤 영향도 행사하지 않는다. 단자들의 삶을 규제하고 조정하는 것은 신이나 감독 기관이다.[18] 절대적 고독, 폭력적으로 자기 자신 안에만 갇혀 있도록 하는 것, 자아의 전(全) 존재는 재료

---

* Blum(1872~1950): 프랑스의 정치가. 사회당의 지도자로서 공산당·급진사회당 등과 제휴하여 인민전선을 구축한 후 1936년 4~5월 총선에서 인민전선 내각의 수상이 되었다.

17 Leibnitz, *La Monadologie*, Ed. Erdmann, Berlin, 1840, § 7, S. 705.

18 Vgl. *a. a. O.*, § 51, S. 709.

를 다루는 노동의 단조로운 리듬이 되어버리는 것, 이런 것들은 현대 세계에서 인간의 삶에 대한 가증스런 모범을 보여준다. 극단적인 고독과 항상 동일한 상태에 머물러 있어야 하는 희망 없는 무(無)로의 극단적 환원은 동일한 것이다. 감옥 속에 있는 죄수는 현실 속에 사는 인간이 앞으로 되어야 할 모습을 잠재적으로 보여주는 시민적 유형이다. 감옥 밖의 삶도 실패할 수밖에 없다면 감옥 안의 인간에게 이러한 실패는 끔찍하게 순수한 형태로 구현된다. 범죄자를 사회로부터 분리시키거나 그를 개선시키려는 필요에 의해 죄수의 삶을 합리화한다는 설명은 문제의 핵심을 벗어난 것이다. 감옥은 시민적인 노동의 세계에 내재된 의미를 끝까지 생각해볼 때 만날 수 있는 모습으로서, 사람들이 되고 싶어하지만 될 수는 없는 모든 것에 대한 적개심이 만들어낸 상징이다. 약한 자, 뒤처진 자, 문명에 적응하지 못한 자는 자신이 처해 있는 삶의 조건, 아무런 애정도 느낄 수 없는 자신의 삶 때문에 괴로워하며, 자신의 심장을 파고드는 폭력에 거듭 쓴 침을 삼켜야 한다. 행동함에 있어 다른 무엇보다도 자기 유지에만 집착함으로써 범죄를 저지르게 된 사람은 실제에 있어서는 더 약하고 불안정한 자아며, 습관적인 범죄자는 정신쇠약자다.

죄수는 병든 자다. 그들의 나약함이 그들을, 육체와 정신을 공격하고 앞으로도 계속 공격할 수밖에 없는 처지에 떨어뜨렸던 것이다. 대부분의 죄수들은 감옥에 들어오게 만든 행위를 저질렀을 때 이미——정신 구조에 있어서나 타인과의 관계에 있어서——병들어 있었다. 그렇지 않은 죄수들은 보통의 건강한 사람이 비슷한 상황에 처했을 때, 즉 비슷한 자극과 모티프의 구도 속에 처했을 때 행동할 수밖에 없었던 것과 똑같이 행동했다. 그들은 다만 운이 나빴다고 할 수 있다. 나머지 소수의

죄수들만이, 세계의 파시스트적인 주인들의 행태가 사악하고
잔인한 것처럼, 보통의 자유인보다는 더 사악하고 잔인하다.
평범한 범죄 행위는 생각이 짧고 개인적이며 직접적으로 파괴
적이다. 이에 대해 가장 개연성이 높은 설명은, 누구에게나 동
일한 생명의 실체는 모든 개인에게 동일한 압력을 가하고 있으
므로 극단적 폭력 행위가 저질러진 상황을 고려한다면——그리
고 일련의 뒤엉킨 정황을 통찰할 수 있는 은총이 우리에게 주
어져 있지 않았다면——우리는 살인자와 똑같은 방식으로 행동
했을지도 모른다는 것이다. 이제 감방에 갇힌 죄수로서 그들은
단순히 고통받는 자이며, 그들에게 가해진 처벌은 맹목적이고
낯선 사건으로서 암이나 가옥의 붕괴 같은 불행이다. 감옥은
고질병이다. 감옥이 고질병이라는 사실은 죄수들의 표정이나
뒤범벅이 된 머릿속, 조심스런 발걸음에서 드러난다. 그들은
병자들처럼 그들의 병에 대해서밖에 말할 수가 없다.

현대처럼 존경할 만한 집단과 불법적인 집단 사이의 경계가
유동적이 되어가는 세계에서는 그들의 심리적인 내적 형태 또
한 서로 중첩된다. 19세기에서처럼 범죄자가 아직 병자였던 시
기까지는 구금이 범죄자들로 하여금 자신의 허약성을 벗어날
수 있는 계기를 마련해주었다. 주변 세계로부터 한 발을 빼는
'개인'으로서의 능력과 동시에, 용인된 소통 형식에 의해 주변
세계에 다른 발 하나를 들여놓고는 이 세계 속에서 자신을 세우
는 능력이 범죄자에게서는 불가능해졌다. 그는 생명의 내부에
깊숙이 뿌리박고 있는 경향——즉 주변 세계 속에서 활력 있게
자신을 세우는 대신 주변 세계 속에 매몰되어버리는 경향, 자신
을 제멋대로 내버려둠으로써 자연으로 퇴보하는 경향——을 대
변하는 사람으로서 이 경향을 극복하는 것이 곧 진정한 발전이
라고 할 수 있을 것이다. 프로이트는 이러한 경향을 '죽음에의

충동'이라 불렸으며, 카이와는 '의태(擬態) Mimétisme'[19]라 불렀
다. 정상적인 행동 방식보다는 지름길을 택하는 것인 범죄로부
터 승화된 예술 작품에 이르기까지, '진보'라는 절대적 명제를
거스르는 모든 행동의 밑바닥에는 이러한 '집착'이 깔려 있다.
'사물에의 굴복'은 예술이 성립하기 위한 필수 조건이 되고 있
지만 범죄라는 발작적 폭력과 그렇게 먼 것이 아니다. 어린 소
녀를 매음굴에 떨어지도록 만드는, '아니오'라고 말할 수 없는
무기력이 또한 한 인간으로 하여금 범죄자의 길을 걸어갈 수밖
에 없는 조건을 만들어준다. 그것은 범죄자에게 있어서의 저항
력을 상실한 '부정성'이다. 아무런 의식 없이 수동적으로 무자
비한 문명을 가장 무자비하게 모방하면서 동시에 파괴하는 그
러한 범죄자의 허약성에 사람들이 물들지 못하도록 차단막을
설치하는 것, 이것이 감옥이나 노동 현장을 굳게 두르고 있는
장벽이며 이상(理想)이다. 토크빌이 시민공화국은 이전의 왕국
과는 달리 육체에 폭력을 가하는 것이 아니라 영혼에 곧바로
침투한다고 지적했던 것처럼 이러한 질서의 형벌은 영혼을 공
격한다. 시민공화국의 희생자들은 더 이상 몇 날 며칠 동안 환
형(轘刑)을 당한 후 죽는 것이 아니라, 정신병원과 단지 이름만
이 다를 뿐인 거대한 감옥의 보이지 않는 제물이 되어 정신적
으로 말라죽는다.

　　파시즘은 두 형식을 전부 이용한다. 전체 생산에 대한 명령
권의 집중은 사회를 다시 직접적인 지배의 단계로 돌아가도록
만든다. 국가 내부에서는 시장이라는 우회 체계가 폐기되면서
법을 포함한 정신적 매개들도 사라진다. 협상을 해야만 하는
이기주의의 산물로서 개인간의 상호 작용을 통해 전개되어나

19 Vgl. R. Caillois, *Le Mythe et l'Homme*, Paris, 1938, S. 125ff.

가는 것인 '사유'는 완전히 폭력적 소유를 위한 계획이 되어버린다. 독일 기업가들의 순수한 본질이 구현된 결정체(結晶體)로서 대량 학살을 자행하는 파시즘이 등장했을 때 이들과 범죄자의 차이는 오직 이들이 권력을 가지고 있다는 것이었다. 우회적인 방법은 이제 불필요하게 되었다. 대기업의 그늘 밑에서 근근이 연명하고 있는 기업가들 사이의 이견을 조정하는 역할만은 그래도 수행해왔던 시민법은 당사자들의 실제적 이해 관계에는 관심이 없이 그들을 권력의 발밑에 무릎을 꿇도록 만드는 자의적인 법정, 그야말로 단순한 테러 이상의 의미가 없는 법정이 되었다. 그렇지만 이제는 사라지고 없는 법적 보호라는 개념에 의해 '소유'는 정의된다. 사유 재산의 궁극적 형식이 사유 재산이라는 개념을 파괴한다. 파시즘은 국가가 체결한 계약이나 사회 내의 계약들을 권력의 뒷거래를 통한 비밀 협정으로 대체하고는 국내에서는 단지 '보편적인 것'만이 강제적으로 통용되도록 만든다. 그러면 이 '보편자'를 목에 건 선동가들은 자발적으로 나머지 국민들에게 이 보편자를 강요하고 다님으로써 다른 잡다한 이견들을 잠재워버리는 것이다. 전체주의 국가에서 범죄와 처벌은 미신의 잔재라는 이름 아래 근절되며, 범죄적인 정부가 자신의 정치적 목표를 분명히 자각하고 행하는 저항 세력의 무자비한 소탕은 전 유럽으로 퍼져나간다. 번들번들한 종이로 된 잡지──이러한 잡지가 아무리 미켈란젤로와 같은 예술적인 내용을 다루더라도 그것은 지배 권력의 이해를 도모하는 선전 이상은 아무것도 아니다──에 비해 그래도 일말의 진리를 누설해주고 있는 예전의 지성지가 그리워지는 것처럼, 집단 수용소에 비교하면 예전의 교도소는 '좋았던 옛 시절'의 추억거리가 되어버린다. 감옥에 갇힌 죄수에게 외부로부터 강요된 고립은 이제 개인의 피와 살 속에 철저히 스며들게 된다.

340

계몽의 변증법

권력자가 전 국민의 노동력을 완전히 손아귀에 넣고 주무를 수 있게 됨에 따라 잘 훈련된 사람들의 영혼과 행복은 닭장 같은 감방처럼 황량한 것이 되어버린다. 새로운 권력자는 예전의 감방을 더 이상 필요로 하지 않는다. 자유를 구속하는 정도의 형벌은 이러한 사회 현실 앞에서는 완전히 의미를 상실하게 된다.

진보의 대가

빅토르 위고와의 경합에 이겨 프랑스 아카데미의 회원으로 선출될 정도로 한때 슬픈 명성을 누렸던 프랑스 생리학자 피에르 플루렝*이 쓴 편지가 최근에 발견되었는데 거기에는 주목할 만한 부분이 들어 있다.

"나는 보통의 수술에 클로로포름을 사용하는 것에 동의해야 할지 아직 결정을 못 내리겠습니다. 당신도 아마 아시겠지만 저는 이 약제의 연구에 온 힘을 기울여온 결과 동물 실험을 토대로 이 약제의 특수한 성질을 최초로 발표했습니다. 나의 의문은 단순히 클로로포름을 사용한 수술이——추측건대 이미 알려져 있는 다른 마취제도 또한——기만이 아닐까 하는 것이었습니다. 이들 약제는 오직 어떤 운동중추나 조정중추, 그리고 신경의 잔류 능력에만 작용할 뿐이라는 것입니다. 이것들은 클로로포름의 영향에 의해 인상의 자취를 받아들이는 능력이라는 부분적 속성만을 잃어버리는 것이지, 느낄 수 있는 능력 자체가 없어지는 것은 아니라는 것입니다. 사람들이 생각하는 것

---

* Pierre Flourens(1794~1867): 프랑스의 생리학자. 비교해부학자이자 과학사가.

과는 반대로 나의 관찰은 일반적인 신경 조직의 마비에 따라 고통은 정상 상태보다 더 심해진다는 사실을 지적했습니다. 사람들의 착각은 수술의 전체 과정을 기억할 수 없는 무능력에서 초래되는 것입니다. 우리가 환자들에게 진실을 말한다면 그들 중에 누구도 이 약제를 사용하겠다고 결정하는 사람은 없을 것입니다. 그렇지만 그들은 우리가 침묵을 지키기 때문에 마취제를 사용하겠다고 우겨대고 있죠.

그러나 저는 수술 기간 동안의 기억력 상실이라는 이득── 그나마도 의심스럽겠지만──과는 별개로, 이 약제를 계속 사용하는 것은 또 다른 심각한 위험을 초래할지도 모른다는 것입니다. 우리 같은 의사가 되기 위한 교육 과정이 점점 피상적이 되어가는 상황에서 클로로포름의 무제한한 사용은 외과 의사들로 하여금 더욱더 어렵고 복잡한 수술을 감행할 용기를 주지 않을까 하는 것입니다. 연구에 대한 흥미로 이 방법을 동물에 적용시켜보는 대신에 우리의 환자들이 아무것도 모르는 실험용 모르모트가 되는 것이 아닌가 하는 것입니다. 그 특수한 성격 때문에 이런 종류의 알려진 모든 센세이션을 능가하는 고통스러운 자극이 환자에게 지속적인 정신 장애를 초래할 수도 있고 경우에 따라서는 형언할 수 없을 정도로 고통스러운 죽음을 가져오지만 그 독특한 성격 때문에 가족이나 세계에는 영원히 숨겨질 수 있는 가능성도 생각해볼 수 있습니다. 이것은 우리가 '진보의 대가'로 지불해야 하는 값치고는 너무 높지 않을까요?"

이 편지에서 얘기하는 플루렝의 말이 맞다면 신적인 세계 질서라는 어두운 도정은 최소한 한 번은 정당화될 수 있을 것이다. 희생당한 동물은 살해자의 고통을 통해 복수를 하는 것이다. 모든 수술은 생체 실험일지도 모른다. 우리가 우리 자신이나 피조물 전체에 대해서 취하는 태도는 수술할 때 우리가 우리 자신에 대해 취하는 태도, 즉 '고통을 잊기 위한 망각'이 아닌가 하는 의심이 든다. 인간과 다른 동물을 분리시키는 '공간'은 우리와 과거의 고통 사이에 놓인 '시간'과 동일한 것이라고 인식할 수도 있을 것이다. 이 공간이나 시간은 둘 다 '넘을 수 없는 장벽'을 의미한다. 그러나 의학적 기술이건 의학 이외의 기술이건, 자연에 대한 항구적인 지배는 이러한 무지 상태로부터 자신의 힘을 길어내며 망각을 통해 비로소 가능해지는 것이다. '회상의 상실'은 과학의 초월적인 조건이다. 모든 물화는 망각이다.

공허한 경악

인류의 불행을 물끄러미 쳐다보는 것은 매혹적인 요소도 갖고 있지만 어떤 비밀스런 동의를 요구한다. 불의에 가담하는 모든 사람의 내부에 숨어 있는 사악한 마음이나 충만된 삶에 대한 증오는 너무나 커서 위기의 순간에는 내재적인 복수의 형태가 되어 자기 스스로에게 총구를 겨누게 된다. 이에 대한 처절한 예는 파시스트들의 영웅적인 이상(理想)을 아이러니로써 관망한 프랑스 시민의 태도에서 찾을 수 있다. 그들은 히틀러가 집권했을 때, 그가 자신들의 몰락을 초래할지도 모르는 위험 인물임에도 불구하고, 자신들과 비슷한 정치 성향의 집단이 승리한 것에 대해 기뻐했다. 실제로 그들은 자신들이 대변한 정의와 질서를 위한 담보물이 되어 몰락의 구렁텅이에 빠지게 되었다. 이런 행태의 싹은 '알거지가 되는 것'에 대한 많은 부자들의 태도에서 발견할 수 있다. 그들은 알거지가 되는 모습을 '절약'의 합리화를 통해 떠올린다. 부자들이 잠재적으로 가지고 있는 성향은 한푼을 벌기 위해 악착같이 싸우면서도 경우에 따라서는 싸워보지도 않고 그들의 전 재산을 포기하거나 무책임하게 놀음으로 날려버린다. 파시즘에서 그들은 지배욕과 자기 증오를 종합할 수 있었다. '공허한 경악'은 항상 '나도 항상 그렇게 생각했었어'라는 제스처를 동반한다.

육체에 대한 관심

유럽의 알려진 역사 밑으로는 드러나지 않은 '지하의 역사'가 흐르고 있다. 이 역사는 문명에 의해 억압되고 왜곡된 인간의 본능과 정열이 처한 운명이 만드는 역사다. 감추어져 있던 것들을 밝은 데로 드러낸 현재의 파시즘은 드러난 역사와 그 뒤에 감추어진 어두운 측면——민족 국가의 공식적 전설이나 진취적 비판이 간과하고 있는 측면——과의 연관 관계를 보여준다.

'육체'와의 관계가 무엇보다 불구가 되었다. 일과 일의 결과에 대한 수혜를 분리시키는 노동 분업은 목적으로부터 자유로운 순진한 활동을 이단시한다. '주인'들이 타인의 노동 없이는 살 수 없게 될수록 노동은 더욱 저열한 것으로 선언된다. 노예처럼 노동에도 낙인이 찍힌다. 기독교는 노동을 미덕이라고 찬양했지만 그 대신에 육체를 모든 악(惡)의 원천으로 평가 절하시켰다. 기독교는 전혀 기독교적이지 않은 마키아벨리와 한통속이 되어 구약에서는 저주로 여겨졌던 노동을 찬양함으로써 시민적 질서를 열었다. 사막의 교부들, 도로테우스,* 강도로 몰려 쫓기는 모세, 고지식한 바울 그리고 영혼이 가난한 자들에게 있어서 노동은 아직 직접적으로 천국에 들어가는 입장권이었다. 루터나 칼뱅에게 있어 노동과 구원은 너무나 복잡하게 뒤엉키게 됨으로써 개신교가 행하는 지나친 노동의 고취는 벌레를 짓밟는 군홧발과 같은 조롱으로 느껴진다.

제후들이나 대귀족들은 그들이 즐기는 지상의 나날과 영원한 운명 사이에 가로놓인 종교적 간극을 다른 사람의 노동 시간으로부터 착취한 수입을 생각함으로써 넘어설 수가 있었다. 누구를 선택해서 은총을 내리는가 하는 문제의 비합리성은 그들에게도 구원의 가능성을 열어놓는다. 그러나 다른 사람들에게는 자신들의 어깨를 누르는 짐이 더욱 무거워진다. 이들은 권력자에 의한 육체의 경멸이 자신들에게 부과된 억압에 대한 이데올로기적 반영 이외에는 아무것도 아니라는 사실을 희미하게 느낀다. 현대의 식민지 국민들에까지 이르는 모든 희생자들은 고대의 노예들과 똑같은 운명을 경험한다. 그들은 열등한 종족으로 취급받는다. 본래부터 위에 있는 사람들과 밑에 있는 사람들이라는 두 개의 종족이 있다는 것이다. 유럽에서 '개인'의 해방은 보편적인 문화 변동 속에서 얻어진 것인데, 외부로부터 육체에 부과되는 강압이 줄어들수록 해방된 인간들의 내부에서는 균열이 점점 더 깊이 파이게 된다. 하층민에게서 착취되는 육체는 악(惡)으로 여겨지며 상류층 사람들이 즐기는 '정신'은 최고선(最高善)으로 간주된다. 이러한 여건이 유럽에서 찬란한 문화가 꽃피도록 해주었지만, 처음부터 공공연한 비밀이었던 이러한 기만은, 그럼에도 불구하고 육체를 통제해나가야 하는 문제와 결부되면서 육체에 대한 음흉한 태도를 만들어냈다. 루터의 언어에서 적합한 예를 발견할 수 있는 이러한

345

---

* Dorotheus: 순교한 가톨릭의 성녀. 축일은 6월 2일.

태도는 육체에 대한 '증오에 찬 사랑'을 강화시키는데, 증오에 찬 육체의 사랑은 수세기 동안 대중의 사고 방식을 결정해왔다. 자신의 육체에 대해서든 타인의 육체에 대해서든 육체에 대해 취하는 개인의 태도 속에서 '잔혹성'이라는 개념으로 특징지을 수 있는 지배의 비합리성과 부당성이 다시 등장한다. '잔혹성'이란 자유와는 거리가 먼 것이듯, 통찰력이나 행복한 반성과는 전혀 반대되는 것이다. 잔혹성에 관한 니체의 이론은 사드에게서처럼 그 실상을 확연하게 보여준다. 프로이트의 나르시시즘이나 '죽음에의 충동'은 잔혹성을 심리학적으로 해석한다.

육체에 대한 '증오에 찬 사랑'은 모든 근대 문화의 바탕색을 이룬다. 육체는 무언가 열등하고 예속된 것으로서 경멸받고 거부되지만 동시에 금지된 것, 물화된 것, 소외된 것으로서 갈망의 대상이 된다. 문화는 육체를 사람들이 소유할 수 있는 사물로 규정한다. 문화 속에서 비로소 육체는, 권력자이며 명령권자인 '정신'에 의해, 죽은 물체인 '시체'와 구별되는 대상이 된다. 결국 인간이 시체로 전락되도록 함으로써 자연은 인간이 자신을 단순한 지배 대상이나 원자재로 격하시킨 데 대한 복수를 한다. 인간이 어쩔 수 없이 파괴와 잔혹성으로 치닫게 되는 이유는 육체와 정신의 분리가 점점 커져가는 데서 연유한다. 프로이트는 이러한 사태를 예리하게 표현했다. 그에 따르면 '구토'란 인간이 직립을 하게 되어 대지로부터 떨어지게 되면서 월경을 하는 암컷에게 수컷을 끌어당기는 힘인 후각이 퇴화되어 부차적 위치에 떨어지게 됨으로써 생기게 되었다고 한다. 서구에서는, 또한 아마 모든 문명에서, '육적인 것'은 터부시된다. 육체는 매력적이면서도 혐오의 대상이 된다. 그리스의 지배자들에게서나 중세에서는 육체가 지배를 위한 필수 조건인

'완력'으로서 인정을 받았다. 육체를 갈고 닦는 것은 그들의 사회적 목표였다. '칼로카가티아'*는 부분적으로는 가상이지만 다른 한편으로는 자신의 힘을 실제로 유지하거나 지도자로서의 역량을 단련하는 체력 단련이었다. 상업과 교통에 의해 매개된 시민적 형식이 등장하면서, 나아가 산업 사회가 출현하면서 마침내 '지배'는 완전한 형태 변화를 겪게 된다. 인류는 칼에 의해서가 아니라 거대한 장치——이러한 장치는 결국에는 또다시 칼을 주조하게 되지만——에 의해 노예가 되며, 이런 과정 속에서 남성적 육체를 갈고 닦을 합당한 이유가 사라진다. 이러한 정황에서 볼 때 19세기나 20세기의, '육체'를 부활시키려는 낭만적 시도는 이미 사멸해버리거나 불구가 되어버린 '육체'를 이상화하는 것에 불과하다. 니체, 고갱, 게오르게, 클라게스는 진보의 결과인 '이름 없는 우둔성'을 인식했다. 그렇지만 그들은 잘못된 결론을 도출해냈다. 그들은 현재 하고 있는 불의를 고발하는 것이 아니라 과거에 있었던 불의를 정화했다. 산업 사회의 대중 문화는 고상한 제스처를 필요로 했는데 기계화에 대한 혐오는 이러한 대중 문화를 위한 장식이 되었다. 예술가들은 자신들의 의지와는 반대로 '육체와 영혼의 통일성'이라는 잃어버린 이미지를 광고를 위해 제공한다. 금발의 야수로부터 남태평양의 섬사람에 이르는 생명 있는 현상들의 찬미는 단순한 광고의 수단이 되어 이국적인 것을 소재로 한 영화나 비타민제, 스킨 로션을 위한 포스터에 사용된다. 이러한 광고에 내재하고 있는 목표는 위대하고 아름답고 고귀한 새로운 인간 유형, 즉 히틀러와 그의 군대인지도 모른다. 파시스트 지도자들은 살인 무기를 다시 손에 든다. 그들은 그들의 죄수들을

---

*kalos kagathos: 선(善)·미(美)의 융합 또는 육체적인 요소와 정신적인 요소의 균형이라는 이념을 추구하는 것.

채찍과 총으로 몰아붙이나 그것은 자신들이 우월한 힘을 가지고 있기 때문이 아니라, 저 거대 장치나 이 장치를 움직이는 진정한 권력자들이 불능 상태에 빠지게 되면서 국가 이성의 제물들을 파시스트에게 넘겨줘 이들을 지하 감방에 가둘 수 있도록 만들어주었기 때문이다.

지금의 육체가 생동하는 육체로 다시 변화될 수는 없다. 그것은 아무리 단련을 하더라도 고깃덩어리에 불과하다. 죽음으로의 변화는, 죽음이라는 단어가 보여주듯이, 자연을 소재와 재료로 만드는 항구적 과정의 한 부분이다. **문명의 업적은 육체와 대지**—지배는 모든 인간을 이것으로부터 떼어놓는다—**에 대한 '증오에 찬 사랑'으로부터 얻어진 '승화'의 산물이다.** 의학에서는 인간의 육체화에 대한 영혼의 반응을, 기술에서는 전체 자연의 물화에 대한 영혼의 반응을 생산적인 것으로 만든다. 합법적이건 비합법적이건, 크건 작건 권력자들에 의해 그들의 음흉한 목적을 수행하기 위해 이용되는 살인자들이나 야수 같은 거한들, 제거할 인물이 있을 경우 바로 그곳에 존재하는 폭력적인 인간들, 누구든 건방지게 보이면 벌떡 일어서는 완력가, 깡패, KKK단원, 누군가가 돈과 지위를 잃으면 권력이 그에 대한 보호의 손길을 거두고 처치할 때 맡기는 곳인 잔인한 청부업자, 역사의 배후에 존재하면서 두려움을 생생한 것으로 만들어주는 늑대 인간들, 이들이 없으면 지배 자체가 불가능할지도 모른다. 이런 인간들은 육체에 대한 '증오에 찬 사랑'을 가장 직접적이고 노골적인 방식으로 드러낸다. 그들은 그들이 만지는 모든 것을 왜곡시키며, 그들이 보는 모든 것을 파괴한다. 이 파괴는 물화에 대한 그들의 복수다. 그들은 살아 있는 모든 것에 대한 광포한 분노 속에서 자신들의 힘에 의해 없었던 것으로 되돌릴 수 없는 것, 즉 정신과 정신의 대상으로 삶을 분리시키는 행위를 되풀이한다. 그들의 사람에 대한 끌림은 억제할 수 없는 성질의 것이다. 그들은 사람을 육체로 환원시키고 싶어한다. 그들에게 있어서는 아무것도 살아 있어서는 안 되는 것이다. 가장 비열한 인간들이 갖고 있는 이러한 적대감은 세속적 지배자이건 영적 지배자이건 지배자들이 위로부터 기술적으로 조장한 것으로서 '불구가 된 삶'——그들은 살인에 의해 이러한 삶과의 동성애적이고 편집증적인 관계를 수립할 수 있다——에 대한 적대감이다. 이러한 적대감은 항상 없어서는 안 될 통치 도구였다. 노예가 된 인간들의, 삶에 대한 적대감은 역사의 어두운 뒷면에 살고 있는 없애버릴 수 없는 힘이다. 청교도 전쟁에서 볼 수 있었던 청교도들의 흥분과 무절제 비슷한 것이 삶에 대해 절망적인 복수를 하는 것이다.

전체주의적인 프로파간다가 자연과 운명을 사랑하는 것은 실패한 문명에서 비롯된 것으로서 육체에 대한 집착을 얄팍한 수법으로 선회시킨 것이다. 육체로부터 벗어날 수 없는 사람들은 육체를 파괴할 수 없을 때 오히려 육체를 찬미한다. 파시스트들의 비극적 세계관은 다음날에 있을 피의 제전을 준비하는 이데올로기 잔치다. 자연 애호가가 사냥꾼에 가깝듯이 예로부터 체조 선수나 등산가와 같은 육체의 찬미자들은 살인자와 가장 가까운 친화성을 갖는다. 그들은 육체를, 관절들로 연결된 움직이는 기계로 보며 살은 쿠션으로 간주한다. 그들은 육체를 다룸에 있어, 몸통과 사지를 서로 분리된 부분들인 양 취급한다. 유대인의 전통은 사람을 자로 재는 것을 금기시했다. 왜냐하면 관을 짤 때 시체를 자로 재었기 때문이다. 육체의 조종자들이 기쁨을 느끼는 것은 바로 이런 것이다. 그들은 관 짜는 목수의 시선으로——그것을 자각하고 있는 것은 아니지만——다른 사람들을 측량하는 것이다. 그들은 관찰의 결과를 말할 때

그러한 비밀을 누설한다. 그들은 사람을 길다, 짧다, 뚱뚱하다, 무겁다라고 부르는 것이다. 그들은 타인의 병에 관심이 있고, 식사하면서 이미 함께 밥먹는 사람의 죽음을 살피며 그러한 관심은 그 사람의 건강에 관한 관심으로 슬쩍 위장된다. 언어도 그들과 보조를 맞춘다. 이러한 언어는 산보를 '움직임'으로, 식사는 칼로리로 바꾸어버린다. 이것은 마치 프랑스나 영어의 일상어가 살아 있는 숲을 목재와 똑같이 부르는 것과 같다. 사회는 '사망률'이라는 표현을 사용함으로써 삶을 화학 작용으로 격하시킨다.

집단 수용소의 죄수들이 겪은 가공할 치욕은 현대의 사형 집행자들이 아무런 합리적 이유 없이 고문치사를 한 단계 승격시킨 것으로서 이러한 치욕 속에서 금기시된 자연의 승화되지 않은 반란이 조심스럽게 드러난다. 가장 가증스러운 것은 사랑의 순교자인 성 범죄자나 패륜적인 탕아다. 왜냐하면 이들이 절망적으로 매달리는 섹스는 순수한 육체의 표현이기 때문이다. 자유로운 섹스 속에서 살인자는 그가 더 이상 가질 수 없는 잃어버린 '직접성'이나 근원적인 태극의 상태를 두려움 속에서 만난다. 죽어버린 직접성이 다시 부활하는 것이다. 살인자는 이제 모든 것을 무(無)로 만듦으로써 그것들을 하나로 만든다. 왜냐하면 그는 자신의 내부에 있는 통일성을 질식시켜야 하기 때문이다. 희생자는 '분리 상태'를 근근이 버텨온 삶을 살인자를 위해 바쳐야 한다. 삶은 파괴되며 우주는 단순한 먼지와 추상적인 힘이 된다.

대중 사회

인기 스타와 같은 유명인에 열광하는 것은 눈에 튀는 모든 것을 제거하여 고르게 만드는 사회 메커니즘의 일부다. 인기인들은 단순한 옷본으로서 이 옷본에 따라 온 세계의 기성복을 재단할 뿐만 아니라, 법이나 경제적인 정의도 이 옷본에 맞추어 가위질되며 남아 있는 실밥을 제거한다.

덧붙이는 글

인간이 하향 평준화되고 표준 규격화되고 있지만 다른 한편에서는 권력을 누리는 지도적인 인물들에서 발견할 수 있는 '높은 인격'이 있다는 견해는 잘못된 이데올로기다. 오늘날의 파시스트적인 지배자들은 초인이 아니다. 다만 무수한 사람들이 만드는 똑같은 목소리를 하나의 초점에 응결시키는 특유한 선전 장치가 초인을 만들어내는 기능을 할 뿐이다. 대중심리학에서 총통은 가부장적인 모습이라기보다는 개개의 인간들이 지닌 무력한 자아가 만들어낸 과장된 '집합적 투사(投射)'로서 실제의 많은 지도자상들은 이러한 투사에 의해 만들어진 것이다. 그들은 실제에 있어서는 이발사나 삼류 배우, 남의 뒤나 캐고 다니는 신문 기자를 닮았다. 그들이 갖고 있는 도덕적 영향력의 일부는, 그들 자신도 사실은 다른 사람처럼 무기력한 인간이지만 무력한 인간들의 대표로서 우연히 완전한 권력을 가지게 되었다는 것, 이런 힘없는 사람들이 없다면 그 자신도 아무것도 아닌 '빈자리'에 불과하다는 사실로부터 생겨난다. 그들은 인간이 지닌 고유한 인격의 파괴를 모면한 예외적 인물이 아니라 인격의 해체를 승리로 전화시키거나 최소한 어느 정도 해체에 대한 보상을 얻어낸 자들이다. 시민 시대 전체가 어느 정도는 이미 그러했다고 할 수 있지만 **지도자들은 지도자의 역할을 연기하는 배우들이다.** 비스마르크와 히틀러의 인격상의 차이는 『생각과 회상들』이라는 산문집과 『나의 투쟁 *Mein Kampf*』이라는 횡설수설이 보여주는 차이만큼이나 별것이 아니다. 파시즘에 대항한 투쟁에서 중요한 것은 과대 포장된 총통의 이미지를 아무것도 아닌 본래의 크기로 되돌리는 것이다. 채플린의 영화 「위대한 독재자」는 게토의 이발사와 독재자의 유사성을 보여줌으로써 어느 정도 이러한 문제의 핵심 부분을 건드리고 있다.

모순들

사람들이 철학자에게 요구하는 것은 확실하고 일목요연한 근거와 결론으로 이루어졌으며 어떤 도덕적 딜레마에 처해도 안전하게 적용할 수 있는 체계로서의 도덕이다. 철학자들은 대체로 이러한 기대를 충족시켜왔다. 그들이 실천적인 체계나 규범적인 체계를 세우지 않을 때조차 그들은 자신들의 이론으로부터 권위에 대한 순종을 도출해낸다. 그들은 대체로 공적으로 인준된 가치의 위계 질서를 다시 한 번 세련된 논리와 증거로써 설명한다. "전수되어온 민족 종교를 통해 신들을 공경하라"고 에피쿠로스[20]는 말하며, 헤겔도 이 말을 되풀이한다. 이러한 원리에 충성을 바치기를 주저하는 자는 자신의 신념을 보편적

---

20 *Die Nachsokratiker* (Heraugegeben von Wilhelm Nestle), Jena, 1923, Band I, 72a, S. 195.

원리를 사용해 더욱더 열렬히 증명할 것을 요구받는다. 사유가 지배적인 지침을 다시 한 번 승인하지 않을 경우 사유는 기존 가치를 단순히 추인할 때보다 훨씬 더 확신에 차 있고 보편적이며 권위 있는 것으로 자신을 내보여야만 한다는 것이다. 당신은 기존의 권력이 부당하다고 생각합니까? 당신은 힘이 아닌 카오스가 지배하기를 원하는 것입니까? 당신은 획일화된 삶이나 진보를 비판하는 것입니까? 우리는 다시 저녁마다 촛불을 켜야 한다고요? 우리의 도시가 중세에서처럼 냄새 나는 쓰레기로 꽉 차야 한다는 것입니까? 당신은 도살장을 좋아하지 않는다구요? 그러면 이제부터 생야채만 먹어야 한다는 것입니까? 이러한 질문에 대해 긍정적 입장에서 대답을 하면 그러한 대답이 아무리 어리석을지라도 사람들은 귀담아듣는다. 정치적 무정부주의, 골동품을 찾아다니는 문화 반동, 극단적 채식주의, 상궤를 벗어난 정파들도 소위 사람을 *끄*는 힘을 가질 수 있다. 이론들은 다만 보편적이고 자기 확신에 차 있으며 당당하기만 하면 되는 것이다. 용납되지 않는 것은 '이것이냐 저것이냐'에서 빠져나가려는 시도, 추상적 원칙에 대한 불신, 고정관념이 없이도 흔들림이 없는 태도다.

두 젊은이가 대화를 한다.

A: 너는 의사가 되고 싶지 않니?

B: 의사라는 직업은 매일매일 죽어가는 사람을 다루는데 그 때문에 의사들은 유연성을 잃어버리는 것 같아. 제도화가 점점 진전되면서 의사들은 환자보다는 병원 경영과 병원의 위계 질서를 대변한다고 여겨져. 종종 의사는 자신이 삶과 죽음의 주재자인 것 같은 착각을 하게 되지. 그는 소비자의 편이 되기보다는 대기업의 경영인처럼 되는 거야. 자동차를 파는 문제라면

다르겠지만 다루는 상품이 생명이고, 소비자는 고통받는 인간들이라 할 때, 나는 이런 상황 속에 몸을 담기가 싫어. 가정의라는 직업은 훨씬 무해하겠지만 오늘날 가정의 제도는 점점 쇠퇴해가고 있어.

A: 네 생각은 의사가 없다는 거야? 아니면 옛날의 돌팔이 의사들이 되돌아와야 한다는 거야?

B: 내 말은 그게 아냐. 내 말은 나 자신이 의사가 된다는 생각이 끔찍하다는 것이고, 그것도 특히 큰 병원의 명령권을 가진 수석 의사를 염두에 두고 하는 말이야. 병자들을 아무 손도 써보지 못하고 죽게 내버려두는 것보다는 의사와 병원이 있다는 것이 물론 훨씬 바람직하다고 생각해. 나도 공공연한 비난자가 되고 싶은 것은 아냐. 강도나 살인자의 존재는 그들을 교도소로 보내는 제도의 존재보다 훨씬 더 큰 악이지. 정의는 이성적인 것이야. 나는 이성에 반대하는 것이 아니고 다만 이성이 택한 형태를 올바로 인식하고 싶은 것뿐이야.

A: 네 말에는 모순이 있어. 너 자신 의사나 재판관이 만드는 이점을 이용하고 있어. 너에게도 그들처럼 잘못이 있어. 너는 다른 사람들이 너를 위해 해주고 있는 일에 너 자신은 발을 들여놓고 싶어하지 않는 거야. 너 자신의 존재 자체가 네가 빠져 달아나고 싶어하는 원칙들의 전제를 이루고 있는 거야.

B: 나도 그것을 부인하는 것은 아냐. 그렇지만 모순은 필연적이지. 모순은 그 자체가 사회라는 객관적 모순에 대한 답이야. 오늘날처럼 분화된 **노동 분업 사회에서는 어느 한 지점을 잡더라도 모든 사람의 죄가 딸려 올라오는 공포가 드러나지.** 이러한 자각이 퍼져나가고, 최소한 일부 사람들이라도 그러한 공포를 자각한다면 정신병원이나 교도소는 인간화될 수 있고 법정은 언젠가는 결국 불필요한 것이 될 수도 있을 텐데. 그렇지만 이

것이 내가 작가가 되려는 이유는 절대 아냐. 나는 다만 모든 사람이 처해 있는 끔찍한 상황을 좀더 분명히하려는 것뿐이야.

A: 그러나 모든 사람들이 너처럼 생각하고 아무도 손을 더럽히지 않으려 한다면 의사도 판사도 없게 되고 그러면 세계는 더 끔찍할걸?

B: 바로 그것이 나에게도 의문점이야. 왜냐하면 모든 사람이 나처럼 생각한다면 악(惡)에 대한 해독제뿐 아니라 악 자체가 없어지지 않을까 하는 것은 아직은 단순한 희망 사항이기 때문이지. 인류는 아직 달라질 수 있는 가능성을 가지고 있어. 내가 인류 전체는 아니고 나의 사유 속에서 전체 인류를 나 자신으로 대체시킬 수는 없는 것이지. 나의 개개 행동들이 보편적 모범이 될 수 있으리라는 도덕의 원리는 의심스러운 것이야. 그러한 원리는 역사성이라는 계기를 무시하는 것이지. 의사가 되고 싶지 않다는 나의 태도가 왜 의사가 아예 없어야 된다는 견해와 등가물이 되어야 하지? 현실에는 좋은 의사가 될 수 있고 실제로 될 수 있는 기회를 가진 사람들이 많이 있어. 오늘날 직업에 부여된 한계 속에서 사람들이 도덕적으로 행동한다면 나는 그런 사람에게는 경의를 표하겠어. 아마 그들은 내가 너에게 설명한 비판점들을 완화시키는 데 기여할 거야. 반대로 그들은 그들이 가진 온갖 지적 전문성과 도덕성에도 불구하고 부정적 측면을 가중시킬 수도 있는 거야. 내가 상상하고 있는 나의 존재 방식, 나의 공포와 인식욕은 내가 비록 직접적으로는 아무도 도울 수 없을지 모르지만 의사의 직업만큼이나 정당성을 가지고 있다고 생각해.

A: 그렇지만 네가 의학 공부를 해서 사랑하는 사람의 목숨을 구할 수 있고 또한 그 사람은 네가 없다면 목숨을 잃을 수밖에 없다는 것을 알고 있다면 그래도 너는 의학 공부를 할 생각이

없니?

B: 너는 궁극적인 결론을 얻어내야 한다는 강박관념 때문에 엉뚱한 예를 끌어들이고 있다고 생각하지는 않니? 나는 비록 비실용적인 고집과 모순을 가지고 있기는 하지만 그래도 건강한 인간 오성을 떠나지는 않고 있다고 생각해.

이러한 대화는 실천에 맞서 사유를 포기하지 않으려 할 경우 어디서나 되풀이된다. 논리와 결론은 항상 실천의 입장을 지지하는 편이 갖고 있는 것처럼 보인다. 생체 해부에 반대하는 사람은 박테리아에 생명을 빼앗길지도 모르니까 숨도 쉬어서는 안 된다는 것이다. 논리는 진보에도 봉사하고 반동에도 봉사한다. 어떤 경우든 현실에 봉사하는 것이다. 그렇지만 오로지 현실에만 눈을 돌리는 교육의 시대에 이러한 대화 자체가 희귀한 일이 되어버렸으며 앞의 대화에서 B는 노이로제 증상을 보이는 것처럼 여겨지지만 사실 그러한 병적 상태를 유지하기 위해서는 초인적인 힘이 필요하다.

개인적인 관찰

40대에 사람들은 보통 기이한 경험을 한다. 그들은 함께 자라왔고 지금도 접촉을 유지하고 있는 대부분의 사람들에게서 지금까지 그들이 유지해오던 습관이나 의식에 교란이 일어나고 있음을 발견한다. 어떤 사람은 도대체 일을 돌보지 않아 사업을 망치고, 어떤 사람은 부인에게 잘못이 있는 것도 아닌데 이혼을 하고, 어떤 사람은 돈을 횡령하기도 한다. 다른 어떤 사람들은 결정적인 사건을 저지르지는 않아도 '분해'의 조짐을 보인다. 그들과의 대화는 피상적이 되고 겉돌거나 쓸데없는 허풍이 된다. 예전에는 나이 든 사람들도 다른 사람으로부터 자극을 받아들일 수 있었다면 이제는 자신만이 대상에 대한 자발적 관심을 보이고 있다고 느낀다.

처음에는 동년배의 이러한 변화를 바람직하지 못한 우연으로 간주하는 경향을 보인다. 바로 다른 사람들이 좋지 않은 방향으로 바뀌었다고 생각하는 것이다. 아마 이러한 변화는 그의 세대나 그 세대가 처한 특수한 외적 운명과 관계 있을 것이라고 생각한다. 결국에는 이러한 경험이 자신에게도 별로 낯설지 않은 경험이라는 것을 발견하게 되며 다른 각도, 즉 세대간의 갈등이라는 각도에서 보게 된다. 그도 예전에는 선생님들이나 아주머니, 부모의 친구들, 나중에는 대학의 교수나 직장의 상사에게 문제가 있다고 확신하지 않았던가! 그들은 우스꽝스럽거나 살짝 돈 것처럼 보이기도 했고 아니면 그들의 현재 상황이 너무 삭막하거나 거북살스럽거나 실망스러웠다.

그 당시 그는 별 생각 없이 나이 든 사람의 열등함을 자연스러운 사실로 받아들였다. 이제 그는 그 사실을 스스로 확인하게 된다. 한창 나이임에도 불구하고 주어진 여건 속에서 지적이든 기술적이든 일정한 숙련도를 유지하면서 최소한의 생존을 이끌어나가는 것만으로도 치매 현상을 일으키려 하는 것이다. 세계적인 인물도 예외가 되는 것은 아니다. 그것은 마치 젊은 날의 희망을 배반하고 세계에 길들여진 사람들이 겪는 때 이른 부패의 형벌처럼 보인다.

덧붙이는 글

오늘날 개성의 몰락은 단순히 개성이라는 범주를 역사적으로 이해할 것을 요구할 뿐만 아니라 개성이라는 것이 지닌 긍정적 측면도 의심하도록 만든다. 개인에 가해진 불의는 경쟁의 시대에서는 개인의 고유한 원리 자체에서 빚어진 것이다. 이러한 문제는 개인이나 그가 갖는 사회 속에서의 파편적 이해(利害)가 행하는 기능에만 관계된 것이 아니라 개성의 내적 구조 자체에 관계된 것이다. 인간 해방의 추세는 이 개성으로부터 연유된 것이기도 하지만 개성 또한 인류가 벗어나야만 하는 메커니즘의 결과다. 비합리적인 사회의 맹목적이고 억압적인 힘에 대한 저항은 개인의 자율성이나 비교 불능성 속에서 결정(結晶)을 이룬다. 그러나 이러한 저항은 역사적으로 볼 때 자율적이고 비교 불가능한 개인의 맹목성과 비합리성을 통해서만 가능한 것이다. 그렇지만 뒤집어보면 그 파편성으로 말미암아 전체에 대해 무조건 대치하고 있는 것은 또한 기존의 전체에 속절없이 얽매여 있는 것이다. 한 인간 속에 있는 해체할 수 없는 것인 극도의 개별적인 것은 항상 두 요소——지배 체계가 완전히 장악할 수 없어서 운 좋게 살아남은 요소, 그리고 체계가 구성원에 가한 불의에 의해 만들어진 상흔——를 자신의 내부에 모두 포함하고 있다. 개별적인 것 속에는 체계의 기본 원리——소유에 대한 집요한 갈망과 반성 없는 자기 유지에서 빚어진 상상적인 병——가 과장되어 되풀이된다. 이러한 경향을 이용해 개인들은 자연과 사회, 병과 파산이 가하는 위협에 저항해 자신을 세우려 들게 됨에 따라 그러한 개인의 경향 자체도 필연적으로 강압적 성격을 띠게 된다. 가장 깊은 내면에서 개인은 그가 도망가고 싶어하는 바로 그 힘과 다시 마주서게 된다. 이것이 그로 하여금 도피란 희망 없는 망상이라는 사실을 가르쳐준다. 몰리에르의 희극이나 도미에의 그림은 개별화에서 빚어진 이러한 저주를 알고 있다. 그러나 개인을 제거한 민족사회주의자들은 이러한 저주를 기분좋게 즐기며 그들의 고전적인 화가로 슈피츠베크*를 내세운다.

절대적인 것은 아니지만 적어도 경직된 사회에 대항해서 더 나은 사회를 대변할 수 있는 것은 경직된 개인이다. 그는 개인이 더 이상 존재하지 않는 사회에서 일어나고 있는 것, 또는 집합적인 체계가 개개인에게 매일매일 가하고 있는 불의에 대한 수치심을 간직할 수 있는 것이다. 자아를 더 이상 갖고 있지 않은 오늘날의 '말 잘 듣는 인간들yesmen'은 예전의 짜증스러운 약장수, 열광적으로 장미를 가꾸는 사람, 정치적 불구의 후예이다.

철학과 노동 분업

사회적인 노동 분업 속에서 학문이 차지하고 있는 위치는 어렵지 않게 인식할 수 있다. 학문의 과제는 가능한 한 양적으로 큰 부피 속에서 사실들과 사실들의 기능적 연관성을 축적한다는 것이다. 학문의 저장 창고는 보기 좋게 정돈되어 있어서 개별 산업들이 분류 목록을 보고는 자신이 원하는 지적 상품을 즉각적으로 끄집어낼 수 있어야 한다. 사실 상당한 정도로 지식 상품들은 이미 특수한 산업 분야의 요구를 고려해 배열되어 있다.

역사적인 저작들도 또한 자료를 공급해야 한다. 이러한 자료는 보통 산업에 의해 직접적으로 이용되기보다는 관리 부문에

---

* Carl Spizweg(1808~1885): 독일의 화가로 비더마이어 양식의 대표적 화가다. 그의 작품은 소박하고 솔직한 자연 관조에 바탕을 둔 부드러운 명암 표현과 미묘한 색채 효과가 특징이다.

의해 간접적으로 이용될 가능성이 크다. 마키아벨리가 이미 제후나 공화국을 위해 글을 썼듯이 오늘날의 작업은 정치나 경제 분야의 위원회를 위해 추진되는 것이다. 이 경우 역사적인 형태는 물론 번거롭게 여겨지기 때문에 사람들은 역사적 자료를 특정한 관리 과제——예를 들면 상품 가격의 조작이나 대중의 정서——의 시각에서 다시 정돈한다. 행정부서나 대기업 외에 노동조합이나 정당들도 이러한 자료의 수익자가 된다.

공식적인 철학은 이러한 기능을 하는 학문에 봉사한다. 철학은 '정신'을 대상으로 한 일종의 테일러리즘*으로서 생산 수단을 개선하고 지식의 축적을 합리화하며 지적 에너지의 낭비를 막는 데 기여한다. 화학이나 세균학처럼 철학에도 노동 분업 속에서 일정한 자리가 부여된다. 중세의 하느님 숭배나 영원한 본질 직관을 연상시키는 약간의 철학적 유물들은 이것들이 반동적인 역할을 하기 때문에 아직 세속적인 대학에서 용인된다. 또한 약간의 철학사가들은 지치지도 않고 플라톤이나 데카르트를 강의하지만 그러한 사상들은 이미 철 지난 것이라는 사실을 상기시킨다. 그들 주변에는 여기저기서 노련한 감성주의 Sensualismus자나 인성주의자 Personalist들이 모여든다. 이들은 과학이 번창하는 데 거추장스러운 잡초로 여겨지는 변증법을 과학의 분야에서 추방하는 데 혈안이 되어 있다.

철학을 관리하는 사람들과는 달리 철학 자체는 '사유'에 관여하며 사유는 지배적인 노동 분업에 굴복하거나 자신의 과제를 이러한 노동 분업으로부터 위임받으려 하지 않는다. 기존 질서는 물리적 폭력이나 물질적 이해 관계로써뿐만이 아니라 강력한 암시를 통해 사람들에게 압력을 가한다. 철학은 종합이 아니며,

---

* 미국의 기술자 F. W. 테일러(1856~1915)에 의해 창시된 과학적인 경영 관리 방법.

기초 학문이나 최고 학문도 아니다. 철학은 다만 그러한 암시에 저항하는 노력이며 지적 자유나 현실적 자유를 포기하지 않으려는 단호한 결의다.

지배가 만들어낸 노동 분업을 철학은 결코 못 본 체할 수 없다. 철학은, 그러한 노동 분업이 빠져나갈 수 없는 현대인의 운명이라고 말하는 것은 거짓말이라는 사실에만 관심을 보인다. 철학은 사회적 메커니즘이 행사하는 막강한 힘이 지닌 마수에 걸려 최면당하지 않고 사회의 구석구석을 뒤지면서 그 힘을 추적하고 정체를 밝히려 한다. 산업의 재정적 지원하에 대학, 교회, 신문 같은 지식 분야를 관장하는 관리가, 사회의 여기저기를 냄새 맡고 다니는 철학의 연구 활동을 정당화할 수 있는 면허증으로서 스스로의 원칙을 내놓으라고 철학에게 요구한다면 철학은 그야말로 치명상을 입게 될 것이다. 철학은 현재 통용되고 있는 규범이나 목표를 대치시킬 수 있는 어떤 실용적 대안도 인정하지 않는다. 기존 질서가 보내는 암시로부터 철학이 자유로울 수 있는 것은 철학이 시민적 이상——기존 질서의 대변자들이 왜곡된 형태로나마 여전히 표방하고 있는 이상이든, 어떤 조작에도 불구하고 여전히 인식 가능한 기술적·문화적 제도들의 객관적인 의미든——을 별 의심 없이 받아들이기 때문이다. 철학은 노동 분업이 인류를 위해 존재하며 진보는 자유를 가져다 줄 것이라는 말을 믿는다. 그 때문에 철학은 쉽사리 노동 분업이나 진보와 갈등에 빠질 수밖에 없다. 철학은 믿음과 현실 사이의 모순에 표현을 제공해주며 그로 인해 시간에 의해 조건지어진 현상들과 긴밀한 관계를 유지할 수 있는 것이다. 신문과는 달리 철학은 몇몇 난민의 살해보다 대량 학살에 더 큰 비중을 두지는 않는다. 철학은 사소한 폭력 사건보다 파시즘과 뒷거래를 하는 정치가의 음모에 더 주목하는 것도 아니며, 가까운 사람의 부고장보다 떠들썩한 영화 산업의 선전에 더 큰 관심을 기울이지도 않는다. '큰 것'에 대한 편애는 철학과는 거리가 멀다. 그 때문에 철학은 기존 사회에 대해 이해심이 많으면서도 낯설다. 철학의 음성은 기존 사회의 의지를 따르지 않으면서도 사물을 표현한다. 그것은 결코 떠들어대지 않으면서도 묵묵히 승리를 거두고 있는 '모순'의 목소리인 것이다.

사유

어떤 이론이 진리인가 하는 문제는 그 이론이 얼마나 생산적인가라는 문제와 같은 것이라는 생각은 물론 잘못된 것이다. 그렇지만 많은 사람은 이것들이 같은 것이라고 생각하는 것 같다. 그들은 이론이란 사유 속에서 적용되어야 할 필요가 별로 없기 때문에 이론은 사유를 갖지 않아도 무방하다고 생각한다. 그들은 모든 입장 표명을 명령이나 터부, 또는 사람들이 가지고 있는 최후의 신념을 고백하는 것이라고 오해한다. 그들은 신에게 하는 것처럼 이념에 몸을 던지든지 아니면 우상을 대하듯 이념을 공격한다. 이념에 대해서 그들은 자유롭지 못하다. 그러나 인간은 그 자신이 이념에 있어서도 능동적 주체가 되어야 한다는 사실 또한 진리의 일부가 될 것이다. 사람은 진정한 진리의 문장들을 우연히 듣게 될지도 모르지만, 생각하고 또 생각해야 그것이 진리라는 것을 알게 된다.

오늘날은 사유를 배격하는 물신주의가 맹위를 떨친다. 사람들은 '사유'에 대해, 사유가 마치 직접적인 실천인 양, 답을 해야만 한다. 그 때문에 권력에 화살을 쏘아대는 말뿐만 아니라 조심스럽게 만져보고 실험해보고 오류의 가능성을 따져보면서 움직여나가는 말 또한 참을 수 없는 것이 된다. 완전하지는 않지만 사실을 분명히 알고 있다고 생각하는 것, 이러한 경향을 물신화된 사유는 갖고 있으며 사람들은 그것을 위해 죽을 수도 있다고 생각한다. '진리는 전체'라는 문장은 '진리는 그때그때마다 부분으로서만 존재한다'는 반대 문장과 동일한 것이다. 지성이 사형 집행자들에게 마련해준 변명——지난 10년 동안 지성은 이러한 변명을 태만히하지 않았다——중에서 가장 한심스러운 것은 살인당하도록 만든 희생자의 사유가 오류였다는 변명이다.

인간과 동물

유럽의 역사에서 인간이라는 이념은 인간과 동물의 구별 속에서 표현된다. 동물은 이성을 가지고 있지 않다는 사실이 인간의 품위를 증명하게 된다. 이러한 대비는 옛날 유대인으로부터 스토아 학파, 교부들, 그리고 중세와 근대에 이르는 시민적 사유의 모든 선조들에 의해 만장일치로 단호하게 표명되어오면서 서구 인류학의 근본 토대를 이루게 되었다. 오늘날도 여전히 이러한 대비는 별 이의 없이 받아들여지고 있다. 행동주의 심리학자들은 이러한 대비를 망각하고 있는 것처럼 보이지만 그것은 단지 겉보기에만 그렇게 보이는 것이다. 그들이 자신들의 기괴한 생리 실험실에서 무방비 상태의 동물들로부터 강제로 얻어낸 연구 결과를 인간에게 적용시키려 든다는 사실은 아주 노회한 방식으로 인간과 동물의 차이를 확인하는 것이다. 그들이 훼손된 동물의 몸에서 끌어낸 결론은 자유 상태에 있는 동물이 아닌 오늘날의 인간에게 들어맞는다. 인간이 동물에게 폭력을 가하면서 보여주고 있는 사실은, 인간이, 모든 피조물 중에서 오직 인간만이—전문가가 이용하려는 속박된 제물이 된 실험용 동물의 뒤틀림처럼—기계적이고 자동 반사적이고 맹목적으로 행동한다는 것이다. 해부학 교수가 이러한 경련을 자동 반사라고 정의한다면 제단에 서 있는 무당은 이러한 경련을 자신의 신들이 신호를 보낸 것이라고 열광할 것이다. 무자비하게 실험을 진행시켜나가는 이성이 인간에게 속한다면 그가 피로 얼룩진 결론을 이끌어내는 동물은 단지 비이성적인 경악이나 절망적 도주 본능만을 가지고 있다.

이성이 없을 경우 말도 없다. 밖으로 드러난 역사가 보여주듯이 이성을 소유한 자는 말이 많아진다. 지구 전체가 승리자인 인간을 위한 목격자다. 전쟁 중이든 평화시든, 투기장 속에서든 도살장에서든, 원시인들의 계획적인 몰이에 결국은 굴복하는 코끼리의 죽음으로부터 오늘날 볼 수 있는 동물 세계의 완벽한 착취에 이르기까지, **이성 없는 피조물은 끊임없이 이성과 마주치게 된다.** 사형 집행자인 인간에게 있어서 이러한 과정은 눈으로 볼 수 있는 과정이라면 이 뒤에 은폐되어 보이지 않는 것은 이성의 빛이 없는 존재, 동물의 존재 자체다. 동물의 존재가 심리학의 진정한 주제인지 모른다. 왜냐하면 동물의 삶은 그 내부에 있는 영혼의 충동이 지시하는 대로만 흘러가기 때문이다. 심리학이 인간을 해명하도록 요청받는다면 인간이란 이미 퇴화되고 파괴된 존재다. 인간들 사이의 관계를 설명하기 위해 심리학에 기대려 할 경우 인간들 사이의 직접 관계가 이루어지는 안 그래도 좁은 영역은 더욱 협소해져 그러한 심리학 속에서 인간들은 아예 물건이 되어버릴 것이다. 다른 사람을 이해하기 위해 심리학에 호소하는 것은 몰염치한 짓이며 자신의 동기를 해명하기 위해 심리학에 기대는 것은 너무 감상적이다. 그렇지만 동물심리학도 보통 자신의 진정한 대상을 시야에서 놓치고 있다. 다시 말해 동물심리학은 실험을 위해 이용하는 온갖 조작과 술책 속에 갇혀서, 영혼에 대해 말하고 영혼을 인식한다는 것은 오직 동물에게만 어울린다는 사실을 망각한다. 비록 열등한 것이기는 하지만 동물이 영혼을 가지고 있다고 말한 아리스토텔레스조차 동물의 진정한 존재 자체보다는 동물의 몸뚱어리, 사지나 동작, 생식 활동에만 관심을 가졌다.

동물의 세계는 '개념'을 모른다. 현상의 흐름 속에서 '동일한 것'으로 붙잡을 만한 말이 없다. 비슷한 견본이 되풀이해서 나타나도 그것을 동일한 유(類)로, 상황의 변화 속에서 똑같은 사물이라고 확정할 수 있는 말이 없는 것이다. 재확인의 가능성이 없는 것은 아니지만 동일화Identifizierung는 확정할 수 없는, 움직이는 무엇이 있다라는 정도에 머문다. 흐름 속에서 지속적인 것으로 확정될 수 있는 것은 없다. 과거에 대한 확고한 지식이나 미래에 대한 밝은 예견도 없기 때문에 모든 것은 동일한 상태에 머물러 있다. 동물은 자신을 부르면 알지만 자아를 가지고 있지는 않다. 동물은 자신 속에 조용히 머물면서도 자신을 기꺼이 내맡긴다. 매 순간 새로운 강압이 다가오지만 이러한 강압을 넘어서려는 어떤 생각이 생겨나지는 않는다. 동물이 위로라는 것을 모른다고 해서 불안이 없는 것은 아니며 행복에 관한 의식이 없다고 슬픔이나 고통이 없는 것도 아니다. 행복이 실체를 갖게 되어 삶에 죽음을 부여할 수 있게 되려면 동일화하는 회상, 즉 진정제로서의 인식이나 종교적·철학적 이념을 필요로 한다. 한마디로 개념을 필요로 하는 것이다. 세상에는 행복한 동물들이 있기는 하다. 그러나 이 행복은 얼마나 수명이 짧은가! 해방적인 사유에 의해 방해받지 않는 동물의 삶은 우울하고 처져 있다. 삶의 사무치는 공허감에서 빠져나가기 위해서는 저항이 필요하며 이러한 저항의 핵심 수단이 언어다. 가장 강한 동물조차 무한히 허약한 존재다. 삶의 시계추는 고통과 권태, 그리고 충동이 진정되는 점점으로 이어진 순간들과 끝없는 추구 사이에서 흔들리고 있다는 쇼펜하우어의 이론은, 자신이 처한 숙명을 인식을 통해 정지시킬 수 없는 동물에게 딱 들어맞는다. 동물의 영혼 속에도 인간이 가지고 있는 감정이나 욕구, 즉 정신의 계기들이 없는 것은 아니지만 거기에는 조직하는 이성만이 할 수 있는 브레이크 장치가 없다. 가장 좋은 날들도 꿈처럼 쉬임 없는 교대 작용 속에서 흘러간다. 동물은 꿈을 깨어 있는 상태와 구별하지 못한다. 동물에게는 놀이와 진지함 사이에 어떤 분명한 경계선이 없으며, 악몽으로부터 현실로 돌아오는 행복한 각성도 없다.

대부분의 민족들이 갖고 있는 동화 속에서는 인간이 동물로 변신하는 형벌이 종종 나타난다. 동물의 몸 속에 갇히는 것은 저주로 여겨진다. 모든 민족들, 특히 아이들은, 그러한 변신의 관념을 아주 친숙한 것으로서 즉각 이해한다. 고대 문명들은 영혼의 윤회를 믿을 경우에도 동물의 형상은 형벌이나 고통으로 인식했다. 동물의 시선 속에 담겨 있는 말없는 원시성은 인간이 동물로의 변신에서 느끼는 비슷한 두려움을 만들어낸다. 모든 동물은 원시 시대에 일어났던 바닥 모를 불행을 상기시킨다. 동화는 인간이 갖고 있는 모호한 불안감을 표현해준다. 그러나 동화 속의 왕자에게 이성이 남아 있는 경우 왕자는 곤경에 처한 자신의 처지를 호소하고 그에 따라 요정에 의해 구원받을 수 있는 것이다. 동물은 이성을 가지고 있지 않기 때문에 영원히 동물의 형태를 벗어날 수 없다면 인간은 과거에는 동물과 하나였으나 구원하는 주문을 발견하여 이 주문으로써 마침내 영원성이라는 돌로 된 심장을 부드럽게 녹일 수 있었던 것이다.

그렇지만 이성을 가진 동물이 이성 없는 동물을 돌보는 것은 한가한 일이다. 서구 문명은 그런 일을 여자에게 맡겼다. 여자는 문명을 낳은 '유능함'에 주체적으로 참여하지 못한다. 적대적인 세계로 나가 싸우고 생산하는 것은 남자다. 여자는 '주체'가 아니다. 여자는 폐쇄적 가정 경제라는 오래 전에 사라진 시대의 살아 있는 기념비로서, 자신이 직접 생산하기보다는 생산하는 자를 돌보아준다. 남자에 의해 강요된 노동 분업은 여자에게는 별로 유리하지 못했다. 생리적인 기능을 담당하는 여자는 자연——이것을 억압함으로써 문명은 자랑스러운 훈장을 달게 되었던——의 이미지를 갖게 된다. 우주를 끝없는 사냥터로 만들려고 하는 무제한한 자연 지배는 수천 년 동안 인간이 소망해온 꿈이었다. 남성 중심의 사회에서 인간의 이념은 여기에 맞추어져왔다. 이것이 인간이 자랑스러워하는 이성의 의미였다. 여자는 더 작고 연약하며, 여자와 남자 사이에는 극복이 불가능한 '차이,' 자연에 의해 부과된 것으로서 남성 중심 사회에서 가능할 수밖에 없는 가장 굴욕적인 차이가 존재한다. 자연 지배가 진정한 목표가 되고 있는 곳에서는 생리적인 열등함이 자연에 의해 찍힌 낙인으로서 폭력 행위를 유발시키는 표식이 된다. 노예 문제든, 십자군 원정 문제든, 유대인 학살의 문제든, 기회 있을 때마다 공적인 문제에 영향력을 행사해왔던 교회는 성모 마리아에 대한 경배에도 불구하고 여성의 평가에 있어서는 플라톤과 한편이 된다. 고통에 찬 성모상은 모계 사회의 잔재에 바치는 형식적인 공물에 불과하다. 그렇지만 교회는 성모상이 구원하려 하는 여성의 열등함을 성모상의 도움을 받아 또한 승인한다. 교회의 적자(嫡子)인 드 메스트르가 경고한다. "신법(神法)에 근거한 여성의 자유를 여성에게 보장함으로써 기독교 국가에서 신법의 영향을 약간 완화한다면 그 자체로서는 고귀하고 감동적인 것인 '자유'가 금방 몰염치한 것으로 전락하는 것을 볼 수 있을 것이다. 여성은 얼마 안 있으면 국가의 심장부를 공격할 보편적 몰락의 유해한 도구가 될 것이다. 국가는 썩어갈 것이며 그 불에 탄 잔해 더미와 함께 치욕과 공포가 온 거리를 메울 것이다."**21** 중세의 마녀 사냥은 봉건적인 공갈단이 위기감을 느낄 때 대중을 위협하기 위해 사용하는 것이지만 그것은 동시에 역사 이전의 모계 사회나 미메시스 단계에 대한 남성의 지배와 승리를 확인하는 축제다. 화형은 교회가 주재하는 이교적인 모닥불놀이로서 자연 지배를 기리는 자기 유지적 이성의 형식을 취한 자연의 승리다.

시민 계층은 모계적인 반란의 방어 기제로서 도덕과 예절을 여성으로부터 받아들인다. 착취당한 전체 자연의 대변자로서 여성 자신은 남성적 지배의 세계에 입장이 허락되나 굴절된 모습으로서일 뿐이다. 여성은 자발적인 굴복을 통해, 즉 패배를 헌신으로, 절망을 '아름다운 영혼'으로, 욕을 당한 가슴을 사랑스러운 젖가슴으로 변화시킴으로써 승리자에게 승리를 확인시켜준다. 실천으로부터 철저히 떨어져나와 안전한 새장 속에 칩거하는 대가로 '자연'은 창조하는 주인으로부터 경배를 받는다. 예술, 관습, 승화된 사랑 같은 것들은 자연이 쓰고 있는 가면으로서 자연은 이런 것들로 변형되어 재등장하며 자신의 반대물을 통해 표현된다. 자신의 가면을 통해 자연은 언어를 획득하게 되며 자신의 왜곡을 통해 자신의 본질을 드러내는 것이다. '미(美)'는 언젠가 가시가 박혔던 상처 자리를 표시해주는 뱀이다. 아름다움에 대한 남성의 경탄 뒤에는 언제나 호탕한 웃음과 무절제한 조롱과 호색한의 야만스러운 음탕함이 숨어

---

21 J. de Maistre, *Eclaircissement sur les Sacrifices*, Œuvres, Lyon, 1892, Band V, S. 322f.

있다. 이런 것들로써 그는 성불구나 자연이나 죽음에 떨어질 것 같은 은밀한 불안을 잠재우려 하는 것이다. 기이한 모습을 한 광대——그의 몸동작이나 방울 달린 모자에는 상처받은 자연의 슬픈 행복이 깃들어 있다——가 궁정에서 빠져나온 후 사람들은 여성에게 모든 미(美)를 돌보도록 위탁했다. 근대의 청교도 여성들은 이 과제를 열성적으로 떠맡았다. 이들은 야성적인 자연이 아닌 기존에 주어져 있는 순치된 자연과 자신들을 완전히 동일화했다. 로마 시대 여성 노예들의 부채질과 노래와 춤의 잔재는 버밍검에서 마침내 피아노 연주나 뜨개질 같은 것으로 축소되어 정착했으며 마지막까지 남아 있던 여성의 방탕마저 완전히 가부장적 문화의 장식물로 정화되었다. 광고가 완전히 일상화되면서 본래는 매춘부들만이 사용하던 것인 화장품이나 립스틱이 피부 관리를 상징하게 되었으며 목욕 가운을 입는 것은 위생의 문제가 되었다. 이러한 과정에서 빠져나갈 길은 없다. 철저히 조직화된 지배 체계 속에서 광고가 행해지고 있다는 단순한 상황만으로도 '사랑'에마저 공장 제품이라는 상표가 찍힌다. 독일의 경우 예전에는 정숙함이 기존 질서에 대한 순종을 의미했다면, 지금은 파트너를 자주 바꾸는 것이 사랑에 빠졌다는 것을 증명하고, 무분별한 성행위는 이성의 지배를 건실하게 따르는 것을 의미한다.

시민적 여성 숭배의 화석화된 형태가 현대의 독살맞은 여성의 형상이다. 여성은 기억할 수 없는 과거로부터 자신의 성(性)이 당한 굴욕을 가정 안에서 끝없이 바가지를 긁음으로써 복수한다. 자신에게 충분한 경의를 표하지 않을 경우 고약한 노파는 집 밖에서도 즉각적으로 방어를 취할 자세가 되어 있지 않은 멍청한 족속들을 난도질한다. 주신(酒神) 바커스를 섬기며 광란하는 무녀의 시대에 대한 그리움에서든 무력한 분노 속

에서 남성과 남성의 질서를 압도하려는 술수로서든 그러한 여
자는 갖은 수단을 동원해 남성을 흔들어댄다. 유대인 학살에서
피에 주린 여성은 남성의 잔인성을 압도한다. 독부가 된 억압
받은 여성은, '지배'가 남성이나 여성의 육체를 길들여 독기가
밖으로 분출하지 못하도록 그 획일화된 표정 밑에 가두어버린
시대에서조차 죽지 않고 살아남아 왜곡된 자연의 독기를 내뿜
는다. 지금과 같은 대량 생산 사회에서 최소한 획일화되지 않
은 자신의 고유한 얼굴을 유지하고 있는 독부의 욕설은 휴머니
즘의 징표가 되며 그녀의 추한 모습은 '정신'의 잔재가 된다.
과거에 슬프고 헌신적인 사랑에 몸을 바치는 소녀의 모습이 소
외된 자연의 이미지를 담고 있는 심미적 소재를 이룬다면 독부
는 이제 마침내 새로운 여성의 직업을 발견한다. 사회 속의 하
이에나가 되어 그녀는 문화적인 목표를 정력적으로 추구한다.
그녀는 미친 듯이 명예를 얻고 스포트라이트를 받기 위해 쫓아
다니지만 남성 문화에 대한 그녀의 감각은 충분히 다듬어진 것
은 아니어서 그녀는 새로운 역할 속에서 또 다른 고통을 느끼
게 되며, 완전히 쓰러지지는 않지만 이 세계도 고향이 아니라
는 사실을 알게 된다. 고독한 여성은 과학과 마술의 혼합물이
나, 위풍당당한 고급 관리와 북구적인 무당의 우스꽝스러운 튀
기가 된다. 그녀는 자신이 불행에 빠졌다고 느낀다. 남성 사회
의 정신에 대한 여성의 마지막 저항은 추잡한 패거리나 사교
(邪敎) 집회나 취미 생활의 늪에 빠지는 것이다. 그녀는 사회
활동이나 접신(接神)을 했다는 요설 등의 왜곡된 공격성으로
출구를 찾기도 하고, 자선 사업이나 크리스천 사이언스*를 통

---

* Christian Science: 1866년 에디 부인 M. Baker Eddy에 의해 미국에서 설립된, 신앙
요법을 중심으로 한 종교 단체. 성서 외에 『과학과 건강』이라는 교리서를 사용한다.
인간의 정신·신·그리스도는 일체이며, 이것이 존재하면 인간은 건강하고 도덕적

해 자신의 은밀한 원한을 해소시킨다. 이러한 늪 속에서 표현되고 있는 피조물과의 연대감은, 동물 보호 협회에서보다는 신(新)불교, 또는 진보에 뒤처진 저 광대들을 연상시키는 이상한 얼굴을 한 발바리에게서 더 잘 표현된다. 이 작은 개의 행태나 곱추의 서툰 도약이 손상된 자연을 대변한다면 대중 산업이나 대중 문화는 인간의 육체나 혈통 좋은 동물을 과학적으로 촉진시키는 방법을 알고 있다. 획일화된 대중은 자신들의 변형──그들 자신도 이러한 변형에 상당한 책임이 있다──을 별로 자각하지 못하기 때문에 그러한 변형을 상징적으로 과시할 필요도 없다. 신문의 2~3면을 채우는 자질구레한 뉴스들 가운데──그 1면에서는 사람들의 충격적인 행동이나 업적이 나온다면──우리는 때때로 서커스의 화재나 큰 동물의 중독 소식을 읽을 수 있다. 중세의 광대와 이웃 사촌인 동물들은 그 마지막 몇 안 남은 숫자가, 시멘트의 시대에 충분한 방화 시설을 갖출 수 없는 소유주에게 재정적 피해를 입히면서 비참하게 죽어갈 때만 기억되는 것이다. 키 큰 기린이나 흰 코끼리는 장난꾸러기 아이들조차 이제는 별로 흥미를 느끼지 않는 진기한 볼거리다. 이러한 동물들은 지구의 마지막 부분인 아프리카에서── 이 불쌍한 무리들을 문명으로부터 보호하려는 헛된 노력이 이루어지고 있지만──최근의 전쟁 중에는 폭격기가 착륙하는 데 장애물이 되었다. 그래서 사람들은 이 동물들을 모두 없애버렸다. 합리적이 된 지구는 더 이상 자신의 심미적 등가물을 필요로 하지 않는 것이다. 악마적인 요소의 추방은 인간의 흔적을 직접 새겨넣음으로써 이루어진다. 지배는 더 이상 거룩한 형상들을 필요로 하지 않는다. 지배는 그러한 형상들을 공장에서

인 생활을 할 수 있다고 주장한다.

생산하며 그럴 때 사람들도 또한 신뢰감을 보내는 것이다.

　'기가 꺾여 있음'이 여성적인 아름다움에 속하듯 모든 예술 작품의 본질에 속하는 '왜곡,' 즉 지배당한 자연을 다시 인식할 수 있는 상처 자국인 이 '왜곡'을 파시즘은 가상이 아닌 실제로서 되살려낸다. '왜곡'은 저주받은 자에게 직접 가해진다. 파시즘의 사회에서 지배는 어떤 영역에서도 '모순'을 자신의 본질이라고 선언하지 않는다는 점에서 예술과는 다르다. 지배는 예술을 현실로서 재현하지만 '왜곡'을 '표현'하지는 않는다. 예전에는 미(美)뿐만 아니라 사유나 정신이나 언어도 왜곡을 표현했다. 언어는 오늘날 계산하고 명명하고 누설하고 살인을 사주하지만 '표현'하지는 않는다. 문화 산업은 과학처럼 자신을 유지시키는 근거를 자신의 내부가 아닌 자신의 외부, 즉 '사실'로부터 획득한다. 영화 배우는 전문가며, 그의 연기는 자연스런 행동의 표본이며 가능한 행동 방식을 위한 지침이다. 각본을 쓰는 작가나 연출가는 유능한 처신을 위한 모델을 만들어낸다. 문화 산업의 전정(剪定) 작업은 '왜곡'을 단순한 결함이나 우연, 또는 잘못된 주관성이나 자연성으로 간주하고는 배제시켜 버린다. '일탈'은 실제적 근거 위에서만 허용되며 이러한 근거 위에서 일탈은 이성의 한 부분으로 편입된다. 이러한 경우에만 일탈은 용인되는 것이다. 자연이 지배를 반영하게 됨으로써 비극성이나 희극성은 사라진다. 주인들은 극복해야 할 저항이 있을 경우에만 '진지함'을 필요로 하며 절망을 요리하기 위해서만 유머를 동원한다. 정신적 향유가 대속적 고통과 연결된다면 '지배'는 잔혹성 자체를 가지고 유희한다. 승화된 사랑이 약함을 통해 힘의 현상에, 그리고 여성의 아름다움에 연결된다면 지배는 직접 힘에 매달린다. 현대 사회의 우상은 윤곽이 뚜렷하고 위엄 있는 남성의 얼굴이다. 여성은 일이나 출산을 통해 기여하든지 자신의 매력으로서 남편의 위신을 높이는 것이다. 여자는 그렇지만 자신의 미모로서 남자를 홀려서는 안 된다. 여성에 대한 경배는 다시 남성의 자기애로 돌아와야 하는 것이다. 세계나 세계의 목적은 완전한 남자를 필요로 한다. 남자는 다른 무엇에 자신을 바쳐서는 안 되며 자신의 내부에 머물러 있어야만 한다. 자연은 실천적 인간에게는, 여자가 군인의 농락 대상에 지나지 않는다고 말해지듯, 외부에 있는 저급한 대상에 불과하다. 이제 '감정'은 스스로를 권력으로서 자각하고 있는 권력에 유보되어 있다. 예전에 여성이 그랬듯이 남성은 미동도 하지 않는 냉혹한 남자 앞에서 무기를 던진다. 남성은 두려운 눈으로 지배를 바라보는 여성이 된다. 파시즘의 집단적인 병영과 작업장에서는 어린 청년에 이르기까지 모든 사람이 독방에 갇힌 죄수가 된다. 동성 연애의 싹이 뿌려지는 것이다. 동물만이 여전히 품위를 지키고 있다. 부끄럽게도 자연으로부터 유래했으며 자연으로 돌아가야 한다는 사실을 상기시키는 클로즈업된 인간 얼굴이 효과적인 인간 살육에 몰두하도록 부추긴다. 유대인을 희화화한 만화는 예전부터 이러한 사실을 알고 있었으며 원숭이에 대한 괴테의 혐오감은 그가 지녔던 휴머니티의 한계를 보여준다. 산업계의 제왕들이나 파시스트 지도자들이 동물을 거느릴 경우에도 그것은 테리어 사냥개가 아닌 무시무시한 불독이나 어린 사자이다. 이러한 동물들의 목적은 권력이 불러일으키는 공포를 통해 권력에 양념을 치는 것이다. 자연에 고분고분 순응하는 것과는 거리가 먼 인간 백정인 파시스트는 동물 또한 인간을 굴복시키는 수단으로만 생각한다. 니체가 쇼펜하우어와 볼테르에게 퍼부은 비난, 즉 이들이 "어떤 사물이나 인간에 대해 갖고 있는 증오를 동물에 대한 동정으로 은폐시킬 줄을 알았다"[22]는 비난은 그들에게는 부당한 비난이지만 이러한 파시스트에게는 꼭 어울리는 비난이다. 파시스트들이 동물이나 자연, 아이들에 대해 열성적으로 관심을 기울이는 것은 인간에 대한 박해 의지에서 나오는 것이다. 어린이의 머리나 동물의 등을 쓰다듬는 손길이 의미하는 것은 그 손으로 이런 것들은 가볍게 없앨 수 있다는 것이다. 하나의 제물을 부드럽게 쓰다듬는 행위는 다른 제물을 쳐죽이기 위한 예행 연습이다. 그들이 어떤 제물을 선택하는가 하는 것은 희생자 자신이 져야 할 책임과는 아무런 관계가 없다. 애무 행위가 시사하는 것은 권력 앞에서 모든 것은 동일하며 이것들이 아무것도 아니라는 것이다. 지배자의 피비린내 나는 목표 앞에서 피조물은 단순한 재료에 불과하다. 총통은 무고한 사람들을 마음대로 요리한다. 이들은 자신들의 잘잘못에 관계없이 선택되며 아무런 이유 없이 도살된다. 자연은 똥이다. 오직 살아남은 교활한 권력만이 권리를 가지고 있다. 그렇지만 권력 자체도 오직 다시 한 번 자연이 될 뿐이다. 현대 산업 사회의 복잡한 장치 또한 갈기갈기 찢겨질 자연일 뿐이다. 이러한 모순을 표현해줄 매체는 더 이상 없다. 이 '모순'은 예술도 사상도 부정성도 사라져버린 세계의 피도 눈물도 없는 진지성에 의해 수행될 뿐이다. 인간과 자연, 그리고 인간들 사이는 너무나 서로 소외되어 그들은 다만 서로가 어떤 효용이 있는지 서로에게 어떤 해악을 가할 수 있는지를 알 뿐이다. 모든 사람은, 사람들이 계산하고 있는 또는 계산조차 할 수 없는 그 어떤 실천의 주체가 되든 객체가 되든, 하나의 요소에 불과하다.

'가상'으로부터 해방된 현재의 세계에서, 반성 능력을 상실한 인간이 나머지 우주를 굴복시키는 가장 영리한 동물로 된 세계에서,

---

22 Nietzsche, *Die fröbliche Wissenschaft*, Werke, Band V, S. 133.

영리한 동물들 자신이 산산조각이 나지 않는다면 동물을 존중하는 것은 더 이상 감상적인 행위라기보다는 진보에 대한 배반이다. 즐거운 살육에 대한 루터적, 독일적인 욕구가 귀족적인 사냥놀이의 페어플레이 정신과 결합하듯 반동적인 전통 속에서 괴링은 동물 보호를 종족 증오와 결합시킨다. 전선은 분명하게 나누어진다. 허스트*나 괴링에 반기를 드는 것은 파블로프**나 생체 해부의 편에 서는 것이다. 망설이고 있는 자는 양측 모두에게 허용되는 사냥터. 망설이는 자는 이성에 귀를 기울여야 하며, 선택의 주사위는 이미 던져졌으므로 선택은 피할 수 없다는 것이다. 세계를 변화시키고자 하는 자는 결코, 예언자나 정치적 분파주의자나 유토피아 사상가들이나 무정부주의자들이 익사 직전의 상태에서 허우적거리고 있는 저 늪에 빠져서는 안 된다는 것이다. 현실적인 역사적 세력과 연결되지 않은 사유를 하는 지식인들, 산업 사회가 지향하고 있는 목표를 받아들이지 않는 지식인은 아무런 실체가 없는 뜬구름을 잡는 지식인이며, 그러한 사유는 '지반 없는 사유'라는 것이다. 이성적인 것은 현실적인 것이라는 것이다. 진보주의자들도, 동참하지 않는 자는 아무런 쓸모가 없다고 말한다. 모든 것은 사회에 종속되어 있으며 가장 엄밀한 자연과학적인 사유조차 주관적 망상이 되지 않으려면 사회의 대세에 가담해야 한다는 것이다. 이러한 동의가 현실의 모든 정의(正義)를 결집시킨다는 것이다. 이러한 동의가 인간 사회란 자연 속에 있는 한 덩어리의 집단임을 확인시킨다고 한다. 이러한 위대한 목표에 줄 하

---

* Hearst(1863~1951): 미국의 신문 경영인으로 저속하고 선정적인 지면을 구성하여 퓰리처의 『월드』와 경쟁을 벌임으로써 '옐로 저널리즘'이라는 유행어를 만들었다.
** Pawlow(1849~1936): 소련의 생리학자로 신경 지배 연구의 대가로 평가받는다. 조건 반사 연구로 노벨상을 수상했다.

나라도 잡고 있지 않는 일탈적인 발언은 엄청난 분노를 불러일으킨다. 그러한 발언은 오직 깨지기 위한 존재가 목소리를 내고 있다는 사실을 환기시킨다. 깨지기 위해 존재하는 것은 바로 '자연,' 즉 종족이나 민족을 부르짖는 자들이 매일 떠들어대는 거짓말인 바로 그 자연이다. 그러한 일탈적인 목소리가 대중의 시끄러운 구호 소리를 잠시 중단시킬 경우에도, 합리화되고 굴절된 심장 속에서나마 동물들도 가지고 있는 공포의 외침이 그러한 목소리가 들릴 수 없도록 압도해버린다. 그러한 목소리에 의해 밖으로 드러나게 된 경향들은 온 사방에 흩어져 있기는 하지만 막막한 느낌 속에 갇혀 있다. 자연 그 자체는 옛날 사람이 믿었던 것처럼 선한 것도 아니고 신낭만주의자들이 원하는 것처럼 고귀한 것도 아니다. 자연을 어떤 목표나 모범으로 삼으려 할 경우 그러한 자연은 '반(反)정신'이며 허위며 야수성이다. '인식된 자연'이 될 때 자연은 평화에 대한 살아 있는 사람들의 염원이 되고 파시스트적인 지도자나 집합성에 대한 결연한 저항 의식을 고취하게 될 것이다. 지배적인 실천이나 이것에 대한 피할 수 없는 대안으로 제시되는 실천이 위험시하는 것은 그러한 실천이 염두에 두고 있는 자연이 아니라 자연이 회상된다는 사실이다.

프로파간다

세계를 변화시키기 위한 프로파간다? 이 무슨 헛소리인가! 프로파간다는 언어를 도구며 지렛대며 기계로 만든다. 프로파간다는 인간을 '운동' 속으로 몰아넣음으로써 인간을 사회적 불의 속에서 그렇게 될 수밖에 없었던 무엇으로서만 파악한다.

프로파간다는 사람이 사람을 계산할 수 있다는 것만을 계산에 넣는다. 가장 깊은 내면에서는 누구나 공장에서처럼 '수단'을 통해 자신이 수단화된다는 것을 안다. 사람들이 프로파간다를 따르면서 내부에서 느끼는 분노는 '굴레'에 대해 저항하는 해묵은 분노로서 이러한 분노는 프로파간다가 제시하는 출구가 거짓된 출구라는 것을 어렴풋이 예감하면서 더욱 커진다. 프로파간다는 인간을 조작한다. 프로파간다가 자유를 외치는 곳에서 프로파간다는 스스로와 모순되게 된다. 프로파간다와 기만은 분리할 수 없다. 지도자와 추종자가 하나로 뭉치는 공동체는, 그들이 부르짖는 내용이 아무리 그 자체로는 옳다 할지라도, '허위의 공동체'다. 프로파간다에 있어서 진리는 자신의 목적을 위해 신도를 모으는 단순한 수단에 불과하다. 프로파간다가 진리를 입에 올리는 순간 이미 진리는 왜곡된다. 그 때문에 **진정한 저항은 프로파간다를 모른다.** 프로파간다는 인간에 대해 적대적이다. 프로파간다는 정치란 공동의 인식으로부터 나온다는 기본 명제가 단순히 입에 발린 미사여구라는 사실을 전제한다.

'지나침'의 위험을 알고서 지나침에 대해 현명하게 한계를 설정할 수 있는 사회에서는 다른 사람이 추천한 것은 어떤 것이든 일단 불신을 한다. 어떤 기업도 공짜로 선사하지 않는다는 사실은 상업 광고에서 우리가 속아서는 안 되는 유의 사항으로서 이러한 유의 사항은 어디서나 통용되는 것이지만 특히 장사와 정치가 하나로 융합된 현대 사회에서 타당할 것이다. 질(質)이 떨어질수록 호언장담은 커진다. 롤스로이스와는 달리 폴크스바겐은 광고에 의존하는 것이다. 생산자가 진지성을 가지고 무엇인가를 제공할 때조차 산업과 소비의 관심은 결코 일치할 수 없다. 자유의 프로파간다 또한 이론과 그 수혜자가 갖는 특수한 이해의 차이를 뭉뚱그려버린다는 점에서 그 자체가 혼란스러운 것이 될 수밖에 없다. 독일에서 패배자가 된 노동 지도자들은, 파시스트들이 선별적인 보복을 통해 그들이 부르짖은 '연대감'이란 새빨간 거짓말임을 폭로시켰기 때문에, 자신들이 행한 행동의 진실성마저 파시스트들에게 빼앗기게 된다. 지식인이 수용소에서 죽음에 이르도록 고문을 당하는 마당에 밖에 있는 노동자들만 나쁘다고 욕할 수는 없을 것이다. 오시츠키*나 프롤레타리아에게 파시즘은 똑같은 것은 아니지만, 프로파간다는 둘 다를 기만했다.

현실을 지옥으로 묘사하는 것은 충분히 수긍할 수 있다. 의심스러운 것은 다만 그러한 현실을 깨부수고 나오자는 상투적인 권유다. 오늘날 누군가에게 책임을 물을 수 있다면 그 사람은 소위 말하는 대중도 아니고 무기력할 뿐인 개인도 아니다. 그러한 사람이 있다면 그는 '상상적인 증인'이다. 우리는 이 상상적인 증인에게 이 역사의 상처를 물려주려 하는데 그렇지 않을 경우 이 상처는 우리와 더불어 완전히 잊혀질지도 모른다.

우둔함은 어떻게 생겨나는가

지성의 진정한 징표는, 메피스토펠레스를 믿어도 된다면,[23] 자신이 갈 길을 만지고 냄새 맡는 달팽이의 더듬이다. 더듬이는 장애물을 발견하면 즉각 자신의 몸을 보호하는 집 속으로

---

* Carl von Ossietzky(1889~1938): 독일의 저널리스트이며 평화주의자다. 철저한 반(反)파시즘의 입장에 서서 통일 전선을 주장했고, 나치즘 지배 후 1933년에 강제 수용소에 구금되었으며, 1935년 노벨 평화상을 수상하지만 받으러 갈 수는 없었다. 그는 경찰 감시하에 병원에서 죽었다.

23 *Faust*, Erster Teil, Vers 4068.

철수하여 전체와 다시 하나가 되며, 그런 다음 얼마 후에 자율적인 개체인 양 조심스럽게 다시 자신을 밖으로 내민다. 위험이 아직 사라지지 않았으면 더듬이는 다시 자신을 감추어버린다. 이러한 시도가 되풀이되는 간격은 점점 커진다. 정신적인 삶은 처음에는 무한히 부드럽다. 달팽이의 감각은 근육에 의존하고 있는데 이 근육은 자신의 활동이 장해를 당하면 굳어진다. 신체에 가해진 손상이 몸을 마비시킨다면 공포는 정신을 마비시킨다. 둘은 본래는 전혀 분리될 수 있는 것이 아니었다.

고등 동물일수록 좀더 큰 자유를 향유한다. 이러한 고등 동물에서 목격할 수 있는 것은 일단 더듬이를 어떤 방향으로 뻗으면 더 이상 철수시키지 않는다는 것이다. 이들 종(種)에 속하는 개개의 생명체는 무수한 다른 생명체의 전범(典範)이 된다. 이들에게 있어서 변화를 모색해보려는 시도는 처음부터 수포로 돌아간다. 변화의 방향으로 살짝 더듬이를 내밀기만 해도 이들 동물은 공포에 먼저 굴복해버린다. 주변 자연의 직접적인 저항에 의해 억눌리게 된 변화에의 잠재력이 내면화됨으로써 신체 기관들은 공포에 질려 지레 위축되고 만다. 동물의 호기심에 찬 시선 속에서는, 개체가 벗어날 수 없는 종의 특성을 일탈하려는 새로운 삶의 형식이 깜박인다. 그 동물을 해묵은 존재의 집 속에 가두어놓는 것은 그러한 특성뿐만이 아니다. 호기심에 찬 시선이 만나는 폭력 또한 수백만 년 묵은 것으로서 기억할 수 없는 저 옛날부터 이러한 폭력은 피조물을 지정된 단계에 묶어둘 뿐만 아니라 끊임없이 그 단계를 넘어서려는 모든 새로운 시도를 방해한다. 새로움을 모색하는 그러한 시선은 언제나 쉽사리 분쇄된다. 그러한 시선 뒤에는 선의와 깨지기 쉬운 희망이 숨어 있지만 지속적인 에너지는 빠져 있다. 새로운 방향에 접근하는 것이 결국은 금지됨으로써 동물은 수줍고 우둔해진다.

'우둔함Dummheit'은 상처 자국이다. 우둔함은 어떤 하나의 행동 또는 모든 행동——실제적인 것이든 정신적인 것이든——에서 비롯된다. 한 인간이 어떤 부분에서 우둔함을 드러낸다는 것은 그 부분의 근육 활동이 애당초 촉진되기보다는 지장을 받았다는 것을 말해준다. 애초에 어떤 장애물을 만났기 때문에, 조직화되지 않은 서툰 시도를 헛되이 반복하는 습성이 생겼던 것이다. 아이가 끊임없이 질문을 하는 것은 이미 어떤 은밀한 고통의 징표로서, 최초의 질문에 대해 그는 아무런 대답도 듣지 못했고 그로 인해 그 질문을 적절히 형태화할 수 없었기 때문이다.²⁴ 이러한 반복은, 어떻게 열어야 할지 모르는 문 앞에서 끊임없이 깡충대다가 손잡이가 너무 높아 결국에는 포기하는 장난기 있는 개의 행동과 엇비슷하기도 하고, 우리에 갇힌 사자가 끊임없이 그 속을 왔다 갔다 하는 행태나, 이미 실패로 돌아간 방어 행위를 계속 반복하고 있는 노이로제 환자에게서 볼 수 있는 절망과 비슷하기도 하다. 아이가 반복 행위에 지쳐버리거나 장애가 너무나 엄청난 경우 아이는 관심을 다른 방향으로 돌리게 된다. 시쳇말로 아이의 경험은 풍부해지는 것이다. 그렇지만 아이가 예전에 기쁨을 느꼈던 그 부분에는 쉽사리 보이지 않는 상처, 뻣뻣해진 굳은살 같은 것이 남게 된다. 그러한 상처가 기형을 만든다. 이러한 기형화가 소위 성실하거나 유능한 성격을 만들기도 하지만 우둔함도 또한 초래하는 것이다. 우둔함은, 성격 발달의 정체가 초래된 경우 성격적 결함이나 시야가 좁고 무기력한 예외적 성격을 만들 수도 있지만, 그러한 상처가 내부에서 암세포와 같은 증식을 하면 사악하거

---

24 Vgl. Karl Landauer, "Intelligenz und Dummheit," in *Das Psychoanalytische Volksbuch*, Bern, 1939, S. 172.

나 반항적이거나 편벽증적인 성격을 만들어낼 수도 있다. 폭력을 경험하게 되면 선한 의지도 나쁜 의지가 된다. 터부시된 질문뿐만 아니라 금지된 흉내, 금지된 눈물, 금지된 무모한 장난 같은 것도 그러한 상처를 만들 수 있다. 동물의 종(種)들처럼 인류 내부의 정신적인 단계들이나 한 인간 내부에 있는 눈먼 지점들은 희망이 정지된 지점들로서, 이 화석화된 희망이 보여주는 것은 살아 있는 모든 것은 굴레를 벗어버릴 수 없다는 것이다.

『계몽의 변증법』이 문예출판사에서 초간된 지 6년 만에 이 책의 한국어판 판권을 가지고 있는 문학과지성사에서 다시 출간되게 되었다. 새로운 천년에 들어선 현재의 시점에서 이 책이 갖는 의의를 점검할 필요성이 있을 것이다. 이것은 "진리를 역사적 운동에 대치되는 어떤 불변적인 것으로 여기는 것이 아니라, 진리에 역사성을 부여하는 이론"이 되고자 하는 이 책의 방법론적 원칙에서 볼 때도 불가피한 작업이다.

『계몽의 변증법』은 2차세계대전의 와중에 두 망명 지식인이 "왜 인류는 진정한 인간적 상태에 들어서기보다 새로운 종류의 야만 상태에 빠졌는가"를 밝히기 위해 총체적이고 역사적인 해석을 시도한 저서로서, 적어도 사회적 차원에서는——심미적 차원이 아닌——그러한 야만 상태를 벗어날 수 있는 희망의 불빛을 찾을 수 없다는 절망이 책의 밑바닥에 깔려 있다. 그러한 절망은 2차세계대전이라는 총체적 파국뿐만 아니라, '문화 산업'에 관한 논의를 통해 미국적 상황 또한 구 세계의 파시즘적 상황과 별반 다를 바 없다는, 당시로서는 충격적인 명제를 통해 더욱 강화된다.

1969년에 쓴 개정판 서문에서 저자들은 "책 속에서 말해진 모든 내용을 오늘날도 아무 수정 없이 붙들고 있는 것은 아니다. 사실 적지 않은 부분들이 오늘날의 현실에 더 이상 적합하지 않음을 느낀다"고 말함으로써 전쟁 중에 씌어진 책에 대해 어느 정도 유보적인 입장을 취했는데, 이러한 유보적 입장은 독점자본주의나 관리되는 사회에 대한 그들의 약간이나마 긍정적인 태도와 연관된다. 호르크하이머가 특히 그러하지만 아도르노도 「계급 이론에 대한 반성」에서 "낯선 노동을 독점 속에 끌어들이는 것이 시장 법칙을 벗어날수록, 전체 사회의 재생산도 시장 법칙에서 벗어난다. 빈곤의 역동성은 자본 축적의 역동성과 함께 정지된다. 지배 계급이 전적으로 낯선 노동에 의해 먹여 살려져야 한다는 마르크스의 예언은 놀라울 정도로 들어맞아. 지배 계급은 노동자를 먹여 살려야 한다는 운명을 단호히 자신의 용무로 만들어서, 자신의 위치를 공고히하기 위해 노예에게 노예 상태에서라도 그 생존을 보장해주었다"고 말함으로써 마르크스의 궁핍화 이론을 어느 정도 수정했다.

그러나 70년대 이후의 역사 진행——특히 초역이 나온 이후 최근 몇 년 동안 폭발적으로 가시화되기 시작한 세계 상황——은 국가독점자본주의 이론이나 복지 국가 이론이 '좋았던 옛 시절'의 이야기로 들리게 만든다. 대외적으로는 국가간에 경쟁을 벌이고 대내적으로는 국민 통합을 일구어나간다는, 초기 국민 국가 형성기 이후 근대 국가의 근본 용무는 20세기 국가독점자본주의에 오면 더욱 강화되었지만, 국가든, 인간이든, 의미든, 역사든, 단단한 모든 것은 봄눈 녹듯 녹는 보편적 '해체'의 시대, 포스트모던한 상황이 도래하면서 더욱 순수하고 완전해진 '자본의 논리'는 개정판 서문에서 보여진 유보적 태도를 다시 한 번 유보하도록 만든다. 이 책과 같은 시기에 씌어진 『최소한의 도덕』에서 아도르노는 이미 "두려워해야 할 사태는 인류가 유복한 생활 속에서 축 늘어지는 것이 아니라 완전한 자연이라는 가면을 쓴 사회성, 즉 만듦이라는 맹목적 분노로서의 집합성이 살벌하게 확장되는 것이다"라고 말했지만, 이제 이러한 두려운 사태를 많은 사람들이 현실적으로 느끼게 되었다. 미국적 포스트모더니즘에서 느낄 수 있는 소비 사회의 풍요 뒷면에서 사람들은 신 자유주의나 세계화가 요구하는 무한 경쟁시대의 공포와 불확실성을 예감한다. 적어도 20세기 중반까지는 해방, 자유, 민주와 같은 관념과 연관된 '정치적인 것'이 역사를 결정하는 요인이었고 경제라는 하부 구조는 잠재해 있는 최후 심급이었다면, '자본의 논리'는 이제 이 최후 심급을 전면에서 활동하는 요인으로 부상시키고 있다. 물질적 가치나 교환가치는 유일한 가치가 되었고 눈앞에 보이는 것 이외에는 아무것도 인정할 수 없는 실증주의적 세계관은 점점 더 절대적 위력을 발휘한다. 이러한 상황 속에서 이 책의 저자들이 두려워한 '총체적 체계'는, 저항이나 절망이나마 가능했던 당시보다 오늘날의 현실에 더 잘 해당되는 것처럼 보인다.

개정판 서문이 씌어진 이후 30년 간의 이러한 역사 진행 속에서 달라진 몇몇 변수들을 고려한다면 이 책은 당시보다 지금의 시대를 해석——해석이라는 용어 자체가 해괴한 느낌을 주는 시대이기는 하지만 그럼에도 불구하고 '정보'가 아닌 본래의 '앎'을 추구하려 한다면——하는 데 훨씬 더 유효한 기본서가 될 것이다.

이 번역서는 본래 강릉대에 있는 주경식·이상훈 선생님과 공역으로 출판되었었는데, 번역에 상당한 기여를 해주었던 두 분께서 이번 문지판에는 빠지겠다는 제안에 의해 단독 이름으로 역서를 내게 되었다.

좀더 나은 번역서를 만들기 위해 이번 개정판을 만들면서는 아도르노를 전공하거나 이 책을 교재로 사용하신 분들께 메일을 보내 기존의 역서에서 발견된 오역이나 개선점들을 수정했다. 앞으로도 이런 작업을 계속하여 좀더 나은 역서를 만들어갈 예정이다. 이 작업에 적극적으로 협조해주신 임홍배·임홍빈·최성만·홍승용·조만영·노명우 선생님께 감사드린다. 그리고 이 번역 원고가 사장되지 않도록 결단을 내리고 꼼꼼히 문장을 검토해주신 김병익 선생님과 문지 편집부에 감사드린다.

2001년 7월 진주에서 김유동

385

옮긴이의 말

찾아보기

계몽의 변증법

397

계몽의 변증법